공기업
전공필기
전기직

시대에듀

2025 최신판 시대에듀 공기업 전공필기 전기직 + 무료상식특강

Always **with you**

사람의 인연은 길에서 우연하게 만나거나 함께 살아가는 것만을 의미하지는 않습니다.
책을 펴내는 출판사와 그 책을 읽는 독자의 만남도 소중한 인연입니다.
시대에듀는 항상 독자의 마음을 헤아리기 위해 노력하고 있습니다. 늘 독자와 함께하겠습니다.

머리말 PREFACE

대부분의 공사·공단 채용에서 NCS 직업기초능력평가와 더불어 직무수행능력평가를 시행하고 있으며, 특히 전기 직렬은 전기기사 수준의 전공 지식을 평가하고 있다. 전기직은 코레일 한국철도공사, 한국전력공사를 비롯하여 많은 공사·공단에서 채용하는 직렬이다. 그러므로 수험생들은 필기시험을 준비하면서 반드시 전공 지식을 숙지하고 어떤 유형으로 문제가 출제되는지 미리 확인하여 대비할 필요가 있다. 본서는 공기업 전기직 시험 과목 중 출제 비중이 가장 높은 전기자기학·전력공학·전기기기·회로이론·한국전기설비규정(KEC)을 중심으로 2025년 공기업 전기직 전공 필기시험에 대비할 수 있도록 하였다.

공기업 전기직 필기시험 합격을 위해 시대에듀에서는 기업별 NCS 시리즈 누적 판매량 1위의 출간 경험을 토대로 다음과 같은 특징을 가진 도서를 출간하였다.

도서의 특징

❶ 기출복원문제를 통한 출제 유형 확인!
- 2024년 주요 공기업 전기 기출문제를 복원하여 전기직 필기시험의 전반적인 유형과 출제경향을 파악할 수 있도록 하였다.

❷ 전기직 필기시험 출제 영역 맞춤 이론과 적중예상문제를 통한 실력 상승!
- 전기직 핵심이론 + 이론체크 + 적중예상문제를 수록하여 전기직 필기시험에 완벽히 대비할 수 있도록 하였다.

❸ 최종점검 모의고사를 통한 완벽한 실전 대비!
- 철저한 분석을 통해 실제 유형과 유사한 최종점검 모의고사를 수록하여 자신의 실력을 점검할 수 있도록 하였다.

❹ 다양한 콘텐츠로 최종 합격까지!
- 온라인 모의고사 응시 쿠폰을 무료로 제공하여 전기직 전공 필기시험을 준비하는 데 부족함이 없도록 하였다.
- 모바일 OMR 답안채점/성적분석 서비스를 통해 자동으로 점수를 채점하고 확인할 수 있도록 하였다.

끝으로 본 도서를 통해 공사·공단 전기직 채용을 준비하는 모든 수험생 여러분이 합격의 기쁨을 누리기를 진심으로 기원한다.

SDC(Sidae Data Center) 씀

◇ 직무수행능력평가

직무수행능력평가는 특정 직무 분야의 업무 수행을 위해 필요한 지식 또는 기술을 평가하기 위한 목적으로 시행하는 전공시험이다. 내용은 기존의 전공시험과 유사성이 있으나 전공시험이 관련 전공의 단편적 지식이나 개념을 평가하였다면, 직무수행능력평가는 실제 직무에서 적용되는 전공 지식이나 기술을 적절하게 적용할 수 있는지에 초점을 맞추어 출제한다.

◇ 전기직 직무수행능력평가

전기직은 여러 공기업에서 수시로 채용하는 기술직으로서 특히 SOC, 에너지 분야의 공기업에서 자주 채용하고 있다. 또한, 전기직 직무수행능력평가는 전기기사 시험과 비슷하게 전기자기학, 전력공학, 전기기기, 회로이론, 한국전기설비규정(KEC) 및 기술기준에서 주로 출제된다.

과목	소개
전기자기학	전계와 자계에 대한 기본적인 이론 과목
전력공학	발전 및 송 · 배전과 이 과정에서 생기는 위험 및 해결방법에 대해 다루는 과목
전기기기	발전기, 변압기, 정류기 등 전기기기에 대한 이론으로 각 기기의 회로, 전력 및 동력의 변환 등을 다루는 과목
회로이론	RLC소자, 라플라스 변환, 회로망 등 전기적 현상에 대한 기본적인 이해를 다루는 과목
한국전기설비규정(KEC)	실제로 적용되는 전기설비에 대한 규정에 대해 다루는 과목으로, 2021년부터 한국전기설비규정(KEC)이 개정되어 도입

◇ 주요 공기업 전기직 채용현황

구분	공사 · 공단
SOC	국가철도공단, 국토안전관리원, 수서고속철도, 한국공항공사, 한국수자원공사 등
고용보건복지	공무원연금공단, 한국고용정보원 등
에너지	한국가스공사, 한국남동발전, 한국남부발전, 한국동서발전, 한국서부발전, 한국수력원자력, 한국에너지공단, 한국전기안전공사, 한국전력거래소, 한국전력공사, 한국중부발전, 한국지역난방공사, 한전KDN, 한전KPS 등
연구교육	한국과학기술연구원 등

※ 위 채용현황은 2024년 공공기관 채용정보박람회 자료를 기준으로 작성하였으므로 세부 내용은 반드시 확정된 채용공고를 확인하기 바랍니다.

◇ 빈출 문제 유형 및 접근법

❶ 이론에 대해 묻는 문제

---

38 다음 중 '회로의 접속점에서 볼 때, 접속점에 흘러 들어오는 전류의 합은 흘러 나가는 전류의 합과 같다.'라고 정의되는 법칙은?

① 키르히호프 제1법칙　　　　　　　　② 키르히호프 제2법칙
③ 플레밍 오른손 법칙　　　　　　　　④ 앙페르 오른나사 법칙

접근법　▸ 문제 확인 : 들어오는 전류의 합은 나가는 전류의 합과 같다.
　　　　　▸ 이론 대입 : 전하량 보존의 법칙
　　　　　▸ 정답 도출 : 키르히호프 제1법칙

❷ 공식을 통해 계산하는 문제

---

07 다음 중 공기 중에 $10\mu C$과 $20\mu C$를 $1m$ 간격으로 놓을 때 발생되는 정전력은?(단, 상수 $k=9\times10^9 N\cdot m^2/C^2$으로 계산한다)

① 1.8N　　　　　　　　　　　　　② 2.2N
③ 4.4N　　　　　　　　　　　　　④ 6.3N

접근법　▸ 문제 확인 : 정전력 계산

　　　　　▸ 공식 대입 : 쿨롱의 법칙 공식$\left(F=k_e\dfrac{q_1 q_2}{r^2}\right)$

　　　　　▸ 정답 도출 : $9\times10^9\times\dfrac{10\times10^{-6}\times20\times10^{-6}}{1}=1.8N$

❸ 규정에 대해 묻는 문제

---

01 전압을 저압, 고압, 특고압으로 구분할 때, 교류 저압은 몇 V 이하인가?

① 220V 이하　　　　　　　　　　② 600V 이하
③ 750V 이하　　　　　　　　　　④ 1,000V 이하
⑤ 1,500V 이하

접근법　▸ 문제 확인 : 전압의 범위
　　　　　▸ 최신 KEC 규정 숙지(저압 : AC 1,000V 이하, DC 1,500V 이하)
　　　　　▸ 정답 도출 : 1,000V 이하

주요 공기업 적중 문제 TEST CHECK

코레일 한국철도공사

합성 저항 ▶ 키워드

45 다음 그림에서 c, d 간의 합성 저항은 a, b 간의 합성 저항의 몇 배인가?

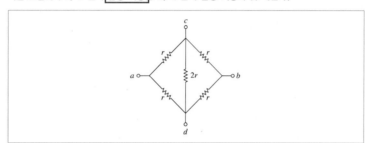

① $\frac{1}{2}$ 배

② $\frac{2}{3}$ 배

③ $\frac{4}{3}$ 배

④ $\frac{3}{4}$ 배

⑤ 3배

교류 송전 ▶ 키워드

14 다음 중 직류 및 교류 송전에 대한 설명으로 옳지 않은 것은?

① 교류 송전은 유도장해가 발생한다.

② 교류 송전은 차단 및 전압의 승압과 강압이 쉽다.

③ 직류 송전은 비동기 연계가 가능하다.

④ 직류 송전은 코로나손 및 전력손실이 작다.

⑤ 직류 송전은 차단기 설치 및 전압의 변성이 쉽다.

한국전력공사

2전력계법 ▶ 키워드

16 2전력계법으로 평형 3상 전력을 측정하였더니 한 쪽의 지시가 800W, 다른 쪽의 지시가 1,600W이었다. 피상 전력은 얼마인가?

① 약 2,571VA
② 약 2,671VA
③ 약 2,771VA
④ 약 2,871VA
⑤ 약 2,971VA

자계의 세기 ▶ 키워드

10 다음 그림과 같이 평행한 무한장 직선 도선에 각각 I[A], $8I$[A]의 전류가 흐른다. 두 도선 사이의 점 P에서 측정한 자계의 세기가 0[AT/m]일 때, $\dfrac{b}{a}$ 는?

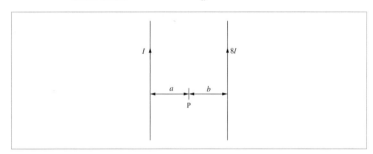

① $\dfrac{1}{8\pi}$
② $\dfrac{1}{8}$
③ 8π
④ 8
⑤ 16π

단락비 ▶ 키워드

20 정격 전압 6,000V, 용량 5,000kVA의 Y결선 3상 동기 발전기가 있다. 여자 전류 200A에서의 무부하 단자 전압 6,000V, 단락 전류 600A일 때, 이 발전기의 단락비는?

① 약 0.25
② 약 1
③ 약 1.25
④ 약 1.5
⑤ 약 2

주요 공기업 적중 문제 TEST CHECK

한전KDN

중성점 접지 ▶ 키워드

10 다음 〈보기〉 중 송전선의 중성점을 접지하는 이유를 모두 고르면?

> **보기**
> ㉠ 송전 용량의 증가　　　　　　　㉡ 지락 전류의 감소
> ㉢ 이상전압의 방지　　　　　　　㉣ 지락 사고선의 선택 차단

① ㉠, ㉡　　　　　　　　　　　② ㉡, ㉢
③ ㉠, ㉡, ㉢　　　　　　　　　④ ㉠, ㉢, ㉣
⑤ ㉡, ㉢, ㉣

전기력선 ▶ 키워드

02 다음 중 전기력선의 성질에 대한 설명으로 옳은 것을 〈보기〉에서 모두 고르면?

> **보기**
> ㄱ. 전기력선은 자신만으로 폐곡선을 이루지 않는다.
> ㄴ. 전기장 내에 도체를 넣으면 도체 내부의 전기장이 외부의 전기장을 상쇄하나 도체 내부에 전기력선은 존재한다.
> ㄷ. 전기장 내 임의의 점에서 전기력선의 접선방향은 그 점에서 전기장의 방향을 나타낸다.
> ㄹ. 전기장 내 임의의 점에서 전기력선의 밀도는 그 점에서의 전기장의 세기와 비례하지 않는다.

① ㄱ, ㄴ　　　　　　　　　　　② ㄱ, ㄷ
③ ㄱ, ㄹ　　　　　　　　　　　④ ㄴ, ㄹ
⑤ ㄷ, ㄹ

정전 용량 ▶ 키워드

07 2μF의 평행판 공기콘덴서가 있다. 다음 그림과 같이 전극 사이에 그 간격의 절반 두께의 유리판을 넣을 때, 콘덴서의 정전 용량은?(단, 유리판의 유전율은 공기의 유전율의 9배라 가정한다)

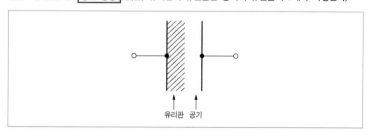

유리판　공기

① 1.0μF　　　　　　　　　　② 3.6μF
③ 4.0μF　　　　　　　　　　④ 5.4μF
⑤ 5.6μF

한국동서발전

테브난 등가저항 ▶ 유형

14 다음 그림을 테브난의 등가회로로 고치려고 한다. 이때 테브난의 등가저항 $R_T[\Omega]$과 등가전압 $E_T[V]$는?

① $R_T = \dfrac{8}{3}\,\Omega$, $E_T = 8V$ ② $R_T = 6\,\Omega$, $E_T = 12V$

③ $R_T = 8\,\Omega$, $E_T = 16V$ ④ $R_T = \dfrac{8}{3}\,\Omega$, $E_T = 16V$

⑤ $R_T = \dfrac{8}{3}\,\Omega$, $E_T = 18V$

전류 ▶ 키워드

35 다음 회로에서 $3\,\Omega$에 흐르는 전류 $i_o[A]$는?

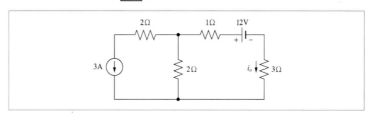

① $-3A$ ② $3A$
③ $-4A$ ④ $4A$
⑤ $-2A$

도서 200% 활용하기 STRUCTURES

1 기출복원문제로 출제경향 파악

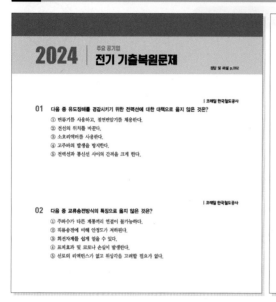

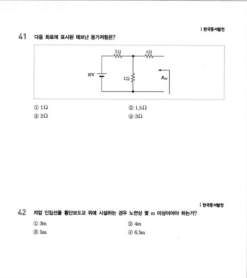

▶ 2024년 주요 공기업 전기 기출문제를 복원하여 전기직 필기시험의 최신 출제경향을 파악할 수 있도록 하였다.

2 최신 개정된 핵심이론과 이론체크로 단계별 학습 진행

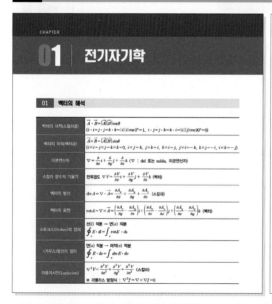

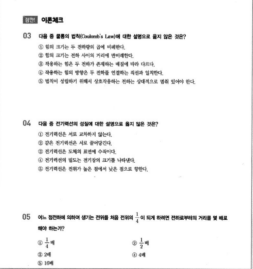

▶ 전기 과목 핵심이론과 이론체크를 수록하여 효과적으로 학습할 수 있도록 하였다.
▶ 최신 개정된 한국전기설비규정(KEC)을 수록하여 변경된 시험에 완벽히 대비할 수 있도록 하였다.

3 적중예상문제로 빈틈없는 학습

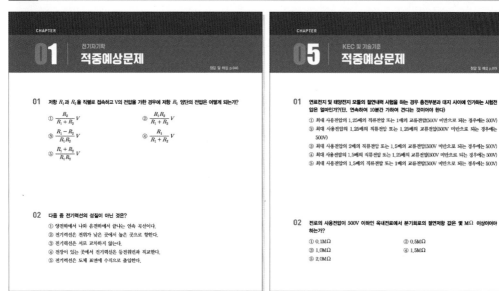

▶ 학습 내용별로 맞춤 구성한 적중예상문제를 수록하여 학습 결과를 스스로 점검하고 부족한 부분을 되짚어 볼 수 있도록 하였다.

4 최종점검 모의고사 + OMR을 활용한 실전 연습

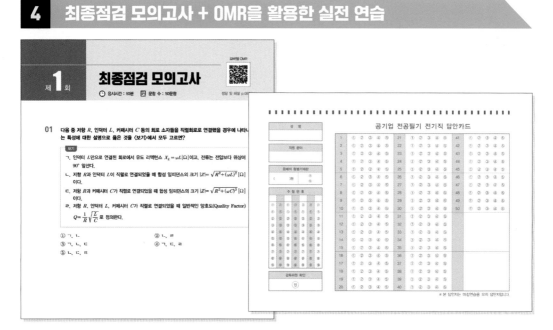

▶ 최종점검 모의고사와 OMR 답안카드를 수록하여 실제로 시험을 보는 것처럼 최종 마무리 연습을 할 수 있도록 하였다.
▶ 모바일 OMR 답안채점/성적분석 서비스를 통해 필기시험에 대비할 수 있도록 하였다.

이 책의 차례 CONTENTS

A d d +   2024년 주요 공기업 전기 기출복원문제   **2**

PART 1   핵심이론

CHAPTER 01 전기자기학   **2**

CHAPTER 02 전력공학   **28**

CHAPTER 03 전기기기   **61**

CHAPTER 04 회로이론   **96**

CHAPTER 05 KEC 및 기술기준   **122**

PART 2   적중예상문제

CHAPTER 01 전기자기학   **216**

CHAPTER 02 전력공학   **227**

CHAPTER 03 전기기기   **235**

CHAPTER 04 회로이론   **245**

CHAPTER 05 KEC 및 기술기준   **256**

PART 3   최종점검 모의고사

제1회 최종점검 모의고사   **266**

제2회 최종점검 모의고사   **283**

별   책   정답 및 해설

Add+ 2024년 주요 공기업 전기 기출복원문제   **2**

PART 1 핵심이론   **18**

PART 2 적중예상문제   **46**

PART 3 최종점검 모의고사   **82**

OMR 답안카드

Add+

2024년 주요 공기업
전기 기출복원문제

01 다음 중 유도장해를 경감시키기 위한 전력선에 대한 대책으로 옳지 않은 것은?

① 변류기를 사용하고, 절연변압기를 채용한다.

② 전선의 위치를 바꾼다.

③ 소호리액터를 사용한다.

④ 고주파의 발생을 방지한다.

⑤ 전력선과 통신선 사이의 간격을 크게 한다.

02 다음 중 교류송전방식의 특징으로 옳지 않은 것은?

① 주파수가 다른 계통끼리 연결이 불가능하다.

② 직류송전에 비해 안정도가 저하된다.

③ 회전자계를 쉽게 얻을 수 있다.

④ 표피효과 및 코로나 손실이 발생한다.

⑤ 선로의 리액턴스가 없고 위상각을 고려할 필요가 없다.

03 다음 중 무한장 솔레노이드에 전류 I가 흐를 때, 발생하는 자계에 대한 설명으로 옳은 것은?(단, 단위길이당 감은 코일의 수는 n이다)

① 외부 자계의 세기는 0이다.

② 내부 자계의 세기는 단위길이당 감은 코일 수 n과 관계가 없다.

③ 내부 자계의 세기는 전류 I에 반비례한다.

④ 외부 자계의 세기와 내부 자계의 세기는 같다.

⑤ 내부 자계는 평등하지 않고 무작위이다.

04 다음 중 직렬공진상태가 아닌 것은?

① 임피던스의 허수부가 0일 때

② 전압, 전류의 위상이 서로 같을 때

③ 역률이 0일 때

④ 임피던스의 크기가 최소일 때

⑤ 전류의 세기가 최대일 때

05 저항 8Ω, 리액턴스 6Ω이 직렬로 연결된 회로에 $V=250\sqrt{2}\sin\omega t$의 전압이 인가될 때, 전류의 실횻값은?

① 2.5A

② 5A

③ 10A

④ 25A

⑤ 50A

06 평행판 콘덴서의 두 극판이 면적 변화 없이 극판의 간격이 절반으로 줄었을 때, 콘덴서의 정전용량은 처음의 몇 배가 되는가?

① 변하지 않는다.

② $\frac{1}{2}$배

③ $\frac{1}{4}$배

④ 2배

⑤ 4배

07 다음과 같은 회로에서 $a-b$점을 연결했을 때의 합성저항과 $c-d$점을 연결했을 때의 합성저항의 합은?

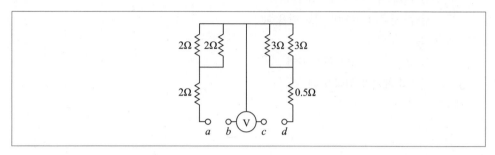

① $2.5\,\Omega$

② $5\,\Omega$

③ $7.5\,\Omega$

④ $10\,\Omega$

⑤ $15\,\Omega$

08 단면적이 200cm^2, 길이가 2m, 비투자율(μ_s)이 $10,000$인 철심에 $N_1=N_2=10$인 두 코일을 감았을 때, 두 코일의 상호 인덕턴스는?

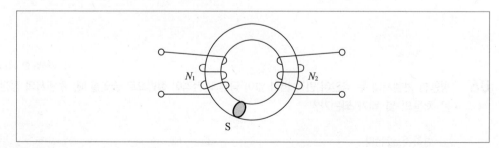

① $4\pi\times10^{-3}\text{H}$

② $4\pi\times10^3\text{H}$

③ $4\pi\times10^4\text{H}$

④ $2\pi\times10^{-2}\text{H}$

⑤ $2\pi\times10^{-5}\text{H}$

09 다음 중 전기력선에 대한 설명으로 옳지 않은 것은?

① 전기력선의 방향은 전계의 방향과 같다.

② 전기력선의 밀도는 전계의 세기와 같다.

③ 전기력선은 단위전하당 $\dfrac{1}{\epsilon_0}$ 개가 지나간다.

④ 전기력선은 자기 자신만으로 폐곡선을 이룰 수 있다.

⑤ 전기력선은 정전하에서 시작하여 부전하에서 끝나거나 무한으로 발산한다.

10 용량이 C인 콘덴서가 전압 V로 충전되어 있다. 이 콘덴서에 용량이 $3C$인 콘덴서를 병렬로 연결하였을 때, 단자 전압은?

① $4V$

② $3V$

③ V

④ $\dfrac{1}{3}V$

⑤ $\dfrac{1}{4}V$

11 송전단전압이 154kV, 수전단전압이 140kV인 송전선로에서 부하를 차단하였을 때 수전단전압이 143kV일 때, 전압변동률은?

① 약 1.86%

② 약 1.92%

③ 약 1.98%

④ 약 2.06%

⑤ 약 2.14%

12 어떤 수력발전소의 유효낙차가 100m이고 최대사용수량이 $15m^3/s$일 때, 이 발전소의 최대출력은?(단, 발전기의 합성효율은 90%이다)

① 14,670kW ② 13,230kW

③ 12,250kW ④ 11,850kW

⑤ 10,520kW

13 다음 중 단락비가 큰 기기에 대한 설명으로 옳지 않은 것은?

① 단락전류가 크다.

② 전압 변동이 작다.

③ 동기임피던스가 크다.

④ 전기자 반작용이 크다.

⑤ 자기 여자를 방지할 수 있다.

14 다음 단상 유도 전동기 중 브러시의 위치를 이동시켜 회전방향을 변환시킬 수 있는 것은?

① 농형 유도전동기 ② 반발 기동형 전동기

③ 분상 기동형 전동기 ④ 셰이딩 코일형 전동기

⑤ 콘덴서 코일형 전동기

15 다음 중 동기발전기의 병렬운전 조건으로 옳지 않은 것은?

① 기전력의 최대전압이 같을 것

② 기전력의 파형이 같을 것

③ 기전력의 위상이 같을 것

④ 기전력의 주파수가 같을 것

⑤ 기전력의 상회전 방향이 같을 것

16 단자전압 220V, 부하전류 40A인 분권발전기의 유기기전력은?(단, 전기가 저항은 0.15Ω이고, 계저전류 및 전기자 반작용은 무시한다)

① 212V

② 219V

③ 226V

④ 233V

⑤ 240V

17 다음과 같은 회로에서 $I = I_R$이 되도록 하는 주파수 f는?

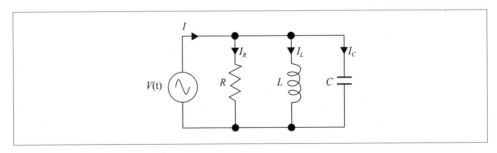

① $f = \dfrac{\sqrt{LC}}{2\pi}$

② $f = \dfrac{1}{2\pi LC}$

③ $f = \dfrac{1}{2\pi\sqrt{LC}}$

④ $f = 2\pi LC$

⑤ $f = 2\pi\sqrt{LC}$

18 다음 중 변압기의 종류에 따른 최고허용온도를 바르게 짝지은 것은?

① Y종 – 80℃

② A종 – 105℃

③ E종 – 115℃

④ B종 – 120℃

⑤ F종 – 130℃

19 흑체의 복사에너지(E)와 절대온도(T)와의 관계로 옳은 것은?

① $E \propto \sqrt{T}$

② $E \propto T$

③ $E \propto T^2$

④ $E \propto T^4$

⑤ $E \propto T^{-1}$

20 다음 중 반강자성체에 대한 설명으로 옳은 것은?

① 물체 외부에 자기장을 가하면 자기장의 방향과 반대 방향으로 자화되는 것이다.

② 물체 외부에 자기장을 가하면 자기장의 방향과 같은 방향으로 자화되는 것이다.

③ 물체 외부에 자기장을 가하면 자기장 방향으로 자화되고, 자기장을 제거하면 자회를 잃는 것이다.

④ 서로 반대 방향의 자기모멘트가 존재하지만, 그 크기가 같지 않아 한 방향으로 약하게 자화된 것이다.

⑤ 물체 외부에 자기장을 가하여도 크기가 같고 방향이 서로 반대인 2개의 자기모멘트 때문에 자화되지 않는 것이다.

21 다음 중 22.9kV CNCV 케이블의 구조에 대한 설명으로 옳지 않은 것은?

① 나전선으로 사용한다.

② 외부, 내부 반전도층은 반도전 압출층이다.

③ 절연층은 가교폴리에틸렌 복합체이다.

④ 도체는 수밀형 연동연선을 사용한다.

⑤ 중성선 수밀층은 부풀음 테이프를 사용한다.

22 유전율이 다른 두 유전체가 완전경계를 이루며 서로 접하였을 때, 경계면에서의 전계와 전속밀도에 대한 설명으로 옳지 않은 것은?

① 전계의 접선 성분은 같다.

② 전계와 전속밀도는 변하지 않는다.

③ 전속밀도의 법선 성분은 같다.

④ 전계와 전속밀도는 굴절한다.

⑤ 전계의 방향과 전속밀도의 방향은 서로 같다.

23 단권변압기 3대를 사용한 3상 △ 결선 승압기에 의해 80kVA인 3상 평형 부하의 전압을 3,000V에서 3,300V로 승압하는 데 필요한 변압기의 총용량은?

① 약 3kVA

② 약 6kVA

③ 약 9kVA

④ 약 12kVA

⑤ 약 15kVA

24 다음과 같은 3상 유도전동기의 역률은?(단, $W_1 = 1.5\text{kW}$, $W_2 = 0.8\text{kW}$, $V = 220\text{V}$, $I = 10\text{A}$이다)

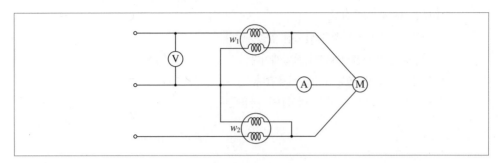

① 약 0.45   ② 약 0.6

③ 약 0.7   ④ 약 0.75

⑤ 약 0.85

25 2전력계법을 통해 평형 3상 회로로 운전하는 유도전동기 회로를 측정하였다. 이 회로의 전동기의 무효전력은?(단, $W_1 = 5\text{kW}$, $W_2 = 6.5\text{kW}$, $V = 380\text{V}$, $I = 20\text{A}$이다)

① 약 1.5kW   ② 약 1.8kW

③ 약 2.2kW   ④ 약 2.4kW

⑤ 약 2.6kW

26 다음과 같이 진공에서 선전하밀도 $+\lambda\text{C/m}$인 무한장 직선 전하 A와 선전하밀도가 $-\lambda\text{C/m}$인 무한장 직선 전하 B가 d만큼 떨어져 평행으로 놓여 있다. A로부터 $\frac{1}{3}d$, B로부터 $\frac{2}{3}d$ 떨어진 P지점에서의 전계의 크기는?

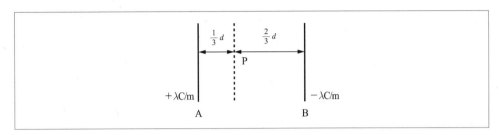

① $\dfrac{3\lambda}{2\pi\epsilon_0 d}$

② $\dfrac{9\lambda}{4\pi\epsilon_0 d}$

③ $\dfrac{9\lambda}{8\pi\epsilon_0 d}$

④ $\dfrac{4\lambda}{9\pi\epsilon_0 d}$

⑤ $\dfrac{9\lambda}{16\pi\epsilon_0 d}$

27 무손실 선로 분포정수회로의 감쇠정수(α)와 위상정수(β)의 값은?

	α	β
①	0	$\omega\sqrt{LC}$
②	$\omega\sqrt{LC}$	0
③	$\sqrt{RG}$	$\sqrt{LC}$
④	$\sqrt{LC}$	$\sqrt{RG}$
⑤	$\omega\sqrt{LC}$	$\dfrac{1}{\sqrt{RG}}$

28 다음 히스테리시스 곡선에서 X점과 Y점에 해당하는 것을 바르게 짝지은 것은?

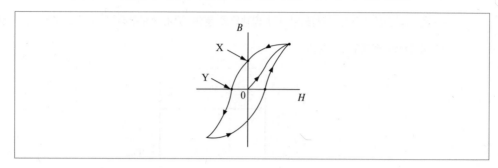

	X	Y
①	자속밀도	잔류저항
②	보자력	잔류저항
③	잔류자기	잔류저항
④	잔류자기	보자력
⑤	잔류저항	보자력

29 다음 중 건축물·구조물과 분리되지 않은 인하도선시스템에 대한 설명으로 옳지 않은 것은?

① 인하도선의 수는 2가닥 이상으로 한다.

② 벽이 불연성 재료로 구성될 경우에는 벽의 표면 또는 내부에 시설할 수 있다.

③ 피뢰시스템의 등급이 Ⅰ등급일 때, 인하도선 사이의 최대 간격은 10m이다.

④ 수뢰부시스템과 접지시스템의 연결은 복수의 인하도선을 직렬로 구성해야 한다.

⑤ 보호대상 건축물 및 구조물의 투영에 따른 둘레에 되도록 균등한 간격으로 배치한다.

30 다음 중 표피효과에 대한 설명으로 옳지 않은 것은?

① 주파수가 클수록 표피효과가 커진다.

② 투자율이 클수록 표피효과가 커진다.

③ 침투깊이가 깊을수록 표피효과가 커진다.

④ 전선의 도전율이 클수록 표피효과가 커진다.

31 파형이 단상 반파 정류인 전압의 최댓값이 V_m일 때, 전압의 실횻값은?

① $\dfrac{V_m}{2}$

② $\dfrac{V_m}{\sqrt{3}}$

③ $\dfrac{V_m}{\sqrt{2}}$

④ V_m

32 다음 중 송전계통에서 자동재폐로 방식의 특징으로 옳지 않은 것은?

① 공급 지장시간의 연장

② 신뢰도 향상

③ 고장상의 고속도 차단

④ 고속도 재투입

⑤ 보호계전방식의 복잡화

33 다음 중 오버슈트에 대한 설명으로 옳은 것은?

① 어떤 신호의 값이 과도기간 중에도 목표값에 한참 미치지 못하는 현상이다.

② 어떤 신호의 값이 과도기간 도달 전에 목표값의 63.2%를 넘어서는 시기이다.

③ 어떤 신호의 값이 과도기간 도달 전에 목표값의 50%를 넘어서는 시기이다.

④ 어떤 신호의 값이 과도기간 중에 목표값을 넘어서는 현상이다.

34 다음 중 전기력선의 성질에 대한 설명으로 옳은 것은?

① 전하가 없는 곳에서도 전기력선은 발생하거나 소멸한다.

② 전기력선은 그 자신만으로 폐곡선을 이룰 수 있다.

③ 전기력선은 도체 내부에 존재한다.

④ 전기력선은 등전위면과 수직이다.

⑤ 전기력선은 서로 교차될 수 있다.

35 어떤 구형 커패시터의 단면이 다음과 같을 때, 이 커패시터의 정전용량은?(단, 커패시터 내부 유전체의 유전율은 ε이다)

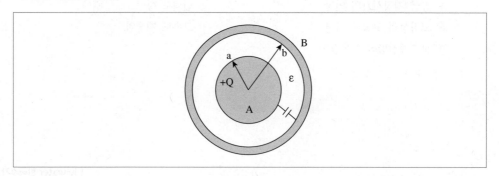

① $4\pi\varepsilon\left(\dfrac{b}{a}-\dfrac{a}{b}\right)$ ② $\dfrac{4\pi\varepsilon ab}{b-a}$

③ $4\pi\varepsilon(b-a)$ ④ $4\pi\varepsilon\left(\dfrac{1}{a}-\dfrac{1}{b}\right)$

⑤ $\dfrac{\varepsilon ab}{4\pi(b-a)}$

36 다음 중 중성점을 접지하는 목적으로 옳지 않은 것은?

① 전선로 및 기기의 절연레벨을 경감시키기 위함이다.

② 누전에 의한 감전 및 화재사고를 예방하기 위함이다.

③ 아크 발생에 의한 이상전압의 발생을 억제하기 위함이다.

④ 보호계전기의 신속하고 확실한 동작을 확보하기 위함이다.

⑤ 1선 지락사고 발생 시 건전상의 대지 전위상승을 억제하기 위함이다.

37 직류 분권발전기의 무부하 포화곡선이 $V = \dfrac{950 I_f}{35 + I_f}$ 일 때, 계자 회로의 저항이 5Ω이면 유기되는 전압은 몇 V인가?(단, V는 무부하 전압이고, I_f는 계자 전류이다)

① 675V

② 700V

③ 725V

④ 750V

⑤ 775V

38 $f(t) = e^{2t} \sin \omega t$일 때, $\mathcal{L}[f(t)]$의 값은?

① $\dfrac{2}{(s-2)^2 + \omega^2}$

② $\dfrac{2}{s^2 + (\omega-2)^2}$

③ $\dfrac{\omega}{(s-2)^2 + \omega^2}$

④ $\dfrac{\omega}{s^2 + (\omega-2)^2}$

39 다음 회로에서 저항 R_1에 흐르는 전류는 몇 A인가?

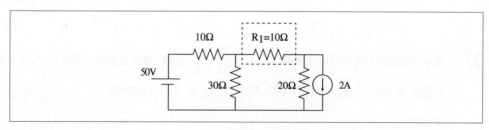

① 1.85A

② 1.93A

③ 2.01A

④ 2.19A

40 다음 회로에 표시된 테브난 등가저항은?

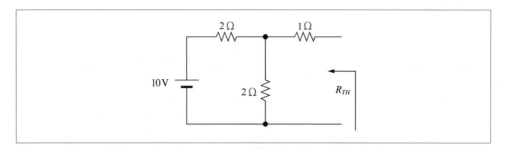

① $1\,\Omega$
② $1.5\,\Omega$
③ $2\,\Omega$
④ $3\,\Omega$

41 저압 인입선을 횡단보도교 위에 시설하는 경우 노면상 몇 m 이상이어야 하는가?

① 3m
② 4m
③ 5m
④ 6.5m

42 다음 중 나전선을 사용할 수 없는 것은?

① 애자공사 시 전기로용 전선
② 라이팅덕트공사
③ 버스덕트공사
④ 금속덕트공사

43 어떤 3상 회로의 한 상의 임피던스가 $Z = 15 + j20$인 Y결선 부하에 선전류 200A가 흐를 때, 무효전력은?

① 800kVar

② 2,400kVar

③ 2,500kVar

④ 3,000kVar

44 면적이 $5S$이고 충전용량이 C인 평행판 축전기가 있다. 비유전율이 4인 유전물질을 이 축전기의 평행판 사이에 면적의 $\dfrac{4}{5}$를 채웠을 때, 충전용량은?

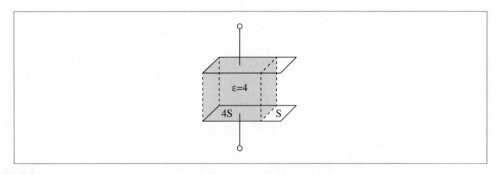

① $\dfrac{9}{5}C$

② $\dfrac{13}{5}C$

③ $\dfrac{17}{5}C$

④ $\dfrac{21}{5}C$

45 다음 중 변압기 병렬운전 시 병렬운전이 불가능한 결선조합은?

① $Y-Y$와 $Y-Y$

② $Y-\triangle$와 $\triangle-Y$

③ $\triangle-Y$와 $\triangle-Y$

④ $\triangle-Y$와 $\triangle-\triangle$

46 다음 중 비례추이를 할 수 없는 것을 〈보기〉에서 모두 고르면?

> **보기**
>
> ㄱ. 동손 　　　　　　　　　ㄴ. 역률
> ㄷ. 효율 　　　　　　　　　ㄹ. 1차 출력
> ㅁ. 2차 출력

① ㄱ, ㄴ, ㄹ

② ㄱ, ㄷ, ㅁ

③ ㄴ, ㄷ, ㅁ

④ ㄴ, ㄹ, ㅁ

47 $E=3x^2yi-7yzj+5xz^2k$일 때, $\mathrm{div}\,E$의 값은?

① $3x^2-7y+5z^2$

② $5x+3y-7z$

③ $6xy+10xz-7z$

④ $-7x+5y+3z$

48 다음 중 동작전류의 크기에 관계 없이 일정시간에 동작하는 계전기 특성은?

① 반한시 계전기   ② 정한시 계전기

③ 순한시 계전기   ④ 강반한시 계전기

49 0.1H인 자체 인덕턴스 L에 5A의 전류가 흐를 때 L에 축적되는 에너지는 몇 J인가?

① 0.75J   ② 1.25J

③ 2.52J   ④ 3.25J

50 다음 중 RLC 직렬회로에서 과제동이 발생하는 조건은?

① $R < \sqrt{\dfrac{L}{C}}$ ② $R = \sqrt{\dfrac{L}{C}}$

③ $R > \sqrt{\dfrac{L}{C}}$ ④ $R = \dfrac{1}{2\pi\sqrt{LC}}$

PART 1

핵심이론

CHAPTER 01   전기자기학

CHAPTER 02   전력공학

CHAPTER 03   전기기기

CHAPTER 04   회로이론

CHAPTER 05   KEC 및 기술기준

01 | 전기자기학

01 벡터의 해석

벡터의 내적(스칼라곱)	$\vec{A} \cdot \vec{B} = \|\vec{A}\|\|\vec{B}\|\cos\theta$ $(i \cdot i = j \cdot j = k \cdot k = \|i\|\|i\|\cos 0° = 1, \ i \cdot j = j \cdot k = k \cdot i = \|i\|\|j\|\cos 90° = 0)$
벡터의 외적(벡터곱)	$\vec{A} \times \vec{B} = \|\vec{A}\|\|\vec{B}\|\sin\theta$ $(i \times i = j \times j = k \times k = 0, \ i \times j = k, \ j \times k = i, \ k \times i = j, \ j \times i = -k, \ k \times j = -i, \ i \times k = -j)$
미분연산자	$\nabla = \dfrac{\partial}{\partial x}i + \dfrac{\partial}{\partial y}j + \dfrac{\partial}{\partial z}k$ (∇ : del 또는 nabla, 미분연산자)
스칼라 함수의 기울기	전위경도 $\nabla V = \dfrac{\partial V}{\partial x}i + \dfrac{\partial V}{\partial y}j + \dfrac{\partial V}{\partial z}k$ (벡터)
벡터의 발산	$\operatorname{div} A = \nabla \cdot \vec{A} = \dfrac{\partial A_x}{\partial x} + \dfrac{\partial A_y}{\partial y} + \dfrac{\partial A_z}{\partial z}$ (스칼라)
벡터의 회전	$\operatorname{rot} A = \nabla \times \vec{A} = \left(\dfrac{\partial A_z}{\partial y} - \dfrac{\partial A_y}{\partial z}\right)i + \left(\dfrac{\partial A_x}{\partial z} - \dfrac{\partial A_z}{\partial x}\right)j + \left(\dfrac{\partial A_y}{\partial x} - \dfrac{\partial A_x}{\partial y}\right)k$ (벡터)
스토크스(Stokes)의 정리	선(l) 적분 → 면(s) 적분 $\displaystyle\oint_c E \cdot dl = \int_s \operatorname{rot} E \cdot ds$
(가우스)발산의 정리	면(s) 적분 → 체적(v) 적분 $\displaystyle\oint_s E \cdot ds = \int_v \operatorname{div} E \cdot dv$
라플라시안(Laplacian)	$\nabla^2 V = \dfrac{\partial^2 V}{\partial x^2} + \dfrac{\partial^2 V}{\partial y^2} + \dfrac{\partial^2 V}{\partial z^2}$ (스칼라) ※ 라플라스 방정식 : $\nabla^2 f = \nabla \times \nabla f = 0$

01 $A_1 = 9 - j3$ $A_2 = -4 + j15$의 두 벡터를 합한 크기는 얼마인가?

① 5

② 7

③ 13

④ 15

⑤ 20

02 $\overrightarrow{A} = 3i - j - k$, $\overrightarrow{B} = ai + 2j + ak$일 때, 벡터 A가 수직이 되기 위한 a의 값은?(단, i, j, k는 $\hat{x}$, $\hat{y}$, $\hat{z}$ 방향의 기본 벡터이다)

① -1

② $-\dfrac{1}{2}$

③ 0

④ $\dfrac{1}{2}$

⑤ 1

(1) 쿨롱의 법칙

$$F = \frac{Q_1 Q_2}{4\pi\varepsilon_0 r^2} = 9 \times 10^9 \times \frac{Q_1 Q_2}{r^2} \, [\text{N}]$$

※ Q : 전하량[C], r : 거리[m], ε_0(진공 유전율)$=8.855 \times 10^{-12}$ F/m

(2) 전계의 세기

① 단위 점전하($+1$C)와 전하 사이에 미치는 쿨롱의 힘

$$E = \frac{Q}{4\pi\varepsilon_0 r^2} \, [\text{V/m}] = 9 \times 10^9 \cdot \frac{Q}{r^2}$$

② 전계의 세기 단위 표시

$$E = \frac{F}{Q} \, [\text{V/m}] \,\, (\text{단위} : [\text{N/C}] = \left[\frac{\text{N} \cdot \text{m}}{\text{C} \cdot \text{m}}\right] = \left[\frac{\text{J}}{\text{C} \cdot \text{m}}\right] = [\text{V/m}])$$

> ※ 전계의 세기가 0이 되는 지점
> - 두 개의 점전하의 극성이 동일한 경우 : 두 전하의 사이
> - 두 개의 점전하의 극성이 서로 다른 경우 : 두 전하의 외곽 부분(전하의 절댓값이 작은 값의 외측)에 존재

(3) 전기력선의 성질

① 전기력선의 방향은 전계의 방향과 같다.
② 전기력선의 밀도는 전계의 세기와 같다($\because$ 가우스의 법칙).
③ 전기력선은 전위가 높은 곳에서 낮은 곳으로, ($+$)에서 ($-$)로 이동한다.
④ 전하가 없는 곳에서 발생하지만 소멸이 없다(연속적).
⑤ 단위전하에서는 $\frac{1}{\varepsilon_0} = 1.13 \times 10^{11}$개의 전기력선이 출입한다.
⑥ 전기력선은 자신만으로 폐곡선을 이루지 않는다.
⑦ 두 개의 전기력선은 서로 교차하지 않는다(전계가 0이 아닌 곳).
⑧ 전기력선은 등전위면과 수직 교차한다.

(4) 전기력선 방정식

$$\frac{dx}{E_x} = \frac{dy}{E_y} = \frac{dz}{E_z}$$

① $V = x^2 + y^2$ (전기력선 방정식 : $y = Ax$ 형태)
② $V = x^2 - y^2$ (전기력선 방정식 : $xy = A$ 형태)

(5) 전계의 세기 구하는 방법 : 가우스의 법칙 이용

$$\oint E \cdot ds = \frac{Q}{\varepsilon_0}, \quad E = \frac{Q}{\varepsilon_0 S} = \frac{\sigma}{\varepsilon_0}$$

① 구도체(점전하)

　㉠ 표면$(r > a)$: $E = \dfrac{Q}{4\pi\varepsilon_0 r^2}$

　㉡ 내부$(r < a)$

　　• 일반조항 : $E = 0$

　　• 강제조항(내부에 전하가 균일분포) : $E = \dfrac{rQ}{4\pi\varepsilon_0 a^3}$

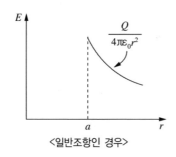 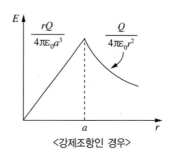

　　　　　〈일반조항인 경우〉　　　　　　　　〈강제조항인 경우〉

② 축 대칭(선전하밀도 : $\lambda[\mathrm{C/m}]$, 원통)

　㉠ 표면$(r > a)$: $E = \dfrac{\lambda}{2\pi\varepsilon_0 r}$

　㉡ 내부$(r < a)$

　　• 일반조항 : $E = 0$

　　• 강제조항(내부에 균일분포) : $E = \dfrac{r\lambda}{2\pi\varepsilon_0 a^2}$

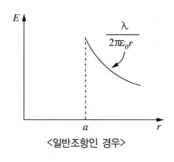 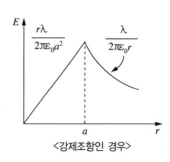

　　　　　〈일반조항인 경우〉　　　　　　　　〈강제조항인 경우〉

③ 무한평면 : $E = \dfrac{\sigma}{2\varepsilon_0}$ (내부 $E = 0$)

　※ 면전하밀도 : $\sigma[\mathrm{C/m^2}]$

④ 표면에 전하분포(표면전하밀도)

$$E = \frac{\sigma}{\varepsilon_0} \ (\text{내부} \ E = 0)$$

⑤ 푸아송의 방정식

㉠ $\mathrm{div}E = \dfrac{\rho}{\varepsilon_0}$ (가우스의 미분형)

㉡ $\nabla^2 V = -\dfrac{\rho}{\varepsilon_0}$ (푸아송의 방정식)

　　※ ρ : 체적전하밀도$[\mathrm{C/m^3}]$

㉢ $\nabla^2 V = 0$ (라플라스 방정식, 전하밀도 $\rho = 0$일 때)

(6) 전기쌍극자

$M = Q \cdot \delta [\mathrm{C \cdot m}]$ (쌍극자의 모멘트)

※ 미소전하 $\pm Q[\mathrm{C}]$, 미소거리 δ 떨어져서 배치

① 전기쌍극자의 전위

$$V = \frac{M}{4\pi\varepsilon_0 r^2} \cos\theta \ [\mathrm{V}]$$

$[\theta = 0°(\text{최대}), \ 90°(\text{최소})]$

② 전기쌍극자의 전계

$$E = \frac{M}{4\pi\varepsilon_0 r^3} \sqrt{1 + 3\cos^2\theta} \ [\mathrm{V/m}]$$

$[\theta = 0°(\text{최대}), \ 90°(\text{최소})]$

(7) 정전응력(면적당 힘)

$$f = \frac{\sigma^2}{2\varepsilon_0} = \frac{1}{2}\varepsilon_0 E^2 = \frac{D^2}{2\varepsilon_0} \ [\mathrm{N/m^2}]$$

(8) 전기이중층

① 이중층의 세기 : $M = \sigma \cdot \delta [\mathrm{C/m}]$

② 이중층의 전위 : $V_P = \dfrac{M}{4\pi\varepsilon_0}\omega [\mathrm{V}]$

　　※ 입체각 $\omega = 2\pi(1 - \cos\theta)$

(1) 전위계수와 용량계수

① 전위계수 P

　㉠ 도체의 크기, 주위 매질, 배치상태의 영향을 받음

　㉡ $P = \dfrac{V}{Q}$ [V/C]$=$[1/F]$=$[1daraf]

　㉢ P_{rr}, $P_{ss} > 0$

　㉣ P_{rs}, $P_{sr} \geq 0$

　㉤ $P_{rs} = P_{sr}$

　㉥ $P_{rr} \geq P_{rs}$

> ※ 정전차폐의 경우
> - $P_{11} = P_{21}$: 도체 2가 도체 1 속에 있음(도체 1이 도체 2를 감싸고 있음)
> - $P_{bc} = 0$: 도체 b와 도체 c 사이의 유도계수는 0이므로 타 도체에 의해 정전차폐가 되어 있음

② 용량계수와 유도계수

　㉠ 용량계수 : q_{rr}, $q_{ss} > 0$

　㉡ 유도계수 : q_{rs}, $q_{sr} \leq 0$

　㉢ $q_{rs} = q_{sr}$

　㉣ $q_{rr} = -\left(q_{r1} + q_{r2} + \cdots + q_{rn}\right)$

(2) 정전 용량

① 구도체 : $C = 4\pi\varepsilon_0 a$[F] (a는 반지름)

② 동심구 : $C = \dfrac{4\pi\varepsilon_0 ab}{b-a}$ [F] (단, a, b는 반지름, $a < b$)

③ 동축케이블(원통) : $C = \dfrac{2\pi\varepsilon_0}{\ln\dfrac{b}{a}}$ [F/m] (단, a, b는 반지름, $a < b$)

④ 평행왕복도선 : $C = \dfrac{\pi\varepsilon_0}{\ln\dfrac{d}{a}}$ [F/m] (a는 반지름, d는 두 원의 중심 간의 거리)

⑤ 평행판 콘덴서 : $C = \dfrac{\varepsilon_0 S}{d}$ [F]

(3) 정전 에너지

$$W = \frac{1}{2}QV = \frac{1}{2}CV^2 \text{[V]} \text{ (충전 중, } V \text{는 일정함)} = \frac{Q^2}{2C} \text{[J]} \text{ (충전 후, } Q \text{는 일정함)}$$

(4) 콘덴서 연결

① 직렬연결 : $C_0 = \dfrac{C_1 C_2}{C_1 + C_2}$

> ※ 콘덴서의 파괴 순서
> - 내압이 같은 경우 : 정전 용량이 적은 콘덴서부터 파괴
> - 내압이 다른 경우 : 총전하량이 적은 콘덴서부터 파괴

② 병렬연결 : $C_0 = C_1 + C_2$

> ※ 일반적인 콘덴서의 연결법 : 병렬연결
> - $V = \dfrac{C_1 V_1 + C_2 V_2}{C_1 + C_2}$

03 다음 중 쿨롱의 법칙(Coulomb's Law)에 대한 설명으로 옳지 않은 것은?

① 힘의 크기는 두 전하량의 곱에 비례한다.

② 힘의 크기는 전하 사이의 거리에 반비례한다.

③ 작용하는 힘은 두 전하가 존재하는 매질에 따라 다르다.

④ 작용하는 힘의 방향은 두 전하를 연결하는 직선과 일치한다.

⑤ 법칙이 성립하기 위해서 상호작용하는 전하는 상대적으로 멈춰 있어야 한다.

04 다음 중 전기력선의 성질에 대한 설명으로 옳지 않은 것은?

① 전기력선은 서로 교차하지 않는다.

② 같은 전기력선은 서로 끌어당긴다.

③ 전기력선은 도체의 표면에 수직이다.

④ 전기력선의 밀도는 전기장의 크기를 나타낸다.

⑤ 전기력선은 전위가 높은 점에서 낮은 점으로 향한다.

05 어느 점전하에 의하여 생기는 전위를 처음 전위의 $\frac{1}{4}$ 이 되게 하려면 전하로부터의 거리를 몇 배로 해야 하는가?

① $\frac{1}{4}$ 배   ② $\frac{1}{2}$ 배

③ 2배   ④ 4배

⑤ 16배

06 진공 중에 $10\mu C$과 $20\mu C$의 점전하를 1m의 거리로 놓았을 때, 작용하는 힘은?

① $18\times10^{-1}N$ ② $2\times10^{-2}N$

③ $9.8\times10^{-9}N$ ④ $98\times10^{-9}N$

⑤ $20\times10^{-2}N$

07 정전 용량이 2,500μF인 콘덴서에 100V를 충전하였을 때 콘덴서에 저장된 에너지는?

① 5J   ② 12.5J

③ 25J   ④ 125J

⑤ 250J

08 면적 5cm^{2}의 금속판을 1mm의 간격을 두고 공기 중에 평행하게 위치시켰을 때, 이 도체 사이의 정전 용량을 구하면?

① 4.4275×10^{-12}F   ② 44.275×10^{-12}F

③ 2.2145×10^{-12}F   ④ 22.145×10^{-12}F

⑤ 221.45×10^{-12}F

09 2μF, 3μF, 5μF인 3개의 콘덴서가 병렬로 접속되었을 때, 합성 정전 용량은?

① 0.97μF   ② 3μF

③ 5μF   ④ 6μF

⑤ 10μF

10 3μF와 6μF의 콘덴서를 직렬로 접속하고 120V의 전압을 가했을 경우 6μF의 콘덴서에 걸리는 단자 전압은?

① 20V   ② 40V

③ 60V   ④ 80V

⑤ 100V

(1) 분극의 세기

유전체의 단위체적당 전기쌍극자모멘트를 뜻함

$$P = \varepsilon_0(\varepsilon_S - 1)E = \left(1 - \frac{1}{\varepsilon_s}\right)D\,[\text{C/m}^2]$$

(2) 전속밀도

$$D = \varepsilon_0\varepsilon_S E = \varepsilon_0 E + \varepsilon_0(\varepsilon_S - 1)E = \varepsilon_0 E + P\,[\text{C/m}^2]$$

(3) 비유전율(ϵ_S)과의 관계

① 전하량이 일정한 경우(힘, 전계, 전위는 감소)

    ㉠ 힘 : $F = \dfrac{1}{\varepsilon_S}F_0$

    ㉡ 전계 : $E = \dfrac{1}{\varepsilon_S}E_0$

    ㉢ 전위 : $V = \dfrac{1}{\varepsilon_S}V_0$

    ㉣ 전기력선수 : $N = \dfrac{1}{\varepsilon_S}N_0$

② 전위가 일정한 경우(전속밀도, 총전하량 증가)

    ㉠ 전속밀도 : $D = \varepsilon_S D_0$

    ㉡ 총전하량 : $Q = \varepsilon_S Q_0$

③ 항상 성립하는 경우(비유전율에 항상 비례)

정전 용량 : $C = \varepsilon_S C_0$

(4) 경계조건

① 경계조건(굴절법칙)

    ㉠ 전속밀도의 법선성분 : $D_1\cos\theta_1 = D_2\cos\theta_2$, $\varepsilon_1 E_1\cos\theta_1 = \varepsilon_2 E_2\cos\theta_2$

    ㉡ 전계의 접선성분 : $E_1\sin\theta_1 = E_2\sin\theta_2$

    ㉢ 경계조건 : $\dfrac{\tan\theta_1}{\tan\theta_2} = \dfrac{\varepsilon_1}{\varepsilon_2}$

    ㉣ $\varepsilon_1 > \varepsilon_2$일 경우 $\theta_1 > \theta_2$

② **맥스웰 응력** : 유전체의 경계면에 작용하는 힘은 유전율이 큰 쪽에서 작은 쪽으로 발생

  ⇒ 수직 : 인장응력, 수평 : 압축응력

    ㉠ 수직으로 입사($\theta = 0°$), $E = 0$, $D = D_1 = D_2$, $f = \dfrac{1}{2}\left(\dfrac{1}{\varepsilon_2} - \dfrac{1}{\varepsilon_1}\right)D^2\,[\text{N/m}^2]$

    ㉡ 평형으로 입사($\theta = 90°$), $D = 0$, $E = E_1 = E_2$, $f = \dfrac{1}{2}(\varepsilon_1 - \varepsilon_2)E^2\,[\text{N/m}^2]$

PART 1

(5) 패러데이관의 특징

① 패러데이관 내의 전속선 수는 일정하다.

② 패러데이관 양단에는 정·부의 단위전하가 있다.

③ 진전하가 없는 점에서는 패러데이관은 연속적이다.

④ 패러데이관의 밀도는 전속밀도와 같다.

⑤ 패러데이관 수와 전속선 수는 같다.

(6) 분극의 종류

① **전자분극** : 단결정 매질에서 전자운과 핵의 상대적인 변위에 의해 재배열한 분극

② **이온분극** : 화합물에서 (+)이온과 (−)이온의 상대적 변위에 의해 재배열한 분극

③ **쌍극자분극** : 유극성 분자가 전계 방향에 의해 재배열한 분극

④ **계면분극** : 두 종류 이상의 혼합절연물에서 계면의 표면에 (+)전하와 (−)전하가 쌓여 나타나는 분극

---

05   전기영상법

(1) 영상전하법

① **평면도체와 점전하** : 평면도체로부터 거리가 $d[\text{m}]$인 곳에 점전하 $Q[\text{C}]$가 있는 경우

  ㉠ [영상전하(Q')]$=-Q[\text{C}]$

  ㉡ 평면과 점전하 사이의 힘 $F=-\dfrac{Q'Q}{4\pi\varepsilon_0(2d)^2}=-\dfrac{Q^2}{16\pi\varepsilon_0 d^2}[\text{N}]$

② **평면도체와 선전하** : 평면도체와 $h[\text{m}]$ 떨어진 평행한 무한장 직선도체에 $\rho[\text{C/m}]$의 선전하가 주어졌을 때, 직선도체의 단위 길이당 받는 힘은 $F=-\rho E=-\rho\cdot\dfrac{\rho}{2\pi\varepsilon_0(2h)}=-\dfrac{\rho^2}{4\pi\varepsilon_0 h}[\text{N/m}]$이다.

(2) 접지도체구

반지름 a의 접지도체구의 중심으로부터 거리가 $d(>a)$인 점에 점전하 $Q[\text{C}]$가 있는 경우

① 영상전하의 크기 : $Q'=-\dfrac{a}{d}Q$

② 영상전하의 위치 : $b=\dfrac{a^2}{d}$

③ 접지도체구와 점전하 사이에 작용하는 힘 : $F=-\dfrac{adQ^2}{4\pi\varepsilon_0(d^2-a^2)^2}$

(1) 전류밀도

① $i = \dfrac{I}{S} = env$

※ $e = 1.602 \times 10^{-19}$C : 전자의 전하량, n[개/m³] : 전자의 개수, v[m/s] : 전자의 이동속도

② $i = kE$[A/m²] (k : 도전율) : 옴의 법칙 미분형

③ $\mathrm{div}\, i = 0$: 전류의 연속성(키르히호프 법칙 미분형)

(2) 저항 : $R = \rho\dfrac{l}{S}[\Omega]$

$$\left(C = \frac{\varepsilon S}{l} \rightarrow RC = \rho\frac{l}{S} \cdot \frac{\varepsilon S}{l} = \rho\varepsilon, \ \ R = \frac{\rho\varepsilon}{C} \right)$$

※ 저항온도계수 : 저항값의 온도에 따른 변화 비율

– 일반적으로 저항온도계수는 양의 값이지만, 반도체의 경우 저항온도계수는 음의 값을 가진다.

$R_T = R_t[1 + \alpha_t(T - t)]$

11 100V, 60W의 전구에 흐르는 전류 I와 저항 R을 각각 구하면?

① 0.2A, 약 167Ω

② 0.5A, 약 150Ω

③ 0.6A, 약 167Ω

④ 1.2A, 약 175Ω

⑤ 1.5A, 약 175Ω

12 다음 중 패러데이관의 특징으로 옳지 않은 것은?

① 진전하가 없는 점에서 패러데이관은 비연속적이다.

② 패러데이관 양단에는 정·부의 단위전하가 있다.

③ 패러데이관의 밀도는 전속밀도와 같다.

④ 패러데이관 내의 전속선 수는 일정하다.

⑤ 패러데이관 수와 전속선 수는 같다.

13 다음 그림과 같이 접지된 반지름 $a[\mathrm{m}]$의 도체구 중심 O에서 $d[\mathrm{m}]$ 떨어진 점 A에 $Q[\mathrm{C}]$의 점전하가 존재할 때, 점 A′에 Q'의 영상전하(Image Charge)를 고려하면 구도체와 점전하 간에 작용하는 힘은?

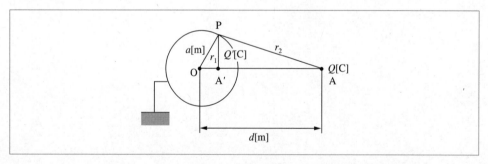

① $F = \dfrac{QQ'}{4\pi\varepsilon_0\left(\dfrac{d^2-a^2}{d}\right)}[\mathrm{N}]$

② $F = \dfrac{QQ'}{4\pi\varepsilon_0\left(\dfrac{d}{d^2-a^2}\right)}[\mathrm{N}]$

③ $F = \dfrac{QQ'}{4\pi\varepsilon_0\left(\dfrac{d^2+a^2}{d}\right)^2}[\mathrm{N}]$

④ $F = \dfrac{QQ'}{4\pi\varepsilon_0\left(\dfrac{d^2-a^2}{d}\right)^2}[\mathrm{N}]$

⑤ $F = \dfrac{QQ'}{4\pi\varepsilon_0\left(\dfrac{d^2-a^2}{d}\right)^4}[\mathrm{N}]$

14 반지름 a, b인 두 구상 도체 전극이 도전율 k인 매질 속에 중심 간의 거리 r만큼 떨어져 놓여 있다. 양 전극 간의 저항은?(단, $r \gg a$, b이다)

① $4\pi k \left(\dfrac{1}{a} + \dfrac{1}{b} \right)$

② $4\pi k \left(\dfrac{1}{a} - \dfrac{1}{b} \right)$

③ $\dfrac{1}{4\pi k} \left(\dfrac{1}{a} + \dfrac{1}{b} \right)$

④ $\dfrac{1}{4\pi k} \left(\dfrac{1}{a} - \dfrac{1}{b} \right)$

⑤ $\dfrac{1}{4\pi k} \left(\dfrac{1}{a} + \dfrac{1}{b} \right)^2$

15 100V의 전압에서 10A의 전류가 흐르는 전기 다리미를 3시간 사용하였다. 이 다리미에서 소비된 전력량은 얼마인가?

① 2,500Wh

② 3,000Wh

③ 3,500Wh

④ 4,000Wh

⑤ 4,500Wh

(1) 정전계와 전자계의 비교

정전계	전자계
• 전하 : $Q[\mathrm{C}]$	• 자하(자극의 세기) : $m[\mathrm{Wb}]$
• 진공의 유전율 : $\varepsilon_0 = 8.855 \times 10^{-12}\,\mathrm{F/m}$	• 진공의 투자율 : $\mu_0 = 4\pi \times 10^{-7}\,\mathrm{H/m}$
• 쿨롱의 법칙 : $F = \dfrac{Q_1 Q_2}{4\pi \varepsilon_0 r^2} = 9 \times 10^9 \cdot \dfrac{Q_1 Q_2}{r^2}\,[\mathrm{N}]$	• 쿨롱의 법칙 : $F = \dfrac{m_1 m_2}{4\pi \mu_0 r^2} = 6.33 \times 10^4 \cdot \dfrac{m_1 m_2}{r^2}\,[\mathrm{N}]$
• 전계의 세기 : $E = \dfrac{Q}{4\pi \varepsilon_0 r^2} = 9 \times 10^9 \cdot \dfrac{Q}{r^2}\,[\mathrm{V/m}]$	• 자계의 세기 : $H = \dfrac{m}{4\pi \mu_0 r^2} = 6.33 \times 10^4 \cdot \dfrac{m}{r^2}\,[\mathrm{AT/m}]$
• 전위 : $V = \dfrac{Q}{4\pi \varepsilon_0 r}\,[\mathrm{V}]$	• 자위 : $u = \dfrac{m}{4\pi \mu_0 r}\,[\mathrm{AT}]$
• 전속밀도 : $D = \varepsilon E[\mathrm{C/m^2}]$	• 자속밀도 : $B = \mu H[\mathrm{Wb \cdot m^2}]$
• 전기력선수 : $N = \dfrac{Q}{\varepsilon_0 \varepsilon_s}$	• 자기력선수 : $S = \dfrac{m}{\mu_0 \mu_s}$
• 분극의 세기 : $P = \varepsilon_0(\varepsilon_S - 1)E = \left(1 - \dfrac{1}{\varepsilon_s}\right)D$	• 자화의 세기 : $J = \mu_0(\mu_S - 1)H = \left(1 - \dfrac{1}{\mu_s}\right)B$
• 전기쌍극자 : $V = \dfrac{M}{4\pi \varepsilon_0 r^2}\cos\theta$, $E = \dfrac{M}{4\pi \varepsilon_0 r^3}\sqrt{1 + 3\cos^2\theta}$ $[\theta = 0°(최대),\ 90°(최소)]$ ※ 쌍극자모멘트 : $M = Q \cdot \delta[\mathrm{C \cdot m}]$	• 자기쌍극자 : $U = \dfrac{M}{4\pi \mu_0 r^2}\cos\theta$, $H = \dfrac{M}{4\pi \mu_0 r^3}\sqrt{1 + 3\cos^2\theta}$ $[\theta = 0°(최대),\ 90°(최소)]$ ※ 쌍극자모멘트 : $M = m \cdot \delta[\mathrm{Wb \cdot m}]$
• 전기이중층 : $V = \dfrac{M}{4\pi \varepsilon_0}\omega[\mathrm{V}]$	• 판자석(자기이중층) : $U = \dfrac{M}{4\pi \mu_0}\omega[\mathrm{AT}]$

• 경계조건
   – 전계의 접선성분 : $E_1 \sin\theta_1 = E_2 \sin\theta_2$
   – 전속밀도의 법선성분 : $D_1 \cos\theta_1 = D_2 \cos\theta_2$
   – 경계조건 : $\dfrac{\tan\theta_1}{\tan\theta_2} = \dfrac{\epsilon_1}{\epsilon_2}$
	• 경계조건
	   – 자계의 접선성분 : $H_1 \sin\theta_1 = H_2 \sin\theta_2$
	   – 자속밀도의 법선성분 : $B_1 \cos\theta_1 = B_2 \cos\theta_2$
	   – 경계조건 : $\dfrac{\tan\theta_1}{\tan\theta_2} = \dfrac{\mu_1}{\mu_2}$

(2) 전류에 의한 자계의 세기

① 원형 전류의 중심(원형 코일에 전류가 흐를 때)

$$H_0 = \frac{NI}{2a}[\text{AT/m}]$$

② 무한장 직선(원통도체)

반지름 a인 원통도체의 전류에 의한 자계

㉠ 외부$(r > a)$: $H = \dfrac{I}{2\pi r}[\text{AT/m}]$

㉡ 내부$(r < a)$: $H = \dfrac{rI}{2\pi a^2}[\text{AT/m}]$

※ 전류가 표면에만 분포된 경우 $H=0$

③ 유한장 직선(직선도체)

$$H = \frac{I}{4\pi r}(\sin\theta_1 + \sin\theta_2)[\text{AT/m}]$$

④ 환상 솔레노이드

㉠ 내부 : $H = \dfrac{NI}{2\pi r}[\text{AT/m}]$ (N : 권수)

㉡ 외부 : $H = 0$

⑤ 무한장 솔레노이드

㉠ 내부 : $H = nI\,[\text{AT/m}]$ (n : [m]당 권수)

㉡ 외부 : $H = 0$

⑥ 자계 내에서 전류 도체가 받는 힘(전동기)

$$\vec{F} = l\vec{I} \times \vec{B} = I\vec{l} \times \vec{B},\ |\vec{F}| = l|\vec{I}||\vec{B}|\sin\theta = I|\vec{l}||\vec{B}|\sin\theta[\text{N}]\text{(플레밍의 왼손 법칙)}$$

⑦ 전하가 평등자계 내를 이동할 때의 유기기전력(발전기)

$$e = (\vec{v} \times \vec{B}) \cdot \vec{l} = |\vec{v}||\vec{B}||\vec{l}|\sin\theta[\text{V}] \text{ (플레밍의 오른손 법칙)}$$

⑧ 회전력(토크)

㉠ 자성체에 의한 토크

$$\vec{T} = \vec{M} \times \vec{H} = |\vec{M}||\vec{H}|\sin\theta = l|\vec{m}||\vec{H}|\sin\theta[\text{N}\cdot\text{m}]$$

㉡ 도체의 회전에 의한 토크

$$\vec{T} = I(\vec{A} \times \vec{B}) = IS|\vec{B}|\sin\theta$$

⑨ 평행도선 사이에 작용하는 힘

$$F = \frac{\mu_0 I_1 I_2}{2\pi r} = \frac{2I_1 I_2}{r} \times 10^{-7}\,\text{N/m}$$

※ 같은 방향 : 흡인력 발생, 반대 방향 : 반발력 발생

⑩ 하전입자에 작용하는 힘(로렌츠의 힘)

$$F = q[E + (v \times B)][\text{N}]$$

⑪ 판자석

㉠ 점 P에서의 자위 : $U_\text{P} = \dfrac{M}{4\pi\mu_0}\omega[\text{AT}]$

㉡ 판자석의 세기 : $M = \sigma[\text{Wb/m}^2] \times \delta[\text{m}]$

16 다음 그림의 O점에서 자계의 크기는?

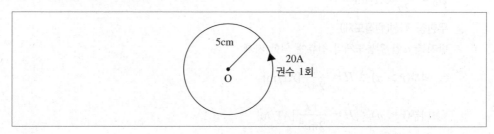

① 1AT/m   ② 2AT/m

③ 20AT/m   ④ 200AT/m

⑤ 2,000AT/m

17 평균 반지름이 10cm이고 감은 횟수 10회의 원형 코일에 5A의 전류를 흐르게 할 때, 코일 중심에서 자기장의 세기는?

① 250AT/m   ② 500AT/m

③ 750AT/m   ④ 1,000AT/m

⑤ 1,250AT/m

18 공기 중에서 반지름이 5cm인 원형 도체에 2A의 전류가 흐를 때, 원의 중심에서의 자기장의 크기는 몇 AT/m인가?

① 5AT/m   ② 10AT/m

③ 20AT/m   ④ 25AT/m

⑤ 30AT/m

19 다음 그림과 같은 자기부상 열차의 전자석이 발생시키는 부상력 F는?(단, 공극에 저장된 자기에 너지는 자속밀도 B, 공기투자율 μ_0, 전자석의 단면적 S, 공극길이 g 등의 관계식으로 결정된다)

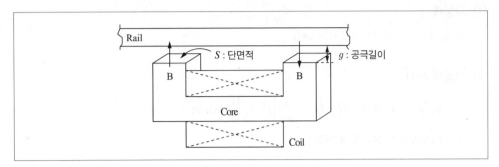

① $F = \dfrac{B^2}{\mu_0} S[\mathrm{N}]$

② $F = \dfrac{B^2}{\mu_0 g} S[\mathrm{N}]$

③ $F = \dfrac{\mu_0 B^2}{g} S[\mathrm{N}]$

④ $F = \dfrac{g B^2}{S \mu_0}[\mathrm{N}]$

⑤ $F = \dfrac{B}{\mu_0}[\mathrm{N}]$

20 간격이 2m이고, 평행한 무한히 긴 단상 송전선로가 가설되었다. 여기에 6,600V, 3A를 송전하면 단위길이당 작용하는 힘은?

① $6.7 \times 10^{-3}\,\mathrm{N/m}$

② $9 \times 10^{-4}\,\mathrm{N/m}$

③ $6.7 \times 10^{-6}\,\mathrm{N/m}$

④ $9 \times 10^{-7}\,\mathrm{N/m}$

⑤ $10.3 \times 10^{-7}\,\mathrm{N/m}$

(1) 자성체
자계 내에 놓았을 때 자화되는 물질

(2) 자화의 세기

$$J = \mu_0 (\mu_S - 1)H = \chi H = \left(1 - \frac{1}{\mu_S}\right)B = \frac{M}{v} \, [\text{Wb/m}^2]$$

(단, 자기모멘트 $M = m\delta \, [\text{Wb} \cdot \text{m}]$)

(3) 자속밀도

$$B = \mu H + J \, [\text{Wb/m}^2]$$

(4) 경계조건

① $H_1 \sin\theta_1 = H_2 \sin\theta_2$ (자계의 접선성분)

② $B_1 \cos\theta_1 = B_2 \cos\theta_2$ (자속밀도의 법선성분)

③ 굴절의 법칙 : $\dfrac{\tan\theta_2}{\tan\theta_1} = \dfrac{\mu_2}{\mu_1}$

　※ $\mu_1 > \mu_2$일 때, $\theta_1 > \theta_2$, $B_1 > B_2$, $H_1 < H_2$

(5) 자기저항

$$R_m = \frac{l}{\mu S} = \frac{NI}{\phi} = \frac{F_m}{\phi} \, [\text{AT/Wb}]$$

※ $F_m = NI = R_m \phi$ (기자력)

(6) 자기회로의 옴의 법칙

$$\phi = \frac{F_m}{R_m} = BS = \frac{\mu SNI}{l} \, [\text{Wb}] \, (자속)$$

(7) 자계 에너지밀도

$$W_m = \frac{1}{2}\mu H^2 = \frac{B^2}{2\mu} = \frac{1}{2}HB [\text{J/m}^3][\text{N/m}^2]$$

21 다음 그림과 같이 $\mu_r = 50$인 선형모드로 작용하는 페라이트 자성체의 전체 자기저항은?(단, 단면적 A=$1m^2$, 단면적 B=$0.5m^2$, 길이 $a=10m$, 길이 $b=2m$이다)

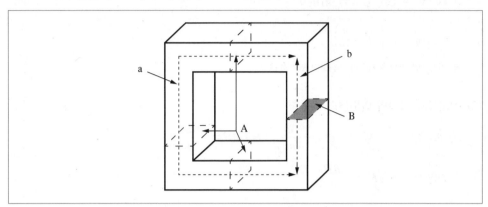

① $\dfrac{7}{25u_0}$

② $\dfrac{7}{1,000u_0}$

③ $\dfrac{7u_0}{25}$

④ $\dfrac{7u_0}{1,000}$

⑤ $\dfrac{7u_0}{500}$

22 비투자율이 450인 환상 철심 중 평균 자계의 세기가 280A/m일 때, 자화의 세기는?

① 약 $0.16Wb/m^2$

② 약 $0.19Wb/m^2$

③ 약 $0.22Wb/m^2$

④ 약 $0.25Wb/m^2$

⑤ 약 $0.33Wb/m^2$

23 자기저항이 2×10^7AT/Wb인 철심이 있는 환상 솔레노이드에 5×10^{-5}Wb의 자속이 통과할 때, 철심의 기자력은?

① 1,000AT

② 1,200AT

③ 1,400AT

④ 1,600AT

⑤ 1,700AT

(1) 패러데이의 전자유도 법칙

$$e = -N\frac{d\phi}{dt} \text{ [V]}, \ \phi = \phi_m \sin\omega t$$

$$= \omega N \phi_m \sin\left(\omega t - \frac{\pi}{2}\right)$$

※ 기전력의 위상은 자속의 위상보다 90° 늦음

(2) 전자유도 법칙의 미분형과 적분형

① 적분형 : $e = \oint_c E \cdot dl = -\frac{d}{dt}\int_s B \cdot dS = -\frac{d\phi}{dt}$ [V]

② 미분형 : $\mathrm{rot}\, E = -\frac{dB}{dt}$

(3) 표피효과

① 표피효과 : 도선의 중심부로 갈수록 전류밀도가 감소하는 현상

② 침투깊이 : $\delta = \sqrt{\dfrac{2}{\omega\mu k}} = \sqrt{\dfrac{1}{\pi f \mu k}}$

※ 침투깊이가 작을수록(f, μ, k가 클수록) 표피효과가 커짐($\omega = 2\pi f$)

(1) 자기 인덕턴스와 상호 인덕턴스

① 자기 인덕턴스 : $L_1 = \dfrac{N_1 \Phi_1}{I_1} = \dfrac{N_1^2}{R_m}$, $L_2 = \dfrac{N_2 \Phi_2}{I_2} = \dfrac{N_2^2}{R_m}$

② 상호 인덕턴스 : $M = \dfrac{N_1 N_2}{R_m}$

(2) 유기기전력

$$e = -L\frac{dI}{dt} = -N\frac{d\phi}{dt} \text{ [V]}, \ LI = N\phi \ (\text{단자전압} : v_L = L\frac{dI}{dt} \text{ [V]})$$

(3) 상호 인덕턴스

$M = k\sqrt{L_1 L_2}$ (M : 상호 인덕턴스[H], k : 결합계수, L_1, L_2 : 자기 인덕턴스[H])

(4) 인덕턴스 계산

① 환상 솔레노이드 : $L = \dfrac{\mu S N^2}{l}$ [H] (S : 단면적[m^2], l : 길이[m], N : 권수)

② 무한장 솔레노이드 : $L = \mu \pi a^2 n^2 = \mu S n^2$ [H/m]

③ 원통도체의 내부 인덕턴스 : $L = \dfrac{\mu}{8\pi}$ [H/m] $= \dfrac{\mu l}{8\pi}$ [H]

④ 동축 케이블 : $L = \dfrac{\mu_1}{2\pi} \ln \dfrac{b}{a} + \dfrac{\mu_2}{8\pi}$ [H/m]

⑤ 평행 왕복도선 : $L = \dfrac{\mu_1}{\pi} \ln \dfrac{d}{a} + \dfrac{\mu_2}{4\pi}$ [H/m]

(5) 합성 인덕턴스

① 상호 인덕턴스가 없는 경우

ㄱ 직렬접속 : $L = L_1 + L_2$ (자속과 같은 방향)

ㄴ 병렬접속 : $L = \dfrac{L_1 L_2}{L_1 + L_2}$ (자속의 반대 방향)

② 상호 인덕턴스가 있는 경우

ㄱ 직렬접속

• $L = L_1 + L_2 + 2M$ (자속과 같은 방향)

• $L = L_1 + L_2 - 2M$ (자속의 반대 방향)

ㄴ 병렬접속

• $L = \dfrac{L_1 L_2 - M^2}{L_1 + L_2 - 2M}$ (자속과 같은 방향)

• $L = \dfrac{L_1 L_2 - M^2}{L_1 + L_2 + 2M}$ (자속의 반대 방향)

(6) 자기에너지

$$W = \dfrac{1}{2} L I^2 \text{[J]} = \dfrac{1}{2} L_1 I_1^2 + \dfrac{1}{2} L_2 I_2^2 \pm M I_1 I_2 \text{ [J]}$$

24 저항이 $20\,\Omega$ 인 코일을 지나는 자속이 $\phi = 10\sin 10t\,[\text{Wb}]$일 때, 유도기전력에 의한 전류 I의 최댓값은?

① 1A

② 5A

③ 10A

④ 15A

⑤ 20A

25 다음 중 유기기전력과 쇄교 자속수의 관계로 옳은 것은?

① 서로 관련이 없다.

② 쇄교 자속수에 비례한다.

③ 쇄교 자속수의 변화에 비례한다.

④ 쇄교 자속수에 반비례한다.

⑤ 쇄교 자속수의 변화에 반비례한다.

26 다음 회로에서 오랫동안 ㉠의 위치에 있던 스위치 SW를 $t = 0_+$ 인 순간에 ㉡의 위치로 전환하였다. 충분한 시간이 흐른 후에 인덕터 L에 저장되는 에너지는?(단, $V_1 = 100\text{V}$, $R = 20\,\Omega$, $L = 0.2\text{H}$이다)

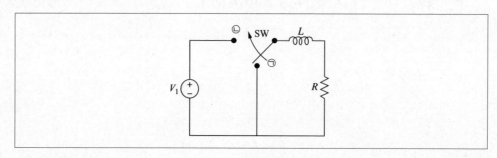

① 0.25J

② 2.5J

③ 25J

④ 250J

⑤ 2,500J

27 상호 인덕턴스가 10mH이고, 두 코일의 자기 인덕턴스가 각각 20mH, 80mH일 때, 상호유도회로에서의 결합계수 k는?

① 0.125

② 0.25

③ 0.375

④ 0.5

⑤ 0.728

28 100회 감은 코일과 쇄교하는 자속이 0.2초 동안 0.7Wb에서 0.5Wb로 감소했다. 이때 유기되는 기전력은?

① 50V

② 100V

③ 150V

④ 200V

⑤ 250V

(1) 변위전류밀도

시간적으로 변화하는 전속밀도에 의한 전류

$$i_d = \frac{I}{S} = \frac{\partial D}{\partial t} = \varepsilon \frac{\partial E}{\partial t} \, [\text{A/m}^2] \; (D \, : \, \text{전속밀도})$$

(2) 맥스웰(Maxwell) 방정식

구분	전기장	자기장
div	$\text{div } D = \rho$	$\text{div } B = 0$
rot	$\text{rot } E = -\dfrac{\partial B}{\partial t}$	$\text{rot } H = \varepsilon \dfrac{\partial E}{\partial t} + J$

(3) 고유(파동, 특성) 임피던스

$$Z_0 = \frac{E}{H} = \sqrt{\frac{\mu}{\varepsilon}} = \sqrt{\frac{\mu_0}{\varepsilon_0}} \sqrt{\frac{\mu_s}{\varepsilon_s}} = 377 \sqrt{\frac{\mu_s}{\varepsilon_s}} \, [\Omega]$$

① 전송회로 특성 임피던스

$$Z_0 = \frac{V}{I} = \sqrt{\frac{Z}{Y}} = \sqrt{\frac{R + j\omega L}{G + j\omega C}} \fallingdotseq \sqrt{\frac{L}{C}} \, [\Omega]$$

② 동축케이블의 특성 임피던스

$$Z_0 = \sqrt{\frac{\mu}{\varepsilon}} \cdot \frac{1}{2\pi} \ln \frac{b}{a} = 138 \sqrt{\frac{\mu_s}{\varepsilon_s}} \log \frac{b}{a} \, [\Omega]$$

(4) 전파(위상) 속도

$$v = \frac{1}{\sqrt{LC}} = \frac{1}{\sqrt{\varepsilon \mu}} = \frac{3 \times 10^8}{\sqrt{\varepsilon_s \mu_s}} [\text{m/s}]$$

(5) 파장

$$\lambda = \frac{c}{f} = \frac{1}{f \sqrt{\mu \varepsilon}} \, [\text{m}] \; (c \, : \, \text{광속})$$

(6) 포인팅 벡터(방사 벡터)

$$\overrightarrow{P} = \overrightarrow{E} \times \overrightarrow{H} = |E||H| \sin\theta \; (\text{서로 수직일 때 } EH\sin 90° = EH[\text{w/m}^2])$$

29 콘크리트($\varepsilon_s = 4$, $\mu_s \fallingdotseq 1$) 중 전자파의 고유 임피던스는?

① 70.8Ω   ② 103.5Ω

③ 140.5Ω   ④ 188.5Ω

⑤ 203.5Ω

30 다음 중 전자기파에 대한 설명으로 옳은 것은?

① 전자기파는 양자들의 집합이다.

② 음극선은 전자기파의 일종이다.

③ 전기장과 자기장의 방향은 평행이다.

④ 진공 중에서의 전파 속도는 파장에 따라 다르다.

⑤ 시간에 따른 전기장의 변화가 자기장을 유도한다.

02 │ 전력공학

---

01 전선로

(1) 송전 방식

① 직류 송전의 특징

㉠ 서로 다른 주파수로 비동기 송전 가능하다.

㉡ 리액턴스가 없으므로 리액턴스 강하가 없으며, 안정도가 높고 송전효율이 좋다.

㉢ 유전체 손실과 연피 손실이 없다.

㉣ 표피효과 또는 근접효과가 없어 실효저항의 증대가 없다.

㉤ 절연 레벨을 낮출 수 있다.

㉥ 직류·교류 변환 장치가 필요하며 설비비가 비싸다.

㉦ 전류의 차단 및 전압의 변성이 어렵다.

② 교류 송전의 특징

㉠ 전압의 승압, 강압이 용이하다.

㉡ 회전자계를 얻기 쉽다.

㉢ 전 계통을 일관되게 운용 가능하다.

㉣ 표피효과 및 코로나 손실이 발생한다.

㉤ 안정도가 낮다.

㉥ 주파수가 다른 계통끼리 연결이 불가능하다.

(2) 전선

① 전선의 구비조건

㉠ 도전율, 기계적 강도, 내구성, 내식성이 커야 한다.

㉡ 중량이 가볍고, 밀도가 작아야 한다.

㉢ 가선 공사, 유연성(가공성)이 용이해야 한다.

㉣ 가격이 저렴해야 한다.

※ 경제적인 전선의 굵기 선정 : 허용전류, 전압 강하, 기계적 강도, 전선의 길이

② 연선

㉠ 소선의 총수 : $N = 3n(n+1)+1$

㉡ 연선의 바깥지름 : $D = (2n+1)d$[mm] (d : 소선의 지름)

㉢ 연선의 단면적 : $A = \dfrac{1}{4}\pi d^2 \times N$[mm²] ($N$: 소선의 총수)

③ 진동과 도약

　　㉠ 진동 : 가볍고 긴 선로 및 풍압에 의해 발생

　　　• 가벼운 강심 알루미늄선(ACSR)은 경동선에 비해 진동이 심함

　　　• 방지법 : 댐퍼, 아머로드 설치, 특수 클램프 채용 등

　　㉡ 도약 : 전선에 쌓인 빙설이 떨어지면 처진 전선이 도약하여 혼촉(단락)이 발생할 가능성이 높음
　　　(Off-set 방식으로 방지)

④ 처짐정도 및 전선의 길이

　　㉠ 처짐정도(Dip) : $D = \dfrac{WS^2}{8T}$ [m] (W : 전선의 중량[N/m], S : 경간[m], T : 수평장력)

　　㉡ 전선의 실제 길이 : $L = S + \dfrac{8D^2}{3S}$ [m]

⑤ 온도 변화 시 처짐정도($D_1 \rightarrow D_2$)

$$D_2 = \sqrt{D_1{}^2 \pm \frac{3}{8}atS^2}\,[\text{m}] \quad (t : \text{온도차[℃]}, \ a : \text{온도계수})$$

⑥ 전선의 합성하중

$$W = \sqrt{(W_c + W_i)^2 + W_w{}^2}\,[\text{N/m}]$$

$[W_c$: 전선하중(수직하중), W_i : 빙설하중(수직하중), W_w : 풍압하중(수평하중)$]$

(3) 애자(Insulator)

① 기능 : 전선을 지지하고 절연물과 절연

② 애자가 갖추어야 할 조건

　　㉠ 절연내력이 커야 한다.

　　㉡ 절연 저항이 커야 한다(누설 전류가 적을 것).

　　㉢ 기계적 강도가 커야 한다.

　　㉣ 온도 급변에 견디고 습기를 흡수하지 않아야 한다.

③ 전압부담

　　㉠ 최대 : 전선에 가장 가까운 애자

　　㉡ 최소 : 철탑(접지측)에서 1/3 또는 전선에서 2/3 위치에 있는 애자

④ 애자의 연효율(연능률)

$$\eta = \frac{V_n}{n\,V_1} \times 100 \quad (V_n : \text{애자련의 전체 섬락전압}, \ n : \text{애자의 개수}, \ V_1 : \text{애자 1개의 섬락전압})$$

⑤ 전압별 현수애자의 수

전압	22.9kV	66kV	154kV	345kV	765kV
애자 수	2~3개	4~6개	9~11개	19~23개	약 40개

⑥ 애자련 보호 대책 : 소호환(Arcing Ring), 소호각(Arcing Horn)

　　㉠ 섬락(뇌섬락, 역섬락) 시 애자련 보호

　　㉡ 애자련의 전압 분포 개선

(4) 지지물

① 종류 : 목주, 철주, 콘크리트주(배전용), 철탑(송전용)

② 철탑의 종류

    ㉠ 직선형 : 수평각도 3° 이내(A형)

    ㉡ 각도형 : 수평각도 3 ~ 20° 이내(B형), 수평각도 20 ~ 30° 이내(C형)

    ㉢ 인류형 : 가섭선을 인류하는 장소에 사용(D형)

    ㉣ 내장형 : 수평각도 30° 초과 또는 불균형 장력이 심한 장소에 사용(E형)

    ㉤ 보강형 : 불균형 장력에 대해 $\dfrac{1}{6}$ 을 더 견딜 수 있게 한 철탑

---

02   선로정수와 코로나

(1) 선로정수

① 인덕턴스

    ㉠ 단도체 : $L = 0.05 + 0.4605\log_{10}\dfrac{D}{r}$ [mH/km] (D : 선간 거리, r : 전선의 반지름)

    ㉡ 다도체 : $L = \dfrac{0.05}{n} + 0.4605\log_{10}\dfrac{D}{r_e}$ [mH/km] ($r_e = \sqrt[n]{r \cdot s^{n-1}}$)

    ㉢ 작용 인덕턴스 : (자기 인덕턴스)+(상호 인덕턴스)

② 정전 용량

    ㉠ 정전 용량

      • 단도체 : $C = \dfrac{0.02413}{\log_{10}\dfrac{D}{r}}$ [μF/km]

      • 다도체 : $C = \dfrac{0.02413}{\log_{10}\dfrac{D}{r_e}}$ [μF/km]

    ㉡ 작용 정전 용량(1 선당)=(대지 정전 용량)+(상호 정전 용량)

      • 단상 2선식 : $C = C_s + 2C_m$

      • 3상 3선식 : $C = C_s + 3C_m$

> ※ **전선 위치 바꿈(Transposition)**
>   • 목적 : 선로정수 평형
>   • 효과 : 선로정수 평형, 정전 유도 장해 방지, 직렬 공진에 의한 이상 전압 상승 방지

    ㉢ 충전전류 : $I_c = 2\pi f C_w \dfrac{V}{\sqrt{3}}$ [A] (C_w : 작용 정전 용량)

(2) 코로나

전선 주위 공기의 부분적인 절연 파괴가 일어나 빛과 소리가 발생하는 현상

① 임계전압

$$E = 24.3 m_0 m_1 \delta d \log_{10} \frac{D}{r} \,[\text{kV}]$$

[m_0 : 전선의 표면 상태(단선 : 1, 연선 : 0.8), m_1 : 날씨 계수(맑은 날 : 1, 우천 시 : 0.8), δ : 상대공기밀도$\left(\dfrac{0.386b}{273+t}\right)$ → b : 기압, t : 온도, d : 전선의 지름, r : 전선의 반지름, D : 선간 거리]

② 코로나의 영향과 대책

영향	• 통신선의 유도 장해 • 코로나 손실 → 송전 손실 → 송전효율 저하 • 코로나 잡음 및 소음 • 오존(O_3)에 의한 전선의 부식 • 소호리액터에 대한 영향(소호 불능의 원인) • 진행파의 파고값 감소
대책	• 전선의 지름을 크게 한다. • 복도체(다도체)를 사용한다.

③ 코로나 손실(Peek식)

$$P_c = \frac{245}{\delta}(f + 25)\sqrt{\frac{d}{2D}}(E - E_0)^2 \times 10^{-5}\,[\text{kW/km/line}]$$

(δ : 상대공기밀도, f : 주파수, D : 선간 거리, d : 전선의 지름, E_0 : 코로나 임계전압, E : 전선의 대지전압)

01 다음 중 직류 송전의 특징으로 옳지 않은 것은?

① 절연 레벨을 낮출 수 있다.

② 유전체 손실과 연피 손실이 없다.

③ 서로 다른 주파수로 비동기 송전이 가능하다.

④ 표피효과 또는 근접효과가 없어 실효저항의 증대가 없다.

⑤ 전류 차단 및 전압의 변성이 쉽다.

02 가공 전선로에 사용되는 전선의 구비조건으로 옳지 않은 것은?

① 기계적인 강도가 클 것　　　　　② 도전율이 클 것

③ 비중(밀도)이 클 것　　　　　　　④ 내구성이 클 것

⑤ 중량이 가벼울 것

03 고저 차가 없는 가공 전선로에서 전선의 처짐정도 및 전선 중량을 일정하게 하고 지지물 간 거리를 3배로 했을 때, 전선의 수평장력은 몇 배가 되는가?

① 4배　　　　　　　　　　　　② 9배

③ 16배　　　　　　　　　　　 ④ 27배

⑤ 32배

04 250mm 현수애자 1개의 건조섬락전압은 80kV이다. 이것을 10개 직렬로 접속한 애자련의 건조섬락전압이 600kV일 때, 애자의 연효율은?

① 25%　　　　　　　　　　　② 65%

③ 75%　　　　　　　　　　　④ 130%

⑤ 145%

05 60Hz, 154kV, 길이 300km인 3상 송전선로에서 대지 정전 용량 $C_s = 0.008\mu\text{F/km}$, 전선 간의 상호 정전 용량 $C_m = 0.0018\mu\text{F/km}$일 때 1선에 흐르는 충전전류는?

① 약 67.8A　　　　　　　　　② 약 134.7A

③ 약 178.9A　　　　　　　　 ④ 약 213.6A

⑤ 약 224.1A

(1) 단거리 송전 선로(50km 이하)

임피던스 Z 존재, 어드미턴스 Y는 무시, 집중 정수 회로

① 3상 송전전압 : $V_S \fallingdotseq V_R + \sqrt{3}\,I(R\cos\theta + X\sin\theta)\,[\text{V}]$

② 단상 송전전압 : $E_S \fallingdotseq E_R + I(R\cos\theta + X\sin\theta)\,[\text{V}]$

③ 전압 강하

   ㉠ $1\phi(E=V)$: 단상

$$e = E_s - E_r = V_s - V_r = RI\cos\theta + IX\sin\theta = I(R\cos\theta + X\sin\theta)$$

   ㉡ $3\phi(V=\sqrt{3}\,E)$: 3상

$$e = E_s - E_r = I(R\cos\theta + X\sin\theta) = \sqrt{3}\,E_s - \sqrt{3}\,E_r$$

$$= V_s - V_r = \sqrt{3}\,I(R\cos\theta + X\sin\theta)$$

$$= \frac{P}{V_r}(R + X\tan\theta)$$

④ 전압 강하율

$$\varepsilon = \frac{V_s - V_r}{V_r} \times 100$$

$$= \frac{e}{V_r} \times 100$$

$$= \frac{P}{V_r^{\,2}}(R + X\tan\theta) \times 100$$

⑤ 전압 변동률

$$\delta = \frac{V_{r_0} - V_r}{V_r} \times 100 \;(V_{r_0} : \text{무부하 수전단 전압},\; V_r : \text{수전단 전압})$$

⑥ 전력 손실(선로 손실)

$$P_l = 3I^2 R = 3\left(\frac{P}{\sqrt{3}\,V\cos\theta}\right)^2 R \;\left(R = \rho\frac{l}{A}\right)$$

$$= 3\frac{P^2 R}{3\,V^2\cos^2\theta} = \frac{P^2 R}{V^2\cos^2\theta} = \frac{P^2 \rho l}{V^2\cos^2\theta\,A}$$

⑦ 전력 손실률

$$K = \frac{P_l}{P} \times 100 = \frac{\dfrac{P^2 R}{V^2\cos^2\theta}}{P} \times 100 = \frac{PR}{V^2\cos^2\theta} \times 100$$

(2) 중거리 송전 선로(50 ~ 100km)

Z, Y 존재, 4단자 정수에 의하여 해석, 집중 정수 회로

① 4단자 정수

$$\begin{bmatrix} E_s \\ I_s \end{bmatrix} = \begin{bmatrix} A \ B \\ C \ D \end{bmatrix} \begin{bmatrix} E_r \\ I_r \end{bmatrix} = \begin{matrix} AE_r + BI_r \\ CE_r + DI_r \end{matrix}$$

$$E_s = AE_r + BI_r$$

$$I_s = CE_r + DI_r$$

② T형 회로와 π형 회로의 4단자 정수값

구분		T형	π형
A	$\left.\dfrac{E_s}{E_r}\right\|_{I_r=0}$	$A = 1 + \dfrac{ZY}{2}$	$A = 1 + \dfrac{ZY}{2}$
B	$\left.\dfrac{E_s}{I_r}\right\|_{V_r=0}$	$B = Z\left(1 + \dfrac{ZY}{4}\right)$	$B = Z$
C	$\left.\dfrac{E_s}{E_r}\right\|_{I_r=0}$	$C = Y$	$C = Y\left(1 + \dfrac{ZY}{4}\right)$
D	$\left.\dfrac{E_s}{I_r}\right\|_{V_r=0}$	$D = 1 + \dfrac{ZY}{2}$	$D = 1 + \dfrac{ZY}{2}$

(3) 장거리 송전 선로(100km 초과)

분포 정수 회로(어느 위치에서 보아도 특성 임피던스가 같은 회로)

① 특성(파동) 임피던스 : 거리와 무관

$$Z_0 = \sqrt{\frac{Z}{Y}} \fallingdotseq \sqrt{\frac{L}{C}} = 138\log\frac{D}{r}[\Omega] \quad (Z : \text{단락 임피던스}, \ Y : \text{개방 어드미턴스})$$

② 전파 정수

$$\gamma = \sqrt{ZY} = \sqrt{(R + j\omega L)(G + j\omega C)} = \alpha + j\beta \quad (\alpha : \text{감쇠정수}, \ \beta : \text{위상정수})$$

③ 전파 속도

$$v = \frac{\omega}{\beta} = \frac{1}{\sqrt{LC}} = 3 \times 10^5 \text{km/s} = 3 \times 10^8 \text{m/s}$$

(1) 의미

전력 계통에서 상호협조 하에 동기 이탈하지 않고 안정되게 운전할 수 있는 정도

(2) 종류

① **정태 안정도** : 부하를 서서히 증가시켜 계속해서 어느 정도 안정하게 송전할 수 있는 능력
② **동태 안정도** : 고속 자동 전압 조정기(AVR)나 조속기 등으로 전류를 제어할 경우의 정태 안정도
③ **과도 안정도** : 부하 급변 시나 사고 시에도 어느 정도 안정하게 송전을 계속할 수 있는 능력

(3) 안정도 향상 대책

① 직렬 리액턴스를 작게 한다(발전기나 변압기 리액턴스를 작게, 병행회선수를 늘리거나 복도체 또는 다도체 방식 사용, 직렬 콘덴서 삽입).
② 전압 변동을 작게 한다(단락비를 크게, 속응 여자 방식 채택, 중간 조상 방식 채택, 계통 연계).
③ 고장 구간을 신속히 차단한다(적당한 중성점 접지 방식 채용, 고속 재연결 방식 채용, 차단기 고속화).
④ 고장 시 발전기 입출력의 불평형을 작게 한다.

(4) 전력원선도

① 전력원선도 작성 시 필요한 것 : 송·수전단 전압, 일반회로 정수(A, B, C, D)
② 원선도 반지름 : $\rho = \dfrac{V_S V_R}{B}$ (V_S : 송전단 전압, V_R : 수전단 전압, B : 리액턴스)
③ 알 수 있는 것 : 정태 안정 극한 전력, 조상 설비 용량, 4단자 정수에 의한 손실, 선로 손실과 송전 효율, 선로의 일반회로 정수, 필요한 전력을 보내기 위한 송전단·수전단 상차각
④ 알 수 없는 것 : 과도 안정 극한 전력, 코로나 손실

(5) 무효 전력 보상 설비

① 동기 무효 전력 보상 장치 : 무부하로 운전하는 동기전동기
  ㉠ 과여자 운전 : 콘덴서로 작용, 진상
  ㉡ 부족 여자 운전 : 리액터로 작용, 지상
  ㉢ 증설이 어려움, 손실 최대(회전기)
② 콘덴서 : 충전전류, 90° 앞선 전류, 진상전류

직렬 콘덴서	병렬 콘덴서
$e = \sqrt{3}\,I(R\cos\theta + X\sin\theta)$ $X = X_L - X_C$ 전압 강하 보상	역률 개선

(6) 송전 용량

① 고유부하법 : $P = \dfrac{V^2}{Z_0} = \dfrac{V^2}{\sqrt{\dfrac{L}{C}}}$[MW/회선] ($V$: 수전단 전압, Z_0 : 선로의 특성임피던스)

② 용량계수법 : $P = k\dfrac{V_r{}^2}{l}$[kW] (k : 용량계수, l : 송전거리[km], V_r : 수전단 전압[kV])

③ 리액턴스법

$P = \dfrac{V_s V_r}{X}\sin\delta$[MW], 보통 $30 \sim 40°$ 운영

(δ : 송·수전단 전압의 상차각, V_s : 송전단 전압[kV], V_r : 수전단 전압[kV], X : 리액턴스)

(7) 경제적인 송전 전압의 결정(Still의 식)

$V_S = 5.5\sqrt{0.6l + \dfrac{P}{100}}$[kV] ($l$: 송전 거리[km], P : 송전 전력[kW])

---

05 고장계산

(1) 옴[Ω]법

① 단락 전류 : $I_S = \dfrac{E}{Z} = \dfrac{E}{\sqrt{R^2 + X^2}}$[A]

② 단락 용량 : $P_S = 3EI_S = \sqrt{3}\,VI_S$[VA]

(2) 단위법

① $\%Z = \dfrac{I_n Z}{E} \times 100 = \dfrac{PZ}{10V^2}$[%]

② 단락 전류 : $I_S = \dfrac{100}{\%Z}I_n$[A]

③ 단락 용량 : $P_S = \dfrac{100}{\%Z}P_n$[MVA] ($P_n$: 기준 용량)

(3) 대칭좌표법

불평형전압 또는 불평형전류를 3상(영상분, 정상분, 역상분)으로 나누어 계산

① 대칭좌표법

   ⊙ 대칭 성분

      • 영상분 : $V_0 = \dfrac{1}{3}(V_a + V_b + V_c)$

      • 정상분 : $V_1 = \dfrac{1}{3}(V_a + aV_b + a^2 V_c)$

      • 역상분 : $V_2 = \dfrac{1}{3}(V_a + a^2 V_b + aV_c)$

   ⓒ 각상 성분

      • $V_a = (V_0 + V_1 + V_2)$

      • $V_b = (V_0 + a^2 V_1 + aV_2)$

      • $V_c = (V_0 + aV_1 + a^2 V_2)$

      ※ 연산자 : $a = \angle 120° = -\dfrac{1}{2} + j\dfrac{\sqrt{3}}{2}$, $a^2 = -\dfrac{1}{2} - j\dfrac{\sqrt{3}}{2}$

② 교류 발전기 기본 공식

   $V_0 = -Z_0 I_0,\ \ V_1 = E_a - Z_1 I_1,\ \ V_2 = -Z_2 I_2$

③ 1선 지락사고

   ⊙ 대칭분 : $I_0 = I_1 = I_2$

   ⓒ 지락전류 : $I_g = 3I_0 = \dfrac{3E_a}{Z_0 + Z_1 + Z_2}$

④ 기기별 임피던스의 관계

   ⊙ 변압기 : $Z_0 = Z_1 = Z_2$

   ⓒ 송전 선로 : $Z_0 > Z_1 = Z_2$

06 다음 중 전력계통에서 안정하게 운전되는 능력인 안정도의 종류로 옳은 것을 〈보기〉에서 모두 고르면?

> 보기
> ㄱ. 동태 안정도   ㄴ. 과도 안정도
> ㄷ. 전압 안정도   ㄹ. 정태 안정도

① ㄱ, ㄴ   ② ㄴ, ㄷ
③ ㄷ, ㄹ   ④ ㄱ, ㄴ, ㄷ
⑤ ㄱ, ㄴ, ㄹ

07 송전단 전압이 160kV, 수전단 전압이 150kV, 두 전압 사이의 위상차가 30°, 전체 리액턴스가 50Ω이고, 선로 손실이 없다면 송전단에서 수전단으로 공급되는 전송 전력은 몇 MW인가?

① 120MW   ② 180.5MW
③ 240MW   ④ 285.5MW
⑤ 305MW

08 다음 중 3상 단락 사고가 발생한 경우로 옳지 않은 것은?(단, V_0 : 영상전압, V_1 : 정상전압, V_2 : 역상전압, I_0 : 영상전류, I_1 : 정상전류, I_2 : 역상전류이다)

① $V_2 = V_0 = 0$ ② $V_0 = I_2 = 0$
③ $I_1 = I_2 = 0$ ④ $V_1 = I_0 = 0$
⑤ $V_1 = V_2 = 0$

(1) 중성점 접지 방식

① 비접지 방식(3.3kV, 6.6kV)

㉠ 저전압 단거리, △ − △ 결선을 많이 사용

㉡ 1상 고장 시 V − V 결선 가능(고장 중 운전 가능)

㉢ 1선 지락 시 전위는 $\sqrt{3}$ 배 상승

② 직접접지 방식(154kV, 345kV, 745kV)

㉠ 유효접지 방식 : 1선 지락 사고 시 전압 상승이 상규 대지전압의 1.3배 이하가 되도록 하는 접지 방식

㉡ 직접접지 방식의 장·단점

• 장점 : 전위 상승 최소, 단절연·저감 절연 가능, 지락전류 검출 쉬움(지락보호 계전기 동작 확실), 피뢰기효과 증가

• 단점 : 지락전류가 저역률 대전류이므로 과도안정도 저하, 인접 통신선의 유도 장해 큼, 대용량 차단기, 차단기 동작 빈번해 수명 경감

③ 저항접지 방식

㉠ 고저항접지($100 \sim 1,000\,\Omega$)

㉡ 저저항접지($30\,\Omega$)

④ 소호리액터 방식[병렬 공진 이용 → 전류(지락전류) 최소, 66kV]

㉠ 소호리액터 크기

• $X_L = \dfrac{1}{3\omega Cs} - \dfrac{X_t}{3}\,[\Omega]$ (X_t : 변압기의 리액턴스)

• $L_L = \dfrac{1}{3\omega^2 C_S} - \dfrac{L_t}{3}\,[\mathrm{H}]$

㉡ 소호리액터 용량(3선 일괄의 대지 충전 용량)

$$Q_L = E \times I_L = E \times \frac{E}{\omega L} = \frac{E^2}{\omega L} = 3\omega C_s E^2 \times 10^{-3}\,\mathrm{kVA}$$

㉢ 합조도(과보상)

구분	공진식	공진 정도	합조도
$I_L > I_C$	$\omega_L < \dfrac{1}{3\omega C_S}$	과보상(10%)	+
$I_L = I_C$	$\omega_L = \dfrac{1}{3\omega C_S}$	완전 공진	0
$I_L < I_C$	$\omega_L > \dfrac{1}{3\omega C_S}$	부족 보상	−

⑤ 소호리액터 접지 장·단점

㉠ 장점 : 지락전류 최소, 지락 아크 소멸, 과도 안정도 최대, 고장 중 운전 가능, 유도장해 최소

㉡ 단점 : 1선 지락 시 건전상의 전위 상승 최대($\sqrt{3}$ 배 이상), 보호 계전기 동작 불확실, 고가의 설비

09 3상 3선식 소호리액터 접지방식에서 1상의 대지 정전 용량을 $C[\mu\text{F}]$, 상전압 $E[\text{kV}]$, 주파수 $f[\text{Hz}]$라 하면, 소호리액터의 용량은?

① $\pi f C E^2 \times 10^{-3} \text{kVA}$

② $2\pi f C E^2 \times 10^{-3} \text{kVA}$

③ $3\pi f C E^2 \times 10^{-3} \text{kVA}$

④ $6\pi f C E^2 \times 10^{-3} \text{kVA}$

⑤ $8\pi f C E^2 \times 10^{-3} \text{kVA}$

10 1상의 대지정전용량 $C[\text{F}]$, 주파수 $f[\text{Hz}]$인 3상 송전선에 소호리액터를 설치하고자 할 때, 소호리액터의 공진 리액턴스(X_L)의 크기는?(단, 변압기 한상 리액턴스 X_t를 고려한다)

① $\dfrac{1}{3\omega C_s} - \dfrac{X_t}{3}$

② $\dfrac{1}{3\omega C_s} - 3X_t$

③ $\dfrac{1}{3\omega C_s} + \dfrac{X_t}{3}$

④ $\dfrac{1}{3\omega C_s} + 3X_t$

⑤ $\dfrac{1}{3\omega^2 C_s} - \dfrac{X_t}{3\omega}$

(1) 이상전압

① 내부 이상전압 : 직격뢰, 유도뢰를 제외한 나머지

㉠ 개폐 이상전압 : 무부하 충전전류 개로 시 가장 큼, 무부하 송전 선로의 개폐, 전력용 변압기 개폐, 고장전류 차단

㉡ 1선 지락 사고 시 건전상의 대지전위 상승

㉢ 잔류전압에 의한 전위 상승

㉣ 경(무)부하 시 페란티 현상에 의한 전위 상승

② 외부 이상전압

㉠ 원인 : 직격뢰, 유도뢰, 다른 송전선로와의 혼촉사고 및 유도

㉡ 방호 대책

• 피뢰기 : 기계 기구 보호(변압기 보호설비)

• 가공지선 : 직격뢰, 유도뢰 차폐, 일반적으로 45° 이하 설계

• 매설지선 : 역섬락 방지(철탑저항을 작게)

③ 파형

㉠ 표준 충격파 : $1.2 \times 50 \mu s$

㉡ 내부 · 외부 이상전압은 파두장, 파미장 모두 다름

④ 반사와 투과계수

㉠ 반사계수 $\beta = \dfrac{Z_2 - Z_1}{Z_2 + Z_1}$ (무반사조건 : $Z_1 = Z_2$)

㉡ 투과계수 $r = \dfrac{2Z_2}{Z_2 + Z_1}$

(2) 피뢰기(L.A) : 변압기 보호

① 구성

㉠ 직렬 갭 : 이상전압 시 대지로 방전, 속류 차단

㉡ 특성 요소 : 임피던스 성분 이용, 방전전류 크기 제한

㉢ 실드링 : 전 · 자기적 충격 완화

② 피뢰기 정격전압

㉠ 속류를 차단하는 교류 최고 전압

㉡ 직접접지 계통 : 0.8 ~ 1.0배

㉢ 저항 또는 소호리액터 접지 계통 : 1.4 ~ 1.6배

③ 피뢰기 제한전압(절연 협조의 기본)

㉠ 피뢰기 동작 중 단자전압의 파고값

㉡ 뇌전류 방전 시 직렬 갭 양단에 나타나는 교류 최고 전압

㉢ 피뢰기가 처리하고 남는 전압

② (제한전압)=(이상전압 투과전압)−(피뢰기가 처리한 전압)

$$e_a = e_3 - V = \left(\frac{2Z_2}{Z_2 + Z_1}\right)e_i - \left(\frac{Z_2 \cdot Z_1}{Z_2 + Z_1}\right)i_a$$

④ 구비조건

  ㉠ 제한전압이 낮아야 한다.

  ㉡ 속류 차단 능력이 우수해야 한다.

  ㉢ 충격 방전개시전압이 낮아야 한다.

  ㉣ 상용 주파 방전개시전압이 높아야 한다.

⑤ 절연 협조 : 피뢰기의 제한전압< 변압기의 기준충격 절연강도(BIL)< 부싱, 차단기< 결합콘덴서< 선로애자(피뢰기의 제1보호대상 : 변압기)

⑥ 절연체계

  ㉠ 내뢰 : 견디도록 설계

  ㉡ 외뢰 : 피뢰장치로 보호 및 절연

(3) 단로기(DS)

① 부하 차단 및 개폐 불가

② 선로 기기의 접속 변경

③ 기기를 선로로부터 완전 개방

④ 무부하 선로의 개폐

⑤ 차단기 앞에 직렬 시설(선로 개폐유무 확인 가능)

(4) 차단기(Breaker)

① 목적

  ㉠ 정상 시 부하전류 안전하게 통전

  ㉡ 사고 시 전로를 차단하여 기기나 계통 보호

② 동작 책무

  ㉠ 일반용

    • A형 : O−1분−CO−3분−CO

    • B형 : CO−15초−CO

  ㉡ 고속도 재투입용 : O−t초−CO−1분−CO

③ 차단 시간

  ㉠ 트립코일 여자로부터 소호까지의 시간

  ㉡ 개극 시간과 아크 시간의 합(3~8Hz)

④ 차단 용량(3상)

$$P_S = \sqrt{3} \times (\text{정격전압}) \times (\text{정격차단전류}) \ (\text{단락 용량}, \ P_S = \frac{100}{\%Z}P_n[\text{MVA}])$$

⑤ 차단기 트립 방식
　　㉠ 직류전압 트립 방식
　　㉡ 콘덴서 트립 방식
　　㉢ 과전류 트립 방식
　　㉣ 부족전압 트립 방식
⑥ 인터록(Interlock) : 차단기가 열려 있어야 단로기 조작 가능
⑦ 차단기 종류(소호매질에 따른 분류)

종류	특징	소호매질
공기차단기 (ABB)	• 소음이 큼 • 공기압축설비 필요($10 \sim 30\text{kg}_f/\text{cm}^2$)	압축 공기
가스차단기 (GCB)	• 밀폐 구조이므로 소음이 없음(공기차단기와 비교했을 때 장점) • 공기의 $2 \sim 3$배 정도의 절연내력을 가짐 • 소호능력 우수(공기의 $100 \sim 200$배) • 무색, 무취, 무독성, 난연성(불활성) • 154kV, 345kV	SF_6
유입차단기 (OCB)	• 방음 설비 불필요 • 부싱 변류기 사용 가능 • 화재 위험이 있음	절연유
자기차단기 (MBB)	• 보수 및 점검 용이 • 전류 절단에 의한 과전압이 발생하지 않음 • 고유 주파수에 차단 능력이 좌우되지 않음	전자력
진공차단기 (VCB)	• 소내 공급용 회로(6kV급) • 차단 시간이 짧고 폭발음이 없음 • 고유 주파수에 차단 능력이 좌우되지 않음	진공
기중차단기 (ACB)	• 소형, 저압용 차단기	대기

(5) 보호 계전기(Relay)

① 보호 계전기의 구비조건
　　㉠ 열적, 기계적으로 견고해야 한다.
　　㉡ 감도가 예민해야 한다.
　　㉢ 시간 지연이 적어야 한다.
　　㉣ 후비 보호 능력이 있어야 한다.
② 보호 계전기의 종류

선로 보호용	• 거리 계전기(임피던스 계전기, Ohm 계전기, Mho 계전기) 　– 전압, 전류를 입력량으로 함수값 이하가 되면 동작 　– 기억 작용(고장 후에도 고장 전 전압을 잠시 유지) • 지락 계전기 　– 선택접지 계전기(병렬 2회선, 다회선) 　– 지락 방향 계전기
발전기 · 변압기 보호용	• 과전류 계전기(OCR) • 부흐홀츠 계전기(변압기 보호) 　– 변압기와 콘서베이터 연결관 도중에 설치 • 차동 계전기(양쪽 전류차에 의해 동작) • 비율차동 계전기

PART 1

③ 시한특성

　㉠ 순한시 계전기 : 최소 동작전류 이상의 전류가 흐르면 즉시 동작, 고속도 계전기(0.5 ~ 2Cycle)

　㉡ 정한시 계전기 : 동작전류의 크기에 관계없이 일정시간에 동작

　㉢ 반한시 계전기 : 동작전류가 적을 때는 동작시간이 길고 동작전류가 클 때는 동작시간이 짧음

　㉣ 반한시성 정한시 계전기 : 특정 전류값까지는 반한시성 특성을 보이나, 그 값을 넘어서면 정한시성 특성을 보임

(6) 계기용 변압기(P.T)

① 고전압을 저전압으로 변성

② 일반적으로 2차 전압 110V

③ 계측기(전압계, 주파수계, 파이롯 램프)나 계전기 전원

④ 종류

　㉠ 권선형

　　• 전자유도 원리

　　• 오차가 적고 특성이 우수

　　• 절연강도가 적음(66kV급 이하)

　㉡ 콘덴서형

　　• 콘덴서의 분압회로

　　• 오차가 크고 절연강도가 큼(154kV급 이하)

⑤ 점검 시 : 2차측 개방(2차측 과전류에 대한 보호)

(7) 변류기(C.T)

① 대전류를 소전류로 변성

② 일반적으로 2차 전류 5A

③ 계측기(전류계)의 전원 공급, 전류 측정

④ 종류

구분	유형
절연구조에 따른 분류	건식, 몰드형, 유입형, 가스형
권선형태에 따른 분류	권선형, 관통형, 부싱형
철심에 따른 분류, 검출용도에 따른 분류, 특성에 따른 분류 등	

⑤ 점검 시 : 2차측 단락(2차측 절연보호)

(1) 전자유도장해

영상전류(I_0), 상호 인덕턴스에 의해

$$E_m = j\omega Ml(I_0) = j\omega Ml\,I_g\,[\text{V}]$$

(2) 정전유도장해

영상전압(E_0), 상호 정전 용량에 의해

① 단상 정전유도전압

$$E_S = \frac{C_m}{C_m + C_s}E_0[\text{V}] \ (C_m : \text{상호 정전 용량}, \ C_s : \text{통신선의 대지 정전 용량})$$

② 3상 정전유도전압

$$E_S = \frac{\sqrt{C_a(C_a - C_b) + C_b(C_b - C_c) + C_c(C_c - C_a)}}{C_a + C_b + C_c + C_s} \times E_0[\text{V}]$$

> ※ **완전 연가 시**($C_a = C_b = C_c = C$)
>
> 3상 정전유도전압(E_s) = $\dfrac{3C_0}{3C_0 + C}E_0$

(3) 유도장해 방지대책

전력선 측	통신선 측
① 연가를 한다. ② 소호리액터 접지 방식을 사용한다. → 지락전류 소멸 ③ 고속도 차단기를 설치한다. ④ 이격 거리를 크게 한다. ⑤ 차폐선을 설치한다(30 ~ 50% 경감, 전력선측에 가깝게 시설). ⑥ 지중 전선로를 설치한다. ⑦ 상호 인덕턴스를 작게 한다.	① 교차 시 수직 교차하게 한다. ② 연피케이블, 배류 코일을 설치한다. ③ 절연 변압기 시설을 강화한다. ④ 피뢰기를 시설한다. ⑤ 소호리액터 접지 방식을 사용한다.

11 다음 중 피뢰기에 대한 설명으로 옳지 않은 것은?

① 제한전압이란 피뢰기가 동작 중일 때의 단자전압의 파고값을 말한다.

② 송전 계통의 절연 협조 중 가장 높게 잡는다.

③ 직렬 갭은 속류를 차단하는 역할을 한다.

④ 정격전압이란 속류를 차단하는 교류전압의 최댓값을 말한다.

⑤ 실드링은 전·자기적 충격을 완화하는 역할을 한다.

12 다음 중 켈빈의 법칙에서 가공전선로의 전선 굵기 선정 시 고려할 사항으로 옳지 않은 것은?

① 허용전류   ② 기계적 강도

③ 전압강하   ④ 절연저항

⑤ 전력손실

13 다음 중 SF_6 가스차단기의 특징에 대한 설명으로 옳지 않은 것은?

① 아크에 의해 SF_6 가스가 분해되어 유독 가스를 발생시킨다.

② 밀폐구조이므로 소음이 없다.

③ 근거리 고장 등 가혹한 재기전압에 대해서도 우수하다.

④ SF_6 가스는 절연내력이 공기의 $2 \sim 3$배이다

⑤ SF_6 가스는 소호능력이 공기의 $100 \sim 200$배이다.

14 통신선과 평행인 주파수 50Hz의 3상 1회선 송전선이 있다. 1선 지락 때문에 영상전류가 100A 흐르고 있을 때, 통신선에 유도되는 전자유도전압은 몇 V인가?(단, 영상전류는 전 전선에 걸쳐서 같으며, 송전선과 통신선과의 상호 인덕턴스는 0.06mH/km, 평행 길이는 50km, $\pi = 3.14$이다)

① 156.6V   ② 162.8V

③ 230.2V   ④ 282.6V

⑤ 302.7V

(1) 배전 방식

① 가지식(수지상식)
- ㉠ 전압 변동률이 큼 → 플리커 현상 발생
- ㉡ 전압 강하 및 전력 손실이 큼
- ㉢ 고장 범위가 넓고(정전 파급이 큼), 신뢰도가 낮음
- ㉣ 설비가 간단하며, 부하증설이 용이하므로 경제적임
- ㉤ 농어촌 지역 등 부하가 적은 지역에 적절함

② 루프식(환상식)
- ㉠ 가지식에 비해 전압 강하 및 전력손실이 적고, 플리커 현상 감소
- ㉡ 설비비가 높음

③ 저압 뱅킹 방식
- ㉠ 전압 강하와 전력손실이 적음
- ㉡ 변압기의 동량 감소, 저압선 동량 감소
- ㉢ 플리커 현상 감소
- ㉣ 부하의 증설 용이
- ㉤ 변압기의 용량 저감
- ㉥ 캐스케이딩 현상 발생 : 저압선의 일부 고장으로 건전한 변압기의 일부 또는 전부가 차단되는 현상이 발생
  - → 대책 : 뱅킹 퓨즈(구분 퓨즈) 사용
- ㉦ 부하가 밀집된 시가지 계통에서 사용

④ 저압 네트워크 방식
- ㉠ 무정전 공급 방식, 공급 신뢰도가 가장 좋음
- ㉡ 공급 신뢰도가 가장 좋고 변전소의 수를 줄일 수 있음
- ㉢ 전압 강하, 전력손실이 적음
- ㉣ 부하 증가 대응력이 우수
- ㉤ 설비비가 높음
- ㉥ 인축의 접지 사고 가능성이 있음
- ㉦ 고장 시 고장전류 역류가 발생
  - → 대책 : 네트워크 프로텍터(저압용 차단기, 저압용 퓨즈, 전력 방향 계전기)

(2) 방식별 비교

종별	전력	손실	1선당 공급전력 비교	1선당 공급전력 비교	소요전 선량(중량비)
$1\phi 2W$	$P=VI\cos\theta$	$2I^2R$	$1/2P$	1	1
$1\phi 3W$	$P=2VI\cos\theta$		$2/3P$	1.33	$3/8=0.375$
$3\phi 3W$	$P=\sqrt{3}\,VI\cos\theta$	$3I^2R$	$\sqrt{3}/3P$	1.15	$3/4=0.75$
$3\phi 4W$	$P=3VI\cos\theta$		$3/4P$	1.5	$1/3=0.33$

> ※ 단상 3선식의 특징
> - 전선 소모량이 단상 2선식의 37.5%(경제적) 적음
> - 110V / 220V 두 종의 전원을 사용
> - 전압의 불평형 → 저압 밸런서의 설치
>   - 여자 임피던스가 크고, 누설 임피던스가 작음
>   - 권수비가 1 : 1인 단권 변압기
> - 단상 2선식에 비해 효율이 높고 전압 강하가 적음
> - 조건 및 특성
>   - 변압기 2차측 접지
>   - 개폐기는 동시 동작형
>   - 중성선에 퓨즈 설치 금지 → 저압 밸런서 설치(단선 시 전압 불평형 방지)

(3) 말단 집중 부하와 분산 분포 부하의 비교

구분	전압 강하	전력 손실
말단 집중 부하	$I \cdot R$	$I^2 \cdot R$
분산 분포 부하	$\dfrac{1}{2}I \cdot R$	$\dfrac{1}{3}I^2 \cdot R$

10 　배전계산

(1) 부하율(F) : $\dfrac{(평균\ 전력)}{(최대\ 전력)} \times 100$

※ [손실계수(H)]$=\dfrac{(평균\ 전력손실)}{(최대\ 전력손실)} \times 100$

① 배전선의 손실계수(H)와 부하율(F)의 관계

$0 \leq F^2 \leq H \leq F \leq 1$

② $H = \alpha F + (1-\alpha)F^2$ (α : 보통 $0.2 \sim 0.5$)

(2) 수용률 : $\dfrac{\text{(최대 전력)}}{\text{(설비 용량)}} \times 100$

(3) 부등률(전기 기구의 동시 사용 정도) : $\dfrac{\text{(개별 최대수용 전력의 합)}}{\text{(합성 최대 전력)}} \geq 1$(단독 수용가 시 부등률=1)

① (변압기 용량)$=\dfrac{[\text{최대 전력(kW)}]}{\text{(역률)}}$[kVA]

㉠ 단일 부하인 경우

$$T_r = \dfrac{\text{(설비 용량)} \times \text{(수용률)}}{\text{(역률)} \times \text{(부등률)} \times \text{(효율)}}$$

㉡ 여러 부하인 경우

$$T_r = \dfrac{\sum [\text{(설비 용량)} \times \text{(수용률)}]}{\text{(역률)} \times \text{(부등률)} \times \text{(효율)}}$$

② 역률 개선용 콘덴서의 용량

$$Q_C = P(\tan\theta_1 - \tan\theta_2) = P\left(\dfrac{\sin\theta_1}{\cos\theta_1} - \dfrac{\sin\theta_2}{\cos\theta_2}\right)$$

(Q_C : 콘덴서 용량[kVA], P : 부하 전력[kW], $\cos\theta_1$: 개선 전 역률, $\cos\theta_2$: 개선 후 역률)

※ **역률 개선의 장점**

- 전력손실 경감$\left(P_l \propto \dfrac{1}{\cos^2\theta}\right)$
- 전기요금 절감
- 설비 용량 여유분
- 전압 강하 경감

---

(4) 전력 조류(Power Flow) 계산

모선	기지량	미지량
Swing모선 (Slack모선)	• 모선 전압 V • 위상각 θ	• 유효 전력 P • 무효 전력 Q
발전기모선	• 유효 전력 P • 모선 전압 V	• 무효 전력 Q • 위상각 θ
부하모선	• 유효 전력 P • 무효 전력 Q	• 모선 전압 V • 위상각 θ

15 다음 글과 같은 특징이 있는 배전 방식은?

> - 전압 강하 및 전력손실이 경감된다.
> - 변압기 용량 및 저압선 동량이 절감된다.
> - 부하 증가에 대한 탄력성이 향상된다.
> - 고장 보호 방법이 적당할 때 공급 신뢰도가 향상되며, 플리커 현상이 경감된다.

① 저압 네트워크 방식   ② 고압 네트워크 방식
③ 저압 뱅킹 방식   ④ 수지상 배전 방식
⑤ 루프식 배전 방식

16 동일 전력을 동일 선간 전압, 동일 역률로 동일 거리에 보낼 때 사용하는 전선의 총중량이 같으면 3상 3선식인 때와 단상 2선식일 때의 전력손실비는?

① 1   ② $\dfrac{3}{4}$

③ $\dfrac{2}{3}$ ④ $\dfrac{1}{\sqrt{3}}$

⑤ 2

17 어떤 건물에서 총설비부하 용량이 900kW, 수용률이 60%일 때, 변압기 용량은 최소 몇 kVA로 하여야 하는가?(단, 설비부하의 종합 역률은 0.75이다)

① 500kVA   ② 650kVA
③ 720kVA   ④ 840kVA
⑤ 960kVA

18 피상 전력 P, 역률 $\cos\theta$인 부하를 역률 100%로 개선하기 위한 전력용 콘덴서의 용량은?

① $P\sqrt{1-\cos^2\theta_1}$ ② $P\tan\theta_1$

③ $P\cos\theta_1$ ④ $P\dfrac{\sqrt{1-\cos^2\theta_1}}{\cos\theta_1}$

⑤ $P\sin\theta_1$

11 수력발전

(1) 수력발전

물의 위치에너지를 이용하여 수차(기계 에너지)를 회전시켜 전기를 얻어내는 방식
① 취수 방식 : 수로식, 댐식, 댐수로식, 유역 변경식
② 유량을 얻는 방식 : 유입식, 조정지식, 저수지식, 양수식, 조력식

(2) 정수력학

① 물의 압력 : 1기압, 온도 4℃, 비중 1.0 기준

$$1\text{ton/m}^3 = 1{,}000\,kg_f/\text{m}^3 = 1g_f/\text{cm}^3 = \text{w}(\text{물의 단위체적당 중량})$$

② 수두 : 물이 가지는 에너지를 높이로 환산
  ㉠ 위치에너지 → 위치수두 : $H[\text{m}]$
  ㉡ 압력에너지($P[kg_f/\text{m}^2]$) → 압력수두

$$H_P = \frac{P[kg_f/\text{m}^2]}{\gamma[kg_f/\text{m}^3]} = \frac{P}{1{,}000}[\text{m}]$$

  ㉢ 운동(속도)에너지($v[\text{m/sec}]$) → 속도수두

$$H_v = \frac{v^2}{2g}[\text{m}], \ g[\text{m/sec}^2] = 9.8 : 중력가속도$$

  ㉣ 물의 분사속도 $v = \sqrt{2gH}[\text{m/sec}]$

  ㉤ 총수두 : $H + H_p + H_v = H + \dfrac{P}{1{,}000} + \dfrac{v^2}{2g}$

(3) 동수력학

① 연속의 정리

$$[\text{유량 } [Q]] = [\text{m}^3/\text{sec}], \ Q = AV[\text{m}^3/\text{sec}], \ Q = A_1 V_1 = A_2 V_2 (\text{연속의 정리})$$

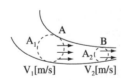

② 베르누이의 정리(에너지 불변의 법칙)

$$H_2, \ P_2, \ V_2 \rightarrow H_2 + \frac{P}{W_2} + \frac{V_2{}^2}{2g}$$

$$H_1, \ P_1, \ V_1 \rightarrow H_1 + \frac{P_1}{W} + \frac{V_1{}^2}{2g}$$

$$H_1 + \frac{P_1}{1{,}000} + \frac{v_1{}^2}{2g} = H_2 + \frac{P_2}{1{,}000} + \frac{v_2{}^2}{2g} = k = H[\text{m}](\text{총수두}) \ (\text{단}, \ k\text{는 상수})$$

③ 토리첼리의 정리(수조 → 분출속도)

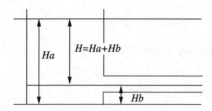

(조건) $P_a = P_b = P$(대기압), $V_a = 0$(정지된 물)

$$\frac{v_b^2}{2g} = H_a - H_b = H \ \rightarrow \ v_b^2 = 2gH$$

∴ 분출속도 $v = c\sqrt{2gH}$ [c : 유속계수(0.95 ~ 0.99)]

(4) 수력발전소의 출력

① 이론상 출력 $P = 9.8QH$[kW]

② 실제상 출력 $P = 9.8QH\eta_t\eta_G = 9.8QH\eta$[kW]

(5) 댐의 종류 및 그 부속설비

① 댐의 종류

　㉠ 콘크리트댐(중력댐 : 댐 자체의 무게로 물의 압력을 견디는 방식) : 댐에 미치는 모든 힘의 합력

　　이 댐 저부의 중앙 $\frac{1}{3}$ 지점에 작용하도록 설계

　㉡ 아치댐 : 기초와 양안이 튼튼하고 댐 하부 양쪽이 견고한 암반 등으로 구성된 곳에 적합

　㉢ 중공댐 : 댐 내부를 조금씩 비워둔 댐으로 가장 경제적임

　㉣ 록필댐 : 암석으로 축조(중심코어), 소양강댐, 홍수 시 붕괴 우려가 있으나, 콘크리트댐에 비해
　　경제적임

② 댐의 부속설비

　㉠ 여수로 : 여분의 물을 배출시키기 위한 수문

　㉡ 배사문 : 상류에서 흘러 내려온 토사 등을 제거하기 위한 수문

　㉢ 어도 : 물고기 통로

　㉣ 유목로 : 목재 등을 유하시키는 설비

(6) 수문

댐의 수위와 유량 조절, 토사 등을 제거하기 위해 댐의 상부에 설치하는 설비

① 슬루스 게이트(슬라이딩 게이트) : 상하로 조절, 소형 수문에 사용하며, 마찰이 큼

② 롤러 게이트 : 롤러를 부착해 마찰이 감소하며, 대형 수문에 적합

③ 스토니 게이트 : 사다리형의 롤러로 마찰이 현저히 감소하며, 대형 수문에 적합

④ 롤링 게이트 : 원통형의 강판 수문으로 돌, 자갈 등이 많은 험준한 지역에 적합

⑤ 테인터 게이트 : 반달형의 수문으로 체인으로 감아올려 개폐

⑥ 스톱로그 : 수문의 점검, 수리 시 일시적으로 물을 막기 위해 사용

(7) 취수구 및 수로

① **취수구(제수문)** : 하천의 물을 수로에 유입시키기 위한 설비(유량 조절)

② **수로** : 취수구에서 나온 물을 수조에 도입하기 위한 설비(도수로)

　㉠ 침사지 : 토사 등을 침전시켜 배제하기 위한 설비

　㉡ 스크린 : 각종 부유물 등을 제거하기 위한 설비

(8) 수조(Tank) : 도수로와 수압관을 연결

① 수조의 역할

　㉠ 발전소 부하변동에 따른 유량조절, 부유물의 최종적인 제거

　㉡ 최대 수량 1 ~ 2분 정도의 저장능력

② 수조의 종류

　㉠ 수조(상수조, 무압수조) : 무압수로$\left(\text{구배}\ \dfrac{1}{1,000} \sim \dfrac{1}{1,500}\right)$와 연결

　㉡ 조압수조 : 유압수로$\left(\text{구배}\ \dfrac{1}{300} \sim \dfrac{1}{400}\right)$와 연결

　→ 부하 변동 시 발생하는 수격작용을 완화, 흡수하여 수압철관을 보호
　• 단동조압수조 : 수조의 높이만을 증가시킨 수조
　• 차동조압수조 : 라이저(Riser)라는 상승관을 가진 수조, 부하 변동에 신속한 대응, 고가
　• 수실조압수조 : 수조의 상·하부 측면에 수실을 가진 수조, 저수지의 이용수심이 클 경우 사용
　• 단동포트수조 : 포트(제수공)을 통해 물의 마찰을 증가시키는 수조

(9) 수압관로

① 수조에서 수차까지의 도수 설비, 관내 유속 3 ~ 5m/sec

② [수압관 두께(t)] $= \dfrac{PD}{2\sigma\eta} + \alpha$ (P : 수압, D : 수압관 직경, σ : 허용응력, η : 접합효율, α : 여유 두께)

(10) 수차

물의 속도 에너지를 기계 에너지로 변환한다.

① **펠턴 수차(충동 수차)** : 노즐의 분사물이 버킷에 충돌하여 이 충동력으로 러너가 회전하는 수차

　㉠ 300m 이상의 고낙차

　㉡ 니들밸브(존슨밸브) : 유량을 자동 조절하여 회전속도 조절(고낙차 대수량 이용)

　㉢ 전향장치(디플렉터) : 수격작용(수압관내의 압력이 급상승하는 현상) 방지

② **반동 수차** : 압력과 속도에너지를 가지고 있는 유수를 러너에 작용시켜 반동력으로 회전하는 수차 (물의 운동에너지와 반발력 이용)

　㉠ 프란시스 수차(10 ~ 300m, 중낙차)

　㉡ 프로펠러 수차 : 러너날개 고정, 효율 최저, 80m 이하의 저낙차(특유속도 최대)

ⓒ 카프란 수차 : 이상적인 수차(효율 최대), 무구속 속도가 최대

ⓔ 튜블러(원통형) 수차 : 10m 정도 저낙차, 조력발전용

ⓜ 부속설비

- 차실 : 수류를 안내날개에 유도
- 안내날개 : 수차의 속도 조절
- 러너 : 동력 발생 부분
- 흡출관 : 날개를 통과한 유량을 배출하는 관, 낙차를 높이는 목적. 흡출수두

(11) 수차특성 및 조속기

① 수차의 특유속도(N_s) : 실제수차와 기하학적으로 비례하는 수차를 낙하 1m의 높이에서 운전시켜 출력 1kW를 발생시키기 위한 1분간의 회전수

$$N_s = N \frac{P^{\frac{1}{2}}}{H^{\frac{5}{4}}} [\text{rpm}]$$

② 수차의 낙차 변화에 의한 특성 변화

ⓐ 회전수 : $\dfrac{N_2}{N_1} = \left(\dfrac{H_2}{H_1}\right)^{\frac{1}{2}}$

ⓑ 유량 : $\dfrac{Q_2}{Q_1} = \left(\dfrac{H_2}{H_1}\right)^{\frac{1}{2}}$

ⓒ 출력 : $\dfrac{P_2}{P_1} = \left(\dfrac{H_2}{H_1}\right)^{\frac{3}{2}}$

③ 캐비테이션(공동현상) : 유체가 빠른 속도로 진행 시에 러너 날개에 진공이 발생하는 현상

ⓐ 영향 : 수차의 금속부분이 부식, 진동과 소음 발생, 출력과 효율의 저하

ⓑ 방지대책

- 수차의 특유속도를 너무 높게 취하지 말 것, 흡출관을 사용하지 않는다.
- 침식에 강한 재료를 사용한다.
- 과도하게 운전하지 않는다(과부하 운전 방지).

④ 조속기 : 부하 변동에 따라서 유량을 자동으로 가감하여 속도를 일정하게 해주는 장치

ⓐ 평속기(스피더) : 수차의 속도 편차 검출

ⓑ 배압밸브 : 유압조정

ⓒ 서보모터 : 니들밸브나 안내날개 개폐

ⓓ 복원기구 : 니들밸브나 안내날개의 진동 방지

ⓜ 조속기 동작 순서 : 평속기 → 배압밸브 → 서보 모터 → 복원기구

(1) 열역학

① 열량 계산

열량 $Q = 0.24Pt = cmt$[cal][BTU]

(출력 $P = I^2R$[W], 시간 t[sec], 비열 c, 질량 m[g], 온도변화 t)

② 물과 증기 가열

㉠ 액체열(현열) : 물체의 온도를 상승시키기 위한 열

㉡ 증발열(잠열) : 증발(기화)시키는 데 필요한 열, 539kcal

㉢ 습증기 : 수분이 있는 증기

㉣ 건조포화증기 : 수분이 없는 완전한 증기

㉤ 과열증기 : 건조포화증기를 계속 가열하여 온도와 체적만 증가시킨 증기

③ 엔탈피와 엔트로피

㉠ 엔탈피 : 증기 1kg이 보유한 열량[kcal/kg] (액체열과 증발열의 합)

㉡ 엔트로피$\left(S = \dfrac{dQ}{T}\right)$: 절대 온도에 대한 열량 변화

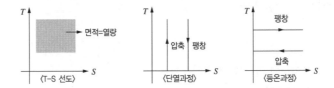

(2) 화력발전의 열사이클

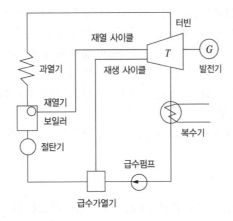

① 랭킨 사이클 : 가장 기본적인 사이클

② 재생 사이클 : 터빈의 중도에서 증기를 뽑아내어(추기) 급수를 예열하는 사이클(복수기의 소형화, 저압터빈의 소형화)

③ 재열 사이클 : 터빈에서 팽창된 증기가 포화상태에 가까워졌을 때 이 증기를 보일러로 되돌려보내 가열하는 방식(터빈 날개의 부식 방지, 열효율 향상)

④ 재생・재열 사이클 : 가장 열효율이 좋은 사이클, 대용량발전소에 채용

⑤ 카르노 사이클 : 가장 이상적인 사이클

(3) 보일러의 부속설비

① 과열기 : 포화증기를 과열증기로 만들어 증기터빈에 공급하기 위한 설비

② 재열기 : 고압 터빈 내에서 팽창된 증기를 다시 재가열하는 설비

③ 절탄기 : 배기가스의 여열을 이용하여 보일러 급수를 예열하는 여열회수장치(연료 절약)

④ 공기예열기 : 연도가스의 나머지 여열을 이용하여 연소용 공기를 예열하는 장치, 연료 소모량 감소, 연도의 맨끝에 시설

(4) 터빈(배기 사용 방법에 의한 분류)

① 복수터빈 : 일반적, 열을 복수기에서 회수(열손실이 큼)

② 추기터빈 : 터빈의 배기 일부는 복수, 나머지는 추기하여 다른 목적으로 이용되는 것으로 추기 복수형, 추기 배압형이 있음

③ 배압터빈 : 터빈의 배기 전부를 다른 곳으로 보내 사용하는 것(복수기가 필요 없음)

(5) 복수기

터빈에서 나오는 배기를 물로 전환시키는 설비, 열손실이 가장 크다.

① 혼합 복수기(분사 복수기) : 냉각 수관을 설치하여 터빈의 배기증기와 직접 접촉시켜 냉각

② 표면 복수기 : 금속별의 열전도를 이용

(6) 급수장치

① 급수펌프 : 보일러에 급수를 보내주는 펌프

② 보일러 급수의 불순물에 의한 장해

ⓐ Ca, Mg 함유 : 스케일(Scale)현상, 캐리오버현상 발생

• 스케일(Scale)현상 : Ca, Mg 등이 관벽에 녹아 부착되어 층을 이루는 현상으로 열효율 저하, 보일러 용량 감소, 절연면의 열전도 저하, 수관 내의 급수 순환 방해, 과열에 의해 관벽 파손

• 캐리오버현상 : 보일러 급수 중의 불순물이 증기 속에 혼입되어 터빈날개 등에 부착되는 현상

ⓑ 슬러지 : 석축물이 생기지 않고 내부에 퇴적된 것

ⓒ 가성 취하(알칼리 취하) : 산성인 용수에 너무 많은 알칼리를 투입하여 생기는 현상, 보일러 수관 벽 부식, 균열 발생

③ 급수 처리 : 원수 → 응집침전조 → 여과기 → 연와조 → 증발기 → 순수

(7) 화력발전소의 효율

$$\eta_G = \frac{860\,W}{mH} \times 100 \quad (H : \text{발열량[kcal/kg]}, \; m : \text{연료량[kg]}, \; W : \text{전력량[kWh]})$$

(1) 원자력 발전

원자의 핵분열을 이용하여 에너지를 얻어내는 방식

① 핵분열 연쇄반응

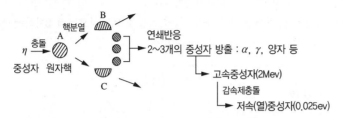

② 핵분열 중성자 에너지

질량 결손 에너지 $W = mc^2$ [J] (m : 질량[kg], $c = 3 \times 10^8$ m/s)

※ 질량 결손 발생 : (분열 전 질량 A)>(질량 B)+(질량 C)+[질량 결손(에너지 손실)]

③ 원자력 발전용 핵 연료 : $_{92}U^{235}$, $_{92}U^{238}$, $_{94}Pu^{239}$, $_{94}Pu^{241}$

(2) 원자로의 구성

① 감속재 : 중성자의 속도를 감속시키는 역할, 고속 중성자를 열중성자까지 감속시키는 역할. 감속재로써는 중성자 흡수가 적고 감속효과가 큰 것이 좋으며, H_2O(경수), D_2O(중수), C(흑연), BeO(산화베릴륨) 등이 사용된다.

② 제어재 : 중성자의 밀도를 조절하여 원자로의 출력 조정. 중성자를 잘 흡수하는 물질인 B(붕소), Cd(카드뮴), Hf(하프늄) 등이 사용된다.

③ 냉각재 : 원자로 내의 열을 외부로 운반하는 역할. H_2O(경수), D_2O(중수), CO_2(탄산가스), He(헬륨), 액체 Na 등이 사용된다.

④ 반사재 : 원자로 외부로 나오려는 중성자를 원자로 내부로 되돌려 중성자의 손실을 감소시키는 역할. H_2O(경수), D_2O(중수), C(흑연), BeO(산화베릴륨) 등이 사용된다.

⑤ 차폐재 : 방사능(중성자, γ선)이 외부로 나가는 것을 차폐하는 역할. Pb(납), 콘크리트 등이 사용된다.

(3) 원자력 발전소의 종류

① 비등수형(BWR) : 원자로 내에서 바로 증기를 발생시켜 직접터빈에 공급하는 방식

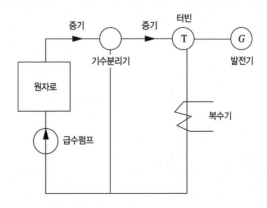

    ㉠ 핵연료 : 저농축 우라늄

    ㉡ 감속재·냉각재 : H_2O(경수)

    ㉢ 특징

      • 기수분리기 사용(물과 증기 분리)

      • 방사능을 포함한 증기 우려

      • 미국 GE사에서 개발, 우리나라에서는 사용하지 않는다.

② **가압수형(PWR)** : 원자로 내에서의 압력을 매우 높여 물의 비등을 억제함으로써 2차측에 설치한 증기 발생기를 통하여 증기를 발생시켜 터빈에 공급하는 방식

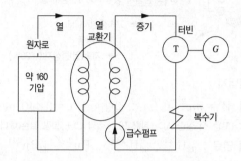

    ㉠ 가압 경수형 원자로

      • 경수 감속, 경수 냉각

      • 울진, 영광, 고리

      • 핵연료 : 저농축 우라늄

      • 감속재·냉각재 : H_2O(경수)

    ㉡ 가압 중수형 원자로

      • 중수 감속, 중수 냉각

      • 월성

      • 핵연료 : 천연 우라늄

      • 감속재·냉각재 : D_2O(중수)

      • 캐나다 Candu Energy사 개발

      • 특징

        – 열교환기 필요

        – 원자로·열교환기 : 보일러 역할

19 평균 유효낙차 48m의 저수지식 발전소에서 $1,000m^3$의 저수량은 몇 kWh의 전력량에 해당하는가?(단, 수차 및 발전기의 종합 효율은 85%라고 한다)

① 약 111kWh   ② 약 122kWh

③ 약 133kWh   ④ 약 144kWh

⑤ 약 155kWh

20 다음 중 수력발전의 수문과 설명이 바르게 짝지어진 것은?

① 롤러 게이트 : 원통형의 강판 수문으로 돌, 자갈 등이 많은 험준한 지역에 적합하다.

② 테인터 게이트 : 상하로 조절, 소형 수문에 사용하며, 마찰이 크다.

③ 스토니 게이트 : 사다리형의 롤러로 마찰이 현저히 작으므로, 대형 수문에 적합하다.

④ 슬루스 게이트(슬라이딩 게이트) : 반달형의 수문으로 체인으로 감아올려 개폐한다.

⑤ 롤링 게이트 : 롤러를 부착하여 마찰이 작으므로, 대형 수문에 적합하다.

21 어느 발전소에서 40,000kWh를 발전하는 데 발열량 5,000kcal/kg의 석탄을 20톤 사용하였다. 이 화력 발전소의 열효율은 몇 %인가?

① 27.5%   ② 30.4%

③ 34.4%   ④ 38.5%

⑤ 39.4%

22 다음 중 화력 발전에서 급수 장치의 처리 과정을 순서대로 바르게 나열한 것은?

① 원수 → 응집침전조 → 여과기 → 연와조 → 증발기 → 순수

② 원수 → 응집침전조 → 증발기 → 연와조 → 여과기 → 순수

③ 원수 → 여과기 → 응집침전조 → 증발기 → 연와조 → 순수

④ 원수 → 여과기 → 응집침전조 → 순수 → 증발기 → 연와조

⑤ 원수 → 여과기 → 증발기 → 연와조 → 응집침전조 → 순수

23 다음 중 가압수형 원자로에 대한 설명으로 옳지 않은 것은?

① 감속재와 냉각재로 경수를 사용하고 연료로 농축 우라늄을 사용한다.

② 노심에서 발생한 열은 가압된 경수에 의해 열교환기에 전달된다.

③ 냉각재 내 물이 비등하지 않도록 노 내부압력을 160기압으로 유지한다.

④ 일반적으로 BWR발전소라고 부른다.

⑤ 열교환기를 경유해서 1차와 2차로 나누어져 있다.

24 다음 중 빈칸 ㉠~㉢에 들어갈 말을 순서대로 바르게 나열한 것은?

원자력이란 일반적으로 무거운 원자핵이 핵분열하여 가벼운 핵으로 바뀌면서 발생하는 핵분열 에너지를 이용하는 것이고, ___㉠___ 발전은 가벼운 원자핵을 ___㉡___하여 무거운 핵으로 바꾸면서 ___㉢___ 전후의 질량 결손에 해당하는 방출 에너지를 이용하는 방식이다.

	㉠	㉡	㉢
①	원자핵융합	융합	결합
②	핵결합	반응	융합
③	핵융합	융합	핵반응
④	핵반응	반응	결합
⑤	핵반응	융합	반응

25 다음 중 비등수형 원자로의 특징에 대한 설명으로 옳지 않은 것은?

① 열교환기가 필요하다.

② 저농축 우라늄을 연료로 사용한다.

③ 순환펌프로는 급수펌프뿐이므로 펌프 동력이 작다.

④ 방사능 때문에 증기는 완전히 기수 분리를 해야 한다.

⑤ 감속재·냉각재로 경수를 사용한다.

03 | 전기기기

01 직류기

(1) 직류 발전기의 구조

① 전기자(전기자 철심 및 전기자 권선) : 자속(ϕ)을 끊어 기전력 발생

   ㉠ 권선(코일) : 유기전력 발생

   ㉡ 철심 : 0.35 ~ 0.5mm

   • 규소강판 : 히스테리시스손 감소

   • 성층철심 : 와류(맴돌이전류)손 감소

② 계자(Field) : 자속 ϕ를 발생

   ㉠ 자속을 공급

   ㉡ 계자철심, 계철, 계자권선

③ 정류자(Commutator) : 교류를 직류로 변환

   ㉠ 정류자 편수 : $K = \dfrac{u}{2}S$

   ㉡ 정류자 편간 위상차 : $\theta = \dfrac{2\pi}{K}$

   ㉢ 정류자편 평균전압 : $e_a = \dfrac{PE}{K}$

   ㉣ 정류주기 : $T_c = \dfrac{b-\delta}{v_c}$ [sec] $\left(v_c = \pi Dn = \dfrac{\pi DN}{60} \right)$

   [b : 브러시 두께, δ : 절연물의 두께, v_c : 전기자 주변속도, P : 극수, E : 유기기전력, u : 슬롯 내부 코일변수, S : 슬롯(홈) 수]

④ 브러시(Brush) : 외부회로와 내부회로를 연결

   ㉠ 구비조건

   • 기계적 강도가 커야 한다.

   • 내열성이 커야 한다.

   • 전기저항이 작아야 한다.

   • 적당한 접촉저항을 가져야 한다.

   ㉡ 종류

   • 탄소 브러시 : 접촉저항이 크기 때문에 직류기에 사용

   • 흑연질 브러시

     − 전기 흑연질 브러시 : 대부분의 전기기기에 사용

     − 금속 흑연질 브러시 : 전기분해 등의 저전압 대전류용 기기에 사용

   • 설치압력 : $0.15 \sim 0.25 kg_f/\text{cm}^2$ (단, 전차용 전동기 $0.35 \sim 0.45 kg_f/\text{cm}^2$)

(2) 직류기 전기자 권선법 : 고상권, 폐로권, 이층권

> ※ 중권과 파권 비교
>
> | 비교항목 | 단중 중권 | 단중 파권 |
> |---|---|---|
> | 전기자의 병렬회로수 | P(mP) | 2(2m) |
> | 브러시 수 | P | 2 |
> | 용도 | 저전압, 대전류 | 고전압, 소전류 |
> | 균압접속 | 4극 이상일 때 균압환 필요 | 불필요 |

(3) 유기기전력

$$E = \frac{P}{a}\phi Z \frac{N}{60} = K\phi N \left(K = \frac{PZ}{60a} \right)$$

(a : 병렬회로수, P : 극수, ϕ : 자속[Wb], N : 회전속도[rpm], Z : 총도체수[(전슬롯수)×(한슬롯 내 도체수)])

(4) 전기자 반작용

전기자도체의 전류에 의해 발생된 자속이 계자 자속에 영향을 주는 현상

① 현상

　㉠ 편자작용

　　• 감자작용 : 전기자 기자력이 계자 기자력에 반대 방향으로 작용하여 자속이 감소하는 현상

　　　－ δ(전기각)=(기하각)$\times \dfrac{P}{2}$

　　　－ (매극당 감자 기자력)$= \dfrac{I_a}{a} \times \dfrac{z}{2p} \times \dfrac{2\alpha}{180}$

　　• 교차자화작용 : 전기자 기자력이 계자 기자력에 수직 방향으로 작용하여 자속분포가 일그러지는 현상

　　　－ (매극당 교차 기자력)$= \dfrac{I_a}{a} \times \dfrac{z}{2p} \times \dfrac{\beta}{180}$ (단, $\beta = 180 - 2\alpha$)

　㉡ 중성축 이동

　　• 발전기 : 회전 방향

　　• 전동기 : 회전 반대 방향

　㉢ 국부적으로 섬락 발생, 공극의 자속분포 불균형으로 섬락(불꽃) 발생

② 방지책

　㉠ 보극, 보상권선 설치한다(전기자 전류와 반대 방향).

　㉡ 계자 기자력을 크게 한다.

　㉢ 자기저항을 크게 한다.

　㉣ 보극이 없는 직류기는 브러시를 이동시킨다.

③ 영향 : 자속 감소

　㉠ 발전기 : $E\downarrow$, $V\downarrow$, $P\downarrow$

　㉡ 전동기 : $N\uparrow$, $T\downarrow$

(5) 정류

- 전기자 코일이 브러시에 단락된 후 브러시를 지날 때 전류의 방향이 바뀌는 것

- 리액턴스 전압 : $e_L = L \cdot \dfrac{di}{dt} = L \cdot \dfrac{2I_c}{T_c}[V]$

① 종류

    ㉠ 직선정류(이상적인 정류) : 불꽃 없는 정류

    ㉡ 정현파정류 : 불꽃 없는 정류

    ㉢ 부족정류 : 브러시 뒤편에 불꽃(정류말기)

    ㉣ 과정류 : 브러시 앞면에 불꽃(정류초기)

※ **불꽃 없는 정류**
- 저항정류 : 탄소 브러시 사용하여 단락전류 제한
- 전압정류 : 보극을 설치하여 평균 리액턴스전압 상쇄

---

② 방지책

    ㉠ 보극과 탄소 브러시를 설치한다.

    ㉡ 평균 리액턴스 전압을 줄인다.

    ㉢ 정류주기를 길게 한다.

    ㉣ 회전 속도를 적게 한다.

    ㉤ 인덕턴스를 작게 한다(단절권, 분포권 채용).

(6) 발전기의 종류

① 타여자 발전기

    ㉠ 잔류자기가 없어도 발전 가능

    ㉡ 운전 중 회전 방향 반대 : $(+)$, $(-)$ 극성이 반대로 되어 발전 가능

    ㉢ $E = V + I_a R_a + e_a + e_b$, $I_a = I$

② 분권발전기

    ㉠ 잔류자기가 없으면 발전 불가능

    ㉡ 운전 중 회전 방향 반대 → 발전 불가능

    ㉢ 운전 중 서서히 단락하면 → 소전류 발생

    ㉣ $E = V + I_a R_a + e_a + e_b$, $I_a = I + I_f$

③ 직권발전기

    ㉠ 운전 중 회전 방향 반대 → 발전 불가능

    ㉡ 무부하 시 자기 여자로 전압을 확립할 수 없음

    ㉢ $E = V + I_a (R_a + R_s) + e_a + e_b$, $I_a = I_f = I$

④ 복권(외복권)발전기

    ㉠ 분권발전기 사용 : 직권 계자 권선 단락(Short)

    ㉡ 직권발전기 사용 : 분권 계자 권선 개방(Open)

    ㉢ $E = V + I_a (R_a + R_s) + e_a + e_b$, $I_a = I + I_f$

(7) 직류 발전기의 특성

① 무부하 포화곡선 : $E - I_f$(유기기전력과 계자전류) 관계 곡선

② 부하 포화곡선 : $V - I_f$(단자전압과 계자전류) 관계 곡선

③ 자여자 발전기의 전압 확립 조건

　㉠ 무부하곡선이 자기 포화곡선에 있어야 한다.

　㉡ 잔류자기가 있어야 한다.

　㉢ 임계저항이 계자저항보다 커야 한다.

　㉣ 회전 방향이 잔류자기를 강화하는 방향이어야 한다.

　　※ 회전 방향이 반대이면 잔류자기가 소멸하여 발전하지 않는다.

(8) 전압 변동률

$$\varepsilon = \frac{V_0 - V}{V} \times 100 = \frac{E - V}{V} \times 100 = \frac{I_a R_a}{V} \times 100$$

+	$V_0 > V$	타여자, 분권
−	$V_0 < V$	직권, 과복권
0	$V_0 = V$	평복권

(9) 직류 발전기의 병렬 운전

① 조건

　㉠ 극성과 단자전압이 일치(용량 임의)해야 한다.

　㉡ 외부특성이 수하 특성이어야 한다.

　㉢ 용량이 다를 경우 부하전류로 나타낸 외부특성 곡선이 거의 일치해야 한다.

　　→ 용량에 비례하여 부하분담이 이루어진다.

　㉣ 용량이 같은 경우, 외부특성 곡선이 일치해야 한다.

　㉤ 병렬 운전 시 직권, 과복권 균압 모선이 필요하다.

② 병렬 운전식

$$V = E_1 - I_1 R_1 = E_2 - I_2 R_2$$

$$I = I_1 + I_2$$

③ 부하분담

　㉠ 유기기전력이 큰 쪽이 부하분담이 큼

　㉡ 유기기전력이 같으면 전기자 저항에 반비례함

　㉢ 용량이 다르고, 나머지가 같으면 용량에 비례함

(10) 직류 전동기

① 발전기 원리 : 플레밍의 오른손 법칙

전동기 원리 : 플레밍의 왼손 법칙

② 역기전력 : $E = \dfrac{P}{a} Z\phi \dfrac{N}{60} = K\phi N = V - I_a R_a$

③ 회전속도 : $n = \dfrac{E}{K\phi} = K \cdot \dfrac{V - I_a R_a}{\phi}$ [rps]

④ 토크 : $T = \dfrac{P}{\omega} = \dfrac{PZ\phi I_a}{2\pi a} = K\phi I_a [\text{N} \cdot \text{m}]$

$T = \dfrac{1}{9.8} \times \dfrac{P_m}{\omega} = 0.975 \dfrac{P_m}{N} [\text{kg}_f \cdot \text{m}]$

$T = 0.975 \dfrac{P_m}{N} = 0.975 \dfrac{E \cdot I_a}{N} [\text{kg}_f \cdot \text{m}] = 9.55 \dfrac{P_m}{N} [\text{N} \cdot \text{m}]$

⑤ 직류 전동기의 종류

종류	전동기의 특징
타여자	• (+), (−) 극성을 반대로 접속하면 → 회전 방향이 반대 • 정속도 전동기
분권	• 정속도 특성의 전동기 • 위험 상태 → 정격전압, 무여자 상태 • (+), (−) 극성을 반대로 접속하면 → 회전 방향이 불변 • $T \propto I \propto \dfrac{1}{N}$
직권	• 변속도 전동기(전동차에 적합) • 부하에 따라 속도가 심하게 변함 • (+), (−) 극성을 반대로 접속하면 → 회전 방향이 불변 • 위험 상태 → 정격전압, 무부하 상태 • $T \propto I^2 \propto \dfrac{1}{N^2}$

(11) 직류 전동기 속도 제어

$n = K' \dfrac{V - I_a R_a}{\phi}$ (단, K' : 기계정수)

종류	특징
전압 제어	• 광범위 속도 제어 가능 • 워드 레너드 방식[광범위한 속도 조정(1 : 20), 효율 양호] • 일그너 방식(부하가 급변하는 곳, 플라이휠 효과 이용, 제철용 압연기) • 정토크 제어
계자 제어	• 세밀하고 안정된 속도 제어 • 효율은 양호하나 정류 불량 • 정출력 가변속도 제어
저항 제어	• 좁은 속도 조절 범위 • 동손 증가 시 효율 저하

(12) 직류 전동기 제동

① 발전제동 : 전동기 전기자 회로를 전원에서 차단하는 동시에 계속 회전하고 있는 전동기를 발전기로 동작시켜 이때 발생되는 전기자의 역기전력을 전기자에 병렬 접속된 외부 저항에서 열로 소비하여 제동하는 방식
② 회생제동 : 전동기의 전원을 접속한 상태에서 전동기에 유기되는 역기전력을 전원전압보다 크게 하여 이때 발생하는 전력을 전원 속에 반환하여 제동하는 방식
③ 역전제동(플러깅) : 전동기를 전원에 접속한 채로 전기자의 접속을 반대로 바꾸어 회전 방향과 반대의 토크를 발생시켜 급정지시키는 방법

(13) 직류기의 손실과 효율

① 고정손(무부하손) : 철손(히스테리시스손, 와류손), 기계손(베어링손, 마찰손, 풍손)
② 부하손(가변손) : 동손(전기자동손, 계자동손), 표유부하손
③ 총손실 : (철손)+(기계손)+(동손)+(표유부하손)
④ 최대 효율조건 : (부하손)=(고정손)
⑤ 실측효율

$$\eta = \frac{(출력)}{(입력)} \times 100$$

⑥ 규약효율

㉠ 발전기 : $\eta = \frac{(출력)}{(입력)} = \frac{(출력)}{(출력)+(손실)} \times 100$

㉡ 전동기 : $\eta = \frac{(출력)}{(입력)} = \frac{(입력)-(손실)}{(입력)} \times 100$

(14) 절연물의 최고 허용온도

절연 재료	Y	A	E	B	F	H	C
최고허용온도	90℃	105℃	120℃	130℃	155℃	180℃	180℃ 초과

(15) 직류 전동기의 토크 측정, 시험

① 전동기의 토크 측정 : 보조발전기법, 프로니 브레이크법, 전기 동력계법
② 온도 시험
㉠ 실부하법
㉡ 반환부하법 : 홉킨스법, 블론델법, 카프법

01 다음 중 전기기기에 철심을 성층하는 이유로 옳은 것은?

① 와류손을 적게 하기 위하여
② 기계손을 적게 하기 위하여
③ 유전체손을 적게 하기 위하여
④ 표유부하손을 적게 하기 위하여
⑤ 히스테리시스손을 적게 하기 위하여

02 계자 저항 $50\,\Omega$, 계자 전류 2A, 전기자 저항 $3\,\Omega$ 인 분권발전기가 무부하로 정격 속도로 회전할 때 유기 기전력은?

① 124V
② 118V
③ 112V
④ 106V
⑤ 100V

03 도체수 500, 부하전류 200A, 극수 4, 전기자 병렬회로수 2인 직류 발전기의 매극당 감자 기자력(AT)은 얼마인가?(단, 브러시의 이동각은 전기 각도 20°이다)

① 약 862AT
② 약 1,389AT
③ 약 2,777AT
④ 약 5,550AT
⑤ 약 11,100AT

04 1,000kW, 500V의 분권발전기가 있다. 회전수는 246rpm이며 슬롯수 192, 슬롯 내부 도체수 6, 자극수 12일 때, 전부하 시의 자속수(Wb)는 얼마인가?(단, 전기자 저항은 $0.006\,\Omega$ 이고, 단중 중권이다)

① 약 0.001Wb
② 약 0.01Wb
③ 약 0.11Wb
④ 약 0.185Wb
⑤ 약 1.85Wb

05 다음 중 직류 발전기의 병렬 운전 조건으로 옳지 않은 것은?

① 극성, 단자전압이 일치(용량 임의)해야 한다.

② 외부특성이 수하 특성이어야 한다.

③ 용량이 다를 경우 부하전류로 나타낸 외부특성 곡선이 거의 일치해야 한다.

④ 용량이 같은 경우, 외부특성 곡선이 일치하지 않아야 한다.

⑤ 병렬 운전 시 직권, 과복권 균압 모선이 필요하다.

06 2대의 직류 발전기를 병렬 운전하여 부하에 100A를 공급하고 있다. 각 발전기의 유기기전력과 내부저항이 각각 110V, $0.04\,\Omega$ 및 112V, $0.06\,\Omega$ 일 때, 각 발전기에 흐르는 전류는?

① 10A, 90A
② 20A, 80A
③ 30A, 70A
④ 40A, 60A
⑤ 50A, 50A

07 전기자 저항이 $0.3\,\Omega$ 이고, 직권 계자의 권선저항이 $0.7\,\Omega$ 인 직권 전동기에 110V를 가하였더니 부하전류가 10A이었다. 이때 전동기의 속도는?(단, 기계 정수는 2이다)

① 1,200rpm
② 1,500rpm
③ 1,800rpm
④ 3,600rpm
⑤ 4,200rpm

08 다음 직류기의 손실 중 기계손에 속하는 것은 무엇인가?

① 풍손
② 와류손
③ 브러시의 전기손
④ 표유부하손
⑤ 히스테리시스손

(1) 동기 발전기의 구조 및 원리

① 동기속도 : $N_s = \dfrac{120f}{P}$ [rpm] (단, P : 극수)

② 코일의 유기기전력 : $E = 4.44 f \phi \omega k_\omega$ [V]

③ 동기 발전기 : 회전 계자형

　㉠ 계자는 기계적으로 튼튼하고 구조가 간단하여 회전에 유리함

　㉡ 계자는 소요 전력이 적음

　㉢ 절연이 용이함

　㉣ 전기자는 Y결선으로 복잡하며, 고압을 유기함

④ 동기 발전기 : Y결선

　㉠ 중성점을 접지할 수 있어 이상전압의 대책 용이

　㉡ 코일의 유기전압이 $\dfrac{1}{\sqrt{3}}$ 배 감소하므로 절연 용이

　㉢ 제3고파에 의한 순환 전류가 흐르지 않음

⑤ 수소 냉각 방식의 특징(대용량 기기)

　㉠ 비중이 공기의 7%로 풍손이 공기의 $\dfrac{1}{10}$ 로 경감

　㉡ 열전도도가 좋고 비열(공기의 약 14배)이 커서 냉각 효과가 큼

　㉢ 절연물의 열화 및 산화가 없으므로 절연물의 수명이 길어짐

　㉣ 소음이 적고 코로나 발생이 적음

　㉤ 발전기 출력이 약 25% 정도 증가

　㉥ 단점 : 수소는 공기와 혼합하면 폭발 우려(안전장치 필요)가 있으며, 설비비용 높음

(2) 전기자 권선법

① 분포권 : 매극 매상의 도체를 각각의 슬롯에 분포시켜 감아주는 권선법

　㉠ 고조파 제거에 의한 파형을 개선

　㉡ 누설 리액턴스를 감소

　㉢ 집중권에 비해 유기기전력이 K_d배로 감소

　㉣ 매극 매상의 슬롯수 : $q = \dfrac{(총슬롯수)}{(상수) \times (극수)}$

　㉤ 분포권 계수 : $K_d = \dfrac{\sin\dfrac{\pi}{2m}}{q\sin\dfrac{\pi}{2mq}}$

② 단절권 : 코일 간격을 극간격보다 작게 하는 권선법

  ⊙ 고조파 제거에 의한 파형을 개선

  ⓛ 코일의 길이, 동량이 절약

  ⓒ 전절권에 비해 유기기전력이 K_v배로 감소

  ⓔ 단절비율 : $\beta = \dfrac{(코일간격)}{(극간격)} = \dfrac{(코일피치)}{(극피치)} = \dfrac{[코일간격(슬롯)]}{(전슬롯수) \div (극수)}$

  ⓜ 단절권계수 : $K_v = \sin\dfrac{\beta\pi}{2}$

(3) 동기기의 전기자 반작용

① 횡축 반작용(교차자화작용) : R부하, 전기자 전류가 유기기전력과 동위상, 크기 : $I\cos\theta$, 일종의 감자작용

② 직축 반작용(발전기 : 전동기는 반대)

  ⊙ 감자작용 : L부하, 지상전류, 전기자전류가 유기기전력보다 위상이 $\dfrac{\pi}{2}$ 뒤질 때

  ⓛ 증자작용 : C부하, 진상전류, 전기자전류가 유기기전력보다 위상이 $\dfrac{\pi}{2}$ 앞설 때

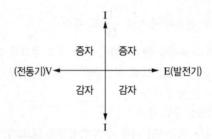

(4) 동기 발전기의 출력

① 비돌극형

$$P_s = \dfrac{EV}{x_s}\sin\delta \ (\delta = 90°에서 \ 최대 \ 출력)$$

② 돌극형

$$P_s = \dfrac{EV}{x_s}\sin\delta + \dfrac{V^2(x_d - x_q)}{2x_d x_q}\sin\delta \ (\delta = 60°에서 \ 최대 \ 출력, \ 직축반작용 \ x_d > 횡축반작용 \ x_q)$$

(5) 동기기의 동기 임피던스

철심이 포화상태이고 정격 전압일 때 임피던스 $Z_s = r_a + jx_s ≒ x_s = x_a + x_l$

[x_s : 동기 리액턴스, x_a : 전기자 반작용 리액턴스(지속단락전류 제한), x_l : 전기자 누설 리액턴스 {순간(돌발)단락전류 제한}]

(6) 동기 발전기의 특성

① 동기 임피던스

$$Z_s = \frac{E}{I_s} = \frac{V/\sqrt{3}}{I_s}\,[\Omega]$$

② % 동기 임피던스

㉠ $Z_s{}' = \dfrac{I_n Z_s}{E} \times 100 = \dfrac{P_n Z_s}{V^2} \times 100 = \dfrac{I_n}{I_s} \times 100$

㉡ % 동기 임피던스[PU]

$$Z_s{}' = \frac{1}{K_s} = \frac{P_n Z_s}{V^2} = \frac{I_n}{I_s}\,[PU]$$

③ 단락비 : 무부하 포화곡선, 3상 단락곡선

㉠ $K_s = \dfrac{(\text{정격전압을 유기하는 데 필요한 여자 전류})}{(\text{정격전류와 같은 단락전류를 유기하는 데 필요한 여자 전류})} = \dfrac{I_s}{I_n} = \dfrac{1}{Z_s{}'}\,[PU]$

㉡ 단락비가 큰 경우
- 동기 임피던스, 전압 변동률, 전기자 반작용, 효율이 적음
- 출력, 선로의 충전 용량, 계자 기자력, 공극, 단락전류가 큼
- 안정도 좋음, 중량이 무겁고 가격이 비쌈

㉢ 단락비 작은 기계 : 동기계, 터빈 발전기($K_s = 0.6 \sim 1.0$)

㉣ 단락비 큰 기계 : 철기계, 수차 발전기($K_s = 0.9 \sim 1.2$)

(7) 동기 발전기 자기 여자 작용

발전기 단자에 장거리 선로가 연결되어 있을 때 무부하 시 선로의 충전전류에 의해 단자전압이 상승하여 절연이 파괴되는 현상

> ※ **동기 발전기 자기 여자 방지책**
> - 수전단에 리액턴스가 큰 변압기를 사용한다.
> - 발전기를 2대 이상 병렬 운전을 한다.
> - 동기조상기에 부족여자 방식을 사용한다.
> - 단락비가 큰 기계를 사용한다.

(8) 전압 변동률

$$\epsilon = \frac{E - V}{V} \times 100$$

① 용량 부하의 경우(−) : $E < V$

② 유도 부하의 경우(+) : $E > V$

(9) 동기 발전기의 동기 병렬 운전

① 병렬 운전 조건

기전력의 크기가 같을 것	무효순환전류(무효횡류)	$I_C = \dfrac{E_a - E_b}{2Z_s} = \dfrac{E_C}{2Z_S}$
기전력의 위상이 같을 것	동기화전류(유효횡류)	$I_{cs} = \dfrac{E}{Z_s}\sin\dfrac{\delta}{2}$
기전력의 주파수가 같을 것	난조발생	–
기전력의 파형이 같을 것	고주파 무효순환전류	–
기전력의 상회전 방향이 같을 것(3상)		–

② $[\text{수수전력}(P_s)] = \dfrac{E^2}{2Z_s}\sin\delta$, $[\text{동기화력}(P_s)] = \dfrac{E^2}{2Z_s}\cos\delta$

(10) 난조(Hunting)

발전기의 부하가 급변하는 경우 회전자속도가 동기속도를 중심으로 진동하는 현상

① 원인

  ㉠ 원동기의 조속기 감도가 너무 예민할 때

  ㉡ 전기자저항이 너무 클 때

  ㉢ 부하가 급변할 때

  ㉣ 원동기 토크에 고조파가 포함될 때

  ㉤ 관성모멘트가 작을 때

② 방지책

  ㉠ 계자의 자극면에 제동 권선을 설치한다.

  ㉡ 관성모멘트를 크게 → 플라이휠을 설치한다.

  ㉢ 조속기의 감도를 너무 예민하지 않도록 한다.

  ㉣ 고조파의 제거 → 단절권, 분포권을 설치한다.

③ 제동권선의 역할

  ㉠ 난조 방지

  ㉡ 기동 토크 발생

  ㉢ 파형개선과 이상전압 방지

  ㉣ 유도기의 농형 권선과 같은 역할

(11) 동기 전동기

① 특징

  ㉠ 정속도 전동기

  ㉡ 기동이 어려움(설비비가 고가)

  ㉢ 역률 1.0으로 조정할 수 있으며, 진상과 지상전류의 연속 공급 가능(동기조상기)

  ㉣ 저속도 대용량의 전동기 → 대형 송풍기, 압축기, 압연기, 분쇄기

② 동기 전동기 기동법

  ㉠ 자기 기동법 : 제동 권선을 이용

  ㉡ 기동 전동기법 : 유도 전동기(2극 적게)를 기동 전동기로 사용

③ 안정도 증진법

  ㉠ 정상 리액턴스는 적고, 영상과 역상 임피던스는 크게 한다.

  ㉡ 플라이휠 효과와 반지름을 크게 하여 관성 모멘트를 크게 한다.

  ㉢ 조속기 동작을 신속하게 한다.

  ㉣ 단락비가 큰 기계(철기계, 수차형) 사용한다.

  ㉤ 속응 여자 방식을 채용한다.

④ 위상 특성 곡선(V곡선) : $I_a - I_f$ 관계 곡선(P는 일정), P : 출력, 계자전류의 변화에 대한 전기자 전류의 변화를 나타낸 곡선

  ㉠ 과여자 : 앞선 역률(진상), 전기자전류 증가, C

  ㉡ 부족여자 : 늦은 역률(지상), 전기자전류 증가, L

⑤ 토크 특성

  ㉠ $P = EI_a = \omega\tau = 2\pi\dfrac{N_s}{60}\tau$

  ㉡ $\tau = 9.55\dfrac{P_0}{N_s}[\mathrm{N \cdot m}] = 0.975\dfrac{P_0}{N_s}[\mathrm{kg}_f \cdot \mathrm{m}]$

  ㉢ $P_0 = 1.026N_s\tau[\mathrm{W}]$, $P_0 \propto \tau$ [(동기 와트)=(토크)]

09 다음 중 3상 동기 발전기의 상간 접속을 Y결선으로 하는 이유로 옳지 않은 것은?

① 중성점을 이용할 수 있다.

② 선간전압이 상전압의 $\sqrt{3}$ 배가 된다.

③ 선간전압에 제3고조파가 나타나지 않는다.

④ 같은 선간전압의 결선에 비하여 절연이 어렵다.

⑤ 지락이나 단락 발생시 보호계전기가 즉각 동작될 수 있도록 접지할 수 있기 때문이다.

10 3상, 6극, 슬롯수 54의 동기 발전기가 있다. 어떤 전기자 코일의 두 변이 제1슬롯과 제8슬롯에 들어 있다면 단절권계수는?

① 약 0.9027

② 약 0.9117

③ 약 0.9337

④ 약 0.9567

⑤ 약 0.9397

11 정격출력이 10,000kVA, 정격전압이 6,600V, 동기 임피던스가 매상 $3.6\,\Omega$ 인 3상 동기 발전기의 단락비는?

① 1.01

② 1.15

③ 1.21

④ 1.25

⑤ 1.3

12 다음 중 동기 전동기에 대한 설명으로 옳은 것을 〈보기〉에서 모두 고르면?

> 보기
> ㄱ. 부하의 변화(용량의 한도 내에서)에 의하여 속도가 변동한다.
> ㄴ. 부하의 변화(용량의 한도 내에서)에 관계없이 속도가 일정하다.
> ㄷ. 역률 개선을 할 수 있다.
> ㄹ. 역률 개선을 할 수 없다.
> ㅁ. 부하의 변화(용량의 한도 내에서)와 속도는 무관하다.

① ㄱ, ㄷ

② ㄱ, ㄹ

③ ㄴ, ㄷ

④ ㄴ, ㄹ

③ ㄷ, ㅁ

(1) 변압기의 유기기전력과 권수비

① $E_1 = 4.44fN_1\phi_m$ [V], $E_2 = 4.44fN_2\phi_m$ [V]

② 권수비 : $a = \dfrac{E_1}{E_2} = \dfrac{V_1}{V_2} = \dfrac{I_2}{I_1} = \dfrac{N_1}{N_2} = \sqrt{\dfrac{Z_1}{Z_2}} = \sqrt{\dfrac{R_1}{R_2}}$

(2) 변압기의 구조

① 분류

내철형, 외철형, 권철심형

② 냉각 방식에 따른 분류

건식자냉식, 건식풍냉식, 유입자냉식(주상변압기), 유입풍냉식, 유입수냉식, 유입송유식

③ 변압기 절연유의 구비조건

㉠ 절연내력이 커야 한다.

㉡ 점도가 적고 비열이 커서 냉각효과가 커야 한다.

㉢ 인화점은 높고, 응고점은 낮아야 한다.

㉣ 고온에서 산화하지 않고, 침전물이 생기지 않아야 한다.

④ 변압기의 호흡작용

㉠ 외기의 온도 변화, 부하의 변화에 따라 내부기름의 온도가 변화하여 부피가 팽창·수축을 반복

㉡ 기름과 대기압 사이에 차가 생겨 공기가 출입하는 작용

⑤ 절연열화

변압기의 호흡작용으로 절연유의 절연내력이 저하하고 냉각효과가 감소하며 침전물이 생기는 현상

⑥ 절연열화 방지책

㉠ 콘서베이터 설치

㉡ 질소 봉입 방식

㉢ 흡착제 방식

(3) 변압기의 등가회로

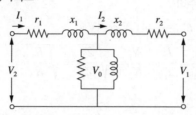

※ 2차를 1차로 환산한 등가회로

① $V_2' = V_1 = a V_2$

② $I_2' = I_1 = I_2 / a$

③ $Z_2' = \dfrac{V_2'}{I_2'} = \dfrac{a V_2}{I_2/a} = a^2 \dfrac{V_2}{I_2} = a^2 Z_2$ (단, $r_2' = a^2 r_2, \ x_2' = a^2 x_2$)

④ 2차를 1차로 환산한 임피던스

$$Z_{21} = r_{21} + j x_{21} = (r_1 + a^2 r_2) + j(x_1 + a^2 x_2)$$

(4) 백분율 강하

① % 저항 강하

$$p = \dfrac{I_{1n} r_{21}}{V_{1n}} \times 100 = \dfrac{I_{2n} r_{12}}{V_{2n}} \times 100$$

$$= \dfrac{I_{1n} r_{21}}{V_{1n}} \times \dfrac{I_{1n}}{I_{1n}} \times 100 = \dfrac{I_{1n}^2 \, r_{21}}{V_{1n} I_{1n}} \times 100$$

$$= \dfrac{P_s}{P_n} \times 100$$

② % 리액턴스 강하

$$q = \dfrac{I_{1n} \chi_{21}}{V_{1n}} \times 100 = \dfrac{I_{2n} \chi_{21}}{V_{2n}} \times 100$$

③ % 임피던스 강하

$$Z = \dfrac{I_{1n} Z_{21}}{V_{1n}} \times 100 = \dfrac{V_{1S}}{V_{1n}} \times 100 = \dfrac{I_{1n}(r_{21} + j x_{21})}{V_{1n}} \times 100 = \dfrac{I_n}{I_s} \times 100$$

(P_n : 변압기 용량, P_s : 임피던스 와트(동손), V_{1S} : 임피던스 전압, I_n : 정격전류, I_s : 단락 전류)

㉠ 임피던스 전압($V_{1s} = I_{1n} \cdot Z_{21}$)

• 정격전류가 흐를 때 변압기 내 임피던스 전압 강하

• 변압기 2차측을 단락한 상태에서 1차 측에 정격전류(I_{1n})가 흐르도록 1차 측에 인가하는 전압

㉡ 임피던스 와트($P_s = I_{1n}^2 \cdot r_{21}$) : 임피던스 전압을 인가한 상태에서 발생하는 와트(동손)

(5) 전압 변동률

① $\epsilon = p\cos\theta \pm q\sin\theta (+ \ : \ 지상, \ - \ : \ 진상)$

② 최대 전압 변동률과 역률

    ㉠ $\cos\theta = \rho$

    ㉡ $\cos\theta \neq 1$

      • 최대 전압 변동률 : $\epsilon_{\max} = Z = \sqrt{p^2 + q^2}$

      • 최대 전압 변동률일 때 역률 : $\cos\theta_{\max} = \dfrac{p}{Z} = \dfrac{p}{\sqrt{p^2 + q^2}}$

(6) 변압기의 결선

① △ − △ 결선

    ㉠ 1, 2차 전압에 위상차가 없음, 상전류는 선전류의 $\dfrac{1}{\sqrt{3}}$ 배

    ㉡ 제3고조파 여자 전류가 통로를 가지게 되므로 기전력은 사인파전압을 유기함

    ㉢ 변압기 외부에 제3고조파가 발생하지 않으므로 통신선의 유도장해가 없음

    ㉣ 변압기 1대 고장 시 V − V 결선으로 변경하여 3상 전력 공급이 가능

    ㉤ 비접지 방식이므로 이상전압 및 지락 사고에 대한 보호가 어려움

    ㉥ 선간전압과 상전압이 같으므로 고압인 경우 절연이 어려움

② Y − Y 결선 특징

    ㉠ 1, 2차 전압에 위상차가 없음

    ㉡ 중성점을 접지할 수 있으므로 이상전압으로부터 변압기를 보호할 수 있음

    ㉢ 상전압이 선간전압의 $\dfrac{1}{\sqrt{3}}$ 배이므로 절연이 용이하여 고전압에 유리

    ㉣ 보호 계전기 동작이 확실함

    ㉤ 역 V 결선 운전이 가능

    ㉥ 중성점 접지 시 접지선을 통해 제3고조파가 흐르므로 통신선에 유도장해가 발생

③ △ − Y 결선(승압용), Y − △ 결선(강압용)

    ㉠ Y 결선으로 중성점을 접지할 수 있으므로 이상전압으로부터 변압기를 보호할 수 있음

    ㉡ △ 결선에 의한 여자 전류의 제3고조파 통로가 형성되므로 기전력의 파형이 사인파가 됨

    ㉢ △ − Y는 송전단에 Y − △는 수전단에 설치

    ㉣ 1, 2차 전압 및 전류 간에는 30°의 위상차가 발생

    ㉤ 1대 고장 시 송전 불가능

④ V - V 결선

　　㉠ 출력 $P_V = \sqrt{3}\,P_1$

　　㉡ 4대의 경우 출력 $P_V = 2\sqrt{3}\,P_1$

　　㉢ (이용률) $= \dfrac{\sqrt{3}\,P_1}{2P_1} \times 100 ≒ 86.6\%$

　　㉣ (출력비) $= \dfrac{\sqrt{3}\,P_1}{3P_1} \times 100 ≒ 57.7\%$

⑤ 상수의 변환

　　㉠ 3상 → 2상 변환

　　　• Scott 결선(T 결선)

　　　　- 이용률 : 86.6%

　　　　- T좌 변압기의 권수비 : $a_T = \dfrac{\sqrt{3}}{2} \times a$

　　　• Meyer 결선

　　　• Wood Bridge 결선

　　㉡ 3상 → 6상 변환

　　　• Fork 결선

　　　• 2중 성형 결선

　　　• 환상 결선, 대각 결선, 2중 △ 결선, 2중 Y 결선

(7) 병렬 운전

① 병렬 운전 조건

　　㉠ 극성, 권수비, 1, 2차 정격 전압이 같아야 한다(용량은 무관).

　　㉡ 각 변압기의 저항과 리액턴스비가 같아야 한다.

　　㉢ 부하분담 시 용량에 비례하고 임피던스 강하에는 반비례해야 한다.

　　㉣ 상회전 방향과 각 변위가 같아야 한다(3ϕ 변압기).

가능	불가능
Y - Y와 Y - Y	Y - Y와 Y - △
Y - △와 Y - △	Y - △와 △ - △
Y - △와 △ - Y	△ - Y와 Y - Y
△ - △와 △ - △	△ - △와 △ - Y
△ - Y와 △ - Y	-
△ - △와 Y - Y	-

② 부하분담

㉠ $\dfrac{I_a}{I_b} = \dfrac{I_A}{I_B} \times \dfrac{\%Z_b}{\%Z_a}$

분담 전류는 정격 전류에 비례하고 누설 임피던스에 반비례

㉡ $\dfrac{P_a}{P_b} = \dfrac{P_A}{P_B} \times \dfrac{\%Z_b}{\%Z_a}$

분담 용량은 정격 용량에 비례하고 누설 임피던스에 반비례

- I_a : A기 분담 전류, I_A : A기 정격 전류, P_a : A기 분담 용량, P_A : A기 정격 용량
- I_b : B기 분담 전류, I_B : B기 정격 전류, P_b : B기 분담 용량, P_B : B기 정격 용량

(8) 특수 변압기

① 단권 변압기

㉠ 특징
- 코일 권수 절약
- 손실이 적음
- 효율이 좋음
- 누설 리액턴스가 작음
- 1차와 2차 절연이 어려움
- 단락사고 시 단락전류가 큼
- 고압용, 대용량에 적절

㉡ $\dfrac{V_h}{V_l} = \dfrac{N_1 + N_2}{N_1} = 1 + \dfrac{N_2}{N_1}$,

$V_h = \left(1 + \dfrac{1}{a}\right)V_l = \left(1 + \dfrac{N_2}{N_1}\right)V_l$

㉢ 부하 용량(2차 출력) : $W = V_h I_2$

㉣ 자기 용량(변압기 용량) : $\omega = e I_2 = (V_h - V_l)I_2$

㉤ $\dfrac{(\text{자기 용량})}{(\text{부하 용량})} = \dfrac{V_h - V_l}{V_h}$

구분	단상	Y결선	△결선	V결선
$\dfrac{(\text{자기 용량})}{(\text{부하 용량})}$	$\dfrac{V_h - V_l}{V_h}$	$\dfrac{V_h - V_l}{V_h}$	$\dfrac{V_h^2 - V_l^2}{\sqrt{3}\,V_h V_l}$	$\dfrac{2}{\sqrt{3}} \cdot \left(\dfrac{V_h - V_l}{V_h}\right)$

② 누설 변압기

   ⊙ 수하특성(정전류 특성)

   ⓛ 전압 변동이 큼

   ⓒ 누설 리액턴스가 큼

   ⓔ 용도 : 용접용 변압기

③ 3상 변압기(내철형, 외철형)

   ⊙ 사용 철심양이 감소하여 철손이 감소하므로 효율이 좋음

   ⓛ 값이 싸고 설치 면적이 작음

   ⓒ Y, △ 결선을 변압기 외함 내에서 하므로 부싱 절약

   ⓔ 단상 변압기로의 사용이 불가능(권선마다 독립된 자기 회로가 없기 때문)

   ⓜ 1상만 고장이 발생하여도 사용할 수 없고 보수가 어려움

④ 3권선 변압기

   ⊙ Y − Y − △ 결선을 하여 제3고조파를 제거 가능

   ⓛ 조상 설비를 시설하여 송전선의 전압과 역률을 조정 가능

   ⓒ 발전소에서 소내용 전력공급이 가능

⑤ 계기용 변압기(PT)

   ⊙ 고전압을 저전압으로 변성, 2차측 정격전압(110V)

   ⓛ 2차측 단락 금지

⑥ 계기용 변류기(CT)

   ⊙ 대전류를 소전류로 변성, 2차 정격전류(5A)

   ⓛ CT 점검 시 2차측 단락(2차측 개방 금지) : 2차측 절연보호, 2차측에 고압 유기되는 것을 방지

⑦ 변압기 보호 계전기

   ⊙ 전기적인 보호장치 : 차동 계전기, 비율차동 계전기

   ⓛ 기계적인 보호장치 : 부흐홀츠 계전기, 서든 프레서(압력 계전기), 유위계, 유온계

       ※ 부흐홀츠 계전기 : 변압기 내부 고장 검출, 수소 검출

       ※ 콘서베이터 : 변압기 절연유의 열화 방지

(9) 변압기의 손실 및 효율

① 손실 : [무부하손(무부하시험)] + [부하손(단락시험)]

    ㉠ 동손(부하손)

    ㉡ 철손 : 히스테리시스손, 와류손

② 변압기 효율

    ㉠ 전부하 효율

$$\eta = \frac{P_n\cos\theta}{P_n\cos\theta + P_i + P_c} \times 100$$

    ㉡ $\dfrac{1}{m}$ 부하 시 효율

$$\eta_{\frac{1}{m}} = \frac{\dfrac{1}{m}P_n\cos\theta}{\dfrac{1}{m}P_n\cos\theta + P_i + \left(\dfrac{1}{m}\right)^2 P_c} \times 100$$

    ㉢ 최대 효율 조건

- 전부하 시 : $P_i = P_c$ (철손 : 동손=1 : 1)

- $\dfrac{1}{m}$ 부하 시 : $P_i = \left(\dfrac{1}{m}\right)^2 P_c$, $\dfrac{1}{m} = \sqrt{\dfrac{P_i}{P_c}}$ [(철손) : (동손)=1 : 2]

- 최대 효율 : $\eta_{\max} = \dfrac{\dfrac{1}{m}P_n\cos\theta}{\dfrac{1}{m}P_n\cos\theta + 2P_i} \times 100$

- 전일 효율 : $\eta_{day} = \dfrac{(24시간 \ 출력 \ 전력량)}{(24시간 \ 입력 \ 전력량)} \times 100$

    ㉣ 일정시간 운전 시의 최대 효율 조건

    $24P_i = \Sigma h P_c$: 전부하 운전 시간이 짧은 경우 철손을 작게 한다.

(10) 변압기의 시험

① 권선의 저항 측정 시험

② 단락 시험 → 임피던스 전압, 임피던스 와트(동손) 측정

③ 무부하 시험 → 여자 전류, 철손 측정

13 다음 그림과 같은 변압기 회로에서 부하 R_2에 공급되는 전력이 최대로 되는 변압기의 권수비 a는?

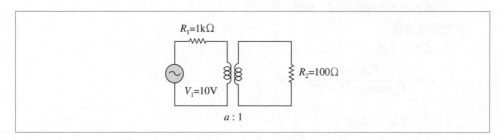

① $\sqrt{5}$ 　　　　　　　　　　② $\sqrt{10}$

③ $2\sqrt{10}$ 　　　　　　　　　④ 5

⑤ 10

14 3,300/200V, 10kVA인 단상 변압기의 2차를 단락하여 1차 측에 300kVA를 가하니 2차에 120A가 흘렀다. 이 변압기의 임피던스 전압과 백분율 임피던스 강하는?(단, 임피던스 강하는 소수점 셋째 자리에서 반올림한다)

① 125V, 3.79% 　　　　　　　② 200V, 4%

③ 125V, 3.49% 　　　　　　　④ 200V, 4.19%

⑤ 225V, 5.79%

15 변압기의 정격전류에 대한 백분율 저항강하 1.5%, 백분율 리액턴스 강하가 4%이다. 이 변압기에 정격전류를 통하여 전압 변동률이 최대로 되는 부하 역률은 얼마인가?

① 0.15 　　　　　　　　　　② 0.28

③ 0.35 　　　　　　　　　　④ 0.68

⑤ 0.87

16 2대의 정격이 같은 1,000kVA의 단상 변압기의 임피던스 전압이 8%와 9%이다. 이것을 병렬로 하면 모두 몇 kVA의 부하를 걸 수 있는가?(단, 소수점 첫째 자리에서 반올림한다)

① 1,772kVA

② 1,889kVA

③ 2,125kVA

④ 2,200kVA

⑤ 2,100kVA

17 3,300/210V, 5kVA의 단상 주상 변압기를 승압용 단권 변압기로 접속하고 1차에 3,000V를 가할 때, 부하 용량은 몇 kVA인가?(단, 부하 용량은 소수점 첫째 자리에서 반올림한다)

① 약 69kVA

② 약 76kVA

③ 약 82kVA

④ 약 84kVA

⑤ 약 92kVA

18 100kVA, 2,200/110V, 철손 2kW, 전부하 동손이 3kW인 단상 변압기가 있다. 이 변압기의 역률이 0.9일 때, 전부하 효율은?

① 약 94.7%

② 약 95.8%

③ 약 96.8%

④ 약 97.7%

⑤ 약 98.7%

(1) 유도 전동기의 사용 이유 및 특징

① 유도 전동기 사용 이유

㉠ 전원 획득이 쉬움

㉡ 구조가 간단하고, 값이 싸며, 튼튼함

㉢ 취급이 용이함

㉣ 부하 변화에 대하여 거의 정속도 특성을 가짐

② 농형과 권선형의 비교

농형	• 구조가 간단, 보수가 용이 • 효율이 좋음 • 속도 조정이 곤란 • 기동 토크가 작아 대형이 되면 기동이 곤란
권선형	• 중형과 대형에 많이 사용 • 기동이 쉽고, 속도 조정이 용이

(2) 슬립

전동기 전부하에 있어서 속도 감소의 동기속도에 대한 비율

① 슬립 : $s = \dfrac{N_s - N}{N_s} \times 100$

② 상대속도 : $sN_s = N_s - N$

③ 회전자속도(전동기속도) : $N = (1-s)N_s[\text{rpm}] = (1-s)\dfrac{120f}{p}[\text{rpm}]$

㉠ 유도 전동기 : $0 < S < 1$

㉡ 유도 제동기 : $1 < S < 2$

(3) 정지 시와 회전 시 비교

정지 시	회전 시
E_2	$E_{2s} = sE_2$
f_2	$f_{2s} = sf_2$
I_2	$I_{2s} = \dfrac{E_{2s}}{Z_{2s}} = \dfrac{sE_2}{\sqrt{r_2{}^2 + (sx_2)^2}} = \dfrac{E_2}{\sqrt{(\dfrac{r_2}{s})^2 + x_2^2}}$

(4) 유도 전동기 전력변환

① 전력변환 관계식 : $P_2 : P_{c2} : P_0 = 1 : s : (1-s)$

    ㉠ $P_{c2} = sP_2$

    ㉡ $P_0 = (1-s)P_2$

    ㉢ $P_{c2} = \dfrac{s}{1-s} P_0$

② 2차 효율 $\eta = \dfrac{P_0}{P_2} = 1 - s = \dfrac{N}{N_S} = \dfrac{\omega}{\omega_0}$

(5) 유도 전동기의 토크 특성, 토크와 슬립의 관계

① $T = \dfrac{P_2}{\omega_s} = \dfrac{P_2}{2\pi \dfrac{N_2}{60}} = \dfrac{P_2}{\dfrac{2\pi}{60} \times \dfrac{120f}{p}} = \dfrac{P_2}{\dfrac{4\pi f}{p}}$

    $= 9.55 \dfrac{P_2}{N_s} [\mathrm{N \cdot m}] = 0.975 \dfrac{P_2}{N_s} [\mathrm{kg}_f \cdot \mathrm{m}]$

② $T = \dfrac{P_0}{W} = \dfrac{P_0}{2\pi \dfrac{N}{60}} = \dfrac{P_0}{\dfrac{2\pi}{60}(1-s)N_s}$

    $= \dfrac{P_0}{\dfrac{2\pi}{60}(1-s) \times \dfrac{120f}{p}} = \dfrac{P_0}{(1-s)\dfrac{4\pi f}{p}}$

    $= 9.55 \dfrac{P_0}{N} [\mathrm{N \cdot m}] = 0.975 \dfrac{P_0}{N} [\mathrm{kg}_f \cdot \mathrm{m}]$

③ 최대 토크슬립

    $s_t = \dfrac{r_2}{x_2}$

④ 최대 토크

    $T = \dfrac{P_2}{\omega_s} = \dfrac{m_2}{\omega_s} E_2 I_2 \cos\theta_2$

    $= KE_2 \times \dfrac{sE_2}{\sqrt{r_2{}^2 + (sx_2)^2}} \times \dfrac{r_2}{\sqrt{r_2{}^2 + (sx_2)^2}}$

    $= K \dfrac{sE_2{}^2 \cdot r_2}{r_2{}^2 + (sx_2)^2}$

    ㉠ $T \propto V^2$ [토크는 공급전압의 제곱에 비례]

    ㉡ $S \propto \dfrac{1}{V^2}$

(6) 비례 추이의 원리 : 권선형 유도 전동기

① 비례 추이의 특징

㉠ 최대 토크 $\left(\tau_{\max} = K\dfrac{E_2{}^2}{2x_2}\right)$는 불변, 최대 토크의 발생 슬립은 변화

㉡ 저항이 클수록 기동전류는 감소, 기동 토크는 증가

② $\dfrac{r_2}{s} = \dfrac{r_2 + R}{s'}$ $(s$: 전부하 슬립, s' : 기동슬립, R : 2차 외부저항)

③ 기동 시 전부하 토크와 같은 토크로 기동하기 위한 외부저항

$R = \dfrac{1 - s}{s}r_2$

④ 기동 시 최대 토크과 같은 토크로 기동하기 위한 외부저항

$R = \dfrac{1 - s_t}{s_t}r_2 = \sqrt{r_1^2 + (x_1 + x_2{}')^2} - r_2{}' \fallingdotseq (x_1 + x_2{}') - r_2{}'\,[\Omega]$

⑤ 비례 추이할 수 없는 것 : 출력, 2차 효율, 2차 동손

(7) Heyland 원선도

① 원선도 작성에 필요한 시험

㉠ 저항 측정 : 1차 동손

㉡ 무부하(개방) 시험 : 철손, 여자 전류

㉢ 구속(단락) 시험 : 동손, 임피던스 전압, 단락전류

② 원선도에서 구할 수 없는 것 : 기계적 출력, 기계손

(8) 유도 전동기의 기동법 및 속도제어법

① 기동법

농형 유도 전동기	• 전전압 기동(직입기동) : 5kW
	• Y – △ 기동(5 ~ 15kW)급 : 전류 $\dfrac{1}{3}$ 배, 전압 $\dfrac{1}{\sqrt{3}}$ 배
	• 기동 보상기법 : 단권 변압기 사용 감전압기동
	• 리액터 기동법 : 전동기 1차에 리액터 접속
	• 콘도르파법 : 기동 보상기법과 리액터 기동법 혼합
권선형 유도 전동기	• 2차 저항 기동법 → 비례 추이 이용
	• 게르게스법

② 속도제어법

농형 유도 전동기	• 주파수 변환법 : 전원의 주파수를 제어하여 속도를 제어
	  – 역률이 양호하며 연속적인 속도 제어가 되지만, 전용 전원이 필요
	  – 인견・방직 공장의 포트모터, 선박의 전기추진기
	• 극수 변환법
	• 전압 제어법 : 공극 전압의 크기를 조절하여 속도 제어
	• 저항제어법 : 가변저항의 크기를 제어하여 속도를 제어
	• 논리 극변환법 : 고정자 권선에서 코일의 결선을 바꾸어 속도를 제어(2 : 1 비율만 가능)
	• 다중권선법 : 극수가 다른 권선을 미리 감아 하나의 세트만 여자시켜 속도를 제어(제한적 사용)

권선형 유도 전동기	• 2차 저항법
	  – 토크의 비례 추이를 이용
	  – 2차 회로에 저항을 삽입 토크에 대한 슬립 s를 바꾸어 속도 제어
	• 2차 여자법
	  – 회전자 기전력과 같은 주파수 전압을 인가하여 속도 제어
	  – 고효율로 광범위한 속도 제어
	• 종속접속법
	  – 직렬종속법 : $N = \dfrac{120}{P_1 + P_2} f$
	
	  – 차동종속법 : $N = \dfrac{120}{P_1 - P_2} f$
	
	  – 병렬종속법 : $N = 2 \times \dfrac{120}{P_1 + P_2} f$

(9) 단상 유도 전동기

① 종류(기동 토크가 큰 순서)

반발 기동형 > 반발 유도형 > 콘덴서 기동형 > 분상 기동형 > 셰이딩 코일형 > 모노사이클릭형

② 단상 유도 전동기의 특징

㉠ 교번자계가 발생

㉡ 기동 시 기동 토크가 존재하지 않으므로 기동 장치가 필요

㉢ 슬립이 0이 되기 전에 토크는 미리 0이 됨

㉣ 2차 저항이 증가되면 최대 토크는 감소(비례 추이할 수 없음)

㉤ 2차 저항값이 어느 일정값 이상이 되면 토크는 부(−)가 됨

(10) 유도 전압 조정기(유도 전동기와 변압기 원리를 이용한 전압 조정기)

종류	단상 유도 전압 조정기	3상 유도 전압 조정기
전압 조정 범위	$(V_1 - E_2) \sim (V_1 + E_2)$	$\sqrt{3}(V_1 - E_2) \sim \sqrt{3}(V_1 + E_2)$
조정 정격 용량 [kVA]	$P_2 = E_2 I_2 \times 10^{-3}$	$P_2 = \sqrt{3} E_2 I_2 \times 10^{-3}$
정격 출력(부하) [kVA]	$P = V_2 I_2 \times 10^{-3}$	$P = \sqrt{3} V_2 I_2 \times 10^{-3}$
특징	• 교번자계 이용 • 입력과 출력 위상차 없음 • 단락 권선 필요	• 회전자계 이용 • 입력과 출력 위상차 있음 • 단락 권선 필요 없음

※ 단락 권선의 역할 : 누설 리액턴스에 의한 2차 전압 강하 방지

※ 3상 유도 전압 조정기 위상차 해결 → 대각유도전압 조정기

(11) 특수 유도 전동기

① 2중 농형 : 기동 토크가 크고, 기동 전류가 작아 운전효율이 좋으나 역률이 나쁨
  ㉠ 바깥 권선(기동 권선) : 저항은 크나, 리액턴스가 작다.
  ㉡ 안쪽 권선(운전 권선) : 저항은 작으나, 리액턴스가 크다.
② 딥 슬롯 : 효율이 좋고 구조가 간단하나 역률이 나쁨

(12) 유도 전동기의 시험

① 부하 시험
  ㉠ 다이나모미터
  ㉡ 프로니 브레이크
  ㉢ 와전류 제동기
② 슬립 측정
  ㉠ DC(직류) 밀리볼트계법
  ㉡ 수화기법
  ㉢ 스트로보스코프법
  ㉣ 회전계법
③ 무부하 시험
  전동기에 정격전압을 가하고 무부하운전하여 1상당 전압, 전류, 전력을 측정
  → 여자 전류, 여자 어드미턴스, 철손 측정
④ 구속시험
  회전자의 회전을 막고 정격 전류를 흘려보낸 후 전압, 전류를 측정
  → 동손, 임피던스 전압 측정
⑤ 저항 측정
  고정자 권선 저항 측정

19 다음 중 농형 유도 전동기의 특징으로 옳지 않은 것은?

① 속도 조정이 곤란하다.   ② 구조가 간단하다.

③ 보수가 용이하다.   ④ 효율이 좋다.

⑤ 중형과 대형에 많이 사용한다.

20 6극 60Hz, 200V, 7.5kW의 3상 유도 전동기가 960rpm으로 회전하고 있을 때, 회전자 전류의 주파수는?

① 8Hz   ② 10Hz

③ 12Hz   ④ 14Hz

⑤ 16Hz

21 50Hz, 4극 20HP인 3상 유도 전동기가 있다. 전부하 시의 회전수가 1,450rpm일 때, 회전력은 얼마인가?(단, 1HP=736W이다)

① 약 $6.9\text{kg}_f \cdot \text{m}$ ② 약 $7.\text{kg}_f \cdot \text{m}$

③ 약 $9.9\text{kg}_f \cdot \text{m}$ ④ 약 $10.9\text{kg}_f \cdot \text{m}$

⑤ 약 $12.9\text{kg}_f \cdot \text{m}$

22 권선형 3상 유도 전동기가 있다. 1차 및 2차 합성 리액턴스는 $1.5\,\Omega$이고, 2차 회전자는 Y결선이며, 매상의 저항은 $0.3\,\Omega$이다. 기동 시 최대 토크 발생을 위해 삽입해야 하는 매상당 외부 저항은 얼마인가?(단, 1차 저항은 무시한다)

① $0.5\,\Omega$ ② $0.8\,\Omega$

③ $1\,\Omega$ ④ $1.2\,\Omega$

⑤ $1.5\,\Omega$

23 다음 중 3상 유도 전동기의 속도를 제어하는 방법으로 옳지 않은 것은?

① 전전압법   ② 종속접속법

③ 2차 여자법   ④ 전압제어법

⑤ 주파수 변환법

24 다음 중 단상 유도 전동기를 기동 토크가 큰 순서대로 바르게 나열한 것은?

① 반발 유도형 – 반발 기동형 – 콘덴서 기동형 – 분상 기동형

② 반발 기동형 – 반발 유도형 – 콘덴서 기동형 – 셰이딩 코일형

③ 반발 기동형 – 콘덴서 기동형 – 셰이딩 코일형 – 분상 기동형

④ 반발 유도형 – 모노사이클릭형 – 셰이딩 코일형 – 콘덴서 전동기

⑤ 반발 유도형 – 셰이딩 코일형 – 모노사이클릭형 – 콘덴서 전동기

25 다음 중 유도 전동기의 슬립을 측정하는 방법이 아닌 것은?

① 직류 밀리볼트계법   ② 수화기법

③ 스트로보스코프법   ④ 프로니 브레이크법

⑤ 회전계법

(1) 회전 변류기

① 전압비 : $\dfrac{E_a}{E_d} = \dfrac{1}{\sqrt{2}} \sin \dfrac{\pi}{m}$ (단, m : 상수)

② 전류비 : $\dfrac{I_a}{I_d} = \dfrac{2\sqrt{2}}{m \cdot \cos\theta}$

③ 직류 전압 조정법

    ㉠ 직렬 리액터에 의한 방법

    ㉡ 유도전압 조정기에 의한 방법

    ㉢ 동기 승압기에 의한 방법

    ㉣ 부하 시 전압조정 변압기에 의한 방법

④ 난조(운전 중 부하 급변 시 새로운 부하각 중심으로 진동하는 현상)

    ㉠ 발생 원인

      • 브러시 위치가 전기적 중성축보다 뒤쳐질 때

      • 직류측 부하가 급변할 때

      • 역률이 나쁠 때

      • 교류측 전원 주파수의 주기적으로 변화할 때

      • 전기자회로의 저항이 리액턴스에 비해 클 때

    ㉡ 난조의 방지법

      • 제동 권선의 작용을 강하게 한다.

      • 전기자저항에 비해 리액턴스를 크게 한다.

      • 전기 각도와 기하 각도의 차를 작게 한다.

(2) 수은 정류기

① 전압비 : $\dfrac{E}{E_d} = \dfrac{\dfrac{\pi}{m}}{\sqrt{2}\,E \sin \dfrac{\pi}{m}}$

② 전류비 : $\dfrac{I_a}{I_d} = \dfrac{1}{\sqrt{m}}$

③ 이상현상

　　㉠ 역호 : 음극에 대하여 부전위로 있는 양극에 어떠한 원인에 의해 음극점이 형성되어 정류기의 밸브작용이 상실되는 현상

　　　　• 역호의 원인

　　　　　　－ 과전압, 과전류

　　　　　　－ 증기 밀도 과대

　　　　　　－ 양극 재료의 불량 및 불순물(수은방울 등) 부착

　　　　　　－ 내부 잔존가스압력 상승

　　　　• 역호 방지책

　　　　　　－ 과열, 과냉을 피한다.

　　　　　　－ 과부하를 피한다.

　　　　　　－ 진공도를 높인다.

　　　　　　－ 양극에 수은증기가 접촉되지 않도록 한다.

　　㉡ 실호 : 격자전압이 임계전압보다 正의 값이 되었을 때는 완전하게 아크를 점호하며 이 기능이 상실되어 양극의 점호에 실패하는 현상

　　㉢ 통호 : 양극에 음극점이 형성되어도 완전히 저지하여 전류를 통과시키지 않는 작용(제어격자)의 고장현상

(3) 다이오드 정류회로

구분	단상반파	단상전파	3상반파	3상전파
직류전압(E_d)	$0.45E$	$0.9E$	$1.17E$	$1.35E$
정류효율	40.6%	81.2%	96.5%	99.8%
맥동률	121%	48%	17%	4%

(4) 사이리스터 정류회로

> ※ 단방향성 : SCR(3), GTO(3), SCS(4), LASCR(3)
> ※ 양방향성 : SSS(2), TRIAC(3), DIAC(2)

① SCR(역저지 3단자)의 특성
- ㉠ 역방향 내전압이 크고, 순방향 전압 강하가 낮음
- ㉡ Turn On 조건
  - 양극과 음극 간에 브레이크 오버전압 이상의 전압을 인가한다.
  - 게이트에 래칭전류 이상의 전류를 인가한다.
- ㉢ Turn Off 조건 : 애노드의 극성을 부(−)로 한다.
- ㉣ 래칭전류 : 사이리스터가 Turn On하기 시작하는 순전류
- ㉤ 이온 소멸시간이 짧음

② SCR의 위상 제어(제어각 > 역률각)
- ㉠ 단상 반파 정류회로

$$E_d = 0.45E\left(\frac{1+\cos\alpha}{2}\right)$$

- ㉡ 단상 전파 정류회로
  - 저항만의 부하 : $E_d = 0.45E(1+\cos\alpha)$, $(1+\cos\alpha)$: 제어율
  - 유도성 부하 : $E_d = 0.9E\cos\alpha$, $\cos\alpha$: 격자율

- ㉢ 3상 반파 정류회로

$$E_d = \frac{3\sqrt{6}}{2\pi}E\cos\alpha = 1.17E\cos\alpha$$

- ㉣ 3상 전파 정류회로

$$E_d = \frac{6\sqrt{2}}{2\pi}E\cos\alpha = 1.35E\cos\alpha$$

(5) 사이클로 컨버터

① 전원주파수를 다른 주파수로 변환하는 소자
② AC 전력을 증폭

(6) 쵸퍼

DC 전력을 증폭

(7) 교류 정류자기(정류자 전동기)

　① 원리 : 직류 전동기에 전류 인가

　② 분류

　　㉠ 단상

　　　• 직권

　　　　− 반발 전동기

　　　　　ⓐ 브러시를 단락시켜 브러시 이동으로 기동 토크, 속도 제어

　　　　　ⓑ 종류 : 아트킨손형, 톰슨형, 데리형

　　　　− 단상 직권 정류자 전동기(만능 전동기, 직·교류 양용)

　　　　　ⓐ 종류 : 직권형, 직렬보상형, 유도보상형

　　　　　ⓑ 특징

　　　　　　㉮ 철손을 줄이기 위해 전기자와 계자를 성층 철심으로 함(약계자, 강전기자로 인덕턴스를 감소시켜 역률 개선)

　　　　　　㉯ 역률 개선을 위해 보상권선 설치

　　　　　　㉰ 회전속도를 증가시킬수록 역률 개선

　　　• 분권 : 현재 상용화되지 않음

　　㉡ 3상

　　　• 직권 : 3상 직권 정류자 전동기 → 중간 변압기로 사용(경부하 시 속도 상승 방지)

　　　　− 효율 최대 : 빠른 동기속도

　　　　− 역률 최대 : 동기속도 이상

　　　• 분권 : 3상 분권 정류자 전동기 → 시라게 전동기(브러시 이동으로 속도 제어 가능)

> ※ 교류 분권 정류자 전동기
> 　정속도 전동기 & 교류 가변 속도 전동기

26 6상 회전변류기의 정격 출력이 2,000kW이고 직류측 정격 전압이 1,000V일 때, 교류측 입력전류는?(단, 역률 및 효율은 전부 100%이고, $\cos\theta = 1$이다)

① 약 471A

② 약 667A

③ 약 943A

④ 약 1,633A

⑤ 약 2,138A

27 다음 중 회전변류기에서 난조가 발생하는 원인으로 옳지 않은 것은?

① 직류측 부하가 급변할 때

② 브러시 위치가 전기적 중성축과 뒤질 때

③ 역률이 나쁠 때

④ 교류측 전원 주파수의 주기적으로 변화할 때

⑤ 전기자 회로의 저항이 리액턴스에 비해 작을 때

28 다음 중 정류기의 단상 전파 정류에 있어서 직류전압 100V를 얻는 데 필요한 2차 상전압은?(단, 부하는 순저항으로 하고 변압기 내의 전압 강하는 무시하며 전압 강하를 15V로 한다)

① 약 94.4V

② 약 128V

③ 약 181V

④ 약 255V

⑤ 약 376V

29 입력 100V의 단상 교류를 SCR 4개를 사용하여 브리지 제어 정류하려 한다. 이때 사용할 1개 SCR의 최대 역전압(내압)은 몇 V 이상이어야 하는가?

① 약 25V

② 약 103V

③ 약 141V

④ 약 207V

⑤ 약 250V

30 다음 중 단상 정류자 전동기의 일종인 단상 반발 전동기로만 나열한 것은?

① 시라게 전동기, 아트킨손형 전동기

② 직권형 전동기, 데리형 전동기

③ 데리형 전동기, 시라게 전동기

④ 톰슨형 전동기, 아트킨손형 전동기

⑤ 유도보상형 전동기, 톰슨형 전동기

04 | 회로이론

01 직류회로

(1) 전기회로에 필요한 기본적인 전기량 요약

구분	기호	단위	기본식	
			직류	교류
전하량	Q, q	C	$Q = I \cdot t$	$q = \int i \, dt$
전류	I, i	A	$I = \dfrac{Q}{t}$	$i = \dfrac{dq}{dt}$
전압	V, v	V	$V = \dfrac{W}{Q}$	$v = \dfrac{dw}{dq}$
전력	P, p	W(J/s)	$P = VI$	$p = vi$

※ 전지의 연결 : $E = rI + V = I(r + R)$

① 직렬

　㉠ 기전력 n배 : nE

　㉡ 내부저항 n배 : nr

② 병렬

　㉠ 기전력 : E

　㉡ 내부저항 : $\dfrac{r}{m}$

(2) 직·병렬회로 요약

직렬회로(전압분배)	병렬회로(전류분배)
$R_0 = R_1 + R_2$	$R_0 = \dfrac{R_1 R_2}{R_1 + R_2}$
$V_1 = R_1 I = \dfrac{R_1}{R_1 + R_2} V$	$I_1 = \dfrac{V}{R_1} = \dfrac{R_2}{R_1 + R_2} I$
$V_2 = R_2 I = \dfrac{R_2}{R_1 + R_2} V$	$I_2 = \dfrac{V}{R_2} = \dfrac{R_1}{R_1 + R_2} I$

(1) 교류의 표시

① 순시값 : $i(t) = I_m \sin(\omega t + \theta)$[A] [(순시값)=(최댓값) $\sin(\omega t +$ 위상)]

② 평균값 : $I_{av} = \dfrac{1}{T}\displaystyle\int_0^T |i(t)|\,dt = \dfrac{1}{T/2}\displaystyle\int_0^{T/2} i(t)\,dt$

③ 실효값 : $I_{rms} = \sqrt{\dfrac{1}{T}\displaystyle\int_0^T i^2\,dt} = \sqrt{(1\text{주기 동안의 } i^2\text{의 평균})}$

(2) 교류의 페이저 표시

① 정현파 교류를 크기와 위상으로 표시 : $v = v_{rms}\sin(\omega t + \theta)$

② 페이저 표시 : $V = \dfrac{v_{rms}}{\sqrt{2}} \angle\, \theta$

(3) 각 파형의 실효값 및 평균값

구분	파형	실효값	평균값	파고율	파형률
정현파		$\dfrac{I_m}{\sqrt{2}}$	$\dfrac{2}{\pi}I_m$	$\sqrt{2} \fallingdotseq 1.414$	$\dfrac{\pi}{2\sqrt{2}} \fallingdotseq 1.1$
정현전파		$\dfrac{I_m}{\sqrt{2}}$	$\dfrac{2}{\pi}I_m$	$\sqrt{2} \fallingdotseq 1.414$	$\dfrac{\pi}{2\sqrt{2}} \fallingdotseq 1.1$
정현반파		$\dfrac{I_m}{2}$	$\dfrac{1}{\pi}I_m$	2	$\dfrac{\pi}{2} \fallingdotseq 1.6$
삼각파		$\dfrac{I_m}{\sqrt{3}}$	$\dfrac{I_m}{2}$	$\sqrt{3} \fallingdotseq 1.732$	$\dfrac{2}{\sqrt{3}} \fallingdotseq 1.15$
톱니파		$\dfrac{I_m}{\sqrt{3}}$	$\dfrac{I_m}{2}$	$\sqrt{3} \fallingdotseq 1.732$	$\dfrac{2}{\sqrt{3}} \fallingdotseq 1.15$
구형파		I_m	I_m	1	1
구형반파		$\dfrac{I_m}{\sqrt{2}}$	$\dfrac{I_m}{2}$	$\sqrt{2} \fallingdotseq 1.414$	$\sqrt{2} \fallingdotseq 1.414$

(4) 파고율과 파형률

① 파고율(Crest Factor) : $\dfrac{(\text{최댓값})}{(\text{실효값})}$ (실효값의 분모값 → 반파정류가 가장 큼)

② 파형률(Form Factor) : $\dfrac{(\text{실효값})}{(\text{평균값})}$

01 어떤 전지의 외부회로 저항은 5Ω 이고 전류는 8A가 흐른다. 외부회로에 5Ω 대신에 15Ω 의 저항을 접속하면 전류는 4A로 떨어진다. 이 때 전지의 기전력은 몇 V인가?

① 10V   ② 15V

③ 20V   ④ 50V

⑤ 80V

02 다음 직류회로에서 전류 I_A는?

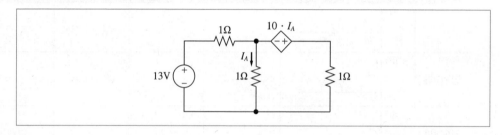

① 1A   ② $\dfrac{13}{7}$A

③ $\dfrac{13}{9}$A   ④ $\dfrac{13}{2}$A

⑤ 13A

03 어떤 교류회로의 순시값이 $\sqrt{2}\,V_s \sin\omega t$[V]인 전압에서 $\omega t = \dfrac{\pi}{6}$rad일 때, $100\sqrt{2}\,V$이면 이 전압의 실효값(V_{rms})은?

① 100V   ② $100\sqrt{2}\,$V

③ 200V   ④ $200\sqrt{2}\,$V

⑤ 300V

04 다음 중 정현파 교류 $i = I_m \sin \omega t$의 파형률은?

① 약 1.05

② 약 1.11

③ 약 1.25

④ 약 1.35

⑤ 약 2.11

05 다음은 교류 정현파의 최댓값과 다른 값들과의 관계를 나타낸 것이다. 실효값과 파고율을 바르게 연결한 것은?

구분	최댓값	실효값	파형률	파고율
교류 정현파	V_m	(A)	$\dfrac{\pi}{2\sqrt{2}}$	(B)

      (A)   (B)

① $\dfrac{V_m}{\sqrt{2}}$ $\dfrac{1}{\sqrt{2}}$

② $\dfrac{V_m}{\sqrt{2}}$ $\sqrt{2}$

③ $\sqrt{2}\,V_m$ $\dfrac{1}{\sqrt{2}}$

④ $\sqrt{2}\,V_m$ $\sqrt{2}$

⑤ $2\sqrt{2}\,V_m$ $\dfrac{1}{\sqrt{2}}$

(1) R, L, C(단일소자)

① 저항 R

    ㉠ 전압, 전류 동위상

    ㉡ $Z = R$

② 인덕턴스 L

    ㉠ 전압이 전류보다 위상 90° 앞섬(유도성)

    ㉡ $Z = j\omega L$

    ㉢ $V_L = L\dfrac{di}{dt}$, $i = \dfrac{1}{L}\displaystyle\int V_L dt$ (전류 급격히 변화 ×)

③ 커패시턴스 C

    ㉠ 전류가 전압보다 위상 90° 앞섬(용량성)

    ㉡ $Z = 1/j\omega C$

    ㉢ $i = C\dfrac{dv}{dt}$, $v = \dfrac{1}{C}\displaystyle\int i \, dt$ (전압 급격히 변화 ×)

(2) $R - L - C$ 직렬회로

회로명	특징

$R-L$
직렬회로
	• 임피던스 : $Z = R + j\omega L = R + jX_L$
	  – 크기 : $Z = \sqrt{R^2 + X_L{}^2} = \sqrt{R^2 + (\omega L)^2}$
	  – 위상 : $\theta = \tan^{-1}\dfrac{\omega L}{R}[\text{rad}]$
	• $V = V_R + V_L$

$R-C$
직렬회로
	• 임피던스 $Z = R - j\dfrac{1}{\omega C} = R - jX_C$
	  – 크기 : $Z = \sqrt{R^2 + X_C{}^2} = \sqrt{R^2 + \left(\dfrac{1}{\omega C}\right)^2}$
	  – 위상 : $\theta = -\tan^{-1}\dfrac{1}{\omega CR}[\text{rad}]$
	• $V = V_R + V_C$

$R-L-C$
직렬회로
	• 임피던스 $Z = R + j(X_L - X_C) = R + j\left(\omega L - \dfrac{1}{\omega C}\right)$
	  – 크기 : $Z = \sqrt{R^2 + (X_L - X_C)^2} = \sqrt{R^2 + \left(\omega L - \dfrac{1}{\omega C}\right)^2}$
	  – 위상 : $\theta = \tan^{-1}\dfrac{\left(\omega L - \dfrac{1}{\omega C}\right)}{R}[\text{rad}]$
	• $V = V_R + V_L + V_C$

(3) $R-L-C$ 병렬회로

회로명	특징

$R-L$ 병렬회로	• 어드미턴스 : $Y = \dfrac{1}{R} - j\dfrac{1}{X_L} = \dfrac{1}{R} - j\dfrac{1}{\omega L}$
	
	  − 크기 : $Y = \sqrt{\left(\dfrac{1}{R}\right)^2 + \left(\dfrac{1}{\omega L}\right)^2}$
	
	  − 위상 : $\theta = \tan^{-1}\dfrac{R}{\omega L}\,[\text{rad}]$
	
	• $I = I_R + I_L$

$R-C$ 병렬회로	• 어드미턴스 : $Y = \dfrac{1}{R} + j\dfrac{1}{X_C} = \dfrac{1}{R} + j\omega C$
	
	  − 크기 : $Y = \sqrt{\left(\dfrac{1}{R}\right)^2 + \left(\dfrac{1}{X_C}\right)^2} = \sqrt{\left(\dfrac{1}{R}\right)^2 + (\omega C)^2}$
	
	  − 위상 : $\theta = \tan^{-1}\omega CR\,[\text{rad}]$
	• $I = I_R + I_C$

$R-L-C$ 병렬회로	• 어드미턴스 : $Y = \dfrac{1}{R} + j\left(\omega C - \dfrac{1}{\omega L}\right)$
	
	  − 크기 : $Y = \sqrt{\left(\dfrac{1}{R}\right)^2 + \left(\omega C - \dfrac{1}{\omega L}\right)^2}$
	
	  − 위상 : $\theta = \tan^{-1}R\left(\omega C - \dfrac{1}{\omega L}\right)[\text{rad}]$
	• $I = I_R + I_L + I_C$

(4) 공진회로

구분	직렬공진	병렬공진(반공진)
공진조건	$\omega_r L = \dfrac{1}{\omega_r C}$	$\omega_r C = \dfrac{1}{\omega_r L}$
공진주파수	$f_r = \dfrac{1}{2\pi\sqrt{LC}}$	$f_r = \dfrac{1}{2\pi\sqrt{LC}}$
임피던스	최소	최대
전류	최대	최소

※ 일반적인 병렬공진회로($R-L$직렬, C병렬)

• $Y = \dfrac{R}{R^2 + (\omega L)^2} = \dfrac{CR}{L}$

• $f_r = \dfrac{1}{2\pi}\sqrt{\dfrac{1}{LC} - \left(\dfrac{R}{L}\right)^2}$

(5) 선택도(첨예도)

① 직렬공진 : $Q = \dfrac{1}{R}\sqrt{\dfrac{L}{C}}$

② 병렬공진 : $Q = R\sqrt{\dfrac{C}{L}}$

06 저항 $8\,\Omega$ 과 용량 리액턴스 X_C이 직렬로 접속된 회로에 100V, 60Hz의 교류를 가하니 10A의 전류가 흐른다. 이때 X_C의 값은?

① $2\,\Omega$
② $4\,\Omega$
③ $6\,\Omega$
④ $8\,\Omega$
⑤ $10\,\Omega$

07 저항 $30\,\Omega$ 과 유도 리액턴스 $40\,\Omega$ 을 병렬로 접속한 회로에 120V의 교류전압을 가할 때의 전체 전류는?

① 5A
② 6A
③ 8A
④ 10A
⑤ 12A

08 $R=100\,\Omega$, $L=1/\pi\mathrm{H}$, $C=100/4\pi\mathrm{pF}$이다. 다음 중 직렬공진회로의 첨예도(Q)는 얼마인가?

① 2×10^3
② 2×10^4
③ 2×10^5
④ 3×10^4
⑤ 5×10^3

09 $R=80\,\Omega$, $L=68\mathrm{mH}$, $C=12.5\mu\mathrm{F}$의 직렬회로에 전원전압 $v(t)=750\cos(2,000t-30°)\mathrm{V}$를 인가했을 때, 회로의 리액턴스는?

① $48\,\Omega$
② $72\,\Omega$
③ $96\,\Omega$
④ $120\,\Omega$
⑤ $144\,\Omega$

10 $R=2\,\Omega$, $L=10\mathrm{mH}$, $C=4\mu\mathrm{F}$으로 구성되는 직렬공진회로의 L과 C에서의 전압 확대율은?

① 3
② 6
③ 12
④ 16
⑤ 25

(1) 단상 교류 전력

저항	유효 전력 소비 전력 평균 전력	$P = VI\cos\theta = P_a\cos\theta = I^2 R = \dfrac{V^2}{R} = GV^2\,[\text{W}]$
리액턴스	무효 전력	$P_r = VI\sin\theta = P_a\sin\theta = I^2 X = \dfrac{V^2}{X} = BV^2\,[\text{VAR}]$
임피던스	피상 전력	$P_a = VI = I^2 Z = \dfrac{V^2}{Z} = YV^2\,[\text{VA}]$

(2) 교류 전력 측정

구분	역률	유효 전력
3전압 계법	$\cos\theta = \dfrac{V_1^{\,2} - V_2^{\,2} - V_3^{\,2}}{2V_2 V_3}$	$P = \dfrac{1}{2R}\left(V_1^{\,2} - V_2^{\,2} - V_3^{\,2}\right)$
3전류 계법	$\cos\theta = \dfrac{I_1^{\,2} - I_2^{\,2} - I_3^{\,2}}{2I_2 I_3}$	$P = \dfrac{R}{2}\left(I_1^{\,2} - I_2^{\,2} - I_3^{\,2}\right)$

(3) 최대 전력 전달조건

① (내부저항)=(부하저항) : $R_L = R_g \rightarrow P_{\max} = \dfrac{V^2}{4R}$

② (내부 리액턴스)=(부하저항) : $X = R_L \rightarrow P_{\max} = \dfrac{V^2}{2R} = \dfrac{V^2}{2X}$

③ (내부 임피던스의 공액)=(부하 임피던스) : $Z_g^* = Z_L \rightarrow P_{\max} = \dfrac{V^2}{4R}$

(4) 역률 개선 콘덴서 용량

$Q_c = P\left(\tan\theta_1 - \tan\theta_2\right)$

(1) 상호 인덕턴스와 결합계수

① $M = k\sqrt{L_1 L_2}$

② 결합계수 $k = \dfrac{M}{\sqrt{L_1 L_2}}$

    ㉠ $k = 1$: 완전결합(이상결합)

    ㉡ $k = 0$: 미결합

(2) 인덕턴스 접속

구분	직렬접속	병렬접속
가동접속	$L_0 = L_1 + L_2 + 2M$	$L_0 = \dfrac{L_1 L_2 - M^2}{L_1 + L_2 - 2M}$
차동접속	$L_0 = L_1 + L_2 - 2M$	$L_0 = \dfrac{L_1 L_2 - M^2}{L_1 + L_2 + 2M}$

(3) 이상 변압기

권수비 : $a = \dfrac{N_1}{N_2} = \dfrac{E_1}{E_2} = \dfrac{I_2}{I_1} = \sqrt{\dfrac{Z_1}{Z_2}}$

(1) 임피던스 궤적과 어드미턴스 궤적

① 임피던스 궤적

　㉠ $Z = R + jX$

　㉡ R(저항)과 X(리액턴스)를 가변

　㉢ 전압 궤적

② 어드미턴스 궤적

　㉠ 임피던스 궤적의 역궤적(Inverse Locus Diagram)

　㉡ 전류 궤적

(2) 회로별 궤적의 정리

구분	임피던스 궤적	어드미턴스 궤적
$R-L$ 직렬	가변하는 축에 평행한 반직선 벡터 궤적(1상한)	가변하지 않는 축에 원점이 위치한 반원 벡터 궤적(4상한)
$R-C$ 직렬	가변하는 축에 평행한 반직선 벡터 궤적(4상한)	가변하지 않는 축에 원점이 위치한 반원 벡터 궤적(1상한)
$R-L$ 병렬	가변하지 않는 축에 원점이 위치한 반원 벡터 궤적(1상한)	가변하는 축에 평행한 반직선 벡터 궤적(4상한)
$R-C$ 병렬	가변하지 않는 축에 원점이 위치한 반원 벡터 궤적(4상한)	가변하는 축에 평행한 반직선 벡터 궤적(1상한)

PART 1

11 최댓값 V_0, 내부 임피던스 $Z_0 = R_0 + j X_0 (R_0 > 0)$인 전원에서 공급할 수 있는 최대 전력은?

① $\dfrac{V_0{}^2}{8R_0}$

② $\dfrac{V_0{}^2}{4R_0}$

③ $\dfrac{V_0{}^2}{2R_0}$

④ $\dfrac{V_0{}^2}{2\sqrt{2}\,R_0}$

⑤ $\dfrac{V_0{}^2}{R_0}$

12 서로 결합하고 있는 두 코일 A와 B를 같은 방향으로 감아서 직렬로 접속하면 합성 인덕턴스가 10mH가 되고, 반대로 연결하면 합성 인덕턴스가 40% 감소한다. A코일의 자기 인덕턴스가 5mH라면 B코일의 자기 인덕턴스는 몇 mH인가?

① 1mH

② 3mH

③ 5mH

④ 8mH

⑤ 10mH

(1) **전압원** : 내부저항 0(단락)

　　전류원 : 내부저항 ∞

(2) **회로망의 기본 해석법**

　　① **지로 해석법(Branch Analysis)**

　　　ⓐ 지로전류 선정

　　　ⓑ 접속점에 K.C.L 적용

　　　ⓒ 망로(Mesh)에 K.V.L 적용

　　　ⓓ 연립방정식 해법

　　② **폐로 해석법(Loop Analysis, Mesh Analysis)**

　　　ⓐ 망로(Mesh)전류 선정

　　　ⓑ 망로(Mesh)에 K.V.L 적용

　　　　• 자기망로의 저항 : 자기저항(Self Resistance)

　　　　• 이웃 망로와 걸쳐있는 저항 : 상호저항(Mutual Resistance)

　　　ⓒ 연립방정식 해법

　　③ **절점 해석법(Node Analysis)**

　　　ⓐ 기준절점 및 기준전위(Reference Potential) 선정

　　　ⓑ 절점에 K.C.L 적용

　　　ⓒ 연립방정식 해법

(3) **회로망의 여러 정리**

　　① **중첩의 정리(Principle of Superposition)** → 선형회로

　　　ⓐ 다수의 독립 전압원 및 전류원을 포함하는 회로

　　　ⓑ 어떤 지로에 흐르는 전류는 각각 전원이 단독으로 존재할 때 그 지로에 흐르는 전류의 대수합과
　　　　같다는 원리

　　　ⓒ 전압원은 단락(Short), 전류원은 개방(Open)시켜 전류의 특성 파악

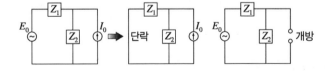

② 테브난의 정리(Thevenin's Theorem)

등가 전압원의 원리로 임의의 회로망에 대한 개방 단자전압이 V_0, 부하측 개방단자 a, b에서 회로망 방향으로 본 합성 임피던스가 Z_0인 경우의 회로는 V_0에 하나의 임피던스가 부하 임피던스 Z_L과 직렬로 연결된 회로와 같다는 원리

※ 테브난 등가회로 구성

• 회로에서 부하저항 RL을 분리
• 개방단자 a, b에 나타나는 전압 : 테브난전압(V_{TH})
• 전압원 단락, 전류원 개방 후 개방단자에세 본 임피던스 : 테브난 임피던스(Z_{TH})

※ 테브난 등가회로

• 테브난 전압
$$V_{TH} = \frac{R_2}{R_1 + R_2} \times V_0 [\text{V}]$$

• 테브난 등가저항
$$R_{TH} = R_3 + \frac{R_1 R_2}{R_1 + R_2} [\Omega]$$

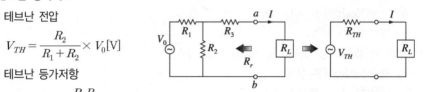

③ 노튼의 정리

등가 전류원의 정리로 전원을 포함하고 있는 회로망에서 임의의 두 단자 a, b를 단락했을 때 부하측 개방단자 a, b에서 회로망 방향으로 본 개방단 임피던스를 R_N라 할 경우 단자 a, b에 대하여 하나의 전류원 I_N에 하나의 임피던스 R_N가 병렬로 연결된 회로와 같다는 원리

※ 노튼의 등가회로 구성

• 회로에서 부하저항 R_L을 분리
• 절점 a, b를 단락시켜 단락점에 흐르는 전류 : 노튼의 전류원(I_N)
• 전압원 단락, 전류원 개방 후 개방단자에서 본 임피던스 : 노튼의 임피던스(R_L)

※ 노튼 등가회로

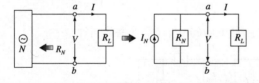

※ 전원의 변환(테브난의 회로와 노튼의 회로 상호 등가변환)

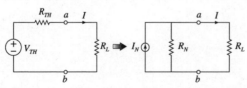

$$V_{TH} = I_N R_N, \quad I_N = \frac{V_{TH}}{R_{TH}}, \quad R_{TH} = R_N$$

④ 밀만의 정리(Millman's Theorem)
  ㉠ 내부 임피던스를 갖는 여러 개의 전압원이 병렬로 접속되어 있을 때 그 병렬 접속점에 나타나는 합성전압
  ㉡ 각각의 전원을 단락했을 때 흐르는 전류의 대수합을 각각의 전원의 내부 임피던스의 대수합으로 나눈 것과 같다는 원리

$$V_{ab} = \frac{\dfrac{E_1}{Z_1} + \dfrac{E_2}{Z_2} + \cdots + \dfrac{E_n}{Z_n}}{\dfrac{1}{Z_1} + \dfrac{1}{Z_2} + \cdots + \dfrac{1}{Z_n}} = \frac{I_1 + I_2 + \cdots + I_n}{Y_1 + Y_2 + \cdots + Y_n} = \frac{Y_1 E_1 + Y_2 E_2 + \cdots + Y_n E_n}{Y_1 + Y_2 + \cdots + Y_n}$$

※ **밀만의 회로**

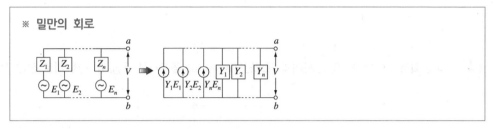

⑤ 가역의 정리, 상반의 정리(Reciprocity Theorem)
  ㉠ 임의의 선형 수동 회로망에서 회로망의 한 지로에 전원 전압을 삽입
  ㉡ 다른 임의의 지로에 흐르는 전류는 후자의 지로에 동일한 전압 전원을 삽입할 때 전자의 지로에 흐르는 전류와 동일하다는 원리

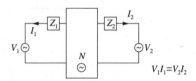

$$V_1 I_1 = V_2 I_2$$

⑥ 쌍대회로

원회로	쌍대	변환회로
직렬회로	⇔	병렬회로
전압원 V	⇔	전류원 I
저항 R	⇔	컨덕턴스 G
인덕턴스 L	⇔	정전 용량 C
리액턴스 X	⇔	서셉턴스 B
개방회로	⇔	단락회로
Y형	⇔	△형
키르히호프(전압법칙)	⇔	키르히호프(전류법칙)
폐로 방정식	⇔	절점 방정식
테브난의 정리	⇔	노튼의 정리

13 다음 중 이상적인 전압 전류원에 대한 설명으로 옳은 것은?

① 전압원의 내부저항은 ∞이고, 전류원의 내부저항은 0이다.

② 전압원의 내부저항은 0이고, 전류원의 내부저항은 ∞이다.

③ 전압원, 전류원의 내부저항은 흐르는 전류에 따라 변한다.

④ 전압원의 내부저항은 일정하고 전류원의 내부저항은 일정하지 않다.

⑤ 전압원의 내부저항은 일정하지 않고 전류원의 내부저항은 일정하다.

14 다음 회로에서 단자 a와 b 사이의 테브난(Thevenin) 등가저항 R_{TH}와 개방 회로 전압 V_{oc}는?

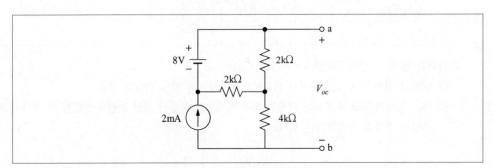

	R_{TH}	V_{oc}		R_{TH}	V_{oc}
①	$\dfrac{10}{3}$	10	②	$\dfrac{10}{3}$	14
③	5	10	④	5	14
⑤	10	10			

15 다음 그림과 같은 회로에서 a, b 사이의 전위차는?

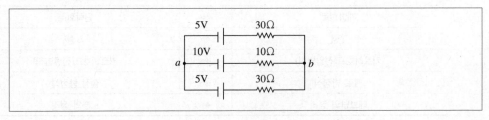

① 2V ② 4V

③ 6V ④ 8V

⑤ 10V

(1) Y ↔ △ 회로의 상호 변환

Y → △ 변환	△ → Y 변환
$Z_{ab} = \dfrac{Z_a Z_b + Z_b Z_c + Z_c Z_a}{Z_c}[\Omega]$	$Z_a = \dfrac{Z_{ab} Z_{ca}}{Z_{ab} + Z_{bc} + Z_{ca}}[\Omega]$
$Z_{bc} = \dfrac{Z_a Z_b + Z_b Z_c + Z_c Z_a}{Z_a}[\Omega]$	$Z_b = \dfrac{Z_{ab} Z_{bc}}{Z_{ab} + Z_{bc} + Z_{ca}}[\Omega]$
$Z_{ca} = \dfrac{Z_a Z_b + Z_b Z_c + Z_c Z_a}{Z_b}[\Omega]$	$Z_c = \dfrac{Z_{bc} Z_{ca}}{Z_{ab} + Z_{bc} + Z_{ca}}[\Omega]$

> ※ 저항, 선전류, 소비 전력(C는 반대)
> - Y → △ 변환 : 3배
> - △ → Y 변환 : $\dfrac{1}{3}$배

(2) Y, △ 회로의 특징(대칭 3상)

Y 결선 특징	△ 결선 특징
• $V_l = \sqrt{3}\,V_p \angle 30°$ • $I_l = I_p$	• $V_l = V_p$ • $I_l = \sqrt{3}\,I_p \angle -30°$

(3) 3상 전력 계산

유효 전력	$P = 3V_p I_p \cos\theta = \sqrt{3}\,V_l I_l \cos\theta = 3I_p^2 R[\text{W}]$
무효 전력	$P_r = 3V_p I_p \sin\theta = \sqrt{3}\,V_l I_l \sin\theta = 3I_p^2 X[\text{Var}]$
피상 전력	$P_a = 3V_p I_p = \sqrt{3}\,V_l I_l = 3I_p^2 Z[\text{VA}]$

> ※ 주의
> - 3상 회로의 모든 계산은 상(Phase)을 기준으로 계산하는 것이 일반적임
> - 임피던스는 각 상에 있는 것으로 계산
> - 부하에 주는 전압은 대부분 선간전압임

(4) 2전력계법

① $P = W_1 + W_2$

② $P_r = \sqrt{3}\,(W_1 - W_2)$

③ $P_a = 2\sqrt{W_1{}^2 + W_2{}^2 - W_1 W_2}$

④ $\cos\theta = \dfrac{P}{P_a} = \dfrac{W_1 + W_2}{2\sqrt{W_1{}^2 + W_2{}^2 - W_1 W_2}}$

※ 참고

$\begin{cases} P_1 = P_2 & \to \ \text{역률 } \cos\theta = 1 \\ P_1 = 2P_2 & \to \ \text{역률 } \cos\theta = 0.866 \\ P_1 = 3P_2 & \to \ \text{역률 } \cos\theta = 0.756 \end{cases}$

---

(5) 대칭 전류 : 원형 회전자계 형성

비대칭 전류 : 타원 회전자계 형성

(6) V 결선

① 출력 : $P = \sqrt{3}\,VI\cos\theta\,[\text{W}]$

② 변압기 이용률 : $P = \dfrac{\sqrt{3}\,VI\cos\theta}{2\,VI\cos\theta} = 0.866$

③ 출력비 : $P = \dfrac{\sqrt{3}\,VI\cos\theta}{3\,VI\cos\theta} = 0.577$

09 대칭좌표법

(1) 불평형회로의 해석

대칭성분을 이용한 각 상 표현	각 상을 이용한 대칭분 표현
$\begin{bmatrix} V_a \\ V_b \\ V_c \end{bmatrix} = \begin{bmatrix} 1 & 1 & 1 \\ 1 & a^2 & a \\ 1 & a & a^2 \end{bmatrix} \begin{bmatrix} V_0 \\ V_1 \\ V_2 \end{bmatrix}$	$\begin{bmatrix} V_0 \\ V_1 \\ V_2 \end{bmatrix} = \dfrac{1}{3} \begin{bmatrix} 1 & 1 & 1 \\ 1 & a & a^2 \\ 1 & a^2 & a \end{bmatrix} \begin{bmatrix} V_a \\ V_b \\ V_c \end{bmatrix}$

(2) 불평형률 : $\dfrac{[\text{역상분}(V_2)]}{[\text{정상분}(V_1)]}$

(3) 교류 발전기 기본식

① $V_0 = -Z_0 I_0$

② $V_1 = E_a - Z_1 I_1$

③ $V_2 = -Z_2 I_2$

10 비정현파 교류

(1) 비정현파의 푸리에 변환

(비정현파 교류)＝(직류분)＋(기본파)＋(고조파)

① 비정현파 : $f(t) = a_0 + \sum_{n=1}^{\infty} a_n \cos n\omega t + \sum_{n=1}^{\infty} b_n \sin n\omega t$

② 직류분 : $a_0 = \dfrac{1}{2\pi} \displaystyle\int_0^{2\pi} f(\omega t) \, d(\omega t)$

③ cos항 : $a_n = \dfrac{1}{\pi} \displaystyle\int_0^{2\pi} f(\omega t) \cos n w t \, d(\omega t)$

④ sin항 : $b_n = \dfrac{1}{\pi} \displaystyle\int_0^{2\pi} f(\omega t) \sin n w t \, d(\omega t)$

(2) 여러 파형의 푸리에 변환

기함수, 정현대칭 원점대칭	sin항 (n : 정수)	$f(t) = -f(-t)$ $a_0 = 0,\ a_n = 0$ $f(t) = \sum_{n=1}^{\infty} b_n \sin n\omega t$
우함수, 여현대칭 Y축대칭	a_0, cos항 (n : 정수)	$f(t) = f(-t)$ $b_n = 0$ $f(t) = a_0 + \sum_{n=1}^{\infty} a_n \cos n\omega t$
구형파 / 삼각파 반파대칭	sin항과 cos항 (n : 홀수항)	$f(t) = -f(t+\pi)$ $a_0 = 0$ $f(t) = \sum_{n=1}^{\infty} a_n \cos n\omega t + \sum_{n=1}^{\infty} b_n \sin n\omega t$ $(n=1,\ 3,\ 5,\ \cdots,\ 2n-1)$

(3) 비정현파의 실효값 → 직류분 존재

$$V_{r.m.s} = \sqrt{V_0{}^2 + V_1{}^2 + V_2{}^2 + \cdots + V_n{}^2}$$

(4) 왜형률 → 직류분 없음

$$(\text{왜형률}) = \frac{(\text{전고조파의 실효값})}{(\text{기본파의 실효값})} = \frac{\sqrt{V_2{}^2 + V_3{}^2 + \cdots + V_n{}^2}}{V_1}$$

(5) 비정현파의 전력

① 유효 전력 : $P = V_0 I_0 + \displaystyle\sum_{n=1}^{\infty} V_n I_n \cos\theta_n \,[\text{W}]$

② 무효 전력 : $P_r = \displaystyle\sum_{n=1}^{\infty} V_n I_n \sin\theta_n [\text{VAR}]$

③ 피상 전력 : $P_a = VI \,[\text{VA}]$

(6) 비정현파의 임피던스

$R-L$ 직렬회로
$Z_1 = R + j\ \omega L = \sqrt{R^2 + (\omega L)^2}$
$\vdots$
$Z_n = R + j\ n\omega L = \sqrt{R^2 + (n\omega L)^2}$
$R-C$ 직렬회로
$Z_1 = R - j\dfrac{1}{\omega C} = \sqrt{R^2 + \left(\dfrac{1}{\omega C}\right)^2}$
$\vdots$
$Z_n = R - j\dfrac{1}{n\omega C} = \sqrt{R^2 + \left(\dfrac{1}{n\omega C}\right)^2}$
$R-L-C$ 직렬회로
$Z_1 = R + j\left(\omega L - \dfrac{1}{\omega C}\right) = \sqrt{R^2 + \left(\omega L - \dfrac{1}{\omega C}\right)^2}$
$\vdots$
$Z_n = R + j\left(n\omega L - \dfrac{1}{n\omega C}\right) = \sqrt{R^2 + \left(n\omega L - \dfrac{1}{n\omega C}\right)^2}$

※ $I_3(3\text{고조파}) = \dfrac{V_3(3\text{고조파})}{Z_3(3\text{고조파})}$

16 한 상의 임피던스가 $3+j4\,\Omega$ 인 평형 3상 △부하에 선간전압 200V인 3상 대칭전압을 인가할 때, 3상 무효전력은?

① 11,200Var

② 14,400Var

③ 19,200Var

④ 27,600Var

⑤ 30,000Var

17 3상 불평형전압에서 영상전압이 140V이고 정상전압이 600V, 역상전압이 280V라면 전압의 불평형률은?

① 약 0.125

② 약 0.233

③ 약 0.355

④ 약 0.467

⑤ 약 2.145

18 왜형파전압 $v=100\sqrt{2}\sin\omega t+50\sqrt{2}\sin2\omega t+30\sqrt{2}\sin3\omega t$의 왜형률은?

① 약 0.1

② 약 0.3

③ 약 0.6

④ 약 0.8

⑤ 약 1.0

(1) 구동점 임피던스($s = j\omega$)

① $R \rightarrow Z_R(s) = R$

② $L \rightarrow Z_L(s) = j\omega L = sL$

③ $C \rightarrow Z_c(s) = \dfrac{1}{j\omega C} = \dfrac{1}{sC}$

※ $Z(s) = \dfrac{Q(s)}{P(s)}$

- $Q(s) = 0$, $Z(s) = 0$, 단락 → 영점
- $P(s) = 0$ (특성근), $Z(s) = \infty$, 개방 → 극점

---

(2) 정저항회로

주파수에 관계없는 일정한 저항 → 주파수에 무관한 회로

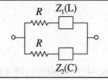

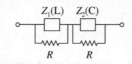

$\therefore R = \sqrt{\dfrac{L}{C}}\,[\Omega]$

(3) 역회로

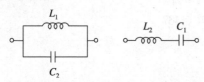

① 직렬 ↔ 병렬

② $R \leftrightarrow G$

③ $L \leftrightarrow C$

(1) 4단자망 회로

임피던스 파라미터
$V_1 = Z_{11}I_1 + Z_{12}I_2$ $V_2 = Z_{21}I_1 + Z_{22}I_2$
$Z_{11} = \dfrac{A}{C}, \ Z_{12} = Z_{21} = \dfrac{1}{C}, \ Z_{22} = \dfrac{D}{C}$
어드미턴스 파라미터
$I_1 = Y_{11}V_1 + Y_{12}V_2$ $I_2 = Y_{21}V_1 + Y_{22}V_2$
$Y_{11} = \dfrac{D}{B}, \ Y_{12} = Y_{21} = -\dfrac{1}{B}, \ Y_{22} = \dfrac{A}{B}$
전송 파라미터(ABCD 파라미터)
$V_1 = AV_2 + BI_2$ $I_1 = CV_2 + DI_2$
$\begin{vmatrix} A & B \\ C & D \end{vmatrix} = AD - BC = 1$

(2) 영상 임피던스와 전달 함수

영상 임피던스 Z_{01}, Z_{02}	$Z_{01} = \sqrt{\dfrac{AB}{CD}}\,[\Omega], \ Z_{02} = \sqrt{\dfrac{DB}{CA}}\,[\Omega]$
영상 임피던스 Z_{01}, Z_{02}의 관계	$Z_{01}Z_{02} = \dfrac{B}{C}, \ \dfrac{Z_{01}}{Z_{02}} = \dfrac{A}{D}$
영상 전달 함수	$\theta = \ln\left(\sqrt{AD} + \sqrt{BC}\right) = \cosh^{-1}\sqrt{AD} = \sinh^{-1}\sqrt{BC}$

PART 1

(1) 분포정수회로

① 직렬 임피던스 : $Z = R + j\omega L$

② 병렬 어드미턴스 : $Y = G + j\omega C$

③ 특성 임피던스 : $Z_0 = \sqrt{\dfrac{Z}{Y}} = \sqrt{\dfrac{R + j\omega L}{G + j\omega C}}$

④ 전파정수 : $\gamma = \sqrt{ZY} = \sqrt{(R + j\omega L)(G + j\omega C)} = \alpha + j\beta$ (α : 감쇠정수, β : 위상정수)

(2) 무손실 선로와 무왜형 선로

구분	무손실 선로	무왜형 선로
조건	$R = G = 0$	$RC = LG$
특성 임피던스	$Z_0 = \sqrt{\dfrac{Z}{Y}} = \sqrt{\dfrac{L}{C}}$	$Z_0 = \sqrt{\dfrac{Z}{Y}} = \sqrt{\dfrac{L}{C}}$
전파정수	$\gamma = \sqrt{ZY}$ $\alpha = 0$ $\beta = w\sqrt{LC}$[rad/m] [rad/km]	$\gamma = \sqrt{ZY}$ $\alpha = \sqrt{RG}$ $\beta = \omega\sqrt{LC}$[rad/m] [rad/km]
위상속도	$v = \dfrac{\omega}{\beta} = \dfrac{\omega}{\omega\sqrt{LC}} = \dfrac{1}{\sqrt{LC}}$	$v = \dfrac{\omega}{\beta} = \dfrac{\omega}{\omega\sqrt{LC}} = \dfrac{1}{\sqrt{LC}}$

(3) 반사계수와 투과계수

① 반사계수 : $\dfrac{(\text{반사파})}{(\text{입사파})} = \dfrac{Z_L - Z_0}{Z_L + Z_0} = \dfrac{Z_2 - Z_1}{Z_2 + Z_1}$

② 투과계수 : $\dfrac{(\text{투과파})}{(\text{입사파})} = \dfrac{2Z_L}{Z_0 + Z_L} = \dfrac{2Z_2}{Z_1 + Z_2}$

③ 정재파비 : $\dfrac{1 + |\rho|}{1 - |\rho|}$ (ρ : 반사계수)

(1) $R-L$ 직렬회로

$R-L$ 직렬회로	직류 기전력 인가 시(S/W On)	직류 기전력 인가 시(S/W Off)
전류 $i(t)$	$i(t) = \dfrac{E}{R}\left(1 - e^{-\frac{R}{L}t}\right)$	$i(t) = \dfrac{E}{R}e^{-\frac{R}{L}t}$
특성근	$P = -\dfrac{R}{L}$	$P = -\dfrac{R}{L}$
시정수	$\tau = \dfrac{L}{R}[\sec]$	$\tau = \dfrac{L}{R}[\sec]$
V_R	$V_R = E\left(1 - e^{-\frac{R}{L}t}\right)[\mathrm{V}]$	$V_R = Ee^{-\frac{R}{L}t}$
V_L	$V_L = Ee^{-\frac{R}{L}t}[\mathrm{V}]$	$V_L = Ee^{-\frac{R}{L}t}$

(2) $R-C$ 직렬회로

$R-C$ 직렬회로	직류 기전력 인가 시(S/W On)	직류 기전력 인가 시(S/W Off)
전하 $q(t)$	$q(t) = CE\left(1 - e^{-\frac{1}{RC}t}\right)$	$q(t) = CEe^{-\frac{1}{RC}t}$
전류 $i(t)$	$i = \dfrac{E}{R}e^{-\frac{1}{RC}t}[\mathrm{A}]$ (충전)	$i = -\dfrac{E}{R}e^{-\frac{1}{RC}t}[\mathrm{A}]$ (방전)
특성근	$P = -\dfrac{1}{RC}$	$P = -\dfrac{1}{RC}$
시정수	$\tau = RC[\sec]$	$\tau = RC[\sec]$
V_R	$V_R = Ee^{-\frac{1}{RC}t}[\mathrm{V}]$	$V_R = Ee^{-\frac{1}{RC}t}$
V_c	$V_c = E\left(1 - e^{-\frac{1}{RC}t}\right)[\mathrm{V}]$	$V_R = Ee^{-\frac{1}{RC}t}$

(3) $R-L-C$ 직렬회로

구분	특성	응답곡선
과제동(비진동적)	• $R > 2\sqrt{\dfrac{L}{C}}$ • 서로 다른 두 실근	
임계 제동	• $R = 2\sqrt{\dfrac{L}{C}}$ • 중근	
부족 제동(진동적)	• $R < 2\sqrt{\dfrac{L}{C}}$ • 서로 다른 두 허근	

(4) $L - C$ **직렬회로**

① $i = \dfrac{E}{\sqrt{\dfrac{L}{C}}} \sin \dfrac{1}{\sqrt{LC}} t\,[\text{A}] \rightarrow$ 불변의 진동전류

② $V_L = L\dfrac{di}{dt} = E\cos \dfrac{1}{\sqrt{LC}} t\,[\text{V}] \rightarrow$ 최소 : $-E$, 최대 : E

③ $V_C = E - V_L = E\left(1 - \cos \dfrac{1}{\sqrt{LC}} t\right)[\text{V}] \rightarrow$ 최소 : 0, 최대 : $2E$

(5) 과도상태

① 과도상태가 나타나지 않는 위상각 : $\theta = \tan^{-1}\dfrac{X}{R}$

② 과도상태가 나타나지 않는 R값 : $R = \sqrt{\dfrac{L}{C}}$

※ 과도현상은 시정수가 클수록 오래 지속된다.

19 L형 4단자 회로망에서 4단자 정수가 $B = \dfrac{5}{3}$, $C = 1$이고 영상 임피던스 $Z_{01} = \dfrac{20}{3}\,\Omega$일 때, 영상 임피던스 Z_{02}의 값은?

① $\dfrac{1}{4}\,\Omega$

② $\dfrac{100}{9}\,\Omega$

③ $9\,\Omega$

④ $\dfrac{9}{100}\,\Omega$

⑤ $4\,\Omega$

20 분포정수회로에서 각주파수 $\omega = 30\text{rad/s}$이고 위상정수 $\beta = 2\text{rad/km}$일 때, 위상속도는 몇 m/min 인가?

① $9 \times 10^4\,\text{m/min}$

② $9 \times 10^5\,\text{m/min}$

③ $9 \times 10^6\,\text{m/min}$

④ $9 \times 10^7\,\text{m/min}$

⑤ $9 \times 10^8\,\text{m/min}$

05 | KEC 및 기술기준

01 KEC(한국전기설비규정)

(1) 주요 내용

2023년 이전 규정		2023년 이후 변경사항
〈절연전선〉		
저압 절연전선	450 / 750V 비닐절연전선 450 / 750V 고무절연전선 450 / 750V 저독성 난연 폴리올레핀 절연전선 등	「전기용품 및 생활용품 안전관리법」의 적용을 받는 것 또는 KS에 적합하거나 동등 이상의 성능을 만족하는 것
고압 / 특고압 절연전선	KS에 적합한 또는 동등 이상의 전선	
〈저압케이블〉		
저압 케이블	0.6 / 1kV 연피케이블 클로로프렌외장케이블 비닐외장케이블 폴리에틸렌외장케이블 저독성 난연 폴리올레핀외장케이블 300 / 500V 연질 비닐시스케이블 유선텔레비전 급전겸용 동축케이블 등	「전기용품 및 생활용품 안전관리법」의 적용을 받는 것 또는 KS에 적합하거나 동등 이상의 성능을 만족하는 것
〈고압 케이블〉		
고압케이블	연피케이블 알루미늄케이블 클로로프렌외장케이블 비닐외장케이블 폴리에틸렌외장케이블 저독성 난연 폴리올레핀외장케이블 콤바인덕트케이블 등	KS에 적합하거나 동등 이상의 성능을 만족하는 것
〈전기자동차〉		
–		충전장치 시설, 충전 케이블 및 부속품 시설, 방호장치 등 충전설비 방진·방수 보호성능 적용 및 급속충전설비 비상정지장치 설치가 의무화되고 과금형콘센트 전기자동차 충전장치 시설기준이 마련되었다.
〈용어〉		
조속기, 커버, 조상기, 메시, 이격거리, …		속도조절기, 덮개, 무효 전력 보상 장치, 그물망, 간격 등 일본식 한자어나 어려운 축약어 및 외래어였거나 혼용하여 사용하였던 기존 기술기준 25개의 용어와 설비규정 177개의 용어를 순화 및 표준화하였다.

(2) 접지방식의 문자 분류

① 제1문자 : 전력계통과 대지와의 관계

　㉠ T(Terra) : 전력계통을 대지에 직접접지

　㉡ I(Insulation) : 전력계통을 대지로부터 절연 또는 높은 임피던스를 삽입하여 접지

② 제2문자 : 설비 노출도전성 부분과 대지와의 관계

　㉠ T(Terra) : 설비 노출도전성 부분을 대지에 직접접지(기기 등)

　㉡ N(Neutral) : 설비 노출도전성 부분을 중성선에 접속

③ 제3문자 : 중성선(N)과 보호도체(PE)의 관계

　㉠ S(Separator) : 중성선(N)과 보호도체(PE)를 분리

　㉡ C(Combine) : 중성선(N)과 보호도체(PE)를 겸용

(3) 계통접지 종류

① TN－S : 계통 내에 별도의 중성선과 보호도체가 계통전체에 시설된 방식

　㉠ 별도의 PE와 N이 있는 TN－S

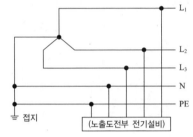

　㉡ 접지된 보호도체는 있으나 중성선이 없는 배선 TN－S

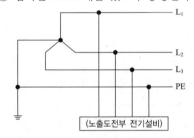

　㉢ 별도 접지된 선도체와 보호도체가 있는 TN－S

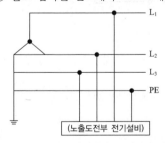

　　※ 설비비가 고가이거나, 노이즈에 예민한 설비(전산설비, 병원 등)에 적합

② TN - C : 계통 전체에 대한 중성선과 보호도체의 기능을 하나의 도선으로 시설

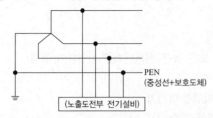

※ 노이즈에 대한 문제가 있음, 배전계통에 사용(지락보호용 과전류차단기는 사용 가능하나, 누전차단기는 설치 불가)

③ TN - C - S : 전원부는 TN - C 방식을 이용, 간선에는 중성선과 보호도체를 분리 TN - S 계통으로 사용

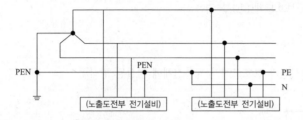

※ 수변전실이 있는 대형 건축물에 사용

④ TT : 변압기와 전기설비측을 개별적으로 접지하는 방식

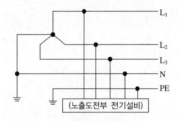

※ 주상변압기 접지선과 수용가접지선이 분리되어 있는 상태
※ 기기 자체를 단독접지할 수 있다.
※ 개별기기 접지방식으로 ELB로 보호

⑤ IT : 비접지방식 또는 임피던스를 삽입접지하고 노출도전성 부분은 개별접지

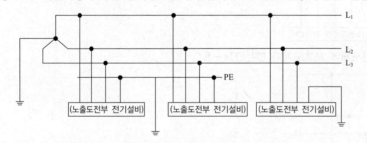

※ 노출도전부가 보호도체에 일괄접지하는 경우와 일괄+개별접지하는 방식이 있다.

한국전기설비규정(KEC; Korea Electro – technical Code) : 전기설비기술기준 고시에서 정하는 전기설비(발전・송전・변전・배전 또는 전기사용을 위하여 설치하는 기계・기구・댐・수로・저수지・전선로・보안통신선로 및 그 밖의 설비)의 안전성능과 기술적 요구사항을 구체적으로 정한 규정

(1) 일반사항

① 통칙

ㄱ) 적용범위 : 인축의 감전에 대한 보호와 전기설비 계통, 시설물, 발전용 수력설비, 발전용 화력설비, 발전설비 용접 등의 안전에 필요한 성능과 기술적인 요구사항에 대하여 적용

ㄴ) 전압의 구분

구분	교류(AC)	직류(DC)
저압	1kV 이하	1.5kV 이하
고압	1kV 초과 7kV 이하	1.5kV 초과 7kV 이하
특고압	7kV 초과	

② 용어 정의

• 발전소 : 발전기, 원동기, 연료전지, 태양전지 등을 시설하여 전기를 발생하는 곳(단, 비상용 예비전원, 휴대용 발전기 제외)

• 변전소 : 구외에서 전송된 전기를 변압기, 정류기 등에 의해 변성하여 구외로 전송하는 곳

• 개폐소 : 발전소 상호 간, 변전소 상호 간 또는 발전소와 변전소 간 50kV 이상의 송전선로를 연결 또는 차단하기 위한 전기설비

• 급전소 : 전력계통의 운용에 관한 지시를 하는 곳

• 인입선 : 가공인입선 및 수용장소의 조영물의 옆면 등에 시설하는 전선으로 그 수용장소의 인입구에 이르는 부분의 전선

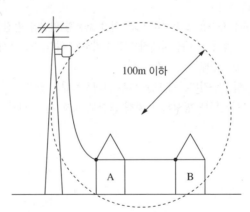

– 가공인입선 : 가공전선의 지지물에서 분기하여 지지물을 거치지 않고 다른 수용장소의 인입구에 이르는 부분의 전선(길이 : 50m 이하)

– 이웃 연결 인입선 : 한 수용장소의 인입선에서 분기하여 지지물을 거치지 않고 다른 수용장소의 인입구에 이르는 부분의 전선

- 관등회로 : 방전등용 안정기(변압기 포함)로부터 방전관까지의 전로
- 리플프리직류 : 교류를 직류로 변환할 때, 리플성분이 10%(실효값) 이하를 포함한 직류
- 무효 전력 보상 설비 : 무효전력을 조정하는 전기기계기구
- 전기철도용 급전선 : 전기철도용 변전소로부터 다른 전기철도용 변전소 또는 전차선에 이르는 전선
- 전기철도용 급전선로 : 전기철도용 급전선 및 이를 지지하거나 수용하는 시설물
- 지지물 : 목주, 철주, 철근 콘크리트주, 철탑으로 전선, 약전류전선, 케이블을 지지
- 지중관로 : 지중전선로, 지중약전류전선로, 지중광섬유케이블선로, 지중에 시설하는 수관 및 가스관과 이와 유사한 것 및 이들에 부속하는 지중함 등
- 계통연계 : 둘 이상의 전력계통 사이를 전력이 상호 융통될 수 있도록 선로를 통하여 연결하는 것 (전력계통 상호 간을 송전선, 변압기 또는 직류－교류변환설비 등에 연결)
- 계통외도전부 : 전기설비의 일부는 아니지만 지면에 전위 등을 전해줄 위험이 있는 도전성 부분
- 계통접지 : 전력계통에서 돌발적으로 발생하는 이상현상에 대비하여 대지와 계통을 연결하는 것 (중성점을 대지에 접속하는 것)
- 기본보호(직접접촉에 대한 보호) : 정상운전 시 기기의 충전부에 직접 접촉함으로써 발생할 수 있는 위험으로부터 인축의 보호
- 고장보호(간접접촉에 대한 보호) : 고장 시 기기의 노출도전부에 간접 접촉함으로써 발생할 수 있는 위험으로부터 인축을 보호
- 노출도전부 : 충전부는 아니지만 고장 시에 충전될 위험이 있고, 사람이 쉽게 접촉할 수 있는 기기의 도전성 부분
- 단독운전 : 전력계통의 일부가 전력계통의 전원과 전기적으로 분리된 상태에서 분산형전원에 의해서만 가압되는 상태
- 분산형전원 : 중앙급전 전원과 구분되는 것으로서 전력소비지역 부근에 분산하여 배치 가능한 전원(상용전원의 정전 시에만 사용하는 비상용 예비전원은 제외하며, 신재생에너지 발전설비, 전기저장장치 등을 포함)
- 단순 병렬운전 : 자가용 발전설비 또는 저압 소용량 일반용 발전설비를 배전계통에 연계하여 운전하되, 생산한 전력의 전부를 자체적으로 소비하기 위한 것으로서 생산한 전력이 연계계통으로 송전되지 않는 병렬 형태
- 내부 피뢰시스템 : 등전위본딩 또는 외부 피뢰시스템의 전기적 절연으로 구성된 피뢰시스템의 일부
- 등전위본딩 : 등전위를 형성하기 위해 도전부 상호 간을 전기적으로 연결

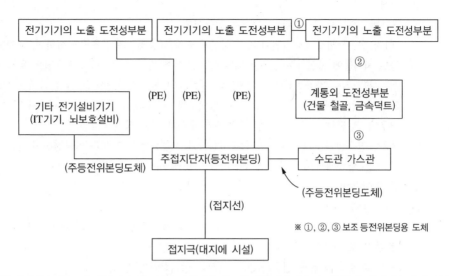

- 외부피뢰시스템 : 수뢰부시스템, 인하도선시스템, 접지극시스템으로 구성된 피뢰시스템의 일종
  - 수뢰부시스템 : 낙뢰를 포착할 목적으로 피뢰침, 망상도체, 피뢰선 등과 같은 금속 물체를 이용한 외부 피뢰시스템의 일부
  - 인하도선시스템 : 뇌전류를 수뢰시스템에서 접지극으로 흘리기 위한 외부 피뢰시스템의 일부
  - 접지시스템 : 기기나 계통을 개별적 또는 공통으로 접지하기 위하여 필요한 접속 및 장치로 구성된 설비
- 서지보호장치(SPD; Surge Protective Device) : 과도 과전압을 제한하고 서지전류를 분류시키기 위한 장치
- 특별저압(ELV; Extra Low Voltage) : 인체에 위험을 초래하지 않을 정도의 저압
  - AC 50V 이하 / DC 120V 이하
  - SELV(Safety Extra Low Voltage)는 비접지회로
  - PELV(Protective Extra Low Voltage)는 접지회로

- T(Terra : 대지)
- I(Insulation : 절연) : 대지와 완전 절연, 저항 삽입 대지와 접지
- N(Neutral : 중성)
- S(Separated : 분리) : 중성선과 보호도체를 분리한 상태로 도체에 포설
- C(Combined : 조합) : 중성선과 보호도체를 묶어 단일화로 포설
- PE(보호도체)
  - Protective 보호하는
  - Equipotential : 등전위
  - Earthing : 접지
- F(Function : 기능)
- S(Satety : 안전)

- 접근상태 : 제1차 접근상태 및 제2차 접근상태
  - 제1차 접근상태 : 가공전선이 다른 시설물과 접근(병행하는 경우를 포함하며, 교차하는 경우 및 동일 지지물에 시설하는 경우를 제외)하는 경우에 가공전선이 다른 시설물의 위쪽 또는 옆쪽에서 수평거리로 가공전선로의 지지물의 지표상의 높이에 상당하는 거리 안에 시설(수평거리로 3m 미만인 곳에 시설되는 것을 제외)됨으로써 가공전선로의 전선의 절단, 지지물의 도괴 등의 경우에 그 전선이 다른 시설물에 접촉할 우려가 있는 상태
  - 제2차 접근상태 : 가공전선이 다른 시설물과 접근하는 경우에 그 가공전선이 다른 시설물의 위쪽 또는 옆쪽에서 수평거리로 3m 미만인 곳에 시설되는 상태
③ 안전을 위한 보호
  ㉠ 감전에 대한 보호
    • 기본 보호 : 직접접촉을 방지하는 것(전기설비의 충전부에 인축이 접촉하여 일어날 수 있는 위험으로부터 보호)
      - 인축의 몸을 통해 전류가 흐르는 것을 방지하여야 한다.
      - 인축의 몸에 흐르는 전류를 위험하지 않는 값 이하로 제한하여야 한다.
    • 고장 보호 : 기본절연의 고장에 의한 간접접촉을 방지(노출도전부에 인축이 접촉하여 일어날 수 있는 위험으로부터 보호)
      - 인축의 몸을 통해 고장전류가 흐르는 것을 방지하여야 한다.
      - 인축의 몸에 흐르는 고장전류를 위험하지 않는 값 이하로 제한하여야 한다.
      - 인축의 몸에 흐르는 고장전류의 지속시간을 위험하지 않은 시간까지로 제한하여야 한다.
  ㉡ 과전류에 대한 보호
    • 과전류에 의한 과열 또는 전기·기계적 응력에 의한 위험으로부터 인축의 상해를 방지하고 재산을 보호하여야 한다.
    • 과전류에 대한 보호는 과전류가 흐르는 것을 방지하거나 과전류의 지속시간을 위험하지 않는 시간까지로 제한함으로써 보호하여야 한다.
  ㉢ 고장전류에 대한 보호
    • 고장전류가 흐르는 도체 및 다른 부분은 고장전류로 인해 허용온도 상승 한계에 도달하지 않도록 하여야 한다.
    • 도체를 포함한 전기설비는 인축의 상해 또는 재산의 손실을 방지하기 위하여 보호장치가 구비되어야 한다.
    • 고장으로 인해 발생하는 과전류에 대하여 보호되어야 한다.
  ㉣ 열영향에 대한 보호
    고온 또는 전기 아크로 인해 가연물이 발화 또는 손상되지 않도록 전기설비를 설치하여야 한다. 또한, 정상적으로 전기기기가 작동할 때 인축이 화상을 입지 않도록 하여야 한다.
  ㉤ 전압 외란, 전자기 장애에 대한 대책
    • 회로의 충전부 사이의 결함으로 발생한 전압에 의한 고장으로 인한 인축의 상해가 없도록 보호하여야 하며, 유해한 영향으로부터 재산을 보호하여야 한다.
    • 저전압과 뒤이은 전압 회복의 영향으로 발생하는 상해로부터 인축을 보호하여야 하며, 손상에 대해 재산을 보호하여야 한다.

- 설비는 규정된 환경에서 그 기능을 제대로 수행하기 위해 전자기 장애로부터 적절한 수준의 내성을 가져야 한다. 설비를 설계할 때는 설비 또는 설치 기기에서 발생되는 전자기 방사량이 설비 내의 전기사용기기와 상호 연결 기기들이 함께 사용되는 데 적합한지를 고려하여야 한다.
- ⓗ 전원공급 중단에 대한 보호

  전원공급 중단으로 인해 위험과 피해가 예상되면 설비 또는 설치기기에 보호장치를 구비하여야 한다.

(2) 전선

① 전선의 식별

  ㉠ 구분

상(문자)	색상
L1	갈색
L2	검은색
L3	회색
N	파란색
보호도체	녹색 – 노란색

  ㉡ 색상 식별이 종단 및 연결 지점에서만 이루어지는 나도체 등은 전선 종단부에 색상이 반영구적으로 유지될 수 있는 도색, 밴드, 색 테이프 등의 방법으로 표시해야 한다.

② 전선의 종류

  ㉠ 저압 절연전선

  ㉡ 코드

  ㉢ 캡타이어케이블

  ㉣ 저압케이블

  ㉤ 고압 및 특고압 케이블

  특고압케이블

  - 특고압인 전로에 사용
    - 절연체가 에틸렌 프로필렌고무혼합물 또는 가교폴리에틸렌 혼합물인 케이블로서 선심 위에 금속제의 전기적 차폐층을 설치한 것
    - 파이프형 압력 케이블
    - 금속피복을 한 케이블
  - 사용전압이 고압 및 특고압인 전로(전기기계기구 안의 전로를 제외한다)의 전선으로 절연체가 폴리프로필렌 혼합물인 케이블을 사용하는 경우 다음에 적합하여야 한다.
    - 도체의 상시 최고 허용 온도는 90℃ 이상일 것
    - 절연체의 인장강도는 $12.5N/mm^2$ 이상일 것
    - 절연체의 신장률은 350% 이상일 것
    - 절연체의 수분 흡습은 $1mg/cm^3$ 이하일 것(단, 정격전압 30kV 초과 특고압 케이블은 제외한다)

  ㉥ 나전선 등

  - 나전선 및 지선·가공지선·보호도체·보호망·전력보안 통신용 약전류전선 기타의 금속선은 KS에 적합하거나 동등 이상의 성능을 만족하는 것을 사용하여야 한다.

③ 전선의 접속
  ㉠ 전선의 전기저항을 증가시키지 않도록 접속한다.
  ㉡ 전선의 세기(인장하중)를 20% 이상 감소시키지 않아야 한다.
  ㉢ 도체에 알루미늄 전선과 동 전선을 접속하는 경우에는 접속 부분에 전기적 부식이 생기지 않도록 해야 한다.
  ㉣ 절연전선 상호·절연전선과 코드, 캡타이어케이블 또는 케이블과 접속하는 경우에는 코드 접속기나 접속함 기타의 기구를 사용해야 한다(단, 10mm^2 이상인 캡타이어케이블 상호 간을 접속하는 경우에는 그러하지 않는다).
  ㉤ 두 개 이상의 전선을 병렬로 사용하는 경우
    • 각 전선의 굵기는 동선 50mm^2 이상 또는 알루미늄 70mm^2 이상으로 한다.
    • 전선은 같은 도체, 같은 재료, 같은 길이 및 같은 굵기의 것을 사용한다.
    • 병렬로 사용하는 전선에는 각각에 퓨즈를 설치하지 않아야 한다.
    • 각 극의 전선은 동일한 터미널러그에 완전히 접속한다(2개 이상의 리벳 또는 2개 이상의 나사로 접속).
    • 교류회로에서 병렬로 사용하는 전선은 금속관 안에 전자적 불평형이 생기지 않도록 시설해야 한다.

(3) 전로의 절연
  ① 전로를 절연하지 않아도 되는 곳(전로는 다음의 경우를 제외하고는 대지로부터 절연하여야 한다)
    ㉠ 저압 전로에 접지공사를 하는 경우의 접지점
    ㉡ 전로의 중성점에 접지공사를 하는 경우의 접지점
    ㉢ 계기용 변성기의 2차측 전로에 접지공사를 하는 경우의 접지점
    ㉣ 저압 가공전선이 특별 고압 가공전선과 동일 지지물에 시설되는 부분의 접지공사 접지점
    ㉤ 25kV 이하 다중접지 방식에서 다중접지하는 경우 접지점
    ㉥ 파이프라인 시설에서 소구경관에 접지공사 접지점
    ㉦ 저압 전로와 사용전압 300V 이하의 저압 전로를 결합하는 변압기 2차측 전로 접지공사 접지점
    ㉧ 직류계통에 접지공사를 하는 경우의 접지점
    ㉨ 시험용 변압기, 전력 반송용 결합리액터, 전기울타리 전원장치, X선 발생장치, 전기방식용 양극, 단선식 전기 철도의 귀선과 같이 전로의 일부를 대지로부터 절연하지 않고 사용하는 것이 부득이한 경우
    ㉩ 전기욕기, 전기로, 전기보일러, 전해조 등 대지부터 절연이 기술상 곤란한 경우
  ② 저압 전로의 절연성능
    전기사용장소의 사용전압이 저압인 전로의 전선 상호 간 및 전로와 대지 사이의 절연저항은 개폐기 또는 과전류차단기로 구분할 수 있는 전로마다 다음 표에서 정한 값 이상이어야 한다. 다만, 전선 상호 간의 절연저항은 기계기구를 쉽게 분리가 곤란한 분기회로의 경우 기기 접속 전에 측정할 수 있다.

또한, 측정 시 영향을 주거나 손상을 받을 수 있는 SPD 또는 기타 기기 등은 측정 전에 분리시켜야 하고, 부득이하게 분리가 어려운 경우에는 시험전압을 250V DC로 낮추어 측정할 수 있지만 절연저항 값은 1MΩ 이상이어야 한다.

전로의 사용전압	DC시험전압	절연저항
SELV 및 PELV	250V	0.5MΩ
FELV, 500V 이하	500V	1.0MΩ
500V 초과	1,000V	1.0MΩ

※ 특별저압(Extra Law Voltage : 2차 전압이 AC 50V, DC 120V 이하)으로 SELV(비접지회로로 구성) 및 PELV(접지회로로 구성)은 1차와 2차가 전기적으로 절연된 회로, FELV는 1와 2차가 전기적으로 절연되지 않은 회로

※ 사용전압이 저압인 전로에서 정전이 어려운 경우 등 절연저항 측정이 곤란한 경우에는 누설전류를 1mA 이하로 유지하여야 한다.

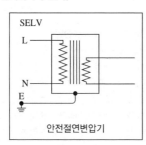
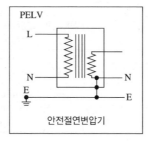
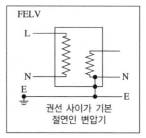

③ 전로의 누설전류

전로	단상 2선식	놀이용전차
최대공급전류의 $\frac{1}{2,000}$ 이하	$\frac{1}{1,000}$ 이하	$\frac{1}{5,000}$ 이하

④ 절연내력시험

　㉠ 절연내력시험 : 일정 전압을 가할 때 절연이 파괴되지 않은 한도로서 전선로나 기기에 일정 배수의 전압을 일정시간(10분) 동안 흘릴 때 파괴되지 않는지 확인하는 시험이다.

　㉡ 절연내력시험 시행 부분

　　• 고압 및 특고압 전로(전로와 대지 간)

　　• 개폐기, 차단기, 전력용 콘덴서, 유도전압조정기, 계기용 변성기, 기타 기구의 전로, 발·변전소의 기계기구 접속선, 모선(충전 부분과 대지 간)

　　• 발전기, 전동기, 무효 전력 보상 장치(권선과 대지 간)

　　• 수은정류기(주 양극과 외함 간 경우 2배로 시험, 음극 및 외함과 대지 간인 경우 1배로 시험)

⑤ 시험전압

종류		시험전압	최저시험전압
최대사용전압 7kV 이하		(최대사용전압)×1.5	500V
최대사용전압 7kV 초과 25kV 이하(중성선 다중접지 방식)		(최대사용전압)×0.92	–
최대사용전압 7kV 초과 60kV 이하	비접지	(최대사용전압)×1.25	10.5kV
최대사용전압 60kV 초과 비접지			–
최대사용전압 60kV 초과 중성점 접지식		(최대사용전압)×1.1	75kV
최대사용전압 60kV 초과 중성점 직접접지		(최대사용전압)×0.72	–
최대사용전압 170kV 초과 중성점 직접접지 (발·변전소 또는 이에 준하는 장소 시설)		(최대사용전압)×0.64	–

※ 전로에 케이블을 사용하는 경우에는 직류로 시험할 수 있으며, 시험전압은 교류의 경우 2배가 된다.

ⓐ 정리

종류	비접지	중성점 접지	중성점 직접접지
170kV	×1.25	×1.1	×0.64
60kV	(최저시험전압 10.5kV)	(최저시험전압 75kV)	×0.72
7kV	×1.5(최저시험전압 500V)	(25kV 이하 중성점 다중접지)×0.92	

ⓑ 회전기 및 정류기(회전변류기 제외한 교류 회전기는 교류시험전압에 1.6배의 직류시험 가능)

종류			시험전압	시험방법
회전기	발전기・전동기・무효 전력 보상 장치・기타회전기 (회전변류기를 제외한다)	최대사용전압 7kV 이하	최대사용전압의 1.5배의 전압 (500V 미만으로 되는 경우에는 500V)	권선과 대지 사이에 연속하여 10분간 가한다.
		최대사용전압 7kV 초과	최대사용전압의 1.25배의 전압 (10,500V 미만으로 되는 경우에는 10,500V)	
	회전변류기		직류측의 최대사용전압의 1배의 교류전압 (500V 미만으로 되는 경우에는 500V)	
정류기	최대사용전압 60kV 이하		직류측의 최대사용전압의 1배의 교류전압 (500V 미만으로 되는 경우에는 500V)	충전부분과 외함 간에 연속하여 10분간 가한다.
	최대사용전압 60kV 초과		교류측의 최대사용전압의 1.1배의 교류전압 또는 직류측의 최대사용전압의 1.1배의 직류전압	교류측 및 직류고전압측 단자와 대지 사이에 연속하여 10분간 가한다.

ⓒ 연료전지 및 태양전지 모듈의 절연내력

연료전지 및 태양전지 모듈은 최대사용전압의 1.5배의 직류전압 또는 1배의 교류전압(500V 미만으로 되는 경우에는 500V)을 충전부분과 대지 사이에 연속하여 10분간 가하여 절연내력을 시험하였을 때 이에 견디는 것이어야 한다.

(4) 접지시스템

① 접지시스템의 구분 및 종류

ⓐ 구분
  • 계통접지
  • 보호접지
  • 피뢰시스템접지 등

ⓑ 종류

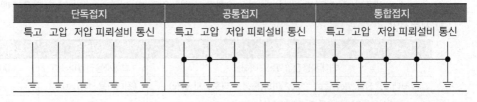

단독접지	공통접지	통합접지
특고 고압 저압 피뢰설비 통신	특고 고압 저압 피뢰설비 통신	특고 고압 저압 피뢰설비 통신

② 접지시스템의 시설
　　㉠ 구성요소 : 접지극, 접지도체, 보호도체

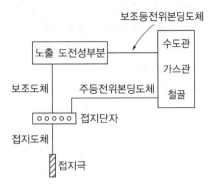

　　㉡ 접지극의 시설 및 접지저항
　　　• 접지극의 시설은 다음 방법 중 하나 또는 복합하여 시설
　　　　－ 콘크리트에 매입된 기초 접지극
　　　　－ 토양에 매설된 기초 접지극
　　　　－ 토양에 수직 또는 수평으로 직접 매설된 금속전극(봉, 전선, 테이프, 배관, 판 등)
　　　　－ 케이블의 금속외장 및 그 밖에 금속피복
　　　　－ 지중 금속구조물(배관 등)
　　　　－ 대지에 매설된 철근콘크리트의 용접된 금속 보강재(단, 강화콘크리트는 제외)
　　㉢ 접지극의 매설

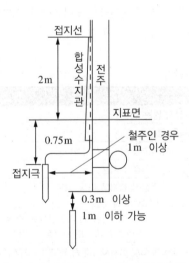

　　　• 접지극은 토양을 오염시키지 말아야 하며 가능한 다습한 부분에 설치해야 한다.

ⓒ 접지극은 지하 0.75m 이상 깊이 매설해야 한다.

ⓔ 접지도체를 철주 기타의 금속체를 따라서 시설하는 경우 접지극을 금속체로부터 1m 이상 이격해야 한다(밑 0.3m 이상 시는 예외).

ⓜ 접지도체 : IV절연전선(OW 제외), 케이블을 사용한다.

ⓗ 접지도체의 지하 0.75m ~ 지표상 2m 부분은 합성수지관 또는 몰드로 덮는다.

- 수도관 등을 접지극으로 사용하는 경우
  - 지중에 매설되어 있고 대지와의 전기저항값이 3Ω 이하의 값을 유지하고 있는 금속제 수도관로가 다음에 따르는 경우 접지극으로 사용이 가능하다.
    ⓐ 접지도체와 금속제 수도관로의 접속은 안지름 75mm 이상인 부분 또는 여기에서 분기한 안지름 75mm 미만인 분기점으로부터 5m 이내의 부분에서 하여야 한다(단, 금속제 수도관로와 대지 사이의 전기저항값이 2Ω 이하인 경우에는 분기점으로부터의 거리는 5m를 넘을 수 있다).
    ⓑ 접지도체와 금속제 수도관로의 접속부를 수도계량기로부터 수도 수용가 측에 설치하는 경우에는 수도계량기를 사이에 두고 양측 수도관로를 등전위본딩 하여야 한다.
    ⓒ 접지도체와 금속제 수도관로의 접속부를 사람이 접촉할 우려가 있는 곳에 설치하는 경우에는 손상을 방지하도록 방호장치를 설치하여야 한다.
    ⓓ 접지도체와 금속제 수도관로의 접속에 사용하는 금속제는 접속부에 전기적 부식이 생기지 않아야 한다.
  - 건축물·구조물의 철골 기타의 금속제는 이를 비접지식 고압전로에 시설하는 기계기구의 철대 또는 금속제 외함의 접지공사 또는 비접지식 고압전로와 저압전로를 결합하는 변압기의 저압전로의 접지공사의 접지극으로 사용할 수 있다(단, 대지와의 사이에 전기저항값이 2Ω 이하인 값을 유지하는 경우에 한한다).

ⓢ 접지도체·보호도체

- 접지도체 최소 굵기

구분		구리	철제
큰 고장전류가 흐르지 않는 경우		$6mm^2$ 이상	$50mm^2$ 이상
피뢰시스템이 접속된 경우		$16mm^2$ 이상	
고장 시 전류를 안전하게 통할 수 있는 것	특고압·고압 전기설비용	$6mm^2$ 이상 연동선	
	중성점 접지용	$16mm^2$ 이상 연동선	
	중성점 접지용 다음 경우 • 7kV 이하 전로 • 25kV 이하 특고압 가공전선로, 중성선 다중접지식(2초 이내 자동차단장치 시설)	$6mm^2$ 이상 연동선	
이동 사용기계기구 금속제 외함 접지시스템 중 특고압·고압 전기설비용 접지도체 및 중성점 접지도체 • 클로로프렌캡타이어케이블(3종 및 4종) • 클로로설포네이트폴리에틸렌캡타이어케이블(3종 및 4종)의 1개 도체 • 다심 캡타이어케이블의 차폐 • 기타의 금속체		$10mm^2$	
저압 전기설비용 접지도체	다심 코드 또는 다심 캡타이어케이블	$0.75mm^2$	
	유연성이 있는 연동연선	$1.5mm^2$	

- 보호도체
  - 보호도체 종류(다음 중 하나 또는 복수로 구성)
    ⓐ 다심케이블의 도체
    ⓑ 충전도체와 같은 트렁킹에 수납된 절연도체 또는 나도체
    ⓒ 고정된 절연도체 또는 나도체
    ⓓ 금속케이블 외장, 케이블 차폐, 케이블 외장, 전선묶음(편조전선), 동심도체, 금속관
  - 보호도체 또는 보호본딩도체로 사용해서는 안 되는 곳
    ⓐ 금속 수도관
    ⓑ 가스·액체·분말과 같은 잠재적인 인화성 물질을 포함하는 금속관
    ⓒ 상시 기계적 응력을 받는 지지 구조물 일부
    ⓓ 가요성 금속배관(단, 보호도체의 목적으로 설계된 경우는 예외)
    ⓔ 가요성 금속전선관
    ⓕ 지지선, 케이블트레이 및 이와 비슷한 것
  - 보호도체의 최소 단면적

상도체의 단면적 S([mm^2], 구리)	보호도체의 최소 단면적([mm^2], 구리)	
	보호도체의 재질	
	상도체와 같은 경우	상도체와 다른 경우
$S \leq 16$	S	$(k_1/k_2) \times S$
$16 < S \leq 35$	16(a)	$(k_1/k_2) \times 16$
$S > 35$	S(a)/2	$(k_1/k_2) \times (S/2)$

※ k_1 : 도체 및 절연의 재질에 따라 선정된 상도체에 대한 k값
※ k_2 : KS C IEC에서 선정된 보호도체에 대한 k값
※ a : PEN도체의 최소단면적은 중성선과 동일하게 적용한다.
ⓐ 보호도체의 단면적은 다음의 계산 값 이상이어야 한다.
  ㉮ 차단시간이 5초 이하인 경우에만 다음 계산식을 적용한다.

$$S = \frac{\sqrt{I^2 t}}{k}$$

여기서 S : 단면적[mm^2]
  I : 보호장치를 통해 흐를 수 있는 예상 고장전류 실효값[A]
  t : 자동차단을 위한 보호장치의 동작시간[sec]
  k : 보호도체, 절연, 기타 부위의 재질 및 초기온도와 최종온도에 따라 정해지는 계수
  ㉯ 계산 결과가 표의 값 이상으로 산출된 경우, 계산 값 이상의 단면적을 가진 도체를 사용하여야 한다.

ⓑ 보호도체가 케이블의 일부가 아니거나 상도체와 동일 외함에 설치되지 않으면 다음 굵기 이상으로 한다.

구분	구리	알루미늄
기계적 손상에 보호되는 경우	$2.5mm^2$ 이상	$16mm^2$ 이상
기계적 손상에 보호되지 않는 경우	$4mm^2$ 이상	$16mm^2$ 이상

– 보호도체의 단면적 보강

ⓐ 보호도체는 정상 운전상태에서 전류의 전도성 경로로 사용되지 않아야 한다.

ⓑ 전기설비의 정상 운전상태에서 보호도체에 10mA를 초과하는 전류가 흐르는 경우, 보호도체를 증강하여 사용한다.

※ 보호도체의 개수나 별도 단자 구비 유무와 상관없이 구리 $10mm^2$ 이상, 알루미늄 $16mm^2$ 이상으로 한다.

• 보호도체와 계통도체 겸용

– 겸용도체 종류

ⓐ 중성선과 겸용(PEN)

ⓑ 상도체와 겸용(PEL)

ⓒ 중간도체와 겸용(PEM)

– 겸용도체 사용 조건

ⓐ 고정된 전기설비에만 사용한다.

ⓑ 구리 $10mm^2$, 알루미늄 $16mm^2$ 이상으로 사용한다.

ⓒ 중성선과 보호도체의 겸용도체는 전기설비의 부하측에 시설하면 안 된다.

ⓓ 폭발성 분위기 장소는 보호도체를 전용으로 하여야 한다.

• 주접지단자

– 접지시스템은 주접지단자를 설치하고, 다음의 도체들을 접속하여야 한다.

ⓐ 등전위본딩도체

ⓑ 접지도체

ⓒ 보호도체

ⓓ 기능성 접지도체

– 여러 개의 접지단자가 있는 장소는 접지단자를 상호 접속하여야 한다.

– 주접지단자에 접속하는 각 접지도체는 개별적으로 분리할 수 있어야 하며, 접지저항을 편리하게 측정할 수 있어야 한다.

◎ 전기수용가 접지

• 저압수용가 인입구 접지
  – 수용장소 인입구 부근에서 변압기 중성점 접지를 한 저압전선로의 중성선 또는 접지측 전선에 추가로 접지공사를 할 수 있다.

접지 대상물	접지 저항값	접지선의 최소 굵기
수도관로, 철골	3Ω 이하	6mm² 이상 연동선

• 주택 등 저압수용장소 접지

  계통접지는 TN – C – S 방식인 경우 구리 10mm² 이상 알루미늄 16mm² 이상을 사용한다.

• 변압기 중성점접지(고압·특고압 변압기)

일반	[접지 저항값(R)] $\leq \dfrac{150}{I_1}$
고압·특고압 전로	• [2초 이내 자동차단장치 시설 시(R)] $\leq \dfrac{300}{I_1}$
35kV 이하 특고압 전로가 저압측과 혼촉 시 저압 대지전압 150V 초과하는 경우	• [1초 이내 자동차단장치 시설 시(R)] $\leq \dfrac{600}{I_1}$

• 공통접지 및 통합접지

  고압 및 특고압과 저압 전기설비의 접지극이 서로 근접하여 시설되어 있는 변전소 또는 이와 유사한 곳에서는 다음과 같이 공통접지시스템으로 할 수 있다.

  – 저압 전기설비의 접지극이 고압 및 특고압 접지극의 접지저항 형성영역에 완전히 포함되어 있다면 위험전압이 발생하지 않도록 이들 접지극을 상호 접속하여야 한다.

  – 접지시스템에서 고압 및 특고압 계통의 지락사고 시 저압계통에 가해지는 상용주파 과전압은 다음 표에서 정한 값을 초과해서는 안 된다.

[저압설비 허용 상용주파 과전압]

고압계통에서 지락고장시간[초]	저압설비 허용 상용주파 과전압[V]	비고
>5	$U_0 + 250$	중성선 도체가 없는 계통에서 U_0는 선간전압을 말한다.
≤5	$U_0 + 1,200$	

[비고]
• 순시 상용주파 과전압에 대한 저압기기의 절연 설계기준과 관련된다.
• 중성선이 변전소 변압기의 접지계통에 접속된 계통에서 건축물외부에 설치한 외함이 접지되지 않은 기기의 절연에는 일시적 상용주파 과전압이 나타날 수 있다.

※ 통합접지시스템은 공통접지에 의한다.
※ 낙뢰에 의한 과전압 등으로부터 전기전자기기 등을 보호하기 위해 서지보호장치를 설치하여야 한다.

③ 감전보호용 등전위본딩

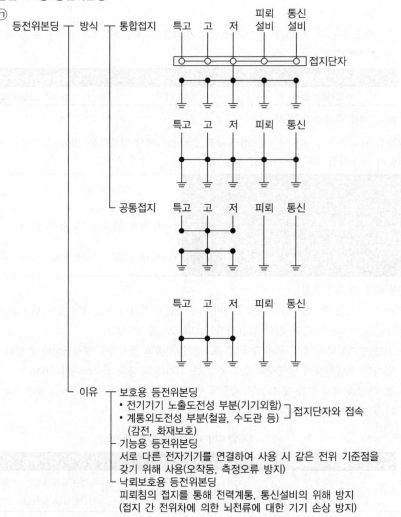

└ 이유 ┬ 보호용 등전위본딩
　　　 │ • 전기기기 노출도전성 부분(기기외함) ┐ 접지단자와 접속
　　　 │ • 계통외도전성 부분(철골, 수도관 등) ┘
　　　 │ 　(감전, 화재보호)
　　　 ├ 기능용 등전위본딩
　　　 │ 서로 다른 전자기기를 연결하여 사용 시 같은 전위 기준점을
　　　 │ 갖기 위해 사용(오작동, 측정오류 방지)
　　　 └ 낙뢰보호용 등전위본딩
　　　 　 피뢰침의 접지를 통해 전력계통, 통신설비의 위해 방지
　　　 　 (접지 간 전위차에 의한 뇌전류에 대한 기기 손상 방지)

ⓒ 감전보호용 등전위본딩

등전위본딩의 적용 (건축물, 구조물에서 접지도체, 주접지단자와 다음 부분)	보호등전위본딩
수도관, 가스관 등 외부에서 내부로 인입되는 금속배관	수도관, 가스관 등 외부에서 내부로 인입되는 최초 밸브 후단에서 등전위본딩
건축물, 구조물의 철근, 철골 등의 금속 보강재	건축물, 구조물의 철근, 철골 등의 금속 보강재
일상생활에서 접촉가능한 금속제 난방 배관 및 공조설비 등 계통 외 도전부 ※ 주접지단자에 보호등전위본딩, 접지도체, 기능성 접지 　도체를 접속하여야 한다.	건축물, 구조물의 외부에서 내부로 들어오는 금속제 배관 • 1개소에 집중하여 인입, 인입구 부근에서 서로 접속 　하여 등전위본딩바에 접속한다. • 대형 건축물 등으로 1개소에 집중하기 어려운 경우 　본딩도체를 1개의 본딩바에 연결한다.

ⓒ 보호등전위본딩 도체

주접지단자에 접속하기 위한 등전위본딩 도체는 설비 내 가장 큰 보호도체가 $A \times \frac{1}{2}$ 이상이며 다음 단면적 이상일 것

구리	알루미늄	강철	구리(다른 재질의 동등한 단면적) 초과 필요 없는 굵기
$6mm^2$	$16mm^2$	$50mm^2$	$25mm^2$ 이하

ⓓ 보조 보호등전위본딩
- 보조 보호등전위본딩의 대상은 전원자동차단에 의한 감전보호방식에서 고장 시 자동차단시간이 고장 시 자동차단에서 요구하는 계통별 최대차단시간을 초과하는 경우
- 위 경우의 차단시간을 초과하고 2.5m 이내에 설치된 고정기기의 노출도전부와 계통외도전부는 보조 보호등전위본딩을 하여야 한다[보조 보호등전위본딩의 유효성에 관해 의문이 생길 경우 동시에 접근 가능한 노출도전부와 계통외도전부 사이의 저항값(R)이 다음의 조건을 충족하는지 확인].

교류계통 : $R \leq \dfrac{50\,V}{I_a}[\Omega]$	직류계통 : $R \leq \dfrac{120\,V}{I_a}[\Omega]$

I_a : 보호장치의 동작전류[누전차단기의 경우 $I_{\triangle n}$(정격감도전류), 과전류보호장치의 경우 5초 이내 동작전류]

- 도체의 굵기
  ⓐ 두 개의 노출도전부를 접속하는 경우 도전성은 노출도전부에 접속된 더 작은 보호도체의 도전성보다 커야 한다.
  ⓑ 노출도전부를 계통외도전부에 접속하는 경우 도전성은 같은 단면적을 갖는 보호도체의 1/2 이상이어야 한다.
  ⓒ 케이블의 일부가 아닌 경우 또는 선로도체와 함께 수납되지 않은 본딩도체는 다음 값 이상이어야 한다.

구분	구리	알루미늄
기계적 보호가 된 것	$2.5mm^2$	$16mm^2$
기계적 보호가 없는 것	$4mm^2$	$16mm^2$

ⓔ 비접지 국부등전위본딩
- 절연성 바닥으로 된 비접지 장소에서 다음의 경우 국부등전위본딩을 하여야 한다.
  - 전기설비 상호 간이 2.5m 이내인 경우
  - 전기설비와 이를 지지하는 금속체 사이
- 전기설비 또는 계통외도전부를 통해 대지에 접촉하지 않아야 한다.

(5) 접지공사 생략이 가능한 장소
① 사용전압이 직류 300V 또는 교류 대지전압이 150V 이하인 기계기구를 건조한 곳에 시설하는 경우
② 저압용의 기계기구를 건조한 목재의 마루 기타 이와 유사한 절연성 물건 위에서 취급하도록 시설하는 경우

③ 저압용이나 고압용의 기계기구, 특고압 배전용 변압기의 시설에서 규정하는 특고압 전선로에 접속하는 배전용 변압기나 이에 접속하는 전선에 시설하는 기계기구 또는 KEC 333.32(25kV 이하인 특고압 가공전선로의 시설)의 1과 4에서 규정하는 특고압 가공전선로의 전로에 시설하는 기계기구를 사람이 쉽게 접촉할 우려가 없도록 목주 기타 이와 유사한 것의 위에 시설하는 경우

④ 철대 또는 외함의 주위에 적당한 절연대를 설치하는 경우

⑤ 외함이 없는 계기용 변성기가 고무·합성수지 기타의 절연물로 피복한 것일 경우

⑥ 전기용품 및 생활용품 안전관리법의 적용을 받는 2중 절연구조로 되어 있는 기계기구를 시설하는 경우

⑦ 저압용 기계기구에 전기를 공급하는 전로의 전원측에 절연변압기(2차 전압이 300V 이하이며, 정격 용량이 3kVA 이하인 것에 한한다)를 시설하고 그 절연변압기의 부하측 전로를 접지하지 않은 경우

⑧ 물기 있는 장소 이외의 장소에 시설하는 저압용의 개별 기계기구에 전기를 공급하는 전로에 전기용품 및 생활용품 안전관리법의 적용을 받는 인체감전보호용 누전차단기(정격감도전류가 30mA 이하, 동작시간이 0.03초 이하의 전류동작형에 한한다)를 시설하는 경우

⑨ 외함을 충전하여 사용하는 기계기구에 사람이 접촉할 우려가 없도록 시설하거나 절연대를 시설하는 경우

(6) 피뢰시스템(LPS; Lighting Protection System)

구조물 뇌격으로 인한 물리적 손상을 줄이기 위해 사용되는 전체 시스템

① 적용범위

ㄱ 전기전자설비가 설치된 건축물·구조물로서 낙뢰로부터 보호가 필요한 것 또는 지상으로부터 높이가 20m 이상인 것

ㄴ 전기설비 및 전자설비 중 낙뢰로부터 보호가 필요한 설비

② 구성

ㄱ 직격뢰로부터 대상물을 보호하기 위한 외부피뢰시스템

ㄴ 간접뢰 및 유도뢰로부터 대상물을 보호하기 위한 내부피뢰시스템

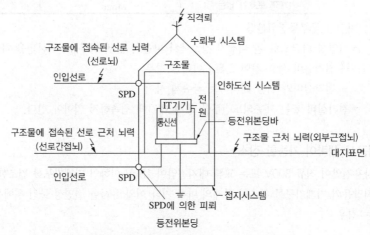

[서지보호기(SPD; Surge Protective Device)]

③ 외부피뢰시스템
  ㉠ 수뢰부시스템

수뢰부시스템 방식	배치
• 돌침, 수평도체, 그물망도체 자연적 구성부재 중 한 가지 또는 조합 사용 • 보호각법, 회전구제법, 그물망법 중 한 가지 또는 조합사용	• 건축물·구조물의 뾰족한 부분, 모서리 등에 우선

• 60m를 초과하는 건축물·구조물의 측격뢰 보호용 수뢰부시스템
  – 60m를 넘는 경우는 최상부로부터 전체높이의 20% 부분에 한함(피뢰시스템 등급 IV 이상)
  – 뾰족한 부분, 모서리 등에 우선 배치(피뢰시스템 등급 IV 이상)
  – 수뢰부는 구조물의 철골 프레임 또는 전기적으로 연결된 철골 콘크리트의 금속과 같은 자연 부재 인하도선에 접속 또는 인하도선을 설치
• 건축물·구조물과 분리되지 않은 수뢰부시스템의 시설은 다음에 따른다.
  – 지붕 마감재가 불연성 재료로 된 경우 지붕표면에 시설할 수 있다.
  – 지붕 마감재가 높은 가연성 재료로 된 경우 지붕재료와 다음과 같이 이격하여 시설한다.
    ⓐ 초가지붕 또는 이와 유사한 경우 0.15m 이상
    ⓑ 다른 재료의 가연성 재료인 경우 0.1m 이상

보호각법	회전구체법	그물망법
일반적 건물에 적용	뇌격거리 개념 도입 (회전구체와 접촉하는 모든 부분 설치)	구조물 표면이 평평하고 넓은 지붕 형태

피뢰 레벨	20m	30m	45m	60m
I	25	–	–	–
II	35	25	–	–
III	45	35	25	–
IV	55	45	35	25

등급	R(회전구체의 반경)
I	20m
II	30m
III	45m
IV	60m

등급	그물망 치수[m]
I	5×5
II	10×10
III	15×15
IV	20×20

  ㉡ 인하도선시스템
  • 수뢰부시스템과 접지시스템을 연결하는 것으로 다음에 의한다.
    – 복수의 인하도선을 병렬로 구성해야 한다. 다만, 건축물·구조물과 분리된 피뢰시스템인 경우 예외로 한다.
    – 경로의 길이가 최소가 되도록 한다.
    – 인하도선의 재료는 구리, 알루미늄, 이연, 스테인리스 등으로 최소 단면적 50mm^2 이상이어야 한다.

- 수뢰부시스템과 접지극시스템 사이에 전기적 연속성이 형성되도록 다음에 따라 시설한다.
  - 경로는 가능한 한 최단거리로 곧게 수직으로 시설하되, 루프 형성이 되지 않아야 하며, 처마 또는 수직으로 설치된 홈통 내부에 시설하지 않아야 한다.
  - 전기적 연속성이 보장되어야 한다(전기적 연속성 적합성은 해당하는 금속부재의 최상단부와 지표레벨 사이의 직류전기저항 0.2Ω 이하).
  - 시험용 접속점을 접지극시스템과 가까운 인하도선과 접지극시스템의 연결부분에 시설하고, 이 접속점은 항상 닫힌 회로가 되어야 하며 측정 시에 공구 등으로만 개방할 수 있어야 한다. 다만, 자연적 구성부재를 이용하는 경우나 본딩을 하는 경우는 제외한다.
- 배치방법
  - 건축물·구조물과 분리된 피뢰시스템
    ⓐ 뇌전류의 경로가 보호대상물에 접촉하지 않도록 하여야 한다.
    ⓑ 별개의 지주에 설치되어 있는 경우 각 지주마다 1가닥 이상의 인하도선을 시설한다.
    ⓒ 수평도체 또는 그물망도체인 경우 지지 구조물마다 1가닥 이상의 인하도선을 시설한다.
  - 건축물·구조물과 분리되지 않은 피뢰시스템
    ⓐ 벽이 불연성 재료로 된 경우에는 벽의 표면 또는 내부에 시설할 수 있다. 다만, 벽이 가연성 재료인 경우에는 $0.1m$ 이상 이격하고, 이격이 불가능한 경우에는 도체의 단면적을 $100mm^2$ 이상으로 한다.
    ⓑ 인하도선의 수는 2가닥 이상으로 한다.
    ⓒ 보호대상 건축물·구조물의 투영에 다른 둘레에 가능한 한 균등한 간격으로 배치한다. 다만, 노출된 모서리 부분에 우선하여 설치한다.
    ⓓ 병렬 인하도선의 최대 간격은 피뢰시스템 등급에 따라 I·II등급은 10m, III등급은 15m, IV등급은 20m로 한다.
- 자연적 구성부재
  - 전기적 연속성이 있는 구조물 등의 금속제 구조체(철골, 철근 등)
  - 구조물 등의 상호 접속된 강제 구조체
  - 건축물, 외벽 등을 구성하는 금속 구조재의 크기가 인하도선에 대한 요구조건에 적합하거나 두께가 0.5mm 이상인 금속관. 다만, 수직방향 전기적 연속성이 유지되도록 접속한다.
  - 구조물 등의 상호 접속된 철근·철골 등을 인하도선으로 이용하는 경우 수평 환상도체는 설치하지 않아도 된다.

ⓒ 접지극시스템

방식	수평 또는 수직접지극(A형)	환상도체접지극 또는 기초접지극(B형)
배치	수평 또는 수직접지극(A형)은 2개 이상을 동일간격 배치	환상도체접지극 또는 기초접지극(B형)은 접지극 면적을 환산한 평균반지름이 등급별 접지극 최소길이 이상(단, 미만인 경우 수직·수평접지극 2개 이상 추가 시설)
접지저항	10Ω 이하인 경우 접지극 최소길이 이하로 시설 가능	
접지극	• 지표하 0.75m 이상 • 암반지역(대지저항 큰 곳), 전자통신시스템이 많은 곳은 환상도체접지극 또는 기초접지극 사용 • 재료는 환경오염 및 부식 우려가 없어야 한다. • 철근 또는 금속제 지하구조물 등 자연적 구성부재는 접지극으로 사용 가능	

※ 고압·특고압 전기설비의 피뢰시스템도 위의 규정과 같다.

④ 내부피뢰시스템
  ㉠ 전기전자설비 보호
    • 일반사항
      - 피뢰구역은 외부구역(LPZO)과 내부구역(LPZN)으로 나뉜다.
      - 피뢰구역 경계 부근에는 접지 또는 본딩을 하여야 한다(단, 본딩이 불가능한 경우 서지보호
        장치를 설치한다).
      - 서로 분리된 구조물 사이가 전력선 또는 신호선으로 연결된 경우 각각의 피뢰구역은 각 구조
        물에 접지를 구성한다.
    • 전기적 절연
      수뢰부 또는 인하도선과 건축물・구조물의 금속부분 사이의 전기적인 절연은 수뢰부시스템의
      배치에 의한 이격거리로 한다.
    • 접지・본딩으로 보호
      - 뇌서지전류를 대지로 방류시키기 위한 접지를 시설하여야 한다.
      - 전위 차를 해소하고 자계를 감소시키기 위한 본딩을 구성하여야 한다.
        ※ 접지극은 환상도체접지극 또는 기초접지극으로 한다.
        ⓐ 복수의 건축물・구조물 등이 각각 접지를 구성, 각각의 접지 상호 간은 병행 설치된 도체
          로 연결한다(단, 차폐케이블인 경우는 차폐선을 양끝에서 각각의 접지시스템에 등전위본
          딩하는 것으로 한다).
      - 전자・통신설비에서 위험한 전위차를 해소하고 자계를 감소시킬 경우 등전위본딩망을 시설
        한다.
        ⓐ 건축물・구조물의 도전성 부분 또는 내부설비 일부분을 통합한다.
        ⓑ 등전위본딩망은 그물망 폭이 5m 이내, 구조물과 구조물 내부의 금속부분은 다중으로 접속한
          다(단, 금속 부분이나 도전성 설비가 피뢰구역의 경계를 지나가는 경우에는 직접 또는 서지보
          호장치를 통하여 본딩한다).
        ⓒ 도전성 부분의 등전위본딩은 방사형, 그물망형 또는 이들의 조합형으로 한다.
    • 서지보호장치 시설
      - 전기전지설비 등에 연결된 전선로를 통해 서지가 유입되는 경우, 해당 선로에는 서지보호장치를
        설치한다.
      - 지중 저압수전의 경우 내부 전기전자기기의 과전압범주별 임펄스내전압이 규정값에 충족하
        는 경우 서지보호장치를 생략할 수 있다.
  ㉡ 피뢰시스템 등전위본딩
    • 일반사항
      피뢰시스템의 등전위하는 다음과 같은 설비들을 서로 접속함으로써 이루어진다.
      - 금속제 설비
      - 구조물에 접속된 외부 도전성 부분
      - 내부피뢰시스템

• 등전위본딩 상호접속
  - 자연적 구성부재로 인한 본딩으로 전기적 연속성을 확보할 수 없는 장소는 본딩도체로 연결한다.
  - 본딩도체로 직접접속이 적합하지 않거나 허용되지 않는 장소는 서지보호장치로 연결한다.
  - 본딩도체로 직접접속이 허용되지 않는 장소는 절연방전갭을 사용한다.
• 금속제설비의 등전위본딩

외부피뢰시스템이 보호대상 건축물·구조물에서 분리된 독립형인 경우	외부피뢰시스템이 보호대상 건축물·구조물에 접속된 경우

지표레벨 부근에 시설	• 지표레벨 부근 시설(기초부분)
	  - 등전위본딩도체는 등전위본딩바에 접속
	  - 등전위본딩바는 접지시스템에 접속
	  - 쉽게 점검 가능
	• 절연 요구조건에 따른 안전거리 미확보 시 피뢰시스템과 건조물, 내부설비 도전성 부분은 등전위본딩하여 직접접속 또는 충전부인 경우 서지보호장치 설치(서지보호장치 시설 시 보호레벨은 기기 임펄스내전압보다 낮을 것)

  - 건조물 등전위본딩
    ⓐ 지하 0.5m와 높이 20m마다 환상도체를 설치한다(단, 철근콘크리트, 철골구조물의 구조체에 인하도선을 등전위본딩하는 경우 환상도체는 설치하지 않아도 된다).
• 인입설비의 등전위본딩
  - 건조물의 외부에서 내부로 인입되는 설비의 도전성 부분은 인입구 부근에서 등전위본딩을 한다.
  - 전원선은 서지보호장치를 경유하여 등전위본딩을 한다.
  - 통신 및 제어선은 내부와의 위험한 전위차 발생을 방지하기 위해 직접 또는 서지보호장치를 통해 등전위본딩을 한다.
• 등전위본딩바
  - 짧은 도전성 경로로 접지시스템에 접속할 수 있는 위치에 설치한다.
  - 외부 도전성 부분, 전원선과 통신선의 인입점이 다른 경우 여러 개의 등전위본딩바를 설치할 수 있다.

01 전압을 저압, 고압, 특고압으로 구분할 때, 교류 저압은 몇 V 이하인가?

① 220V 이하   ② 600V 이하

③ 750V 이하   ④ 1,000V 이하

⑤ 1,500V 이하

02 다음 중 안전을 위한 보호대책으로 옳지 않은 것은?

① 감전에 대한 보호   ② 과전류에 대한 보호

③ 열 영향에 대한 보호   ④ 전원공급에 대한 보호

⑤ 고장전류에 대한 보호

03 다음 중 전선의 식별 표시가 잘못된 것은?

① L1 : 갈색   ② L2 : 검은색

③ L3 : 회색   ④ N : 파란색

⑤ 보호도체 : 녹색 – 흰색

04 다음 중 전로의 절연 원칙에 따라 반드시 절연하여야 하는 것은?

① 저압 전로에 접지공사를 하는 경우의 접지점

② 전로의 중성점에 접지공사를 하는 경우의 접지점

③ 저압 가공전선로의 접지측 전선

④ 계기용 변성기의 2차측 전로에 접지공사를 하는 경우의 접지점

⑤ 직류계통에 접지공사를 하는 경우의 접지점

(1) 가공전선로 지지물 및 전선에 가해지는 풍압하중

① 갑종 풍압하중

풍압을 받는 구분			구성재의 수직 투영면적 1m²에 대한 풍압
지지물	목주, 철주의 원형, 철근 콘크리트주, 철탑의 원형		588Pa
	철주	삼각형 또는 마름모형의 것	1,412Pa
		강관에 의하여 구성되는 4각형의 것	1,117Pa
		기타의 것	복재(腹材)가 전·후면에 겹치는 경우에는 1,627Pa, 기타의 경우에는 1,784Pa
	철근 콘크리트주	원형 이외의 것	882Pa
	철탑	단주 원형 이외의 것(완철류는 제외함)	1,117Pa
		강관으로 구성되는 것	1,255Pa
		기타의 것	2,157Pa
전선, 기타 가섭선	다도체(구성하는 전선이 2가닥마다 수평으로 배열되고 또한 그 전선 상호 간의 거리가 전선의 바깥지름의 20배 이하인 것)		666Pa
	단도체		745Pa
특고압 애자장치			1,039Pa
목주·철주(원형의 것에 한한다) 및 철근 콘크리트주의 완금류 (특별 고압 전선로용의 것에 한한다)			단일재 1,196Pa
			기타 1,627Pa

※ 표에 정한 구성재의 수직 투영면적 1m²에 대한 풍압을 기초로 하여 계산한 것이다.

② 을종 풍압하중

전선 기타의 가섭선 주위에 두께 6mm, 비중 0.9의 빙설이 부착된 상태에서 수직투영면적 372Pa(다도체를 구성하는 전선은 333Pa), 갑종 풍압하중의 2분의 1을 기초로 하여 계산한 것이다.

③ 병종 풍압하중

빙설이 적은 지역으로 인가 밀집한 장소이며 35kV 이하의 전선기 특고압 절연전선 또는 케이블을 사용하는 특고압 가공전선로의 지지물 등으로, 갑종 풍압하중의 2분의 1을 기초로 하여 계산한 것이다.

④ 풍압하중의 적용

지역		고온계절	저온계절
빙설이 많은 지방 이외의 지방		갑종	병종
빙설이 많은 지방	일반지역	갑종	을종
	해안지방, 기타 저온의 계절에 최대풍압이 생기는 지역	갑종	갑종과 을종 중 큰 값 선정
인가가 많이 연접되어 있는 장소		병종 적용 가능	

(2) 지지물의 종류와 안전율, 매설깊이

① 지지물의 기초 안전율 : 2 이상(이상 시 철탑에 대한 안전율 : 1.33 이상)
　㉠ 목주 : 풍압하중에 대한 안전율은 1.5 이상일 것
　㉡ 철주 : A종과 B종으로 구분
　㉢ 철근 콘크리트주 : A종과 B종으로 구분
　㉣ 철탑 : 지지선이 필요없음(지지선이 그 강도를 분담시켜서는 안 된다)

② 기초 안전율의 적용 예외사항인 철근 콘크리트주 매설 깊이

설계하중	전주길이		매설깊이
6.8kN 이하	15m 이하		$l=$(전장)$\times1\div6$m 이상
	15m 초과 16m 이하		2.5m
	16m 초과 20m 이하(연약한 지반)		2.8m
6.8kN 초과 9.8kN 이하	14m 이상 20m 이하(연약한 지반)		$l+30$cm
9.81kN 초과 14.72kN 이하	14m 이상 20m 이하	15m 이하	$l+0.5$m
		15m 초과 18m 이하	3m 이상
		18m 초과	3.2m 이상

③ 특별 고압 가공전선로용 지지물(B종 및 철탑)
　㉠ 직선형 : 전선로의 직선 부분(3° 이하인 수평각도를 이루는 곳을 포함)
　㉡ 각도형 : 전선로 중 3°를 초과하는 수평각도를 이루는 곳
　㉢ 잡아당김형 : 전가섭선을 인류하는 곳(맨 끝)에 사용하는 것
　㉣ 내장형 : 전선로의 지지물 양쪽의 경간의 차가 큰 곳에 사용하는 것
　㉤ 보강형 : 전선로의 직선 부분에 그 보강을 위하여 사용하는 것
　※ 직선주는 목주, A종 철근 콘크리트주 5° 이하, B종 철근 콘크리트주 철탑은 3° 이하, 이를 넘는 경우는 각도형을 사용한다.

④ 가공전선로 지지물의 철탑오름 및 전주오름 방지
　가공전선로 지지물에 취급자가 오르내리는 데 사용하는 발판 볼트 등은 지상 1.8m 이상부터 설치해야 한다.

(3) 지지선의 시설

지지선은 지지물의 강도를 보강하고, 전선로의 안전성을 증가시키며, 불평형 장력을 줄이기 위해 시설한다.
① 가공전선로의 지지물로 사용하는 철탑은 지지선을 사용하여 그 강도를 분담시켜서는 안 된다.
② 가공전선로의 지지물로 사용하는 철주 또는 철근 콘크리트주는 지지선을 사용하지 않는 상태에서 2분의 1 이상의 풍압하중에 견디는 강도를 가지는 경우 이외에는 지지선을 사용하여 그 강도를 분담시켜서는 안 된다.

③ 가공전선로의 지지물에 시설하는 지선은 다음에 의하여야 한다.
  ㉠ 지선의 안전율은 2.5 이상일 것. 이 경우에 허용 인장하중의 최저는 4.31kN으로 한다.
  ㉡ 지선에 연선을 사용할 경우에는 다음에 의하여야 한다.
    • 지름 2.6mm 이상인 소선 3가닥 이상의 연선을 사용한 것이어야 한다. 다만, 소선의 지름이 2mm 이상인 아연도강연선으로서 소선의 인장강도가 0.68kN/mm^2 이상인 것을 사용하는 경우에는 그러하지 않는다(다만, 목주에 시설하는 지선에 대해서는 적용하지 않는다).
    • 지중부분 및 지표상 0.3m 까지의 부분에는 내식성이 있는 것 또는 아연도금을 한 철봉을 사용해야 한다.
  ㉢ 지선근가는 지선의 인장하중에 충분히 견디도록 시설해야 한다.
④ 도로를 횡단하여 시설하는 지선의 높이는 지표상 5m 이상으로 하여야 한다. 다만, 기술상 부득이한 경우로서 교통에 지장을 초래할 우려가 없는 경우에는 지표상 4.5m 이상, 보도의 경우에는 2.5m 이상으로 할 수 있다.
⑤ 시설목적
  ㉠ 지지물의 강도 보강
  ㉡ 전선로의 안전성 증가
  ㉢ 불평형 장력이 큰 개소에 시설
  ㉣ 가공전선로가 건물과 접근하는 경우에 접근하는 측의 반대편에 보안을 위해 시설
⑥ 고압·특고압 가공전선로의 지지물에 지선 시설
  ㉠ 목주, A종 철주, A종 콘크리트주(5° 이하, 직선형)
    • 5기 이하마다, 직각 방향 양쪽에 시설한다.
    • 15기 이하마다, 전선로 방향으로 양쪽에 지선을 시설한다.
  ㉡ B종 철주, B종 콘크리트주(3° 이하, 직선형)
    • 10기 이하마다 장력에 견디는 형태 1기(수평각도 5° 넘는 것)를 시설한다.
    • 5기 이하마다 보강형 1기를 시설한다.
  ㉢ 철탑 : 직선부분에 10기 이하마다 내장애자장치를 갖는 철탑 1기를 시설한다.

(4) 가공전선의 굵기·안전율·높이

① 전선 굵기

구분	전선 굵기	보안공사
저압 400V 미만	3.2mm 경동선(절연전선의 경우 2.6mm)	4.0mm
400V 이상 저압 또는 고압	시가지 5.0mm 경동선 시가지 외 4.0mm 경동선	5.0mm
특별고압 가공전선	22mm^2 경동연선 이상 시가지 내 : 100kV 미만 – 55mm^2 100kV 이상 – 150mm^2	–

※ 동복강선 : 3.5mm

② 안전율

　㉠ 경동선 및 내열 동합금선 : 2.2 이상

　㉡ 그 밖의 전선 : 2.5 이상

③ 저압·고압·특고압 가공전선의 높이

장소	저압	고압	특고압[kV]		
			35kV 이하	~ 160kV 이하	160kV 초과
횡단보도교	3.5m (절연전선 또는 케이블 3m)	3.5m	6.5m (절연전선 또는 케이블인 경우 4m)	6.5m (케이블인 경우 5m)	$6.5+N\times0.12$
일반	5m(교통지장 없음 4m)	5m	5m	6m	$6m+N\times0.12$
도로 횡단	6m			−	불가
철도 횡단	6.5m				$6.5m+N\times0.12$
산지	−		−	5m	$5m+N\times0.12$

※ 일반(도로 방향 포함), (케이블), N=160kV 초과 / 10kV(반드시 절상 후 계산)

④ 특별 고압 시가지의 가공전선의 높이(지지물에 위험을 표시하고, 목주 사용 불가)

　㉠ 35kV 이하 : 10m(절연전선 : 8m)

　㉡ 35kV 초과 : 10+(1단수×0.12m)

(5) 케이블에 의한 가공전선로 시설

조가용선	인장강도	굵기	접지	간격	
				행거	금속제테이프
저·고압	5.93kN 이상	$22mm^2$ 이상 아연도강연선	케이블 피복의 금속체 KEC 140(접지시스템)의 규정에 준하여 접지공사	0.5m 이하	0.2m 이하, 나선형
특고압	13.93kN 이상	$22mm^2$ 이상 아연도강연선			

※ 100kV 초과의 경우로 지락 또는 단락 발생 시 1초 이내에 자동으로 차단하는 장치를 시설한다.

(6) 특고압 가공전선과 지지물과의 간격

특별 고압 가공전선(케이블은 제외한다)과 그 지지물·완금류·지주 또는 지선 사이의 이격거리는 표에서 정한 값 이상이어야 한다(단, 기술상 부득이한 경우에 위험의 우려가 없도록 시설한 때에는 표에서 정한 값의 0.8배까지 감할 수 있다).

사용전압	간격	사용전압	간격
15kV 미만	0.15m	70kV 이상 80kV 미만	0.45m
15kV 이상 25kV 미만	0.2m	80kV 이상 130kV 미만	0.65m
25kV 이상 35kV 미만	0.25m	130kV 이상 160kV 미만	0.9m
35kV 이상 50kV 미만	0.3m	160kV 이상 200kV 미만	1.1m
50kV 이상 60kV 미만	0.35m	200kV 이상 230kV 미만	1.3m
60kV 이상 70kV 미만	0.4m	230kV 이상	1.6m

(7) 가공전선로 지지물 간 거리의 제한

① 가공전선로 지지물 간 거리의 제한[KEC 332.9(고압), 333.1(시가지), 333.21(특고압)]

구분	표준경간	전선굵기에 따른 장경간 사용		시가지
		고압 25mm^2	특고압 50mm^2	
목주 · A종	150m	300m 이하		75m(목주 사용 불가)
B종	250m	500m 이하		150m
철탑	600m	−		400m

② 보안공사[KEC 222.10(저압), 332.10(고압), 333.22(특고압)]

구분	보안공사			사용전선 굵기에 따른 표준경간을 사용할 수 있는 경우				
	저 · 고압	제1종 특고압	제2,3종 특고압	저압	고압	제1종 특고압	제2종 특고압	제3종 특고압
				22mm^2	38mm^2	150mm^2	95mm^2	목주, A종 38mm^2 B종, 철탑 55mm^2
목주, A종	100m	사용 불가	100m	150m	150m	100m	100m	150m
B종	150m	150m	200m	250m	250m	250m	250m	250m
철탑	400m	400m(단주 300m)	600m	600m	600m	600m	600m	600m

③ 일반공사 목주안전율 및 보안공사 전선굵기

	저압	고압	특고압	
일반공사 목주안전율	풍압하중의 1.2배	1.3	1.5	
보안공사 목주안전율	1.5	1.5	• 제1종 특고압 : 사용불가 • 제2종 특고압 보안공사 : 2	
보안공사 전선굵기	• 400V 미만 : 5.26kN 이상, 지름 4mm 이상 경동선 • 400V 이상 : 8.01kN, 지름 5mm 이상 경동선		1종 특고압 보안공사(시가지)	제2종, 3종 특고압 보안공사
			100kV 미만	인장강도 21.67kN 이상, 55mm^2 이상 경동연선	인장강도 8.71kN 이상 또는 22mm^2 이상 경동선
			100 이상 300kV 미만	인장강도 58.84kN 이상, 150mm^2 이상 경동연선	
			300kV 이상	인장강도 77.47kN 이상, 200mm^2 이상 경동연선	

※ 제1, 2, 3종 특고압 보안공사 구분

제1종 특고압 보안공사	제2종 특고압 보안공사	제3종 특고압 보안공사
2차 접근 상태		1차 접근 상태
35kV 초과	35kV 이하	

• 제1종 특고압 보안공사
  − 지락 또는 단락 시 3초(100kV 이상 2초) 이내에 차단하는 장치를 시설한다.
  − 애자는 1련으로 하는 경우는 50% 충격섬락전압이 타 부분의 110% 이상이어야 한다(사용전압이 130kV를 넘는 경우 105% 이상이거나, 아크혼 붙은 2련 이상).

(8) 가공전선의 병행설치, 공용설치, 첨가 통신선 : 동일 지지물 시설

① 병행설치 : 동일 지지물(별개 완금류)에 전력선과 전력선을 동시에 시설하는 것이다(KEC 222.9 / 332.8, 333.17).

구분	고압	35kV 이하	35kV 초과 60kV 이하	60kV 초과
저압 고압(케이블)	0.5m 이상(0.3m)	1.2m 이상(0.5m)	2m 이상(1m)	$2\text{m}(1\text{m}) + N \times 0.12\text{m}$
기타	• 35kV 이하 – 상부에 고압측을 시설하며 별도의 완금에 시설할 것 • 35 ~ 100kV 이하의 특고압 – $N = \dfrac{(60\text{kV 초과})}{10\text{kV}}$(반드시 절상하여 계산) – 21.67kN 금속선, 50mm² 이상의 경동연선을 시설할 것 – 특고압 가공전선로는 제2종 특고압 보안공사 시설할 것			

② 공용설치 : 동일 지지물(별개 완금류)에 전력선과 약전선을 동시에 시설하는 것이다(KEC 222.21 / 332.21, 333.19).

구분	저압	고압	특고압
약전선(케이블)	0.75m 이상(0.3m)	1.5m 이상(0.5m)	2m 이상(0.3m)
기타	• 저·고압 – 전선로의 지지물로서 사용하는 목주의 풍압하중에 대한 안전율은 1.5 이상일 것 – 상부에 가공전선을 시설하며 별도의 완금에 시설할 것 • 특고압 – 제2종 특고압 보안공사에 의할 것 – 사용전압 35kV 이하에서만 시설할 것 – 21.67kN 이상의 연선, 50mm² 이상인 경동연선 사용할 것		

③ 첨가 : 가공전선로의 지지물에 통신선을 동시에 시설하는 것이다.

구분	저·고압		특고압		22.9kV – Y
	통신선	절연·케이블	통신선	절연·케이블	
통신선	0.6m 이상	0.3m 이상	1.2m 이상	0.3m 이상	0.75m 이상 중성선 0.6m 이상

(9) 가공전선과 약전선(안테나)의 접근교차 시 이격거리

KEC 222.13 / 332.13, 222.14 / 332.14[저·고압 가공전선과 약전선(안테나)의 접근 또는 교차]

구분	저압			고압			25kV 이하 특고압 가공전선		
	일반	고압 절연	케이블	일반	고압 절연	케이블	일반	특고압 절연	케이블
접근, 교차, 안테나	0.6m	0.3m	0.3m	0.8m	–	0.4m	2.0m	1.5m	0.5m

(10) 가공약전류전선로의 유도장해 방지

저압 또는 고압 가공전선로와 기설 가공약전류전선로가 병행하는 경우에는 유도작용에 의하여 통신상의 장해가 생기지 않도록 전선과 기설 약전류전선 간의 지지물 간 거리는 2m 이상이어야 한다.

(11) 유도장해의 방지(KEC 333.2)

특고압 가공전선로는 기설가공전화선로에 대하여 상시 정전유도 작용에 의한 통신상의 장해가 없도록 시설하고 유도전류를 다음과 같이 제한한다.

① 사용전압이 60kV 이하인 경우에는 전화선로의 길이 12km마다 유도전류가 2μA를 넘지 않도록 해야 한다.

② 사용전압이 60kV 초과인 경우에는 전화선로의 길이 40km마다 유도전류가 3μA를 넘지 않도록 해야 한다.

(12) 가공전선과 건조물(조영재)의 지지물 간 거리

① 저·고압 가공전선 이격거리(KEC 332.11 / 332.12)

구분			저압 가공전선			고압 가공전선		
			일반	고압 절연	케이블	일반	고압 절연	케이블
건조물	상부 조영재	상방	2m	1m	2m	–	1m
		측·하방, 기타 조영재	1.2m	0.4m	1.2m	–	0.4m
기타	삭도(지주), 저압 전차선		0.6m	0.3m	0.8m	0.4m
	저압 전차선로의 지지물		0.3m		0.6m	0.3m
	식물		상시 부는 바람에 접촉하지 않도록 한다.				

② 특고압 가공전선과 각종 시설물의 접근 또는 교차

㉠ 특고압 가공전선과 건조물의 접근(KEC 333.23)

구분			지지물 간 거리			
			일반 (기타전선)	특고압 절연	케이블	35kV 초과
건조물	상부 조영재	상방	3m	2.5m	1.2m	(규정값)+N×0.15m
		측·하방,	–	☆1.5m	0.5m	
	기타 조영재		3m	☆1.5m	0.5m	

※ N=(35kV 초과분)/10kV(반드시 절상 후 계산) / ☆ 전선에 사람이 쉽게 접촉할 수 없는 경우 1m

㉡ 특고압 가공전선과 도로 등의 접근 또는 교차(KEC 333.24)

구분	이격거리	
	35kV 이하	35kV 초과
이격거리	3m	3m+(단수)×0.15m

※ $N=\dfrac{(35kV\ 초과분)}{10kV}$ (반드시 절상 후 계산)

ⓒ 특고압 가공전선과 기타 시설물의 접근 또는 교차(KEC 333.25 / 333.26 / 333.30)

구분	지지물 간 거리				
	35kV 이하			35kV 초과 60kV 이하	60kV 초과
	일반	절연	케이블		
삭도(지지물)	2m	1m	0.5m	2m	$2m+N \times 0.12m$
저·고압 가공전선	2m				$2m+N \times 0.12m$
식물	2m				$2m+N \times 0.12m$

$N=$ (60kV 초과분) / 10kV×0.12m(반드시 절상하여 계산)

ⓔ 특고압 절연전선 또는 케이블 사용 시 35kV 이하에 한하여 지지물 간 거리를 감할 수 있음

지지물 구분	전선의 종류	간격
저압 가공전선 또는 저·고압 전차선	특고압 절연전선	1.5m(저압 가공전선이 절연전선 또는 케이블일 때 1m)
	케이블	1.2m(저압 가공전선이 절연전선 또는 케이블일 때 0.5m)
고압 가공전선	특고압 절연전선	1m
	케이블	0.5m
가공 약전류 전선 등	특고압 절연전선	1m
	케이블	0.5m

③ 25kV 이하인 특고압 가공전선로의 시설(KEC 333.32)

ⓐ 사용전압이 15kV 이하인 접지도체 : 공칭단면적 $6mm^2$ 이상의 연동선
ⓑ 사용전압이 15kV 초과 25kV 미만인 접지도체 : 공칭단면적 $6mm^2$ 이상의 연동선
ⓒ 접지 상호 간의 거리
  • 15kV 이하 : 300m 이하
  • 15kV 초과 25kV 이하 : 150m 이하
ⓔ 접지 저항값

전압	분리 시 개별 접지 저항값	1km마다 합성 접지 저항값
15kV 이하	300Ω	30Ω
15kV 초과 25kV 이하	300Ω	15Ω

ⓜ 경간

지지물의 종류	경간
목주·A종 철주 또는 A종 철근 콘크리트주	100m
B종 철주 또는 B종 철근 콘크리트주	150m
철탑	400m

ⓗ 전선 상호 간 이격거리

구분	나전선	특고압 절연전선	케이블 특고압 절연전선
나전선	1.5m	–	–
특고압 절연전선	–	1.0m	0.5m
케이블	–	0.5m	0.5m

ⓢ 식물 사이의 이격거리는 1.5m 이상

(13) 농사용 저압 가공전선로의 시설(KEC 222.22)

① 사용전압은 저압이어야 한다.

② 전선은 인장강도 1.38kN 이상의 것 또는 지름 2mm 이상의 경동선이어야 한다.

③ 지표상의 높이는 3.5m 이상이어야 한다(다만, 사람이 출입하지 아니하는 곳은 3m).

④ 목주의 굵기는 위쪽 끝 지름 0.09m 이상이어야 한다.

⑤ 전선로의 지지물 간 거리는 30m 이하이어야 한다.

⑥ 다른 전선로에 접속하는 곳 가까이에 그 저압 가공전선로 전용의 개폐기 및 과전류차단기를 각 극(과전류차단기는 중성극을 제외한다)에 시설해야 한다.

(14) 구내에 시설하는 저압 가공전선로(400V 이하)(KEC 222.23)

① 저압 가공전선은 지름 2mm 이상의 경동선이어야 한다(단, 경간 10m 미만 : 공칭단면적 $4mm^2$ 이상의 연동선).

② 경간은 30m 이하이어야 한다.

③ 전선과 다른 시설물과의 이격거리 : 상방 1m, 측방 / 하방 0.6m(케이블 0.3m)

(15) 옥측전선로(KEC 221.2 / 331.13)

① 저압 : 애자사용배선, 합성수지관배선, 케이블배선, 금속관배선(목조 이외), 버스덕트배선(목조 이외)

ⓐ 애자사용 시 전선의 공칭단면적 : $4mm^2$ 이상

ⓑ 애자사용 시 이격거리

다른 시설물	접근상태	간격
조영물의 상부 조영재	위쪽	2m (전선이 고압 절연전선, 특고압 절연전선 또는 케이블인 경우 1m)
	옆쪽 또는 아래쪽	0.6m (전선이 고압 절연전선, 특고압 절연전선 또는 케이블인 경우 0.3m)
조영물의 상부 조영재 이외의 부분 또는 조영물 이외의 시설물		0.6m (전선이 고압 절연전선, 특고압 절연전선 또는 케이블인 경우 0.3m)

※ 애자사용배선에 의한 저압 옥측전선로의 전선과 식물과의 이격거리는 0.2m 이상이어야 한다.

② 고압 : 케이블배선[KEC 140(접지시스템)의 규정에 준하여 접지공사]

③ 특고압 : 100kV를 초과할 수 없다.

(16) 옥상전선로(KEC 221.3 / 331.14)

① 저압

구분	지지점 간 거리
지지물	15m 이내
조영재	2m(케이블 1m) 이상
약전류전선, 안테나	1m(케이블 0.3m) 이상

• 2.6mm 이상 경동선
• 다른 시설물과 접근하거나 교차하는 경우 시 이격거리 0.6m(고압 절연전선, 특고압 절연전선, 케이블 0.3m) 이상

② 특고압 : 시설 불가

(17) 지중전선로의 시설(KEC 334.1)

① **사용전선** : 케이블, 직접매설식에서 트로프를 사용하지 않을 경우는 CD(콤바인덕트)케이블을 사용한다.

② **매설방식**

　㉠ 직접 매설식

　㉡ 관로식

　㉢ 암거식(공동구)

구분	매설깊이		
	직접 매설식		관로식
장소	차량, 기타 중량물의 압력	기타 (차량, 압박받을 우려 없는 장소)	
길이	1.0m 이상	0.6m 이상	1m 이상

③ **케이블 가압장치**

　냉각을 위해 가스를 밀봉한다(1.5배 유압 또는 수압, 1.25배 기압에 10분간 견딜 것

④ **지중전선의 피복금속체 접지** : KEC 140를 따라야 한다.

⑤ **지중전선과 지중약전류전선 등 또는 관과의 접근 또는 교차**(KEC 223.6 / 334.6)

구분	약전류전선	유독성 유체 포함 관
저 · 고압	0.3m 이하	1m(25kV 이하, 다중접지방식 0.5m) 이하
특고압	0.6m 이하	

⑥ **지중함의 시설**

　㉠ 지중함은 견고하고 차량 기타 중량물의 압력에 견디는 구조여야 한다.

　㉡ 지중함은 그 안의 고인 물을 제거할 수 있는 구조로 되어 있어야 한다.

　㉢ 폭발성 또는 연소성의 가스가 침입할 우려가 있는 것에 시설하는 지중함으로서 그 크기가 $1m^3$ 이상인 것에는 통풍장치 기타 가스를 방산시키기 위한 적당한 장치를 시설해야 한다.

　㉣ 지중함의 뚜껑은 시설자 이외의 자가 쉽게 열 수 없도록 시설해야 한다.

(18) 터널 안 전선로의 시설(KEC 335.1)

① **철도 · 궤도 또는 자동차 전용 터널 내 전선로**

전압	전선의 굵기	애자사용공사 시 높이	시공방법
저압	2.6mm 이상 경동절연전선	노면상, 레일면상 2.5m 이상	• 합성수지관배선 • 금속관배선 • 가요전선관배선 • 케이블배선 • 애자사용배선
고압	4mm 이상 고압 / 특고압 절연전선	노면상, 레일면상 3m 이상	• 케이블배선 • 애자사용배선

② **사람이 상시 통행하는 터널 안 전선로**

　㉠ 저압 전선은 차량 전용 터널 내 공사 방법과 같다.

　㉡ 고압 전선은 케이블공사에 의하여 시설할 수 있다.

　㉢ 특고압 전선은 시설하지 않는 것을 원칙으로 한다.

(19) 인입선의 시설

① 저압 인입선(KEC 221.1.1), 고압 인입선(KEC 332.5)

구분	저압				고압			
	일반	도로	철도	횡단보도	일반	도로	철도	횡단보도
높이 (케이블)	4m (교통 지장 없을 시 2.5m)	5m (교통 지장 없을 시 3m)	6.5m	3m	5m	6m	6.5m	3.5m
					위험표시 3.5m			
사용 전선	15m 이하 : 1.25kN/2.0mm 이상 인입용 비닐절연전선, 케이블				• 8.01kN/5mm 이상 경동선, 케이블			
	15m 초과 : 2.30kN/2.6mm 이상 인입용 비닐절연전선, 케이블				• 이웃 연결 인입선 불가			

※ 저압 연접 인입선의 시설(KEC 221.1.2)
- 인입선에서 분기하는 점으로부터 100m를 초과하지 말 것
- 도로 폭 5m 초과 금지
- 옥내 관통 금지

② 특고압 가공인입선(KEC 333.7)

구분	일반	도로	철도	횡단보도
35kV 이하	5m (케이블 4m)	6m	6.5m	4m (케이블 / 특고압 절연전선 사용)
35kV 초과 160kV 이하	6m	–	6.5m	5m(케이블 사용)
	사람 출입이 없는 산지 : 5m 이상			
160kV 초과	일반	6m+N	철도	6.5m+N	산지	5m+N

- (단수)=(160kV 초과) / 10kV (반드시 절상), N=(단수)×0.12m
- 변전소 또는 개폐소에 준하는 곳 이외 곳에서는 사용전압 100kV 이하
- 이웃 연결 인입선 불가

(20) 수상전선로(KEC 335.3)

저압	고압	수면상에 접속점이 있는 경우	접속점이 육상에 있는 경우
클로로프렌 캡타이어케이블	고압용 캡타이어케이블	저압 4m 이상 고압 5m 이상	5m 이상 도로 이외 저압 4m 이상

05 철탑의 강도계산을 할 때, 이상 시 상정하중이 가하여지는 경우 철탑의 기초에 대한 안전율은 얼마 이상이어야 하는가?

① 1.33   ② 1.83

③ 2.25   ④ 2.75

⑤ 3

06 사용전압 220V인 경우에 애자사용공사에 의한 옥측전선로를 시설할 때, 전선과 조영재와의 이격 거리는 몇 cm 이상이어야 하는가?

① 2.5cm   ② 4.5cm

③ 6cm   ④ 8cm

⑤ 10cm

07 지중전선로를 직접 매설식에 의하여 시설하는 경우에는 매설 깊이를 차량 기타 중량물의 압력을 받을 우려가 있는 장소에서는 몇 cm 이상이어야 하는가?

① 40cm   ② 70cm

③ 80cm   ④ 100cm

⑤ 160cm

(1) 통칙(KEC 200)

① 전기설비 적용범위(KEC 201)

저압	고압 · 특고압
• 교류 1kV 또는 직류 1.5kV 이하인 저압의 전기를 공급하거나 사용하는 전기설비에 적용하며 다음의 경우를 포함한다. – 전기설비를 구성하거나 연결하는 선로와 전기기계 기구 등의 구성품 – 저압 기기에서 유도된 1kV 초과 회로 및 기기 　(예) 저압 전원에 의한 고압방전등, 전기집진기 등)	• 교류 1kV 초과 또는 직류 1.5kV를 초과하는 고압 및 특고압 전기를 공급하거나 사용하는 전기설비에 적용한다. 고압·특고압 전기설비에서 적용하는 전압의 구분은 다음에 따른다. – 고압 : 교류는 1kV를, 직류는 1.5kV를 초과하고, 7kV 이하인 것 – 특고압 : 7kV를 초과하는 것

② 배전방식(KEC 202)

　㉠ 교류회로

　　• 3상 4선식의 중성선 또는 PEN도체는 충전도체는 아니지만 운전전류를 흘리는 도체이다.

　　• 3상 4선식에서 파생되는 단상 2선식 배전방식의 경우 두 도체 모두가 선도체이거나 하나의 선도체와 중성선 또는 하나의 선도체와 PEN도체이다.

　　• 모든 부하가 선간에 접속된 전기설비에서는 중성선의 설치가 필요하지 않을 수 있다.

　㉡ 직류회로

　　PEL과 PEM도체는 충전도체는 아니지만 운전전류를 흘리는 도체이다. 2선식 배전방식이나 3선식 배전방식을 적용한다.

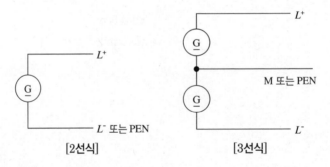

[2선식]　　　　　[3선식]

③ 계통접지 방식(KEC 203)

　㉠ 저압

　　• 분류

　　　– TN계통

　　　– TT계통

　　　– IT계통

　　• 문자정의

　　　– 제1문자 : 전원계통과 대지의 관계

　　　　ⓐ T : 한 점을 대지에 직접 접속

　　　　ⓑ I : 모든 충전부를 대지와 절연시키거나 높은 임피던스를 통하여 한 점을 대지에 직접 접속

- 제2문자 : 전기설비의 노출도전부와 대지의 관계
  - ⓐ T : 노출도전부를 대지로 직접 접속, 전원계통의 접지와는 무관
  - ⓑ N : 노출도전부를 전원계통의 접지점(교류계통에서는 통상적으로 중성점, 중성점이 없을 경우는 선도체)에 직접 접속
- 그 다음 문자(문자가 있을 경우) : 중성선과 보호도체의 배치
  - ⓐ S : 중성선 또는 접지된 선도체 외에 별도의 도체에 의해 제공되는 보호 기능
  - ⓑ C : 중성선과 보호 기능을 한 개의 도체로 겸용(PEN도체)
- 심벌 및 약호
  - 심벌

기호 설명	
	중성선(N), 중간도체(M)
	보호도체(PE)
	중성선과 보호도체겸용(PEN)

  - 약호

T	Terra	대지(접지)
I	Isolated	절연(대지 사이에 교유임피던스 사용)
N	Neutral	중성
S	Separate	분리
C	Combined	결합

- 결선도
  - TN계통
    - ⓐ TN-S : TN-S계통은 계통 전체에 대해 별도의 중성선 또는 PE도체를 사용한다. 배전계통에서 PE도체를 추가로 접지할 수 있다.

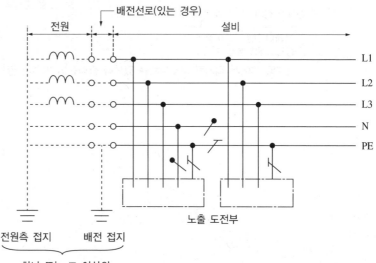

[계통 내에서 별도의 중성선과 보호도체가 있는 TN-S계통]

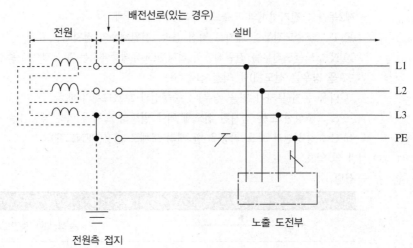

[계통 내에서 별도의 접지된 선도체와 보호도체가 있는 TN – S계통]

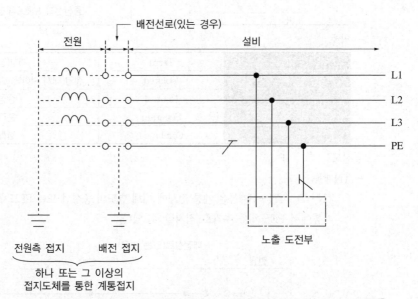

[계통 내에서 접지된 보호도체는 있으나 중성선의 배선이 없는 TN – S계통]

ⓑ TN - C : 그 계통 전체에 대해 중성선과 보호도체의 기능을 동일도체로 겸용한 PEN도체를 사용한다. 배전계통에서 PEN도체를 추가로 접지할 수 있다.

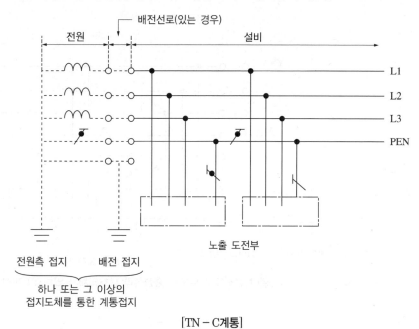

[TN - C계통]

ⓒ TN - C - S : 계통의 일부분에서 PEN도체를 사용하거나 중성선과 별도의 PE도체를 사용하는 방식이 있다. 배전계통에서 PEN도체와 PE도체를 추가로 접지할 수 있다.

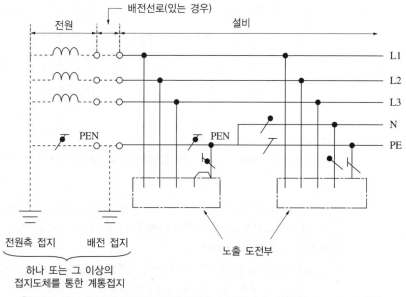

[설비의 어느 곳에서 PEN이 PE와 N으로 분리된 3상 4선식 TN - C - S계통]

– TT계통 : 전원의 한 점을 직접 접지하고 설비의 노출도전부는 전원의 접지전극과 전기적으로 독립적인 접지극에 접속시킨다. 배전계통에서 PE도체를 추가로 접지할 수 있다.

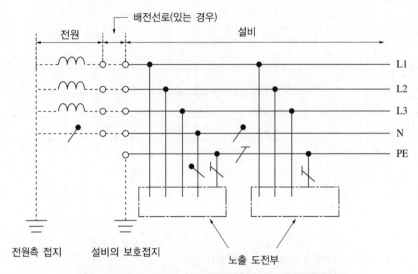

[설비 전체에서 별도의 중성선과 보호도체가 있는 TT계통]

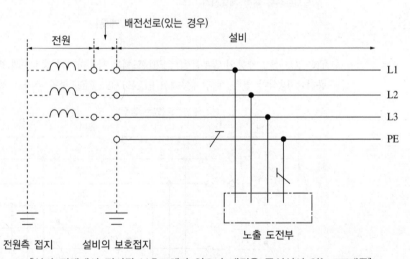

[설비 전체에서 접지된 보호도체가 있으나 배전용 중성선이 없는 TT계통]

– IT계통
  ⓐ 충전부 전체를 대지로부터 절연시키거나 한 점을 임피던스를 통해 대지에 접속시킨다. 전기설비의 노출도전부를 단독 또는 일괄적으로 계통의 PE도체에 접속시킨다. 배전계통에서 추가접지가 가능하다.
  ⓑ 계통은 충분히 높은 임피던스를 통하여 접지할 수 있다. 이 접속은 중성점, 인위적 중성점, 선도체 등에서 할 수 있다. 중성선은 배선할 수도 있고, 배선하지 않을 수도 있다.

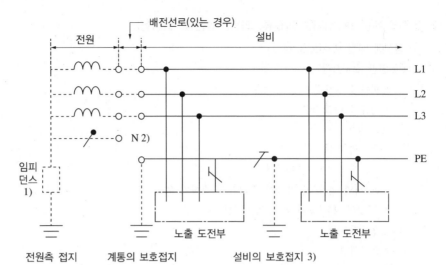

[계통 내의 모든 노출도전부가 보호도체에 의해 접속되어 일괄 접지된 IT계통]

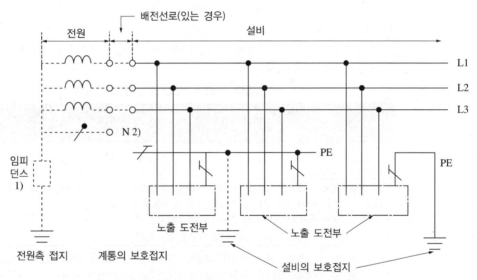

[노출도전부가 조합으로 또는 개별로 접지된 IT계통]

(2) 안전을 위한 보호(감전, 과전류, 과도 · 과전압, 열영향)

① 감전에 대한 보호(KEC 211)

　㉠ 일반 요구사항

　　• 교류 : 실효값

　　• 직류 : 리플프리

　㉡ 보호대책

　　• 전원의 자동차단

　　• 이중절연 또는 강화절연

　　• 한 개의 전기사용기기에 전기를 공급하기 위한 전기적 분리

　　• SELV와 PELV에 의한 특별저압

　㉢ 전원자동차단

　　• 요구사항

　　　− 기본보호는 충전부의 기본절연 또는 격벽이나 외함에 의한다.

　　　− 고장보호는 보호등전위본딩 및 자동차단에 의한다.

　　　− 추가적인 보호로 누전차단기를 시설할 수 있다.

　　• 고장 시 자동차단

　　　보호장치는 고장의 경우 다음에서 규정된 차단시간 내에서 회로의 선도체 또는 설비의 전원을 자동으로 차단하여야 한다.

[32A 이하 분기회로의 최대 차단시간]

계통	$50V < U_0 \leq 120V$		$120V < U_0 \leq 230V$		$230V < U_0 \leq 400V$		$400V < U_0$	
	교류	직류	교류	직류	교류	직류	교류	직류
TN	0.8초	☆	0.4초	5초	0.2초	0.4초	0.1초	0.1초
TT	0.3초	☆	0.2초	0.4초	0.07초	0.2초	0.04초	0.1초

• TT 계통에서 차단은 과전류보호장치에 의해 이루어지고 보호등전위본딩은 설비 안의 모든 계통외도전부와 접속되는 경우 TN 계통에 적용 가능한 최대차단시간이 사용될 수 있다.

• U_0는 대지에서 공칭교류전압 또는 직류 선간전압이다.

☆ 차단은 감전보호 외에 다른 원인에 의해 요구될 수도 있다.

※ TN 계통에서 배전회로(간선)와 위 표의 경우를 제외하고는 5초 이하의 차단시간을 허용한다.

※ TT 계통에서 배전회로(간선)와 위 표의 경우를 제외하고는 1초 이하의 차단시간을 허용한다.

- 누전차단기 시설(추가적인 보호)
  - 금속제 외함을 가지는 사용전압이 50V를 초과하는 저압의 기계기구로서 사람이 쉽게 접촉할 우려가 있는 곳에 시설하는 것

> ※ **적용 제외**
> - 기계기구를 발전소·변전소·개폐소 또는 이에 준하는 곳에 시설하는 경우
> - 기계기구를 건조한 곳에 시설하는 경우
> - 대지전압이 150V 이하인 기계기구를 물기가 있는 곳 이외의 곳에 시설하는 경우
> - 이중 절연구조의 기계기구를 시설하는 경우
> - 그 전로의 전원측에 절연변압기(2차 전압이 300V 이하인 경우에 한한다)를 시설하고 또한 그 절연변압기의 부하측의 전로에 접지하지 아니하는 경우
> - 기계기구가 고무·합성수지 기타 절연물로 피복된 경우
> - 기계기구가 유도 전동기의 2차측 전로에 접속되는 것일 경우

  - 주택의 인입구 등 다른 절에서 누전차단기 설치를 요구하는 전로
  - 특고압전로, 고압전로 또는 저압전로와 변압기에 의하여 결합되는 사용전압 400V 이상의 저압전로 또는 발전기에서 공급하는 사용전압 400V 이상의 저압전로(발전소 및 변전소와 이에 준하는 곳에 있는 부분의 전로를 제외한다)
  - 다음의 전로에는 자동복구 기능을 갖는 누전차단기를 시설할 수 있다.
    ⓐ 독립된 무인 통신중계소·기지국
    ⓑ 관련법령에 의해 일반인의 출입을 금지 또는 제한하는 곳
    ⓒ 옥외의 장소에 무인으로 운전하는 통신중계기 또는 단위기기 전용회로. 단, 일반인이 특정한 목적을 위해 지체하는(머물러 있는) 장소로서 버스정류장, 횡단보도 등에는 시설할 수 없다.
    ⓓ 누전차단기를 저압전로에 사용하는 경우 일반인이 접촉할 우려가 있는 장소(세대 내 분전반 및 이와 유사한 장소)에는 주택용 누전차단기를 시설하여야 한다.
- TN계통
  - TN계통에서 설비의 접지 신뢰성은 PEN도체 또는 PE도체와 접지극과의 효과적인 접속에 의한다.
  - TN계통에서 과전류보호장치 및 누전차단기는 고장보호에 사용할 수 있다. 누전차단기를 사용하는 경우 과전류보호 겸용의 것을 사용해야 한다.
  - TN−C계통에는 누전차단기를 사용해서는 안 된다. TN−C−S계통에 누전차단기를 설치하는 경우에는 누전차단기의 부하측에는 PEN도체를 사용할 수 없다. 이러한 경우 PE도체는 누전차단기의 전원측에서 PEN도체에 접속하여야 한다.
- TT계통
  - 전원계통의 중성점이나 중간점은 접지하여야 한다. 중성점이나 중간점을 이용할 수 없는 경우, 선도체 중 하나를 접지하여야 한다.
  - 누전차단기를 사용하여 고장보호를 하여야 한다. 다만, 고장 루프임피던스가 충분히 낮을 때는 과전류보호장치에 의하여 고장보호를 할 수 있다.

- IT계통 : 노출도전부 또는 대지로 단일고장이 발생한 경우에는 고장전류가 작기 때문에 자동차단이 절대적 요구사항은 아니다. 그러나 두 곳에서 고장 발생 시 동시에 접근이 가능한 노출도전부에 접촉되는 경우에는 인체에 위험을 피하기 위한 조치를 하여야 한다.

[각 계통의 동작조건 사항]

TN계통	TT계통	IT계통	
$U_0 \geq I_a Z_s$	$U_0 \geq I_a Z_s$	1차 고장 후 다른 2차 고장 발생 시	
• Z_s : 고장루프 임피던스 　– 전원의 임피던스 　– 고장점까지의 선도체 임피던스 　– 고장점과 전원 사이의 보호도체 임피던스 • I_a : 차단시간 내에 차단장치 또는 누전차단기를 자동으로 동작하게 하는 전류[A] • U_0 : 공칭대지전압[V]	• Z_s : 고장루프 임피던스 　– 전원 　– 고장점까지 선도체 　– 노출도전부 보호도체 　– 접지도체 　– 설비접지극 　– 전원접지극 • I_a : 차단시간 내에 차단장치 또는 누전차단기를 자동으로 동작하게 하는 전류[A] • U_0 : 공칭대지전압[V] 그룹 / 개별 접지 $50V > I_{\triangle n} R_A$ • R_A : 노출도전부에 접속된 보호도체와 접지극저항의 합[Ω] • $I_{\triangle n}$: 누전차단기의 정격동작전류	1차 고장이 발생 후 다른 곳에 2차 고장 발생 시 자동차단조건	

노출도전부가 같은 접지계통에 집합적으로 접지된 보호도체와 접촉 시		노출도전부가 그룹별 또는 개별접지 시
$U \geq 2I_a Z_s$ (비접지계통)	$U_0 \geq 2$ $I_a Z_s'$ (접지계통)	$50V \geq I_d R_A$ (교류) $120V \geq I_d R_A$ (직류)

- Z_s : 회로의 선도체와 보호도체를 포함하는 고장루프 임피던스
- Z_s' : 회로의 중성선과 보호도체를 포함하는 고장루프 임피던스
- I_a : 차단시간 내에 차단장치 또는 누전차단기를 자동으로 동작하게 하는 전류[A]
- U : 선간 공칭전압[V]
- U_0 : 선도체와 대지 간 공칭전압[V]
- R_A : 접지극과 노출도전부에 접속된 보호도체저항의 합
- I_d : 하나의 선도체와 노출도전부 사이에서 무시할 수 있는 임피던스로 1차 고장이 발생했을 때의 고장전류[A]로 전기설비의 누설전류와 총 접지 임피던스를 고려한 값

ⓔ 기능적 특별저압(FELV)(KEC 211.2.8) : 기능상의 이유로 교류 50V, 직류 120V 이하인 공칭전압을 사용하지만, SELV 또는 PELV에 대한 모든 요구조건이 충족되지 않고 SELV와 PELV가 필요치 않은 경우에는 기본보호 및 고장보호의 보장을 위해 다음을 따라야 한다. 이러한 조건의 조합을 FELV라 한다.
- 기본보호는 기본절연, 격벽, 외함 중 하나에 따른다.
- FELV계통의 전원은 최소한 단순분리형 변압기에 의한다.
- 적용
  - 플러그를 다른 전압계통의 콘센트에 꽂을 수 없어야 한다.
  - 콘센트는 다른 전압계통의 플러그를 수용할 수 없어야 한다.
  - 콘센트는 보호도체에 접속하여야 한다.

ⓗ 이중절연 또는 강화절연에 대한 보호(KEC 211.3) : 이중 또는 강화절연은 기본절연의 고장으로 인해 전기기기의 접근 가능한 부분에 위험전압이 발생하는 것을 방지하기 위한 보호대책

ⓑ 전기적 분리에 의한 보호(KEC 211.4)
- 고장보호를 위한 요구사항
  - 분리된 회로는 최소한 단순 분리된 전원을 통하여 공급되어야 하며, 분리된 회로의 전압은 500V 이하이어야 한다.
  - 분리된 회로의 충전부는 어떤 곳에서도 다른 회로, 대지 또는 보호도체에 접속되어서는 안 되며, 전기적 분리를 보장하기 위해 회로 간에 기본절연을 하여야 한다.
  - 가요 케이블과 코드는 기계적 손상을 받기 쉬운 전체 길이에 대해 육안으로 확인이 가능하여야 한다.
  - 분리된 회로들에 대해서는 분리된 배선계통의 사용이 권장된다. 다만, 분리된 회로와 다른 회로가 동일 배선계통 내에 있으면 금속외장이 없는 다심케이블, 절연전선관 내의 절연전선, 절연덕팅 또는 절연트렁킹에 의한 배선이 되어야 하며 다음의 조건을 만족하여야 한다.
    ⓐ 정격전압은 최대 공칭전압 이상일 것
    ⓑ 각 회로는 과전류에 대한 보호를 할 것
  - 분리된 회로의 노출도전부는 다른 회로의 보호도체, 노출도전부 또는 대지에 접속되어서는 안 된다.
ⓢ SELV(Safety Extra-Low Voltage)와 PELV(Protective Extra-Low Voltage)를 적용한 특별저압에 의한 보호(KEC 211.5)
- 요구사항
  - 특별저압계통의 전압한계는 교류 50V 이하, 직류 120V 이하이어야 한다.
  - 특별저압회로를 제외한 모든 회로로부터 특별저압계통을 보호분리하고, 특별저압계통과 다른 특별저압계통 간에는 기본절연을 하여야 한다.
  - SELV계통과 대지 간의 기본절연을 하여야 한다.
- SELV와 PELV회로에 대한 요구사항
  - 충전부와 다른 SELV와 PELV회로 사이에 기본절연이 필요하다.
  - 이중절연 또는 강화절연 또는 최고전압에 대한 기본절연 및 보호차폐에 의한 SELV 또는 PELV 이외의 회로들의 충전부로부터 보호분리해야 한다.
  - SELV회로는 충전부와 대지 사이에 기본절연이 필요하다.
  - PELV회로 및 PELV회로에 의해 공급되는 기기의 노출도전부는 접지한다.
  - SELV와 PELV 계통의 플러그와 콘센트는 다음에 따라야 한다.
    ⓐ 플러그는 다른 전압계통의 콘센트에 꽂을 수 없어야 한다.
    ⓑ 콘센트는 다른 전압계통의 플러그를 수용할 수 없어야 한다.
    ⓒ SELV계통에서 플러그 및 콘센트는 보호도체에 접속하지 않아야 한다.
  - SELV회로의 노출도전부는 대지 또는 다른 회로의 노출도전부나 보호도체에 접속하지 않아야 한다.
  - 건조한 상태에서 다음의 경우는 기본보호를 하지 않아도 된다.
    ⓐ SELV회로에서 공칭전압이 교류 25V 또는 직류 60V를 초과하지 않는 경우
    ⓑ PELV회로에서 공칭전압이 교류 25V 또는 직류 60V를 초과하지 않고 노출도전부 및 충전부가 보호도체에 의해서 주접지단자에 접속된 경우
  - SELV 또는 PELV 계통의 공칭전압이 교류 12V 또는 직류 30V를 초과하지 않는 경우에는 기본보호를 하지 않아도 된다.

◎ 추가적 보호(KEC 211.6)
- 누전차단기
- 보조 보호등전위본딩
ⓐ 기본보호방법(KEC 211.7)
- 충전부의 기본절연
- 격벽 또는 외함
ⓑ 장애물 및 접촉범위 밖에 배치(KEC 211.8)
ⓒ 숙련자와 기능자의 통제 또는 감독이 있는 설비에 적용 가능한 보호대책(KEC 211.9)
- 비도전성 장소
- 비접지 국부 등전위본딩에 의한 보호
- 두 개 이상의 전기사용기기에 전원 공급을 위한 전기적 분리
※ SELV, PELV, FELV 정리

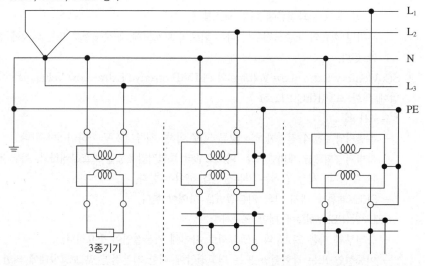

3종기기

구분	SELV	PELV	FELV
전원	• 안전절연변압기 • 안전절연변압기와 동등한 전원 • 축전지 • 독립전원		• 단순분리형 변압기 • SELV, PELV용 전원 • 단권변압기
회로분리	구조적 분리 있음		구조적 분리 없음
특징	• 비접지회로 • 노출도전부는 비접지	• 접지회로 • 회로접지는 보호도체에 접속을 허용 • 노출도전부는 접지	• 접지회로 • 노출도전부는 보호도체에 접속

② **과전류에 대한 보호(KEC 212)**

ⓐ 요구사항(KEC 212.1.1) : 과전류로 인하여 회로의 도체, 절연체, 접속부, 단자부 또는 도체를 감싸는 물체 등에 유해한 열적 및 기계적인 위험이 발생되지 않도록 그 회로의 과전류를 차단하는 보호장치를 설치해야 한다.

ⓛ 회로의 특성에 따른 요구사항(KEC 212.2)
- 선도체의 보호 : 과전류검출기 설치
- 중성선의 보호
  - TT계통 또는 TN계통
    ⓐ 중성선의 단면적이 선도체의 단면적과 동등 이상의 크기이고, 그 중성선의 전류가 선도체의 전류보다 크지 않을 것으로 예상될 경우, 중성선에는 과전류검출기 또는 차단장치를 설치하지 않아도 된다.
    ⓑ 중성선의 단면적이 선도체의 단면적보다 작은 경우 과전류검출기를 설치할 필요가 있다. 검출된 과전류가 설계전류를 초과하면 선도체를 차단해야 하지만 중성선을 차단할 필요까지는 없다.
    ⓒ ⓐ·ⓑ의 경우 모두 단락전류로부터 중성선을 보호해야 한다.
    ⓓ 중성선에 관한 요구사항은 차단에 관한 것을 제외하고 중성선과 보호도체 겸용(PEN) 도체에도 적용한다.
  - IT계통 : 중성선을 배선하는 경우 중성선에 과전류검출기를 설치해야 하며, 과전류가 검출되면 중성선을 포함한 해당 회로의 모든 충전도체를 차단해야 한다. 다음의 경우에는 과전류검출기를 설치하지 않아도 된다.
    ⓐ 설비의 전력 공급점과 같은 전원측에 설치된 보호장치에 의해 그 중성선이 과전류에 대해 효과적으로 보호되는 경우
    ⓑ 정격감도전류가 해당 중성선 허용전류의 0.2배 이하인 누전차단기로 그 회로를 보호하는 경우
  - 중성선의 차단 및 재연결 : 중성선에 설치하는 개폐기 및 차단기는 차단 시에는 중성선이 선도체보다 늦게 차단되어야 하며, 재연결 시에는 선도체와 동시 또는 그 이전에 재연결 되는 것을 설치하여야 한다.
- 보호장치의 종류 및 특성
  - 과부하전류 및 단락전류 겸용 보호장치 : 예상되는 단락전류를 포함한 모든 과전류를 차단 및 투입할 수 있다.
  - 과부하전류 전용 보호장치 : 차단용량은 그 설치점에서의 예상 단락전류값 미만으로 할 수 있다.
  - 단락전류 전용 보호장치 : 예상 단락전류를 차단할 수 있어야 하며, 차단기인 경우에는 이 단락전류를 투입할 수 있다.
ⓒ 과부하전류에 대한 보호(KEC 212.4)
- 도체와 과부하 보호장치 사이의 협조
  과부하에 대해 케이블(전선)을 보호하는 장치의 동작특성은 다음의 조건을 충족해야 한다.

$I_B \leq I_n \leq I_Z$

$I_2 \leq 1.45 \times I_Z$

I_B : 회로의 설계전류

I_Z : 케이블의 허용전류

I_n : 보호장치의 정격전류

I_2 : 보호장치가 규약시간 이내에 유효하게 동작하는 것을 보장하는 전류

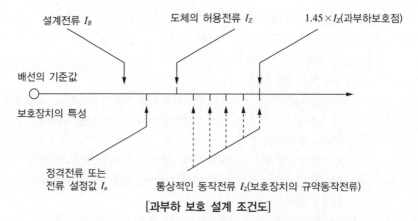

[과부하 보호 설계 조건도]

- 과부하 보호장치의 설치위치 : 과부하 보호장치는 전로 중 도체의 단면적, 특성, 설치방법, 구성의 변경으로 도체의 허용전류값이 줄어드는 곳(이하 분기점이라 함)에 설치한다.
  - 보호장치(P_2)는 분기회로의 분기점(O)으로부터 3m 이내 설치한다(KEC 212.4.2).

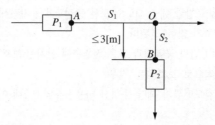

[분기회로(S_2)의 분기점(O)에서 3m 이내에 설치된 과부하 보호장치(P_2)]

- 과부하 보호장치의 생략
  - ⓐ 분기회로의 전원측에 설치된 보호장치에 의하여 분기회로에서 발생하는 과부하에 대해 유효하게 보호되고 있는 분기회로
  - ⓑ 단락보호가 되고 있으며, 분기점 이후의 분기회로에 다른 분기회로 및 콘센트가 접속되지 않는 분기회로 중, 부하에 설치된 과부하 보호장치가 유효하게 동작하여 과부하전류가 분기회로에 전달되지 않도록 조치를 하는 경우
  - ⓒ 통신회로용, 제어회로용, 신호회로용 및 이와 유사한 설비
    ※ 안전을 위해 과부하 보호장치를 생략
    사용 중 예상치 못한 회로의 개방이 위험 또는 큰 손상을 초래할 수 있는 다음과 같은 부하에 전원을 공급하는 회로에 대해서는 과부하 보호장치를 생략할 수 있다.
    - 회전기의 여자회로
    - 전자석 크레인의 전원회로
    - 전류변성기의 2차 회로
    - 소방설비의 전원회로
    - 안전설비(주거침입경보, 가스누출경보 등)의 전원회로

ⓔ 단락전류에 대한 보호(KEC 212.5) : 이 기준은 동일회로에 속하는 도체 사이의 단락인 경우에만 적용하여야 한다.
- 설치위치 : 과부하 보호장치 설치위치와 동일
- 단락보호장치의 생략 : 배선을 단락위험이 최소화할 수 있는 방법과 가연성 물질 근처에 설치하지 않는 조건이 모두 충족되면 다음과 같은 경우 단락보호장치를 생략할 수 있다.
  - 발전기, 변압기, 정류기, 축전지와 보호장치가 설치된 제어반을 연결하는 도체
  - 전원차단이 설비의 운전에 위험을 가져올 수 있는 회로
  - 특정 측정회로
- 단락보호장치의 특성
  - 차단용량 : 정격차단용량은 단락전류보호장치 설치점에서 예상되는 최대 크기의 단락전류보다 커야 한다.
  - 케이블 등의 단락전류 : 회로의 임의의 지점에서 발생한 모든 단락전류는 케이블 및 절연도체의 허용온도를 초과하지 않는 시간 내에 차단되도록 해야 한다. 단락지속시간이 5초 이하인 경우, 통상 사용조건에서의 단락전류에 의해 절연체의 허용온도에 도달하기까지의 시간 t는 다음과 같이 계산할 수 있다.

$$t = \left(\frac{kS}{I}\right)^2$$

  t : 단락전류 지속시간[sec]

  S : 도체의 단면적[mm^2]

  I : 유효 단락전류[A, rms]

  k : 도체 재료의 저항률, 온도계수, 열용량, 해당 초기온도와 최종온도를 고려한 계수

ⓜ 저압전로 중의 개폐기 및 과전류차단장치의 시설(KEC 212.6)
- 저압전로 중의 개폐기의 시설
  - 저압전로 중에 개폐기를 시설하는 경우 그 곳의 각 극에 설치하여야 한다.
  - 사용전압이 다른 개폐기는 상호 식별이 용이하도록 시설하여야 한다.
- 저압 옥내전로 인입구에서의 개폐기의 시설
  - 저압 옥내전로에는 인입구에 가까운 곳으로서 쉽게 개폐할 수 있는 곳에 개폐기를 각 극에 시설하여야 한다.
  - 사용전압이 400V 이하인 옥내전로로서 다른 옥내전로(정격전류가 16A 이하인 과전류차단기 또는 정격전류가 16A를 초과하고 20A 이하인 배선용 차단기로 보호되고 있는 것에 한한다)에 접속하는 길이 15m 이하의 전로에서 전기의 공급을 받는 것은 1번째의 규정에 의하지 않을 수 있다.
  - 저압 옥내전로에 접속하는 전원측의 전로의 그 저압 옥내전로의 인입구에 가까운 곳에 전용의 개폐기를 쉽게 개폐할 수 있는 곳의 각 극에 시설하는 경우에는 1번째의 규정에 의하지 않을 수 있다.

- 저압전로 중의 과전류차단기의 시설
  - 퓨즈(gG)의 용단특성

정격전류의 구분	시간	정격전류의 배수	
		불용단전류	용단전류
4A 이하	60분	1.5배	2.1배
4A 초과 16A 미만	60분	1.5배	1.9배
16A 이상 63A 이하	60분	1.25배	1.6배
63A 초과 160A 이하	120분	1.25배	1.6배
160A 초과 400A 이하	180분	1.25배	1.6배
400A 초과	240분	1.25배	1.6배

  - 배선용 차단기

과전류트립					순시트립(주택용)	
정격전류의 구분	시간	정격전류의 배수(모든 극에 통전)			형	트립범위
		부동작전류		동작전류		
		산업용	주택용	산업용	주택용	B	$3I_n$ 초과 $5I_n$ 이하
						C	$5I_n$ 초과 $10I_n$ 이하
63A 이하	60분	1.05배	1.13배	1.3배	1.45배	D	$10I_n$ 초과 $20I_n$ 이하
63A 초과	120분	1.05배	1.13배	1.3배	1.45배	• B, C, D : 순시트립전류에 다른 차단기 분류 • I_n : 차단기 정격전류	

- 저압전로 중의 전동기 보호용 과전류보호장치의 시설
  - 과부하보호장치, 단락보호전용 차단기 및 단락보호전용 퓨즈는 다음에 따라 시설할 것
    ⓐ 과부하보호장치로 전자접촉기를 사용할 경우에는 반드시 과부하계전기가 부착되어 있을 것
    ⓑ 단락보호전용 차단기의 단락동작설정 전류값은 전동기의 기동방식에 따른 기동돌입전류를 고려할 것
    ⓒ 단락보호전용 퓨즈는 용단 특성에 적합한 것일 것

[단락보호전용 퓨즈(aM)의 용단특성]

정격전류의 배수	불용단시간	용단시간
4배	60초 이내	–
6.3배	–	60초 이내
8배	0.5초 이내	–
10배	0.2초 이내	–
12.5배	–	0.5초 이내
19배	–	0.1초 이내

- 옥내에 시설하는 전동기(정격출력이 0.2kW 이하인 것을 제외한다)에는 전동기가 손상될 우려가 있는 과전류가 생겼을 때에 자동적으로 이를 저지하거나 이를 경보하는 장치를 하여야 한다. 다만, 다음의 어느 하나에 해당하는 경우에는 그러하지 아니하다.
  ⓐ 전동기를 운전 중 상시 취급자가 감시할 수 있는 위치에 시설
  ⓑ 전동기의 구조나 부하의 성질로 보아 전동기가 손상될 수 있는 과전류가 생길 우려가 없는 경우
  ⓒ 단상전동기로써 그 전원측 전로에 시설하는 과전류차단기의 정격전류가 16A(배선용 차단기는 20A) 이하인 경우

※ **과전류차단기용 퓨즈**
- 고압
  - 포장 퓨즈 : 정격전류 1.3배에 견디고, 2배 전류로 120분 이내 용단
  - 비포장 퓨즈 : 정격전류 1.25배에 견디고, 2배 전류에 2분 이내에 용단
- 과전류차단기의 시설 제한
  고압 또는 특별고압의 전로에는 기계, 기구 및 전선을 보호하기 위하여 필요한 곳에 과전류차단기를 시설한다. 다음 경우는 시설을 금한다.
  - 접지공사의 접지도체
  - 다선식 전로의 중성선
  - 변압기 중성점접지한 저압 가공전선로 접지측 전선
- 지락차단 장치 등의 시설
  - 사용전압 50V 넘는 금속제 외함을 가진 저압 기계기구로서 사람 접촉 우려 시 전로에 지기가 발생한 경우
  - 특고압 전로, 고압 전로 또는 저압 전로가 변압기에 의해서 결합되는 사용전압 400V 이상의 저압 전로에 지락이 생긴 경우(전로를 자동 차단하는 장치 시설)
  - 지락차단장치 설치 예외 장소
    ⓐ 기계기구를 발·변전소, 개폐소, 이에 준하는 곳에 시설하는 경우
    ⓑ 기계기구를 건조한 곳에 시설하는 경우
    ⓒ 대지전압 150V 이하를 습기가 없는 곳에 시설하는 경우
    ⓓ 전로전원측에 절연 변압기(2차 300V 이하) 시설, 부하측 비접지의 경우
    ⓔ 2중 절연 구조
    ⓕ 기계기구 내 누전차단기를 설치한 경우
    ⓖ 기계기구가 고무·합성수지 기타 절연물로 피복된 경우

• 분기회로의 시설
분기회로는 과부하보호장치, 단락전류 보호장치의 시설기준에 준하여 시설해야 한다.

③ 과도전압에 대한 보호

[기기에 요구되는 정격 임펄스 내전압]

설비의 공칭전압	교류 또는 직류 공칭전압에서 산출한 상전압	요구되는 정격 임펄스 내전압ₐ			
		매우 높은 정격 임펄스 전압 장비 (과전압 범주 IV)	높은 정격 임펄스 전압 장비 (과전압 범주 III)	통상 정격 임펄스 전압 장비 (과전압 범주 II)	감축 정격 임펄스 전압 장비 (과전압 범주 I)
		예 계기, 원격제어시스템	예 배선반, 개폐기, 콘센트	예 가전용 배전 전자기기 및 도구	예 민감한 전자 장비
120/208V	150kV	4kV	2.5kV	1.5kV	0.8kV
(220/380)ᵈV 230/400V 277/480V	300kV	6kV	4kV	2.5kV	1.5kV
400/690V	600kV	8kV	6kV	4kV	2.5kV
1,000V	1,000kV	12kV	8kV	6kV	4kV
1,500DC	1,500DC	–	–	8kV	6kV

a : 임펄스 내전압은 활성도체와 PE 사이에 적용된다.
b : 현재 국내 사용 전압이다.

④ 열 영향에 대한 보호

[접촉 범위 내에 있는 기기에 접촉 가능성이 있는 부분에 대한 온도 제한]

접촉할 가능성이 있는 부분	접촉할 가능성이 있는 표면의 재료	최고 표면온도
손으로 잡고 조작시키는 것	금속	55°C
	비금속	65°C
손으로 잡지 않지만 접촉하는 부분	금속	70°C
	비금속	80°C
통상 조작 시 접촉할 필요가 없는 부분	금속	80°C
	비금속	90°C

⑤ 과열에 대한 보호

ㄱ 강제 공기 난방시스템 : 강제 공기 난방시스템에서 중앙 축열기의 발열체가 아닌 발열체는 정해진 풍량에 도달할 때까지는 동작할 수 없고, 풍량이 정해진 값 미만이면 정지되어야 한다.

ㄴ 온수기 또는 증기발생기 : 온수 또는 증기를 발생시키는 장치는 어떠한 운전 상태에서도 과열 보호가 되도록 설계 또는 공사를 하여야 한다.

ㄷ 공기난방설비 : 공기난방설비의 프레임 및 외함은 불연성 재료이어야 한다.

(3) 옥내배선

저압 옥내공사는 합성수지관공사, 금속관공사, 가요전선관공사, 케이블공사에 의해 시설할 수 있다. 특수장소는 다음에 따라 시설한다.

시설장소 \ 사용전압		400V 미만	400V 이상
전개된 장소	건조한 장소	애자사용공사, 합성수지몰드공사, 금속몰드공사, 금속덕트공사, 버스덕트공사, 라이팅덕트공사	애자사용공사, 금속덕트공사, 버스덕트공사
	기타의 장소	애자사용공사, 버스덕트공사	애자사용공사
점검할 수 있는 은폐 장소	건조한 장소	금속몰드공사, 금속덕트공사, 버스덕트공사, 셀룰러덕트, 라이팅덕트공사	금속덕트공사, 버스덕트 공사
점검할 수 없는 은폐 장소	건조한 장소	플로어덕트공사, 셀룰러덕트공사	-

※ 모든 옥내공사 공통 사항
- 옥외용 비닐절연전선 제외
- 단선 $10mm^2$, 알루미늄 $16mm^2$ 이하만 사용. 넘는 경우 연선 사용
- 관 안에는 접속점, 나전선 사용 금지

① 저압 애자사용공사
　㉠ 구비조건 : 절연성, 난연성, 내수성
　㉡ 전선 : 절연전선[옥외용 비닐절연전선(OW), 인입용 비닐절연전선(DV) 제외]
　㉢ 전선 상호 간격 : 0.06m 이상
　㉣ 전선 – 조영재 이격거리
　　• 400V 미만 : 25mm 이상
　　• 400V 이상 : 45mm(건조장소 : 25mm) 이상
　㉤ 지지점 간 거리 : 2m 이하(400V 이상으로 조영재에 따르지 않는 경우 6m 이하)
　㉥ 약전류전선, 수관, 가스관, 다른 옥내공사와의 이격거리 0.1m(나전선일 때는 0.3m)

② 합성수지관공사(KEC 232.11)
　㉠ 특징
　　• 장점 : 내부식성과 절연성이 뛰어나고, 시공이 용이하다.
　　• 단점 : 열과 충격에 약하다.
　㉡ 1가닥의 길이 : 4m
　㉢ 전선 : 절연전선[단선 $10mm^2$, 알루미늄 $16mm^2$ 이하(OW 제외) 예외]
　㉣ 관 내부에는 전선의 접속점이 없을 것
　㉤ 관 상호 및 관과 박스와 삽입 깊이 : 관 외경의 1.2배(접착제 : 0.8배) 이상
　㉥ 지지점 간 거리 : 1.5m 이하
　㉦ 관에 넣을 수 있는 전선의 수용량(피복을 포함한 단면적)
　　• 전선의 굵기가 다를 때 : 합성수지관 총면적의 32%
　　• 전선의 굵기가 같을 때 : 합성수지관 총면적의 48%
　㉧ 습하거나 물기있는 장소에는 방습장치 설치

③ 금속관공사(KEC 232.12)

　　㉠ 장점 : 전기, 기계적 안전, 단락, 접지사고 시 화재 위험 감소

　　　　단점 : 부식성, 무겁다, 가격이 비싸다.

　　㉡ 1가닥의 길이 : 3.66m

　　㉢ 전선 : 절연전선(OW 제외)

　　㉣ 연선사용(단선 $10mm^2$, 알루미늄 $16mm^2$ 이하 예외)

　　㉤ 관 내부에는 전선의 접속점이 없을 것

　　㉥ 콘크리트에 매설 시 관 두께 : 1.2mm 이상[노출 시 1mm 이상(길이 4m 이하인 단소관 : 0.5mm)]

　　㉦ 수도관 접지 클램프 : 3Ω

　　※ 접지공사 생략

　　　－ 길이 4m 이하 건조장소에 시설하는 경우

　　　－ DC 300V, AC 150V 이하로 8m 이하인 것을 사람 접촉의 우려가 없도록 하거나 건조 장소에 시설할 경우

④ 금속몰드공사(KEC 232.22)

　　㉠ 전선 : 절연전선(OW 제외)

　　㉡ 몰드 안에는 전선의 접속점이 없을 것

　　㉢ 폭 50mm 이하, 두께 0.5mm 이상(합성수지몰드 폭 : 35mm 이하)

⑤ 가요전선관공사(KEC 232.13)

　　㉠ 전선 : 절연전선(OW 제외)

　　㉡ 연선사용(단선 $10mm^2$, 알루미늄 $16mm^2$ 이하 예외)

　　㉢ 제2종 금속제 가요전선관을 사용(단, 전개되거나 점검가능한 은폐장소에는 1종 가요전선관 사용 가능)

⑥ 금속덕트공사(KEC 232.31)

　　㉠ 전선 : 절연전선(OW 제외)

　　㉡ 전선 삽입 정도 : 덕트 내 단면적의 20% 이하(전광표시장치, 출퇴표시등, 제어회로 등의 배선만 넣는 경우 : 50% 이하)

　　㉢ 덕트 폭 4cm를 넘고, 두께 1.2mm 이상 철판

　　㉣ 지지점 간 거리 : 3m 이하, 수직 6m

⑦ 버스덕트공사(KEC 232.61)

　　㉠ 종류

　　　• 피더 : 도중에 부하접속 불가

　　　• 플러그인 : 도중에 접속용 플러그

　　　• 트롤리 : 이동 부하 접속

　　㉡ 덕트 및 전선 상호 간 견고하고 전기적으로 완전하게 접속

　　㉢ 지지점 간 거리 : 3m 이하(수직 6m)

　　㉣ 끝부분을 먼지가 침입하지 않도록 폐쇄

⑧ 라이팅덕트공사(KEC 232.71)

　　㉠ 지지 간격 : 2m 이하

　　㉡ 끝부분을 막고, 개구부는 아래로 향해 시설

⑨ 셀룰러덕트공사(KEC 232.33)

　　㉠ 전선은 절연전선(옥외용 비닐절연전선 제외)일 것

　　㉡ 연선일 것. 단, 10mm² 이하(알루미늄은 16mm²)일 때 예외

　　㉢ 판 두께

덕트의 최대 폭	덕트의 판 두께
150 mm 이하	1.2mm
150mm 초과 200mm 이하	1.4mm[KS D 3602(강제 합판) 중 SDP2, SDP3 또는 SDP2G에 적합한 것은 1.2mm]
200mm 초과	1.6mm

⑩ 플로어덕트공사(KEC 232.32)

　　㉠ 전선은 절연전선(옥외용 비닐절연전선 제외)일 것

　　㉡ 연선일 것. 단, 10mm² 이하(알루미늄은 16mm²)일 때 예외

　　㉢ 물이 고이지 않도록 하고 인출구는 물이 스며들지 않도록 밀봉할 것

⑪ 케이블공사(KEC 232.51)

　　㉠ 지지 간격 : 2m 이하(캡타이어케이블 : 1m 이하)

　　㉡ 직접 콘크리트 내 매입 경우 : MI 케이블, 직매용 케이블, 강대개장 케이블

　　㉢ 전선 및지지 부분의 안전율 : 4 이상

⑫ 고압 옥내공사의 시설

　　㉠ 공사 : 케이블배선, 애자사용배선(건조하고 전개 장소), 케이블트레이배선

　　㉡ 외피 : 접지시스템

　　㉢ 고압 애자사용배선(사람이 접촉할 우려가 없도록 시설)

　　㉣ 전선 : 단면적 6mm² 연동선 이상 절연전선, 인하용 고압 절연전선

　　㉤ 지지 간격 : 6m 이하(조영재면 따라 시설 시 : 2m)

　　㉥ 전선 상호 간격 : 0.08m 이상, 전선 – 조영재 이격거리 : 0.05m 이상

⑬ 특별 고압 옥내공사

　　㉠ 사용전압 : 100kV 이하(케이블트레이배선 시 35kV 이하)

　　㉡ 사용전선 : 케이블은 철재, 철근 콘크리트관, 덕트 등의 기타 견고한 장치에 시설

⑭ 옥내공사와 약전류전선 또는 관과의 접근, 교차

　　㉠ 저압 – 약전선, 수도관, 가스관 : 0.1m 이상(나전선 0.3m)

　　㉡ 고압 – 저압, 고압, 약전선, 수도관, 가스관 : 0.15m 이상

　　㉢ 저압, 고압 – 특고압 : 0.6m 이상

　　㉣ 특고압 – 약전선, 수도관, 가스관 : 접촉하지 않게 시설

⑮ 옥내 저압용 전구선 시설

　　코드, 캡타이어케이블 0.75mm² 이상

⑯ 옥내 이동전선의 시설

　　㉠ 저압 : 코드, 캡타이어케이블 0.75mm² 이상

　　㉡ 고압 : 고압용 캡타이어케이블

⑰ 케이블트레이시스템(KEC 232.41)

구분	수평트레이		수직트레이
	다심	단심	다심, 단심
벽면	20mm 이상	20mm 이상	가장 굵은 전선 바깥지름 0.3배 이상

○ 저압 옥내배선은 다음에 의한다.
- 전선은 연피케이블, 알루미늄피케이블 등 난연성 케이블 또는 금속관 혹은 합성수지관 등에 넣은 절연전선 사용한다.
- 케이블트레이 내에서 전선을 접속하는 경우 그 부분을 절연한다.

○ 케이블트레이는 다음에 적합하게 시설한다.
- 케이블트레이의 안전율은 1.5 이상으로 시설한다.
- 전선의 피복 등을 손상시킬 수 있는 돌기 등이 없이 매끈하여야 한다.
- 금속제 케이블트레이 계통은 기계적 또는 전기적으로 완전하게 접속하여야 한다.

○ 구조물 : 사다리형, 펀칭형, 메시형, 바닥밀폐형 기타 이와 유사한 구조물

(4) 배선설비

① 공사방법의 분류(KEC 232.2)

종류	공사방법
전선관시스템	합성수지관공사, 금속관공사, 가요전선관공사
케이블트렁킹시스템	합성수지몰드공사, 금속몰드공사, 금속덕트공사(a)
케이블덕트시스템	플로어덕트공사, 셀룰러덕트공사, 금속덕트공사(b)
애자공사	애자사용공사
케이블트레이시스템(래더, 브래킷 포함)	케이블트레이공사
케이블공사	고정하지 않는 방법, 직접 고정하는 방법, 지지선 방법

- a : 금속본체와 커버가 별도로 구성되어 커버를 개폐할 수 있는 금속덕트공사를 말한다.
- b : 본체와 커버 구분없이 하나로 구성된 금속덕트공사를 말한다.

② 배선설비 적용 시 고려사항(KEC 232.3)

○ 회로 구성
- 하나의 회로도체는 다른 다심케이블, 다른 전선관, 다른 케이블덕팅시스템 또는 다른 케이블트렁킹시스템을 통해 배선해서는 안 된다.
- 여러 개의 주회로에 공통 중성선을 사용하는 것은 허용되지 않는다.
- 여러 회로가 하나의 접속 상자에서 단자 접속되는 경우 각 회로에 대한 단자는 단자블록에 관한 것을 제외하고 절연 격벽으로 분리해야 한다.
- 모든 도체가 최대공칭전압에 대해 절연되어 있다면 여러 회로를 동일한 전선관시스템, 케이블덕트시스템 또는 케이블트렁킹시스템의 분리된 구획에 설치할 수 있다.

○ 병렬접속
두 개 이상의 선도체(충전도체) 또는 PEN도체를 계통에 병렬로 접속하는 경우 다음에 따른다.
- 병렬도체 사이에 부하전류가 균등하게 배분될 수 있도록 조치를 취한다.
- 절연물의 허용온도에 적합하도록 부하전류를 배분하는 데 특별히 주의한다. 적절한 전류분배를 할 수 없거나 4가닥 이상의 도체를 병렬로 접속하는 경우에는 부스바트렁킹시스템의 사용을 고려한다.

○ 전기적 접속
접속 방법은 다음 사항을 고려하여 선정한다.
- 도체와 절연재료
- 도체를 구성하는 소선의 가닥수와 형상

- 도체의 단면적
- 함께 접속되는 도체의 수

㉣ 교류회로 – 전기자기적 영향(맴돌이전류 방지)
- 강자성체(강제금속관 또는 강제덕트) 안에 설치하는 교류회로의 도체는 보호도체를 포함하여 각 회로의 모든 도체를 동일한 외함에 수납하도록 시설해야 한다.

㉤ 하나의 다심케이블 속의 복수회로
- 모든 도체가 최대공칭전압에 대해 절연되어 있는 경우, 동일한 케이블에 복수의 회로를 구성할 수 있다.

㉥ 화재의 확산을 최소화하기 위한 배선설비의 선정과 공사
- 화재의 확산위험을 최소화하기 위해 적절한 재료를 선정하고 다음에 따라 공사하여야 한다.

㉦ 배선설비와 다른 공급설비와의 접근
- 다른 전기 공급설비와의 접근
  저압 옥내배선이 다른 저압 옥내배선 또는 관등회로의 배선과 접근하거나 교차 시 애자사용공사에 의하여 시설하고 저압 옥내배선과 다른 저압 옥내배선 또는 관등회로의 배선 사이의 이격거리는 0.1m(애자사용공사 시 나전선인 경우에는 0.3m) 이상이어야 한다.
- 통신 케이블과의 접근
  - 지중통신케이블과 지중전력케이블이 교차·접근하는 경우 100mm 이상 이격하여야 한다.
  - 지중전선이 지중약전류전선 등과 접근하거나 교차하는 경우에 상호 간의 이격거리가 저압 지중전선은 0.3m 이하(내화성 격벽)이어야 한다.

㉧ 금속 외장 단심케이블
- 동일 회로의 단심케이블의 금속 시스 또는 비자성체 강대외장은 그 배선의 양단에서 모두 접속하여야 한다.

㉨ 수용가 설비에서의 전압강하
- 다른 조건을 고려하지 않는다면 수용가 설비의 인입구로부터 기기까지의 전압강하는 다음 표의 값 이하이어야 한다.

[수용가설비의 전압강하]

설비의 유형	조명	기타
A – 저압으로 수전하는 경우	3%	5%
B – 고압 이상으로 수전하는 경우(a)	6%	8%

a : 가능한 한 최종회로 내의 전압강하가 A 유형의 값을 넘지 않도록 하는 것이 바람직하다. 사용자의 배선설비가 100m를 넘는 부분의 전압강하는 m당 0.005% 증가할 수 있으나 이러한 증가분은 0.5%를 넘지 않아야 한다.

- 다음의 경우에는 위의 표보다 더 큰 전압강하를 허용할 수 있다.
  - 기동시간 중의 전동기
  - 돌입전류가 큰 기타 기기
- 다음과 같은 일시적인 조건은 고려하지 않는다.
  - 과도과전압
  - 비정상적인 사용으로 인한 전압 변동

③ 배선설비의 선정과 설치에 고려해야 할 외부영향(KEC 232.4)
- 주위온도
- 외부 열원
- 물의 존재(AD) 또는 높은 습도(AB)
- 침입고형물의 존재(AE)
- 부식 또는 오염 물질의 존재(AF)
- 충격(AG)
- 진동(AH)
- 그 밖의 기계적 응력(AJ)
- 식물, 곰팡이와 동물의 존재(AK)
- 동물의 존재(AL)
- 태양 방사(AN) 및 자외선 방사
- 지진의 영향(AP)
- 바람(AR)
- 가공 또는 보관된 자재의 특성(BE)
- 건축물의 설계(CB)

⑤ 옥내 시설하는 저압 접촉전선배선(KEC 232.81)

구분	애자	버스덕트	절연 트롤리배선
높이	• 3.5m 이상	–	–
전선 굵기	• 11.2kN 이상 • 6mm 또는 $28mm^2$ 이상	• $20mm^2$ 이상 띠모양 • 5mm 이상 긴 막대모양	• 6mm 또는 $28mm^2$ 이상
상호 간격	• 수평 : 0.14m • 은폐 시 : 0.12m • 구부리기 어려운 경우 : 0.28m	–	• 단면적 $500mm^2$ 미만 : 2m • 단면적 $500mm^2$ 이상 : 3m (굽은 부분 반지름 3m 이하 : 1m)

⑥ 엘리베이터 · 덤웨이터 등의 승강로 안의 저압 옥내배선 등의 시설(KEC 242.11)
엘리베이터 · 덤웨이터 등의 승강로 내에 시설하는 사용전압이 400V 미만인 저압 옥내배선, 저압의 이동전선 및 이에 직접 접속하는 리프트케이블은 비닐리프트케이블 또는 고무리프트케이블을 사용하여야 한다.

⑦ 조명설비(KEC 234)
㉠ 설치 요구사항
등기구는 다음을 고려하여 설치하여야 한다.
- 시동전류
- 고조파전류
- 보상
- 누설전류
- 최초 점화전류
- 전압강하
㉡ 열영향에 대한 주변의 보호
등기구의 주변에 발광과 대류 에너지의 열영향은 다음을 고려하여 선정 및 설치하여야 한다.
- 램프의 최대 허용 소모전력
- 인접 물질의 내열성

- 등기구 관련 표시
- 가연성 재료로부터 적절한 간격 유지(스포트라이트나 프로젝터는 모든 방향에서 가연성 재료로부터 다음의 최소 거리를 두고 설치)

정격용량	최소거리
100W 이하	0.5m
100W 초과 300W 이하	0.8m
300W 초과 500W 이하	1.0m
500W 초과	1.0m 초과

ⓒ 코드 또는 캡타이어케이블과 옥내배선과의 접속

코드 또는 캡타이어케이블과 옥내배선과의 접속은 다음에 의하여 시설하여야 한다.

- 점검할 수 없는 은폐장소에는 시설하지 않아야 한다.
- 옥내에 시설하는 저압의 이동전선과 저압 옥내배선과의 접속에는 꽂음 접속기 기타 이와 유사한 기구를 사용하여야 한다. 다만, 이동전선을 조가용선에 조가하여 시설하는 경우에는 그러하지 않는다.
- 접속점에는 조명기구 및 기타 전기기계기구의 중량이 걸리지 않도록 한다.

ⓔ 점멸기의 시설

- 다음의 경우에는 타임스위치를 포함한 센서 등을 설치하여야 한다.
  - 여관, 호텔의 객실입구등 : 1분 이내
    일반주택 및 아파트 각 호실의 현관등 : 3분 이내

ⓜ 네온방전등

- 대지전압 300V 이하
- 시설방법
  - 전선 : 네온관용 전선
  - 배선은 외상을 받을 우려가 없고 사람이 접촉될 우려가 없는 노출장소 또는 점검할 수 있는 은폐장소에 시설할 것
  - 전선은 자기 또는 유리제 등의 애자로 견고하게 지지하여 조영재의 아랫면 또는 옆면에 부착

선－선		60mm	
선－조영재	노출 시	6kV 이하	20mm 이상
		6kV 초과 9kV 이하	30mm 이상
		9kV 초과	40mm 이상
지지점		1m	

- 전선을 넣은 유리관

두께	1mm
지지점	0.5m
관 끝과 지지점	0.08m 이상 0.12m 이하

⑧ 안전보호(KEC 311)

㉠ 절연수준의 선정

절연수준은 기기최고전압 또는 충격내전압을 고려하여 결정하여야 한다.

ⓛ 직접 접촉에 대한 보호
- 전기설비는 충전부에 무심코 접촉 또는 근처의 위험구역에 무심코 도달하는 것을 방지한다.
- 계통의 도전성 부분에 대한 접촉을 방지한다.
- 보호는 그 설비의 위치가 출입제한 전기운전구역 여부에 의하여 다른 방법으로 이루어질 수 있다.

ⓒ 간접 접촉에 대한 보호
고장 시 충전으로 인한 인축의 감전을 방지하여야 하며, 그 보호방법은 접지설비에 따른다.

ⓔ 아크고장에 대한 보호
운전 중에 발생하는 아크고장으로부터 운전자가 보호할 수 있도록 시설해야 한다.

ⓜ 직격뢰에 대한 보호
낙뢰 등에 의한 과전압으로부터 보호할 수 있도록 피뢰시설을 설비하는 등의 조치를 한다.

ⓗ 화재에 대한 보호
공간 분리, 내화벽, 불연재료의 시설 등 화재예방을 위한 대책을 고려하여야 한다.

ⓢ 절연유 누설에 대한 보호
- 옥내
  - 누설되는 절연유가 스며들지 않는 바닥에 유출방지 턱을 시설한다.
  - 건축물 안에 지정된 보존구역으로 집유한다.
- 옥외
  - 절연유 유출 방지설비의 선정 : 절연유의 양, 우수 및 화재보호시스템의 용수량, 근접 수로 및 토양조건을 고려한다.
  - 집유조 및 집수탱크 시설 시 최대 용량 변압기의 유량에 대한 집유능력이 있어야 한다.
  - 관련 배관은 액체가 침투하지 않는 것이어야 한다.
  - 집수탱크의 용량은 물의 유입으로 지나치게 감소되지 않아야 하며, 자연배수 및 강제배수가 가능하여야 한다.
  - 수로 및 지하수를 보호
    ⓐ 집유조 및 집수탱크는 바닥으로부터 절연유 및 냉각액의 유출을 방지하여야 한다.
    ⓑ 배출된 액체는 유수분리장치를 통하여야 하며 이 목적을 위하여 액체의 비중을 고려하여야 한다.

ⓞ 절연가스의 누설에 대한 보호
- 절연가스 가스누설로 인한 위험성이 있는 구역은 환기가 되어야 한다.

ⓩ 식별 및 표시
- 내구성, 내부식성이 있는 물질로 만들고 지워지지 않는 문자로 표시기에 명확히 표시되어야 한다.

⑨ **접지설비**(KEC 321)
㉠ 고압·특고압 접지계통
- 일반사항
  - 고압 또는 특고압 기기가 출입제한 된 전기설비 운전구역 이외의 장소에 설치되었다면 접지시스템 설계흐름도(KS C IEC 6.1936 – 1)에 의한다.
- 접지시스템 : 고압 또는 특고압 전기설비의 접지는 원칙적으로 공통접지, 통합접지에 적합하여야 한다.

ⓛ 혼촉에 의한 위험방지시설

접지공사(사용전압 35kV 이하로 지기발생 시 1초 이내에 자동차단하거나 25kV 이하의 중성점 다중접지 전로 경우 이외에는 10Ω 이하)를 시행한다.

- 접지공사는 변압기 시설장소마다 시행한다.
- 접지저항을 얻기 어려운 토지 상황의 경우 : 가공접지선(인장강도 5.26kN, 동선 4.0mm)을 사용하여 변압기 시설장소에서(200m) 떼어 놓을 수 있다.
- 변압기 시설장소에서 떼어 놓아도 얻기 어려운 경우 : 가공공동지선을 이용하여 각 변압기 중심으로 직경 400m 이내 지역으로 그 변압기에 접속되는 전선로 바로 아랫부분에서 각 변압기의 양쪽에 있도록 하고, 가공공동지선과 대지 간 합성 저항치는 지름(1km)지역 안에서 접지저항치를 갖도록 한다.
- 접지선을 가공공동지선으로 분리할 경우 단독 접지저항치가 300Ω 이하가 되도록 한다.

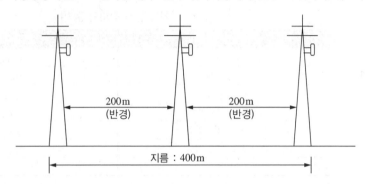

ⓒ 혼촉방지판이 있는 변압기에 접속하는 저압 옥외전선의 시설
- 저압 전선은 1구 내에만 시설한다.
- 저압 가공전선로 또는 저압 옥상전선로의 전선은 케이블이어야 한다.
- 저압 가공전선과 고압 또는 특별 고압 가공전선을 동일 지지물에 시설하지 않는다(단, 고압, 특고압 가공전선이 케이블인 경우는 예외).

ⓔ 특별고압과 고압의 혼촉에 의한 위험방지 시설

특별고압을 고압으로 변성하는 변압기의 고압 전로에는 고압측(사용전압의 3배) 이하인 전압이 가해진 경우, 방전하는 장치를 변압기 단자 가까운 1극에 설치하고 접지공사를 실시한다(단, 고압측 사용전압의 3배 이하에서 동작하는 피뢰기를 고압 모선에 시설한 경우는 생략 가능, 접지저항 10Ω 이하).

⑩ 전로의 중성점의 접지(KEC 322.5)
ⓐ 접지목적
- 전로의 보호 장치의 확실한 동작의 확보
- 이상 전압의 억제
- 대지전압의 저하
ⓑ 시설기준
- 접지도체는 공칭단면적 $16mm^2$ 이상의 연동선(저압 전로의 중성점에 시설 : 공칭단면적 $6mm^2$ 이상의 연동선)을 사용한다.
- 접지도체에 접속하는 저항기·리액터 등은 고장 시 흐르는 전류를 안전하게 통할 수 있는 것을 사용한다.

ⓒ 고저항 중성점접지계통(지락전류 제한, 고저항 접지계통, 300V ~ 1kV 이하)

- 접지저항기는 계통의 중성점과 접지극 도체와의 사이에 설치한다.
- 변압기 또는 발전기의 중성점에서 접지저항기에 접속하는 점까지의 중성선은 동선 $10mm^2$ 이상, 알루미늄선 또는 동복 알루미늄선은 $16mm^2$ 이상의 절연전선으로서 접지저항기의 최대정격전류 이상이어야 한다.
- 계통의 중성점은 접지저항기를 통하여 접지하여야 한다.
- 기기 본딩 점퍼의 굵기 : 접지극 도체를 접지저항기에 연결할 때는 기기 접지 점퍼는 다음의 예외사항을 제외하고 표에 의한 굵기이어야 한다.
  - 접지극 전선이 접지봉, 관, 판으로 연결될 때는 $16mm^2$ 이상이어야 한다.
  - 콘크리트 매입 접지극으로 연결될 때는 $25mm^2$ 이상이어야 한다.
  - 접지링으로 연결되는 접지극 전선은 접지링과 같은 굵기 이상이어야 한다.

[기기 접지 점퍼의 굵기]

상전선 최대 굵기	접지극 전선
30 이하	$10mm^2$
38 또는 50	$16mm^2$
60 또는 80	$25mm^2$
80 초과 175 이하	$35mm^2$
175 초과 300 이하	$50mm^2$
300 초과 550 이하	$70mm^2$
550 초과	$95mm^2$

  - 접지극 도체가 최초 개폐장치 또는 과전류장치에 접속될 때는 기기 본딩 점퍼의 굵기는 $10mm^2$ 이상으로서 접지저항기의 최대전류 이상의 허용전류를 갖는다.

(5) 고압 · 특고압 시설

① 특고압 배전용 변압기의 시설(발 · 변전소 개폐소 내 25kV 이하에 접속하는 것은 제외)(KEC 341.2)
  ⊙ 특고압 절연전선, 케이블 사용
  ⓒ 변압기 1차 : 35kV 이하, 2차 : 저압, 고압
  ⓒ 총출력 : 1,000kVA 이하(가공전선로에 접속 시 500kVA 이하)
  ② 변압기 특고압 : 개폐기, 과전류차단기 시설
  ⑩ 2차측이 고압 경우 : 개폐기 시설(쉽게 개폐할 수 있도록)

② 특고압을 직접 저압으로 변성하는 변압기의 시설(KEC 341.3)
  ⊙ 전기로 등 전류가 큰 전기를 소비하기 위한 변압기
  ⓒ 발 · 변전소, 개폐소 또는 이에 준하는 곳에 시설하는 소내용 변압기
  ⓒ 25kV 이하의 중성점 다중접지식 전로에 접속하는 변압기
  ② 교류식 전기철도 신호용 변압기
  ⑩ 사용전압 35kV 이하인 변압기로 특고압과 저압 혼촉 시 자동차단장치가 있는 경우

ⓗ 사용전압 100kV 이하인 변압기로 특고압과 저압 전선 간에 접지공사를 한 금속제 혼촉방지판 있는 경우(접지 저항값 10Ω 이하)

※ 사용전압 25,000V 이하의 특고압 전선로에 접속하는 변압기를 공장 또는 이와 유사한 산업용 설비와 주거용 건물 이외에 시설하는 경우 시설용량의 합계가 500kVA 초과한다면 동력용 변압기를 조명 및 전열용 변압기와 별도로 시설한다.

③ 동작 시 아크발생 기계기구 이격거리(피뢰기, 개폐기, 차단기)(KEC 341.7)

목재의 벽, 천장, 기타의 가연성의 물체로부터 고압 : 1m 이상, 특고압 : 2m 이상이어야 한다.

※ 35kV 이하 특고, 화재 발생 우려가 없도록 제한 시 1.0m 이상 이격한다.

④ 개폐기의 시설(KEC 341.9)

ⓐ 전로 중 개폐기는 각 극에 설치한다.

ⓑ 고압용, 특별 고압용 개폐기 : 개폐상태 표시 장치가 있어야 한다.

ⓒ 고압, 특별 고압용 개폐기로 중력 등에 의해 자연동작 우려가 있는 것 : 자물쇠 장치, 기타 방지 장치를 시설한다.

ⓓ 고압, 특별 고압용 개폐기로 부하전류를 차단하기 위한 것이 아닌 DS(단로기)는 부하전류가 흐를 때 개로할 수 없도록 시설하지만 보기 쉬운 곳에 부하전류 유무 표시장치, 전화 지령장치, 태블릿 을 사용하는 경우 예외이다.

※ 개폐기 설치 예외 개소
• 저압 분기회로용 개폐기로서 중성선, 접지측 전선의 경우
• 사용전압 400V 미만 저압 2선식의 점멸용 개폐기는 단극에서 시설하는 경우
• 25kV 이하 중성점 다중접지식 전로의 중성선에 설치하는 경우
• 제어회로에 조작용 개폐기 시설하는 경우

⑤ 피뢰기의 시설(KEC 341.13)

ⓐ 발·변전소 또는 이에 준하는 장소의 가공전선 인입구, 인출구

ⓑ 가공전선로에 접속하는 배전용 변압기 고압 및 특고압측

ⓒ 고압, 특고압 가공전선로에서 공급받는 수용장소 인입구

ⓓ 가공전선로와 지중전선로가 접속되는 곳

※ 피뢰기의 접지저항 : 10Ω 이하
단, 고압 가공전선로에 시설하는 피뢰기 접지공사의 접지극을 변압기 중성점 접지용 접지극으로부터 1m 이상 격리하여 시설하는 경우에는 30Ω 이하이어야 한다.

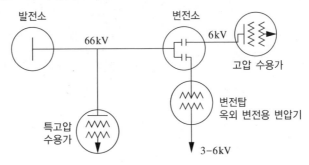

08 다음 감전에 대한 보호로 전원자동차단 요구사항 중 기본보호에 해당하는 것은?

① 보호등전위본딩
② 자동차단
③ 누전차단기
④ 충전부의 기본절연
⑤ 보호접지

09 고압 및 특고압 전로 중 전로에 지락이 생긴 경우에 자동적으로 전로를 차단하는 장치를 하지 않아도 되는 곳은?

① 발전소·변전소 또는 이에 준하는 곳의 인출구
② 수전점에서 수전하는 전기를 모두 그 수전점에 속하는 수전장소에서 변성하여 사용하는 경우
③ 다른 전기사업자로부터 공급을 받은 수전점
④ 단권변압기를 제외한 배전용 변압기의 시설장소
⑤ 사용전압이 50V 넘는 금속제 외함을 가진 저압 기계기구로서 사람 접촉 우려 시 전로에 지기가 발생한 경우

10 아크가 발생하는 고압용 차단기는 목재의 벽 또는 천장, 기타의 가연성 물체로부터 몇 m 이상 이격하여야 하는가?

① 0.5m
② 1.0m
③ 1.5m
④ 2.0m
⑤ 2.5m

(1) 1kV 이하 방전등(KEC 234.11)

대지전압은 300V 이하(단, 대지전압 150V 이하 전로인 경우 제외)로 제한한다.

※ 백열전등 또는 방전등
 • 방전등은 사람이 접촉될 우려가 없도록 시설해야 한다.
 • 방전등용 안정기는 옥내배선과 직접 접속하여 시설해야 한다.

(2) 저압 옥내배선의 사용전선(KEC 231.3)

전선의 굵기는 2.5mm^2 이상 연동선을 사용한다.

※ 400V 미만인 경우 다음에 의하여 시설할 수 있다.
 • 전광표시장치와 기타 이와 유사한 장치, 제어회로 : 1.5mm^2 이상의 연동선
 • 과전류차단장치 시설 : 0.75mm^2 이상의 캡타이어케이블
 • 진열장 : 0.75mm^2 이상의 코드, 캡타이어케이블

(3) 나전선의 사용 제한(KEC 231.4)

옥내에 시설하는 저압전선에는 나전선을 사용하여서는 아니된다. 다만, 다음중 어느 하나에 해당하는 경우에는 그러하지 아니하다.

① 애자사용배선의 경우로 전기로용 전선, 절연물이 부식하는 장소 전선, 취급자 이외의 자가 출입할 수 없도록 설비한 장소에 시설하는 전선일 경우
② 버스덕트 또는 라이팅덕트배선에 의하는 경우
③ 이동 기중기, 놀이용 전차선 등의 접촉전선을 시설하는 경우

(4) 설치방법에 해당하는 공사방법의 종류(KEC 232.2)

종류	배선방법
전선관시스템	합성수지관공사, 금속관공사, 가요전선관공사
케이블트렁킹시스템	합성수지몰드공사, 금속몰드공사, 금속덕트공사(a)
케이블덕트시스템	플로어덕트공사, 셀룰러덕트공사, 금속덕트공사(b)
애자공사	애자사용공사
케이블트레이시스템(래더, 브래킷 포함)	케이블트레이공사
케이블공사	고정하지 않는 방법, 직접 고정하는 방법, 지지선 방법

a : 금속본체와 커버가 별도로 구성되어 커버를 개폐할 수 있는 금속덕트공사를 말한다.
b : 본체와 커버 구분없이 하나로 구성된 금속덕트공사를 말한다.

(5) 고주파 전류에 의한 장해의 방지(KEC 231.5)

전기기계기구는 무선설비의 기능에 계속적이고 중대한 장해를 주는 고주파 전류가 생길 우려가 있는 경우에는 다음의 시설을 한다.

① 형광 방전등에는 정전 용량 $0.006\mu\mathrm{F}$ 이상 $0.5\mu\mathrm{F}$ 이하(예열시동식의 것으로 글로우램프에 병렬로 접속하는 것은 $0.006\mu\mathrm{F}$ 이상 $0.01\mu\mathrm{F}$ 이하)인 커패시터를 시설한다.

② 저압에 정격출력 1kW 이하인 전기드릴용 소형교류직권전동기의 단자 상호 간에 정전 용량이 $0.1\mu\mathrm{F}$ 인 무유도형 커패시터, 대지 사이에 $0.003\mu\mathrm{F}$의 관통형 커패시터를 시설한다.

③ 전기드릴용을 제외한 소형교류직권전동기의 단자 상호 간에 $0.1\mu\mathrm{F}$, 각 단자와 대지와의 사이에 $0.003\mu\mathrm{F}$의 커패시터를 시설한다.

④ 네온점멸기에 전원 상호 간 및 접점의 근접하는 곳에서 고주파전류를 방지하는 장치를 시설한다.

(6) 저압 옥내간선의 시설

저압 옥내간선은 손상을 받을 우려가 없는 곳에 다음에 의해 시설해야 한다.

① 전동기 정격전류 합계 ≤ 전등, 전열(기타 기계기구) 정격전류의 합계인 경우

[간선의 허용전류(I_a)] $= \sum I_M + \sum I_H$

② 전동기 정격전류 합계 > 기타 기계기구의 정격전류 합계 경우

 ㉠ 전동기 정격이 50A 이하 : (전동기 정격전류×1.25배)+(기타 정격전류합계)

 $I_a \geq \sum I_M \times 1.25 + \sum I_H$

 ㉡ 전동기 정격이 50A 초과 : (전동기 정격전류×1.1배)+(기타 정격전류합계)

 $I_a \geq \sum I_M \times 1.1 + \sum I_H$

 ※ $\sum I_M$: 전동기 정격전류의 합
 $\sum I_H$: 전열기 정격전류의 합
 I_a : 간선의 허용전류
 I_B : 과전류차단기의 정격전류
 예 $\sum I_M = 10 + 30 = 40\mathrm{A}$, $\sum I_H = 20 + 10 = 30\mathrm{A}$
 $\sum I_M > \sum I_H$이며 $\sum I_M$이 50A 이하이므로 $k = 1.25$
 $I_a = kI_M + I_H = 1.25 \times 40 + 30 = 80\mathrm{A}$

(7) 분기회로의 시설(KEC 212.6.4)

분기회로는 과부하 보호장치, 단락보호장치의 예외 및 생략기준에 준하여 시설한다.

(8) 특수장소의 저압 옥내배선

① 특수장소의 저압 옥내배선

종류		특징
폭연성 먼지 (KEC 242.2)	금속관배선	• 박강전선관 이상, 패킹 사용, 분진방폭형 유연성 부속 • 관 상호 및 관과 박스 등은 5턱 이상의 나사 조임 접속
	케이블배선	• 개장된 케이블, MI
	이동전선	• 이동전선 : 고무절연 클로로프렌 캡타이어케이블
가연성 먼지 (KEC 242.2)	금속관배선	• 폭연성 분진에 준함
	케이블배선	
	합성수지관배선	• 부식 방지, 먼지의 침투 방지, 두께 2mm 이상
가연성 가스 (KEC 242.3)	금속관배선	• 폭연성 먼지에 준함
	케이블배선	
	• 전기기계기구 : 내압, 유압 방폭구조 또는 다른 성능의 방폭구조일 것	
위험물 / 석유류 (KEC 242.4)	• 통상의 상태에서 위험물에 착화우려가 없도록 시설할 것	
화약류 저장소 (KEC 242.5)	• 개폐기, 차단기로부터 저장소까지는 케이블 사용 • 전로의 대지전압 300V 이하일 것 • 전기기계기구는 전폐형일 것 • 전용의 과전류 개폐기 및 과전류차단기는 화약류 저장소 이외의 곳에 시설하고 누전차단기 · 누전경보기를 시설하여야 한다.	
전시회, 쇼 및 공연장 (KEC 242.6)	• 사용전압 : 400V 이하 • 배선용 케이블 : 1.5mm^2 • 무대마루 밑 전구선 : 300/300V 편조 고무코드, 0.6/1kV EP 고무절연 클로로프렌캡타이어케이블 • 이동전선 : 0.6/1kV EP 고무절연 클로로프렌캡타이어케이블, 0.6/1kV 비닐절연 비닐캡타이어케이블 • 조명설비 : 높이 2.5m 이하 • 저압발전장치의 접지 − 중성선 또는 발전기의 중성점은 발전기의 노출도전부에 접속시키지 말 것 − TN계통 : 보호도체를 이용하여 발전기에 접속 • 개폐기 및 과전류 차단기 시설 : 조명용 분기회로 및 정격 32A 이하의 콘센트용 분기회로는 정격감도전류 30mA 이하의 누전차단기로 보호(비상조명 제외)	
진열장 (KEC 234.8)	• 사용전압이 400V 이하일 것 • 0.75mm^2 이상의 코드 또는 캡타이어케이블	
저압 접촉전선 배선 (KEC 232.81)	• 전개된 장소 또는 점검할 수 있는 은폐된 장소(기계기구에 시설하는 경우 이외) : 애자사용배선, 버스덕트배선, 절연트롤리배선 • 전선의 바닥에서의 높이는 3.5m 이상 • 전선은 11.2kN, 지름 6mm 경동선(단면적 28mm^2 이상[단, 400V 이하 : 3.44kN, 지름 3.2mm 경동선(단면적 8mm^2 이상)]	

의료장소 (KEC 242.10)	• 의료용 절연변압기 : 2차 전압교류 250V 이하, 단상 2선식, 10kVA 이하 • 의료장소 및 접지계통 ※ 의료장소에 TN 계통을 적용할 때에는 주배전반 이후의 부하 계통에는 TN – C 계통으로 시설하지 말 것		
	구분	접지계통	의료장소
	그룹 0	TT 또는 TN 계통	진찰실, 일반병실, 검사실, 처치실, 재활치료실 등 장착부를 사용하지 않는 의료장소
	그룹 1	TT 또는 TN 계통 단, 전원자동차단에 의한 보호가 의료행위에 중대한 지장을 초래할 우려가 있는 의료용 전기기기를 사용하는 회로에는 의료 IT를 적용	분만실, X선 검사실, MRI실, 회복실, 구급처치실, 인공투석실, 내시경실 등 장착부를 환자의 신체 외부 또는 심장 부위를 제외한 환자의 신체 내부에 삽입시켜 사용하는 의료장소
	그룹 2	의료 IT 계통 단, 이동식 X–레이 장치, 정격출력이 5kVA 이상인 대형 기기, 생명유지 장치가 아닌 일반 의료용 전기기기 회로 등에는 TT 또는 TN계통을 적용	관상동맥질환 처치실, 심혈관조영실, 중환자실, 수술실, 마취실, 회복실 등 장착부를 환자의 심장 부위에 삽입 또는 접촉시켜 사용하는 의료장소
	• 의료장소 내의 비상전원 – 절환시간 0.5초 이내에 비상전원을 공급하는 장치 또는 기기 : 수술실 등 – 절환시간 15초 이내에 비상전원을 공급하는 장치 또는 기기 – 절환시간 15초를 초과하여 비상전원을 공급하는 장치 또는 기기		
이동식 숙박차량 정박지, 야영지 및 이와 유사한 장소 (KEC 242.8)	• 표준전압 : 220/380V 이하 • 정박지 전원배선 : 지중케이블, 가공케이블, 가공절연전선 • 가공전선의 높이 : 이동지역에서 지표상 6m(그 외 지역에서는 4m) • 고장보호장치 – 콘센트는 정격감도전류가 30mA 이하인 누전차단기에 의하여 개별적으로 보호 시설 – 과전류에 대한 보호장치 : 모든 콘센트는 과전류에 대한 보호 규정 • 콘센트 – 정격전압 200 ~ 250V, 정격전류 16A 단상 콘센트 – 설치 높이 : 0.5 ~ 1.5m		
마리나 및 이와 유사한 장소 (KEC 242.9)	• 놀이용 수상 기계기구 또는 선상가옥에 전원을 공급하는 회로 • TN계통의 사용 시 TN – S계통만을 사용 • 육상의 절연변압기를 통하여 보호하는 경우를 제외하고 누전차단기를 사용 • 표준전압 : 220/380V 이하 • 하나의 콘센트는 하나의 놀이용 수상 기계기구 또는 하나의 선상가옥에만 전원을 공급 • 정격전압 : 200 ~ 250V, 정격전류 16A 단상 콘센트 • 마리나 내의 배선 : 지중케이블, 가공케이블, 가공절연전선, 무기질 절연케이블, 열가소성 또는 탄성재료 피복의 외장케이블		

② 특수시설

종류	특징
전기울타리 (KEC 241.1)	• 사용전압 : 250V 이하 • 전선 굵기 : 1.38kN, 2.0mm 이상 경동선 • 간격 : 25mm 이상(전선과 기둥 사이), 0.3m 이상(전선과 수목 사이)
유희용 전차 (KEC 241.8)	• 사용전압 변압기 1차 : 400V 이하 / 변압기 2차 : DC 60V 또는 AC 40V • 접촉전선은 제3레일 방식으로 시설 • 누설전류 : AC 100mA/km, 　절연저항 : $\dfrac{(최대공급전류)}{5,000}$ 이하 • 변압기의 1차 전압은 400V 미만일 것 • 전차 내 승압 시 2차 전압 150V 이하
전격살충기 (KEC 241.7)	• 지표상 높이 : 3.5m 이상(단, 2차측 전압이 7kV 이하 – 1.8m) • 시설장소에 위험표시를 할 것
교통신호등 (KEC 234.15)	• 사용전압 : 300V 이하(단, 150V 초과 시 자동차단장치 시설) • 공칭단면적 $2.5mm^2$ 연동선, 450/750V 일반용 단심 비닐절연전선(내열성에틸렌아세테이트 고무절연전선) • 전선의 지표상의 높이는 2.5m 이상일 것 • 전원측에는 전용 개폐기 및 과전류차단기를 각 극에 시설 • 조가선 4mm 이상의 철선 2가닥
전기온상 (KEC 241.5)	• 대지전압 : 300V 이하, 발열선 온도 : 80℃를 넘지 않도록 시설 • 발열선의 지지점 간 거리는 1.0m 이하 • 발열선과 조영재 사이의 간격 0.025m 이상
전극식 온천온수기 (KEC 241.4)	• 온천온수기 사용전압 : 400V 미만 • 차폐장치와 온천온수기 간격 : 0.5m 이상(차폐장치와 욕탕 사이 간격 1.5m 이상)
전기욕기 (KEC 241.2)	• 변압기의 2차측 전로의 사용전압이 10V 이하(유도코일 파고값 30V 이하) • 전극 간의 간격 : 1m 이상 • 절연저항 : 0.5MΩ 이상
전기부식방지 (KEC 241.16)	• 전기부식방지회로의 사용전압은 직류 60V 이하일 것 • 지중에 매설하는 양극의 매설깊이는 0.75m 이상일 것 • 양극과 그 주위 1m 이내의 거리에 있는 임의점과의 사이의 전위차는 10V를 넘지 않을 것 • 지표 또는 수중에서 1m 간격의 임의의 2점 간의 전위차가 5V를 넘지 않을 것
수중조명등 (KEC 234.14)	• 1차 전압 : 400V 미만 • 2차 전압 : 150V 이하(2차측을 비접지식) 　– 30V 이하 : 금속제 혼촉 방지판 설치 　– 30V 초과 : 전로에 지락이 생겼을 때에 자동적으로 전로를 차단하는 장치(정격감도전류 30mA 이하)
옥외등 (KEC 234.9)	• 대지전압 : 300V 이하 • 공사방법 : 금속관, 합성수지관, 케이블배선, 애자사용 시 2m 이상
전기자동차 전원설비 (KEC 241.17)	• 전기자동차 전원공급설비로 접지극이 있는 콘센트를 사용하여 접지 • 충전장치 시설 • 충전 케이블 및 부속품 시설 • 충전장치 등의 방호장치 시설
비행장 등화배선 (KEC 241.13)	• 직매식에 의한 매설깊이(항공기 이동지역) : 0.5m(그 외 0.75m) 이상 • 전선 : 공칭단면적 $4mm^2$ 이상의 연동선을 사용한 450/750V 일반용 단심 비닐절연전선 또는 450/750V 내열성 에틸렌아세테이트 고무절연전선

<table>
<tr>
<td>소세력회로
(KEC 241.14)</td>
<td>
• 전자개폐기 조작회로, 초인벨, 경보벨 등, 최대사용전압 60V 이하 전로
• 절연변압기 사용 : 1차 전압(300V 이하), 2차 전압(60V 이하)
• 절연변압기 2차 단락전류
<table>
<tr><th>최대사용전압</th><th>2차 단락전류</th><th>과전류차단기 정격전류</th></tr>
<tr><td>15V 이하</td><td>8A 이하</td><td>5A 이하</td></tr>
<tr><td>15V 초과 30V 이하</td><td>5A 이하</td><td>3A 이하</td></tr>
<tr><td>30V 초과 60V 이하</td><td>3A 이하</td><td>1.5A 이하</td></tr>
</table>
• 전선 굵기 : $1mm^2$ 이상 연동선 사용(단, 케이블 사용 시 제외, 가공 시설 시 1.2mm 이상
</td>
</tr>
<tr>
<td>전기집진장치
(KEC 241.9)</td>
<td>• 변압기의 1차측 전로에는 쉽게 개폐할 수 있는 곳에 개폐기를 시설
• 변압기로부터 전기집진응용장치에 이르는 전선은 케이블을 사용</td>
</tr>
<tr>
<td>아크용접기
(KEC 241.10)</td>
<td>• 절연변압기 : 1차 전압 300V 이하</td>
</tr>
<tr>
<td>X선 발생장치
(KEC 241.6)</td>
<td>
<table>
<tr><th>구분</th><th>100kV 이하</th><th>100kV 초과</th></tr>
<tr><td>전선 높이</td><td>2.5m</td><td>2.5+(단수)×0.02m</td></tr>
<tr><td>전선 - 조영재 간격</td><td>0.3m</td><td>0.3+(단수)×0.02m</td></tr>
<tr><td>전선 - 전선 상호 간격</td><td>0.45m</td><td>0.45+(단수)×0.03m</td></tr>
</table>
(단수)=100kV 초과분 / 10kV, 반드시 절상
</td>
</tr>
</table>

11 진열장 안의 사용전압이 400V 미만인 저압 옥내배선으로 외부에서 보기 쉬운 곳에 한하여 시설할
수 있는 전선은?(단, 진열장은 건조한 곳에 시설하고 또한 진열장 내부를 건조한 상태로 사용하는
경우이다)

① 단면적이 0.75mm^2 이상인 코드 또는 캡타이어케이블

② 단면적이 0.75mm^2 이상인 나전선 또는 캡타이어케이블

③ 단면적이 1.25mm^2 이상인 코드 또는 절연전선

④ 단면적이 1.25mm^2 이상인 나전선 또는 다심형전선

⑤ 단면적이 1.25mm^2 이상인 코드 또는 캡타이어케이블

12 다음 중 옥내에 시설하는 저압 전선으로 나전선을 사용할 수 있는 배선공사는?

① 합성수지관공사   ② 금속관공사

③ 버스덕트공사   ④ 플로어덕트공사

⑤ 금속덕트공사

13 다음 중 전기울타리의 시설에 대한 설명으로 옳지 않은 것은?

① 전원장치에 전기를 공급하는 전로의 사용전압은 600V 이하이어야 한다.

② 사람이 쉽게 출입하지 아니하는 곳에 시설한다.

③ 전선은 지름 2mm 이상의 경동선을 사용한다.

④ 수목 사이의 이격거리는 30cm 이상이어야 한다.

⑤ 기둥 사이의 이격거리는 25mm 이상이어야 한다.

(1) 전력보안통신설비의 시설(KEC 362)

① 통신케이블의 종류

광케이블, 동축케이블 및 차폐용 실드케이블(STP)

② 시설기준

㉠ 가공통신케이블은 반드시 조가선에 시설한다.

㉡ 통신케이블은 강전류전선 또는 가로수나 간판 등 다른 인공구조물과는 최소 간격 이상 분리하여 시설한다.

㉢ 전력구 내에 시설하는 지중통신케이블은 케이블 행거를 사용하여 시설한다.

(2) 가공통신선의 높이

[배전주(배전용 전주)의 공가 통신케이블의 지상고]

구분	지상고	비고
도로(인도)에 시설 시	5.0m 이상	경간 중 지상고 (교통에 지장을 줄 우려가 없는 경우 : 4.5m)
도로횡단 시	6.0m 이상	저압·고압 가공전선로에 시설 시 교통에 지장을 줄 우려가 없는 경우 : 5m
철도 궤도 횡단 시	6.5m 이상	레일면상
횡단보도교 위	3.0m 이상	그 노면상
기타	3.5m 이상	–

[배전설비와의 이격거리]

구분	이격거리	비고
7kV 초과	1.2m 이상	절연전선 : 0.3m
1kV 초과 7kV 이하	0.6m 이상	절연전선 : 0.3m
저압 또는 특고압 다중접지 중성도체	0.6m 이상	절연전선 : 0.3m, 광섬유케이블 : 0.15m

(3) 특고압 가공전선로의 첨가통신선과 도로, 철도, 횡단보도교 및 다른 선로와의 접근, 교차 시설

① 전선 : $16mm^2$ 이상 절연전선, 8.01kN 이상 또는 $25mm^2$ 이상 경동선이어야 한다.

② 삭도나 다른 가공약전류전선과의 이격거리 : 0.8m(케이블 0.4m) 이상이어야 한다.

(4) 가공통신 인입선 시설(KEC 362.12)

차량이 통행하는 노면상의 높이는 4.5m 이상, 조영물의 붙임점에서의 지표상의 높이는 2.5m 이상이어야 한다.

(5) 특고압 가공전선로 첨가설치 통신선의 시가지 인입 제한(KEC 362.5)

시가지에 시설하는 통신선은 특별 고압 가공전선로의 지지물에 시설하여서는 안 된다. 단, 통신선이 5.26kN 이상, 단면적 $16mm^2$(단선의 경우 지름 4mm) 이상의 절연전선 또는 광섬유 케이블인 경우 그러하지 않는다.

(6) 전력선 반송 통신용 결합장치의 보안장치(KEC 362.11)

① CC : 결합 커패시터(결합안테나 포함)
② CF : 결합 필터
③ DR : 배류 선륜(전류용량 2A 이상)
④ FD : 동축 케이블
⑤ S : 접지용 개폐기
⑥ F : 포장 퓨즈(정격전류 10A 이하)
⑦ L_1 : 교류 300V 이하에서 동작하는 피뢰기
⑧ L_2 : 동작전압이 교류 1.3kV 초과 1.6kV 이하인 방전갭
⑨ L_3 : 동작전압이 2kV 초과 3kV 이하인 방전갭

(7) 무선용 안테나 등을 지지하는 철탑 등의 시설(KEC 364.1)

무선통신용 안테나나 반사판을 지지하는 지지물들의 안전율은 1.5 이상이어야 한다.

(8) 지중통신선로설비의 시설(KEC 363.1)

① 지중 공용설치 시 통신케이블의 광케이블 및 동축케이블은 지름 22mm 이하일 것
② 전력구내 통신케이블의 시설은 다음 시설에 준한다.
　㉠ 전력구내에서 통신용 행거는 최상단에 시설하여야 한다.
　㉡ 난연성 재질이 아닌 통신케이블 및 내관을 사용하는 경우에는 난연처리를 하여야 한다.
　㉢ 통신용 행거 끝단에는 행거 안전캡(야광)을 씌워야 한다.
　㉣ 전력케이블이 시설된 행거에는 통신케이블을 같이 시설하지 않아야 한다.

14 다음 중 통신선과 고압 가공전선 사이의 이격거리는 몇 cm 이상인가?

① 15cm

② 30cm

③ 60cm

④ 90cm

⑤ 120cm

15 다음 중 전력보안 가공통신선의 시설 높이에 대한 기준으로 옳은 것은?

① 철도의 궤도를 횡단하는 경우에는 레일면상 5m 이상으로 한다.

② 횡단보도교 위에 시설하는 경우에는 노면상 3m 이상으로 한다.

③ 인도에 시설하는 경우에는 지표상 4m 이상으로 한다.

④ 도로(차도와 도로의 구별이 있는 도로는 차도) 위에 시설하는 경우에는 지표상 2m 이상으로 한다.

⑤ 교통에 지장을 줄 우려가 없도록 도로(차도와 도로의 구별이 있는 도로는 차도) 위에 시설하는 경우에는 지표상 2m까지로 감할 수 있다.

16 특고압 가공전선로의 지지물에 시설하는 통신선 또는 이에 직접 접속하는 통신선이 도로·횡단보도교·철도의 레일 등 또는 교류 전차선 등과 교차하는 경우의 시설기준으로 옳은 것은?

① 인장강도 4.0kN 이상의 것 또는 지름 3.5mm 경동선일 것

② 통신선이 케이블 또는 광섬유 케이블일 때는 이격거리의 제한이 없다.

③ 통신선과 삭도 또는 다른 가공약전류전선 등 사이의 이격거리는 20cm 이상으로 할 것

④ 통신선이 도로·횡단보도교·철도의 레일과 교차하는 경우에는 통신선의 지름 4mm의 절연전선과 동등 이상의 절연 효력이 있을 것

⑤ 통신선이 케이블 또는 광섬유 케이블일 때 통신선 또는 다른 가공약전류전선 등 사이의 이격거리는 0.5m 이상으로 할 것

(1) 발ㆍ변전소, 개폐소 및 이에 준하는 곳의 시설

　① 발ㆍ변전소 시설 원칙(KEC 351.1)

　　㉠ 울타리, 담 등을 시설한다.

　　㉡ 출입구에는 출입금지의 표시를 한다.

　　㉢ 출입구에는 자물쇠 장치 기타 적당한 장치를 한다.

　② 울타리ㆍ담 등의 높이와 충전 부분까지의 거리의 합계(KEC 351.1)

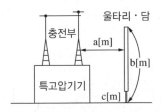

특고압	이격거리(a+b)	기타
35kV 이하	5.0m 이상	• 울타리에서 충전부까지 거리(a)
160kV 이하	6.0m 이상	• 울타리ㆍ담 등의 높이(b) : 2m 이상
160kV 초과	6.0m+H 이상	• 지면과 하부(c) : 15cm 이하

　　$N = $ (160kV 초과분) / 10kV(반드시 절상), $H = N \times 0.12$m

　　고압 또는 특고압 가공전선(케이블 제외함)과 금속제의 울타리ㆍ담 등이 교차하는 경우 좌, 우로 45m 이내의 개소에 KEC 320(접지시스템)의 규정에 의한 접지공사를 하여야 한다.

　　※ 고압용 기계기구의 시설

　　　• 고압용 기계기구 : 지표상 4.5m 이상(시가지 외 4m 이상)

　　　• 울타리높이와 충전부분까지의 거리 합계 : 5m 이상(위험 표시할 것)

　③ 발전기 등의 보호장치(KEC 351.3)

　　발전기에는 다음의 경우에 자동적으로 이를 전로로부터 차단하는 장치를 시설해야 한다.

　　㉠ 발전기에 과전류나 과전압이 생긴 경우

　　㉡ 압유장치 유압이 현저히 저하된 경우

　　　• 수차발전기 : 500kVA 이상

　　　• 풍차발전기 : 100kVA 이상

　　㉢ 수차발전기의 스러스트 베어링의 온도가 현저히 상승한 경우 : 2,000kVA를 초과

　　㉣ 내부고장이 발생한 경우 : 10,000kVA 이상(10,000kW를 넘는 증기터빈 스러스트 베어링 온도)

　④ 특고압용 변압기의 보호장치(KEC 351.4)

뱅크용량의 구분	동작조건	장치의 종류
5,000kVA 이상 10,000kVA 미만	변압기 내부고장	자동차단장치 또는 경보장치
10,000kVA 이상	변압기 내부고장	자동차단장치
타냉식 변압기 (변압기의 권선 및 철심을 직접 냉각 – 냉매강제순환)	냉각장치 고장, 변압기 온도의 현저히 상승	경보장치

⑤ 무효전력 보상장치의 보호장치(KEC 351.5)

설비종별	뱅크용량의 구분	자동적으로 전로로부터 차단하는 장치
전력용 커패시터 및 분로리액터	500kVA 초과 15,000kVA 미만	내부고장 또는 과전류가 생긴 경우에 동작하는 장치
	15,000kVA 이상	내부고장 및 과전류 또는 과전압이 생긴 경우에 동작하는 장치
조상기	15,000kVA 이상	내부고장이 생긴 경우에 동작하는 장치

기기의 종류	용량	사고의 종류	보호장치
발전기	모든 발전기	과전류, 과전압	자동차단장치
	500kVA 이상	수차의 유압 및 전원 전압이 현저히 저하	자동차단장치
	2,000kVA 이상	베어링 과열로 온도가 상승	자동차단장치
	10,000kVA 이상	발전기 내부 고장	자동차단장치
특별 고압 변압기	5,000kVA 이상 10,000kVA 미만	변압기의 내부고장	경보장치, 자동차단장치
	10,000kVA 이상	변압기의 내부고장	자동차단장치
	타냉식 특별 고압용 변압기	냉각 장치의 고장, 온도상승	경보장치
전력콘덴서 및 분로리엑터	500kVA 초과 15,000kVA 미만	내부고장 및 과전류	자동차단장치
	15,000kVA 이상	내부고장, 과전류 및 과전압	자동차단장치
무효 전력 보상 장치	15,000kVA 이상	내부고장	자동차단장치

⑥ 연료전지설비의 계측장치(KEC 351.6 / KEC 542.2.2)

ㄱ 발전기, 연료전지 또는 태양전지 모듈, 동기조상기

- 전압, 전류, 전력
- 베어링 및 고정자 온도(발전기, 무효 전력 보상 장치)
- 정격출력 10,000kW를 넘는 증기터빈 발전기 진동진폭

ㄴ 변압기

- 주변압기의 전압, 전류, 전력
- 특고 변압기의 온도

ㄷ 동기 발전기, 무효 전력 보상 장치 : 동기검정장치(용량이 현저히 작을 경우는 생략)

⑦ 상주 감시를 하지 않는 연료전지발전소의 시설(KEC 542.2.4)

ㄱ 변전소의 운전에 필요한 지식 및 기능을 가진 자(기술원)가 그 변전소에 상주하여 감시를 하지 않는 변전소는 다음에 따라 시설하는 경우에 한한다.

- 사용전압이 170kV 이하의 변압기를 시설하는 변전소로서 기술원이 수시로 순회하거나 그 변전소를 원격감시 제어하는 제어소(변전제어소)에서 상시 감시하는 경우
- 사용전압이 170kV를 초과하는 변압기를 시설하는 변전소로서 변전제어소에서 상시 감시하는 경우

ㄴ 다음의 경우에는 변전제어소 또는 기술원이 상주하는 장소에 경보장치를 시설한다.

- 운전조작에 필요한 차단기가 자동적으로 차단한 경우(차단기가 재연결한 경우 제외)
- 주요 변압기의 전원측 전로가 무전압으로 된 경우
- 제어회로의 전압이 현저히 저하한 경우

- 옥내 및 옥외변전소에 화재가 발생한 경우
- 출력 3,000kVA를 초과하는 특고압용 변압기는 그 온도가 현저히 상승한 경우
- 특고압용 타냉식변압기는 그 냉각장치가 고장난 경우
- 조상기는 내부에 고장이 생긴 경우
- 수소냉각식 조상기는 그 조상기 안의 수소의 순도가 90% 이하로 저하한 경우, 수소의 압력이 현저히 변동한 경우 또는 수소의 온도가 현저히 상승한 경우
- 가스절연기기(압력의 저하에 의하여 절연파괴 등이 생길 우려가 없는 경우 제외)의 절연가스의 압력이 현저히 저하한 경우

ⓒ 수소냉각식 조상기를 시설하는 변전소는 그 조상기 안의 수소의 순도가 85% 이하로 저하한 경우에 그 조상기를 전로로부터 자동적으로 차단하는 장치를 시설한다.

ⓔ 전기철도용 변전소는 주요 변성기기에 고장이 생긴 경우 또는 전원측 전로의 전압이 현저히 저하한 경우에 그 변성기기를 자동적으로 전로로부터 차단하는 장치를 설치한다(단, 경미한 고장이 생긴 경우에 기술원주재소에 경보하는 장치를 하는 때에는 그 고장이 생긴 경우에 자동적으로 전로로부터 차단하는 장치의 시설을 하지 않아도 된다).

⑧ 압축공기계통

최고사용압력의 1.5배의 수압, 1.25배의 기압 : 연속 10분간 견뎌야 한다.

㉠ 공기탱크는 개폐기, 차단기의 투입 및 차단 : 연속 1회 이상 가능해야 한다.

㉡ 주공기 탱크 압력계 최고눈금 : 사용압력의 1.5배 이상 3배 이하이어야 한다.

㉢ 절연가스는 가연성, 부식성 도는 유독성이 아니어야 한다.

㉣ 절연가스 압력의 저하 시 : 경보장치 또는 압력계측장

17 사용전압이 20kV인 변전소에 울타리·담 등을 시설하고자 할 때, 울타리·담 등의 높이는 몇 m 이상이어야 하는가?

① 1m

② 2m

③ 5m

④ 6m

⑤ 8m

18 다음 중 발전기를 전로로부터 자동적으로 차단하는 장치를 시설하여야 하는 경우에 해당되지 않는 것은?

① 발전기에 과전류가 생긴 경우

② 용량이 5,000kVA 이상인 발전기의 내부에 고장이 생긴 경우

③ 용량이 500kVA 이상의 발전기를 구동하는 수차의 압유장치의 유압이 현저히 저하한 경우

④ 용량이 100VA 이상의 발전기를 구동하는 풍차의 압유장치의 유압, 압축공기장치의 공기압이 현저히 저하한 경우

⑤ 용량 2,000kVA 이상인 수차발전기의 스러스트 베어링의 온도가 현저히 상승하는 경우

19 특고압용 변압기로서 그 내부에 고장이 생긴 경우에 반드시 자동 차단되어야 하는 변압기의 뱅크용량은 몇 kVA 이상인가?

① 5,000kVA

② 10,000kVA

③ 50,000kVA

④ 100,000kVA

⑤ 150,000kVA

(1) 전기철도의 용어 정의(KEC 402)

① **전차선** : 전기철도차량의 집전장치와 접촉하여 전력을 공급하기 위한 전선

② **전차선로** : 전기철도차량에 전력을 공급하기 위하여 선로를 따라 설치한 시설물로 전차선, 급전선, 귀선과 그 지지물 및 설비를 총괄한 것

③ **급전방식** : 전기철도차량에 전력을 공급하기 위하여 변전소로부터 급전선, 전차선, 레일, 귀선으로 구성되는 전력공급방식

④ **귀선회로** : 전기철도차량에 공급된 전력을 변전소로 되돌리기 위한 귀로

(2) 전기철도 전기방식의 일반사항(KEC 411)

① 전력수급조건(KEC 411.1)

수전선로의 전력수급조건 : 다음의 공칭전압(수전전압)으로 선정하여야 한다.

[공칭전압(수전전압)]

공칭전압(수전전압)	교류 3상 22.9kV, 154kV, 345kV

② 전차선로의 전압(KEC 411.2)

직류방식과 교류방식으로 구분

㉠ 직류방식 : 사용전압과 전압별 최고, 최저전압은 다음 표에 따라 선정하여야 한다.

[직류방식의 급전전압]

구분	최저 영구 전압	공칭전압	최고 영구 전압	최고 비영구 전압	장기 과전압
DC	500V	750V	900V	950V[(1)]	1,269V
(평균값)	900V	1,500V	1,800V	1,950V	2,538V

[(1)]회생제동의 경우 1,000V의 비지속성 최고전압은 허용 가능하다.

㉡ 교류방식 : 사용전압과 전압별 최고, 최저전압은 다음 표에 따라 선정하여야 한다.

[교류방식의 급전전압]

주파수 (실효값)	최저 비영구 전압	최저 영구 전압	공칭전압[(2)]	최고 영구 전압	최고 비영구 전압	장기 과전압
60Hz	17,500V	19,000V	25,000V	27,500V	29,000V	38,746V
	35,000V	38,000V	50,000V	55,000V	58,000V	77,492V

[(2)]급전선과 전차선간의 공칭전압은 단상교류 50kV(급전선과 레일 및 전차선과 레일 사이의 전압은 25kV)를 표준으로 한다.

(3) 전기철도 변전방식의 일반사항(KEC 421)

① 변전소의 용량 : 변전소의 용량은 급전구간별 정상적인 열차부하조건에서 1시간 최대출력 또는 순시 최대출력을 기준으로 결정하고, 연장급전 등 부하의 증가를 고려하여야 한다.

② 변전소의 설비

  ㉠ 급전용 변압기는 직류 전기철도의 경우 3상 정류기용 변압기, 교류 전기철도의 경우 3상 스코트 결선 변압기의 적용을 원칙으로 하고, 급전계통에 적합하게 선정하여야 한다.

  ㉡ 제어용 교류전원은 상용과 예비의 2계통으로 구성하여야 한다.

  ㉢ 제어반의 경우 디지털계전기방식을 원칙으로 하여야 한다.

(4) 전기철도 전차선로의 일반사항(KEC 431)

① 전차선로의 충전부와 건조물 간의 절연이격

  ㉠ 건조물과 전차선, 급전선 및 집전장치의 충전부 비절연 부분 간의 공기 절연이격 거리는 다음 표에 제시되어 있는 정적 및 동적 최소 절연이격거리 이상을 확보하여야 한다. 동적 절연이격의 경우 팬터그래프가 통과하는 동안의 일시적인 전선의 움직임을 고려하여야 한다.

  ㉡ 해안 인접지역, 열기관을 포함한 교통량이 과중한 곳, 오염이 심한 곳, 안개가 자주 끼는 지역, 강풍 또는 강설 지역 등 특정한 위험도가 있는 구역에서는 최소 절연간격보다 증가시켜야 한다.

[전차선과 건조물 간의 최소 절연간격]

시스템 종류	공칭전압	동적		정적	
		비오염	오염	비오염	오염
직류	750V	25mm	25mm	25mm	25mm
	1,500V	100mm	110mm	150mm	160mm
단상 교류	25,000V	170mm	220mm	270mm	320mm

② 전차선로의 충전부와 차량 간의 절연이격(KEC 431.3)

  ㉠ 차량과 전차선로나 충전부 비절연 부분 간의 공기 절연이격은 다음 표에 제시되어 있는 정적 및 동적 최소 절연이격거리 이상을 확보하여야 한다. 동적 절연이격의 경우 팬터그래프가 통과하는 동안의 일시적인 전선의 움직임을 고려하여야 한다.

  ㉡ 해안 인접지역, 안개가 자주 끼는 지역, 강풍 또는 강설 지역 등 특정한 위험도가 있는 구역에서는 최소 절연이격거리보다 증가시켜야 한다.

[전차선과 차량 간의 최소 절연간격]

시스템 종류	공칭전압	동적	정적
직류	750V	25mm	25mm
	1,500V	100mm	150mm
단상 교류	25,000V	170mm	270mm

③ 전차선 및 급전선의 높이(KEC 431.6)

전차선과 급전선의 최소 높이는 다음 표의 값 이상을 확보하여야 한다. 다만, 전차선 및 급전선의 최소 높이는 최대 대기온도에서 바람이나 팬터그래프의 영향이 없는 안정된 위치에 놓여 있는 경우 사람의 안전 측면에서 건널목, 터널 내 전선, 공항 부근 등을 고려하여 궤도면상 높이로 정의한다. 전차선의 최소높이는 항상 열차의 통과 게이지보다 높아야 하며, 전기적 이격거리와 팬터그래프의 최소 작동높이를 고려하여야 한다.

[전차선 및 급전선의 최소 높이]

시스템 종류	공칭전압	동적	정적
직류	750V	4,800mm	4,400mm
	1,500V	4,800mm	4,400mm
단상 교류	25,000V	4,800mm	4,570mm

안전율	2.0 미만	2.0 이상 2.5 미만	2.5 이상
구분	• 빔 및 브래킷(1.0) • 철주(1.0) • 강봉형 지지선(1.0)	• 합금전차선(2.0) • 경동선(2.2) • 지지물 기초(2.0) • 장력조절장치(2.0)	• 조가선 및 지지부품(2.5) • 복합체 자재(2.5) • 브래킷 애자(2.5) • 선형 지지선

(5) 전기철도의 원격감시제어설비

① 원격감시제어시스템(SCADA)(KEC 435.1)

㉠ 원격감시제어시스템은 열차의 안전운행과 현장 전철전력설비의 유지보수를 위하여 제어, 감시대상, 수준, 범위 및 확인, 운용방법 등을 고려하여 구성하여야 한다.

㉡ 중앙감시제어반의 구성, 방식, 운용방식 등을 계획하여야 한다.

㉢ 변전소, 배전소의 운용을 위한 소규모 제어설비에 대한 위치, 방식 등을 고려하여 구성하여야 한다.

② 중앙감시제어장치 및 소규모감시제어장치(KEC 435.2)

㉠ 변전소 등의 제어 및 감시는 관제센터에서 이루어지도록 한다.

㉡ 원격감시제어시스템(SCADA)는 중앙집중제어장치(CTC), 통신집중제어장치와 호환되도록 하여야 한다.

㉢ 전기시설 관제소와 변전소, 구분소 또는 그 밖의 관제 업무에 필요한 장소에는 상호 연락할 수 있는 통신 설비를 시설하여야 한다.

㉣ 소규모감시제어장치는 유사시 현지에서 중앙감시제어장치를 대체할 수 있도록 하고, 전원설비 운용에 용이하도록 구성한다.

(6) 전기철도의 전기철도차량 설비

① 절연구간(KEC 441.1)
- ㉠ 교류 구간 : 변전소 및 급전구분소 앞에서 서로 다른 위상 또는 공급점이 다른 전원이 인접하게 될 경우 전원이 혼촉되는 것을 방지
- ㉡ 교류 – 교류 절연구간을 통과하는 방식
  - 동력(역행) 운전방식
  - 무동력(타행) 운전방식
  - 변압기 무부하 전류방식
  - 전력소비 없이 통과하는 방식
- ㉢ 교류 – 직류(직류 – 교류) 절연구간 : 교류구간과 직류 구간의 경계지점에 시설이 구간에서 전기철도는 속도 조정 차단 상태로 주행
- ㉣ 절연구간의 소요길이는 다음에 따라 결정한다.
  - 아크 시간
  - 잔류전압의 감쇄시간
  - 팬터그래프 배치간격
  - 열차속도

② 회생제동(KEC 441.5)
- ㉠ 전기철도차량은 다음과 같은 경우에 회생제동의 사용을 중단해야 한다.
  - 전차선로 지락이 발생한 경우
  - 전차선로에서 전력을 받을 수 없는 경우
  - 전차선로의 전압에서 규정된 선로전압이 장기 과전압 보다 높은 경우
- ㉡ 회생전력을 다른 전기장치에서 흡수할 수 없는 경우에는 전기철도차량은 다른 제동시스템으로 전환되어야 한다.
- ㉢ 전기철도 전력공급시스템은 회생제동이 상용제동으로 사용이 가능하고 다른 전기철도차량과 전력을 지속적으로 주고받을 수 있도록 설계되어야 한다.

③ 전기위험방지를 위한 보호대책(KEC 441.6)
- ㉠ 감전을 일으킬 수 있는 충전부는 직접접촉에 대한 보호가 있어야 한다.
- ㉡ 간접 접촉에 대한 보호대책은 노출된 도전부는 고장 조건하에서 부근 충전부와의 유도 및 접촉에 의한 감전이 일어나지 않아야 한다.
  - 보호용 본딩
  - 자동급전 차단
- ㉢ 주행레일과 분리되어 있거나 또는 공동으로 되어있는 보호용 도체를 채택한 시스템에서 최소 2개 이상의 보호용 본딩 연결로가 있어야 하며, 한쪽 경로에 고장이 발생하더라도 감전 위험이 없어야 한다.

ⓔ 차체와 주행 레일과 같은 고정설비의 보호용 도체 간의 임피던스

[전기철도차량별 최대 임피던스]

차량 종류	최대 임피던스
기관차, 객차	0.05Ω
화차	0.15Ω

• 측정시험
  – 전압 50V 이하
  – 50A 일정 전류

(7) 전기철도의 설비를 위한 보호

① 피뢰기 설치장소(KEC 451.3)
  ㉠ 변전소 인입측 및 급전선 인출측
  ㉡ 가공전선과 직접 접속하는 지중케이블에서 낙뢰에 의해 절연파괴의 우려가 있는 케이블 단말
  ※ 피뢰기는 가능한 한 보호하는 기기와 가깝게 시설하되 누설전류 측정이 용이하도록 지지대와 절연하여 설치한다.
② 피뢰기의 선정 : 밀봉형 사용

(8) 전기철도의 안전을 위한 보호

① 감전에 대한 보호조치(KEC 461.1)
  ㉠ 공칭전압이 교류 1kV 또는 직류 1.5kV 이하인 경우 사람이 접근할 수 있는 보행표면의 경우 가공 전차선의 충전부뿐만 아니라 전기철도차량 외부의 충전부(집전장치, 지붕도체 등)와의 직접접촉을 방지하기 위한 공간거리 이상을 확보하여야 한다(단, 제3레일 방식에는 적용되지 않는다).

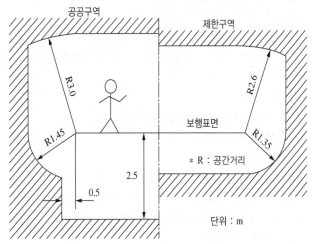

[공칭전압이 교류 1kV 또는 직류 1.5kV 이하인 경우 사람이 접근할 수 있는 보행표면의 공간거리]

ⓛ 공간거리를 유지할 수 없는 경우 장애물을 설치, 장애물 높이는 장애물 상단으로부터 1.35m의 공간거리를 유지하여야 하며, 장애물과 충전부 사이의 공간거리는 최소한 0.3m로 하여야 한다.

ⓒ 공칭전압이 교류 1kV 초과 25kV 이하인 경우 또는 직류 1.5kV 초과 25kV 이하인 경우 공간거리 이상을 유지하여야 한다.

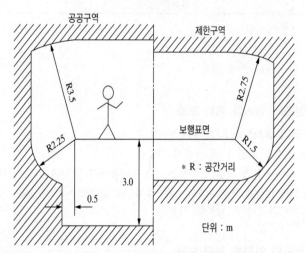

[공칭전압이 교류 1kV 초과 25kV 이하인 경우 또는직류 1.5kV 초과 25kV 이하인 경우 사람이 접근할 수 있는 보행표면의 공간거리]

ⓔ 공간거리를 유지할 수 없는 경우 충전부와의 직접 접촉에 대한 보호를 위해 장애물을 설치하여야 한다.

ⓜ 장애물 높이는 장애물 상단으로부터 1.5m의 공간거리를 유지하여야 하며, 장애물과 충전부 사이의 공간거리는 최소한 0.6m로 한다.

② 레일 전위의 접촉전압 감소 방법(KEC 461.3)

ㄱ 교류 전기철도 급전시스템은 다음 방법을 고려하여 접촉전압을 감소시켜야 한다.
- 접지극 추가 사용
- 등전위본딩
- 전자기적 커플링을 고려한 귀선로의 강화
- 전압제한소자 적용
- 보행 표면의 절연
- 단락전류를 중단시키는 데 필요한 트래핑 시간의 감소

ㄴ 직류 전기철도 급전시스템은 다음 방법을 고려하여 접촉전압을 감소시켜야 한다.
- 고장조건에서 레일 전위를 감소시키기 위해 전도성 구조물 접지의 보강
- 전압제한소자 적용
- 귀선 도체의 보강
- 보행 표면의 절연
- 단락전류를 중단시키는 데 필요한 트래핑 시간의 감소

③ 전기 부식 방지 대책(KEC 461.4)
  ㉠ 주행레일을 귀선으로 이용하는 경우 : 누설전류에 의하여 케이블, 금속제 지중관로 및 선로 구조
    물 등에 영향을 미치는 것을 방지하기 위한 적절한 시설을 하여야 한다.
  ㉡ 전기 철로 측의 전기 부식 방지를 위해서는 다음 방법을 고려하여야 한다.
    • 변전소 간 간격 축소
    • 레일본드의 양호한 시공
    • 장대레일채택
    • 절연도상 및 레일과 침목 사이에 절연층의 설치
    • 기타
  ㉢ 매설금속체측 누설전류에 의한 전기 부식의 피해가 예상되는 곳은 다음 방법을 고려하여야 한다.
    • 배류장치 설치
    • 절연코팅
    • 매설금속체 접속부 절연
    • 저준위 금속체를 접속
    • 궤도와의 이격거리 증대
    • 금속판 등의 도체로 차폐
    ※ 직류 전기철도시스템이 매설 배관 또는 케이블과 인접할 경우 누설전류를 피하기 위해 최대한 이격시켜야 하며,
      주행레일과 최소 1m 이상의 거리를 유지하여야 한다.

20 다음 중 가공직류전차선의 레일면상의 높이는 일반적인 경우 몇 m 이상이어야 하는가?

① 4.3m

② 4.8m

③ 5.2m

④ 5.8m

⑤ 6.2m

21 다음 중 차체와 주행 레일과 같은 고정설비의 보호용 도체 간의 임피던스는 화차인 경우 최대 얼마까지인가?

① 0.05Ω

② 0.1Ω

③ 0.15Ω

④ 0.2Ω

⑤ 0.25Ω

22 다음 중 전기철도 측 전기 부식 방지를 위해서 고려하여야 하는 방법으로 옳지 않은 것은?

① 배류장치 설치

② 장대레일 채택

③ 변전소 간 간격 축소

④ 레일본드의 양호한 시공

⑤ 절연도상 및 레일과 침목 사이에 절연층의 설치

(1) 전기 공급방식(KEC 503.2.1)

분산형전원설비의 전기 공급방식, 접지 또는 측정 장치 등은 다음과 같은 기준에 따른다.

① 분산형전원설비의 전기 공급방식은 전력계통과 연계되는 전기 공급방식과 동일하여야 한다.

② 분산형전원설비 사업자의 한 사업장의 설비 용량 합계가 250kVA 이상일 경우에는 송·배전계통과 연계지점의 연결 상태를 감시 또는 유효전력, 무효전력 및 전압을 측정할 수 있는 장치를 시설하여야 한다.

(2) 전기저장장치(KEC 510)

① 설치장소의 요구사항

　㉠ 전기저장장치의 이차전지, 제어반, 배전반의 시설은 기기 등을 조작 또는 보수·점검할 수 있는 공간을 확보하고 조명설비를 시설하여야 한다.

　㉡ 폭발성 가스의 축적을 방지하기 위한 환기시설을 갖추고 제조사가 권장한 온도·습도·수분·몃 디 등의 운영환경을 상시 유지하여야 한다.

　㉢ 침수 및 누수의 우려가 없도록 시설하여야 한다.

　㉣ 외벽 등 확인하기 쉬운 위치에 "전기저장창치 시설장소" 표기 및 일반인의 출입을 통제하기 위한 잠금장치 등을 설치해야 한다.

② 설비의 안전 요구사항

    ㉠ 충전부 등 노출부분은 절연 및 접촉방지를 위한 방호 시설물을 설치하여야 한다.

    ㉡ 고장이나 외부 환경요인으로 인하여 비상상황 발생 또는 출력에 문제가 있을 경우 안전하게 작동하기 위한 비상정지 스위치 등을 시설하여야 한다.

    ㉢ 모든 부품은 충분한 내열성을 확보하여야 한다.

    ㉣ 동일 구획 내 직병렬로 연결된 전기장치는 식별이 용이하도록 명판을 부착하여 장치 간 연결이 잘못되지 않도록 해야 한다.

    ㉤ 부식환경에 노출되는 경우, 금속제 및 부속품은 부식되지 않도록 녹방지 및 방식 처리를 하여야 한다.

③ 옥내 전로의 대지전압 제한

주택의 전기저장장치의 축전지에 접속하는 부하측 옥내배선을 다음에 따라 시설하는 경우에 주택의 옥내전로의 대지전압은 직류 600V 이하이어야 한다.

    ㉠ 전로에 지락이 생겼을 때 자동적으로 전로를 차단하는 장치를 시설한 경우

    ㉡ 사람이 접촉할 우려가 없는 은폐된 장소에 합성수지관배선, 금속관배선 및 케이블배선에 의하여 시설하거나 사람이 접촉할 우려가 없도록 케이블배선에 의하여 시설하고 전선에 적당한 방호장치를 시설한 경우

(3) 전기저장장치의 시설(KEC 511.2)

① 전기배선의 굵기 : 2.5mm^2 이상의 연동선

② 충전 및 방전 기능

    ㉠ 충전기능

      • 전기저장장치는 배터리의 SOC특성(충전상태 : State of Charge)에 따라 제조자가 제시한 정격으로 충전할 수 있어야 한다.

      • 충전할 때에는 전기저장장치의 충전상태 또는 배터리상태를 시각화하여 정보를 제공해야 한다.

    ㉡ 방전기능

      • 전기저장장치는 배터리의 SOC특성에 따라 제조자가 제시한 정격으로 방전할 수 있어야 한다.

      • 방전할 때에는 전기저장장치의 방전상태 또는 배터리상태를 시각화하여 정보를 제공해야 한다.

③ 전기저장장치의 이차전지는 다음에 따라 자동으로 전로로부터 차단하는 장치를 시설하여야 한다.

    ㉠ 과전압 또는 과전류가 발생한 경우

    ㉡ 제어장치에 이상이 발생한 경우

    ㉢ 이차전지 모듈의 내부 온도가 급격히 상승할 경우

④ 계측장치

전기저장장치를 시설하는 곳에는 다음의 사항을 계측하는 장치를 시설하여야 한다.

    ㉠ 축전지 출력단자의 전압, 전류, 전력 및 충·방전상태

    ㉡ 주요변압기의 전압, 전류 및 전력

(4) 태양광발전설비(KEC 520)

※ 주택의 전기저장장치의 축전지에 접속하는 부하측 옥내배선을 시설하는 경우에 주택의 옥내전로의 대지전압은 직류 600V 까지 적용할 수 있다.

① 설치장소의 요구사항

ㄱ 인버터, 제어반, 배전반 등의 시설은 기기 등을 조작 또는 보수점검할 수 있는 충분한 공간을 확보하고 필요한 조명설비를 시설하여야 한다.

ㄴ 인버터 등을 수납하는 공간에는 실내온도의 과열 상승을 방지하기 위한 환기시설을 갖추어야 하며, 적정한 온도와 습도를 유지하도록 시설하여야 한다.

ㄷ 배전반, 인버터, 접속장치 등을 옥외에 시설하는 경우 침수의 우려가 없도록 시설하여야 한다.

ㄹ 지붕에 시설하는 경우 취급자가 추락의 위험이 없도록 점검통로를 안전하게 시설하여야 한다.

ㅁ 최대개방전압 DC 750V 초과 1,500V 이하인 시설장소는 울타리 등의 안전조치를 해야 한다.

② 설비의 안전 요구사항

ㄱ 태양전지 모듈, 전선, 개폐기 및 기타 기구는 충전부분이 노출되지 않도록 시설하여야 한다.

ㄴ 모든 접속함에는 내부의 충전부가 인버터로부터 분리된 후에도 여전히 충전상태일 수 있음을 나타내는 경고가 붙어 있어야 한다.

ㄷ 태양광설비의 고장이나 외부 환경요인으로 인하여 계통연계에 문제가 있을 경우 회로분리를 위한 안전시스템이 있어야 한다.

③ 태양광설비의 시설

ㄱ 간선의 시설기준(전기배선)

• 모듈 및 기타 기구에 전선을 접속하는 경우는 나사로 조이고, 기타 이와 동등 이상의 효력이 있는 방법으로 기계적·전기적으로 안전하게 접속하고, 접속점에 장력이 가해지지 않아야 한다.

• 배선시스템은 바람, 결빙, 온도, 태양방사와 같은 외부 영향을 견디도록 시설하여야 한다.

• 모듈의 출력배선은 극성별로 확인할 수 있도록 표시하여야 한다.

• 기타 사항은 KEC 512.1.1(전기저장장치의 전기배선)에 따라야 한다.

ㄴ 전력변환장치의 시설 : 인버터, 절연변압기 및 계통 연계 보호장치 등 전력변환장치의 시설은 다음에 따라 시설하여야 한다.

• 인버터는 실내·실외용을 구분하여야 한다.

• 각 직렬군의 태양전지 개방전압은 인버터 입력전압 범위 이내이어야 한다.

• 옥외에 시설하는 경우 방수등급은 IPX4 이상이어야 한다.

ㄷ 태양광설비의 계측장치 : 태양광설비에는 전압, 전류 및 전력을 계측하는 장치를 시설하여야 한다.

ㄹ 제어 및 보호장치 등

• 중간단자함 및 어레이 출력 개폐기는 다음과 같이 시설하여야 한다.

ㅡ 태양전지 모듈에 접속하는 부하측의 태양전지 어레이에서 전력변환장치에 이르는 전로(복수의 태양전지 모듈을 시설한 경우에는 그 집합체에 접속하는 부하측의 전로)에는 그 접속점에 근접하여 개폐기 기타 이와 유사한 기구(부하전류를 개폐할 수 있는 것에 한한다)를 시설하여야 한다.

ㅡ 어레이 출력개폐기는 점검이나 조작이 가능한 곳에 시설하여야 한다.

• 이 외에도 과전류 및 지락 보호장치, 접지설비, 피뢰설비 등을 시설하여야 한다.

(5) 풍력발전설비(KEC 530)

① 화재방호설비 시설(KEC 531.3)

500kW 이상의 풍력터빈은 나셀 내부의 화재 발생 시 이를 자동으로 소화할 수 있는 화재방호설비를 시설하여야 한다.

② 제어 및 보호장치 시설의 일반 요구사항(KEC 532.3.1)

㉠ 제어장치는 다음과 같은 기능 등을 보유하여야 한다.
- 풍속에 따른 출력 조절
- 출력제한
- 회전속도제어
- 계통과의 연계
- 기동 및 정지
- 계통 정전 또는 부하의 손실에 의한 정지
- 요잉에 의한 케이블 꼬임 제한

㉡ 보호장치는 다음의 조건에서 풍력발전기를 보호하여야 한다.
- 과풍속
- 발전기의 과출력 또는 고장
- 이상진동
- 계통 정전 또는 사고
- 케이블의 꼬임 한계

③ 접지설비

접지설비는 풍력발전설비 타워기초를 이용한 통합접지공사를 하여야 하며, 설비 사이의 전위차가 없도록 등전위본딩을 하여야 한다.

④ 계측장치의 시설(KEC 532.3.7)

풍력터빈에는 설비의 손상을 방지하기 위하여 운전상태를 계측하는 계측장치를 시설하여야 한다.
- ㉠ 회전속도계
- ㉡ 나셀(Nacelle) 내의 진동을 감시하기 위한 진동계
- ㉢ 풍속계
- ㉣ 압력계
- ㉤ 온도계

(6) 연료전지설비(KEC 540)

① 설치장소의 안전 요구사항(KEC 541.1)

㉠ 연료전지를 설치할 주위의 벽 등은 화재에 안전하게 시설하여야 한다.
㉡ 가연성 물질과 안전거리를 충분히 확보하여야 한다.
㉢ 침수 등의 우려가 없는 곳에 시설하여야 한다.
㉣ 연료전지설비는 쉽게 움직이거나 쓰러지지 않도록 견고하게 고정하여야 한다.
㉤ 연료전지설비는 건물 출입에 방해되지 않고 유지보수 및 비상시의 접근이 용이한 장소에 시설하여야 한다.

② 연료전지 발전실의 가스 누설 대책(KEC 541.2)

　㉠ 연료가스를 통하는 부분은 최고사용 압력에 대하여 기밀성을 가지는 것이어야 한다.

　㉡ 연료전지 설비를 설치하는 장소는 연료가스가 누설되었을 때 체류하지 않는 구조이어야 한다.

　㉢ 연료전지 설비로부터 누설되는 가스가 체류 할 우려가 있는 장소에 해당 가스의 누설을 감지하고 경보하기 위한 설비를 설치하여야 한다.

③ 안전밸브(KEC 542.1.4)

　㉠ 안전밸브가 1개인 경우는 그 배관의 최고사용압력 이하의 압력으로 한다. 다만, 배관의 최고사용 압력 이하의 압력에서 자동적으로 가스의 유입을 정지하는 장치가 있는 경우에는 최고사용압력 의 1.03배 이하의 압력으로 할 수 있다.

　㉡ 안전밸브가 2개 이상인 경우에는 1개는 과압(통상의 상태에서 최고사용압력을 초과하는 압력) 에 준하는 압력으로 하고, 그 이외의 것은 그 배관의 최고사용압력의 1.03배 이하의 압력이어야 한다.

④ 연료전지설비의 보호장치(KEC 542.2.1)

연료전지는 다음의 경우에 자동적으로 이를 전로에서 차단하고 연료전지에 연료가스 공급을 자동적 으로 차단하며, 연료전지 내의 연료가스를 자동적으로 배제하는 장치를 시설하여야 한다.

　㉠ 연료전지에 과전류가 생긴 경우

　㉡ 발전요소의 발전전압에 이상이 생겼을 경우 또는 연료가스 출구에서의 산소농도 또는 공기 출구 에서의 연료가스 농도가 현저히 상승한 경우

　㉢ 연료전지의 온도가 현저하게 상승한 경우

⑤ 접지설비(KEC 542.2.5)

　㉠ 접지극은 고장 시 근처의 대지 사이에 생기는 전위차에 의해 사람, 가축, 시설물에 위험의 우려가 없도록 시설할 것

　㉡ 접지도체는 공칭단면적 16mm^2 이상의 연동선 또는 이와 동등 이상의 세기 및 굵기의 쉽게 부식 하지 않는 금속선(저압 전로의 중성점에 시설하는 것은 공칭단면적 6mm^2 이상의 연동선 또는 이와 동등 이상의 세기 및 굵기의 쉽게 부식하지 않는 금속선)으로서 고장 시 흐르는 전류가 안전 하게 통할 수 있는 것을 사용하고 손상을 받을 우려가 없도록 시설할 것

　㉢ 접지도체에 접속하는 저항기·리액터 등은 고장 시 흐르는 전류가 안전하게 통할 것

　㉣ 접지도체·저항기·리액터 등은 취급자 의외의 자가 출입하지 아니하도록 시설하는 경우 외에는 사람의 접촉의 우려가 없도록 시설할 것

23 다음 중 태양전지 모듈의 시설에 대한 설명으로 옳은 것은?

① 충전부분은 노출하여 시설할 것
② 출력배선은 극성별로 확인이 가능하도록 표시할 것
③ 전선은 공칭단면적 $1.5mm^2$ 이상의 연동선을 사용할 것
④ 전선을 옥내에 시설할 경우에는 애자사용공사에 준하여 시설할 것
⑤ 주택의 태양전지모듈에 접속하는 부하측 옥내배선의 대지전압은 직류 500V 이하로 할 것

24 분산형 전원설비의 전기저장장치 시설 시 전기배선의 굵기는 몇 mm^2 이상이어야 하는가?

① $1.5mm^2$
② $2.5mm^2$
③ $4.0mm^2$
④ $10mm^2$
⑤ $12.5mm^2$

25 풍력터빈에는 설비의 손상을 방지하기 위하여 시설해야 하는 운전상태를 계측하는 계측장치에 속하지 않은 것은?

① 회전속도계
② 압력계
③ 풍속계
④ 진동측정계
⑤ 나셀(Nacelle) 내의 진동을 감시하기 위한 진동계

PART 2

적중예상문제

CHAPTER 01 전기자기학

CHAPTER 02 전력공학

CHAPTER 03 전기기기

CHAPTER 04 회로이론

CHAPTER 05 KEC 및 기술기준

01 저항 R_1과 R_2을 직렬로 접속하고 V의 전압을 가한 경우에 저항 R_1 양단의 전압은 어떻게 되는가?

① $\dfrac{R_2}{R_1 + R_2} V$

② $\dfrac{R_1 R_2}{R_1 + R_2} V$

③ $\dfrac{R_1 - R_2}{R_1 R_2} V$

④ $\dfrac{R_1}{R_1 + R_2} V$

⑤ $\dfrac{R_1 + R_2}{R_1 R_2} V$

02 다음 중 전기력선의 성질이 아닌 것은?

① 양전하에서 나와 음전하에서 끝나는 연속 곡선이다.
② 전기력선은 전위가 낮은 곳에서 높은 곳으로 향한다.
③ 전기력선은 서로 교차하지 않는다.
④ 전장이 있는 곳에서 전기력선은 등전위면과 직교한다.
⑤ 전기력선은 도체 표면에 수직으로 출입한다.

03 다음 중 쿨롱의 법칙에 대한 설명으로 옳지 않은 것은?

① 두 전하 사이에 작용하는 힘의 크기는 두 전하량의 곱에 비례한다.
② 두 전하 사이에 작용하는 힘의 방향은 두 전하를 연결하는 직선과 일치한다.
③ 두 전하 사이에 작용하는 힘은 반발력과 흡인력이 있다.
④ 두 전하 사이에 힘의 크기는 두 전하 사이의 거리에 반비례한다.
⑤ 정지해 있는 두 개의 점전하 사이에 작용하는 힘을 기술하는 물리법칙이다.

04 다음 중 비유전율이 6인 유전체 내에 전속밀도가 $2 \times 10^{-6} \text{C/m}^2$인 점의 전기장의 세기는 얼마인가?

① 약 $3.764 \times 10^2 \text{V/m}$

② 약 $3.764 \times 10^3 \text{V/m}$

③ 약 $3.764 \times 10^4 \text{V/m}$

④ 약 $3.764 \times 10^5 \text{V/m}$

⑤ 약 $3.764 \times 10^6 \text{V/m}$

05 다음 중 패러데이관에 대한 설명으로 옳지 않은 것은?

① 패러데이관 밀도는 전속밀도와 같다.

② 패러데이관 내부의 전속수는 일정하다.

③ 진전하가 없는 점에서 패러데이관은 불연속이다.

④ 패러데이관에서의 단위전위차 에너지는 $\frac{1}{2}\text{J}$이다.

⑤ 패러데이관 양단에는 단위정전하, 단위부전하가 있다.

06 다음 중 도체의 전기저항 R과 고유저항 ρ, 단면적 A, 길이 l의 관계에 대한 설명으로 옳은 것을 〈보기〉에서 모두 고르면?

> 보기
>
> ㄱ. 전기저항 R은 고유저항 ρ에 비례한다.
> ㄴ. 전기저항 R은 단면적 A에 비례한다.
> ㄷ. 전기저항 R은 길이 l에 비례한다.
> ㄹ. 도체의 길이를 n배 늘리고 단면적을 $\frac{1}{n}$배 줄이면, 전기저항 R은 n^2배로 증가한다.

① ㄱ, ㄴ

② ㄱ, ㄷ

③ ㄴ, ㄷ

④ ㄷ, ㄹ

⑤ ㄱ, ㄷ, ㄹ

07 함수 $f(t) = 2t^4$에 대한 $\mathcal{L}[f(t)]$는?

① $\dfrac{10}{s^5}$

② $\dfrac{48}{s^5}$

③ $\dfrac{8}{s^4}$

④ $\dfrac{24}{s^4}$

⑤ $\dfrac{6}{s^3}$

08 어떤 콘덴서에 1,000V의 전압을 가하여 5×10^{-3}C의 전하가 축적되었을 때, 이 콘덴서의 용량은?

① $0.25\mu\text{F}$

② $0.5\mu\text{F}$

③ $0.2\mu\text{F}$

④ $2.5\mu\text{F}$

⑤ $5\mu\text{F}$

09 다음 글에서 설명하는 법칙을 순서대로 바르게 나열한 것은?

> ㄱ. 폐회로에 시간적으로 변화하는 자속이 쇄교할 때 발생하는 기전력을 의미한다.
> ㄴ. 도선에 전류가 흐를 때 발생하는 자계의 방향을 의미한다.
> ㄷ. 자계 중에 전류가 흐르는 도체가 놓여 있을 때 도체에 작용하는 힘의 방향을 의미한다.

	ㄱ	ㄴ	ㄷ
①	암페어의 오른나사 법칙	가우스 법칙	패러데이의 전자유도 법칙
②	패러데이의 전자유도 법칙	가우스 법칙	플레밍의 왼손 법칙
③	패러데이의 전자유도 법칙	암페어의 오른나사 법칙	플레밍의 왼손 법칙
④	패러데이의 전자유도 법칙	암페어의 왼나사 법칙	플레밍의 오른손 법칙
⑤	가우스 법칙	플레밍의 오른손 법칙	패러데이의 전자유도 법칙

10 다음 중 물질 중의 자유전자가 과잉된 상태를 의미하는 말로 옳은 것은?

① (−)대전상태 ② 발열상태
③ 중성상태 ④ (+)대전상태
⑤ 전이상태

11 5분 동안에 600C의 전기량이 이동했다면 전류의 세기는 얼마인가?

① 20A ② 15A
③ 10A ④ 5A
⑤ 2A

12 어느 가정집이 40W LED등 10개, 1kW 전자레인지 1개, 100W 컴퓨터 세트 2대, 1kW 세탁기 1대를 사용한다. 하루 평균 사용시간이 LED등은 5시간, 전자레인지 30분, 컴퓨터 5시간, 세탁기 1시간일 때, 1개월(30일) 동안 사용한 전력량은?

① 115kWh ② 120kWh
③ 125kWh ④ 130kWh
⑤ 135kWh

13 다음 중 전하의 성질에 대한 설명으로 옳지 않은 것은?

① 같은 종류의 전하는 끌어당기고 다른 종류의 전하끼리는 반발한다.

② 대전체에 들어있는 전하를 없애려면 접지시킨다.

③ 대전체의 영향으로 비대전체에 전기가 유도된다.

④ 전하는 가장 안정한 상태를 유지하려는 성질이 있다.

⑤ 전하는 생성되거나 소멸되지 않는다.

14 200V, 2kW의 전열선 2개를 같은 전압에서 직렬로 접속한 경우의 전력은 병렬로 접속한 경우의
전력보다 어떻게 되는가?

① $\frac{1}{2}$ 로 감소한다.

② $\frac{1}{4}$ 로 감소한다.

③ $\frac{1}{8}$ 로 감소한다.

④ 2배로 증가한다.

⑤ 4배로 증가한다.

15 다음 중 단일한 도체로 된 막대기의 양 끝에 전위차가 가해지면 이 도체의 양 끝에서 열의 흡수나
방출이 일어나는 현상은?

① 볼타 효과(Volta Effect)

② 제벡 효과(Seebeck Effect)

③ 톰슨 효과(Thomson Effect)

④ 표피 효과(Skin Effect)

⑤ 펠티에 효과(Peltier Effect)

16 다음 그림과 같은 색띠 저항에 10V의 직류전원을 연결할 때, 이 저항에서 10분간 소모되는 열량은?(단, 색상에 따른 숫자는 다음 표와 같으며, 금색이 의미하는 저항값의 오차는 무시한다)

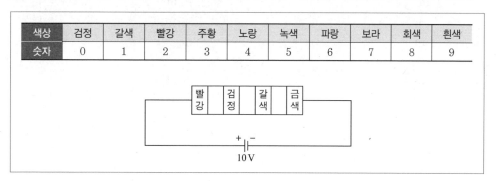

색상	검정	갈색	빨강	주황	노랑	녹색	파랑	보라	회색	흰색
숫자	0	1	2	3	4	5	6	7	8	9

① 12cal

② 36cal

③ 72cal

④ 144cal

⑤ 162cal

17 다음과 같은 토러스형 자성체를 갖는 자기회로에 코일을 110회 감고 1A의 전류를 흘릴 때, 공극에서 발생하는 기자력 강하는?(단, 이때 자성체의 비투자율 μ_{r1}은 990이고, 공극내의 비투자율 μ_{r2}는 1이다. 자성체와 공극의 단면적은 1cm^2이고, 공극을 포함한 자로 전체 길이 L_c는 1m, 공극의 길이 L_g는 1cm이다. 누설자속 및 공극 주위의 플린징 효과는 무시한다)

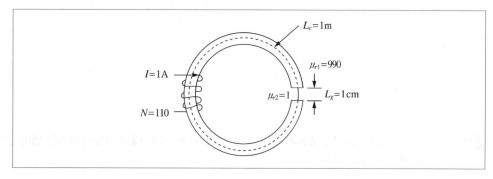

① 약 91.96AT/m

② 약 94.16AT/m

③ 약 96.36AT/m

④ 약 98.56AT/m

⑤ 약 100.76AT/m

18 공기 중에서 m[Wb]의 자극으로부터 나오는 자속수는?

① m

② $\mu_0 m$

③ $\dfrac{1}{m}$

④ $\dfrac{m}{\mu_0}$

⑤ $\dfrac{1}{\mu_0 m}$

19 0.5℧의 컨덕턴스를 가진 저항체에 6A의 전류를 흘리려면 몇 V의 전압을 가해야 하는가?

① 3V

② 10V

③ 12V

④ 15V

⑤ 30V

20 길이 10cm의 솔레노이드 코일에 5A의 전류가 흐를 때, 코일 내 자기장의 세기는 얼마인가?(단, 1cm당 권수는 20회이다)

① 10AT/m

② 10^2AT/m

③ 10^3AT/m

④ 10^4AT/m

⑤ 10^5AT/m

21 다음 중 무한히 긴 직선 도선에 전류가 흐를 때, 도선 주위에 생기는 자기장의 세기는?

① 도선으로부터의 직선거리에 반비례한다.

② 도선으로부터의 직선거리에 비례한다.

③ 도선으로부터의 직선거리와 무관하다.

④ 도선으로부터의 직선거리의 제곱에 비례한다.

⑤ 도선으로부터의 직선거리의 제곱에 반비례한다.

22 권수 300회의 코일에 6A의 전류가 흘러서 0.05Wb의 자속이 코일을 지날 때, 이 코일의 자체 인덕턴스는 몇 H인가?

① 0.25H

② 0.35H

③ 2.5H

④ 3.5H

⑤ 4.5H

23 권선수 100의 코일에 쇄교되는 자속이 10ms마다 2Wb만큼 증가할 때, 코일에 유도되는 기전력의 크기는 얼마인가?

① 2,000V

② 5,000V

③ 7,500V

④ 10,000V

⑤ 20,000V

24 초산은($AgNO_3$) 용액에 1A의 전류를 2시간 동안 흘렸다. 이때 은의 석출량은?[단, 은의 전기 화학 당량(k)은 1.1×10^{-3} g/C이다]

① 5.44g

② 6.08g

③ 7.92g

④ 9.84g

⑤ 11.12g

25 다음 그림에서 자속밀도 $B = 10 \text{Wb/m}^2$에 수직으로 길이 20cm인 도체가 속도 $v = 10 \text{m/sec}$로 화살표 방향(도체와 직각 방향)으로 레일과 같은 도체 위를 움직이고 있다. 이때, 단자 a, b에 연결된 저항 2Ω에서 소비되는 전력 P는?

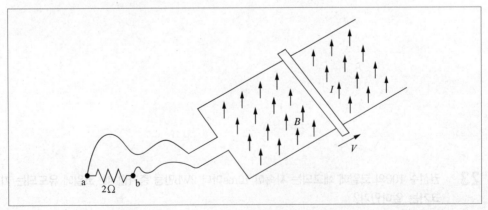

① 100W

② 200W

③ 300W

④ 400W

⑤ 600W

26 전위 함수가 $V = 3x + 2y^2$[V]로 주어질 때, 점$(2, -1, 3)$에서 전계의 세기는?

① 5V/m ② 6V/m

③ 8V/m ④ 12V/m

⑤ 14V/m

27 전기장 내의 한 점으로부터 다른 점까지 2C의 전하를 옮기는 데 1J의 일이 필요하였다. 이 두 점 사이의 전위차는?

① 0.25V ② 0.5V

③ 1V ④ 2V

⑤ 3V

28 공기 중에서 무한히 긴 두 도선 A, B가 평행하게 $d = 1$m의 간격을 두고 있다. 이 두 도선 모두 1A의 전류가 같은 방향으로 흐를 때, 도선 B에 작용하는 단위길이당 힘의 크기 및 형태를 순서대로 바르게 나열한 것은?

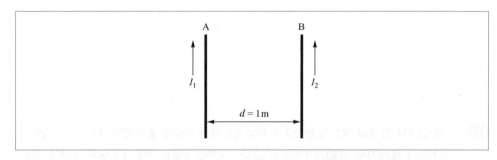

	힘의 크기	힘의 형태		힘의 크기	힘의 형태
①	4×10^{-7}N/m	흡인력	②	2×10^{-7}N/m	반발력
③	2×10^{-7}N/m	흡인력	④	4×10^{-7}N/m	반발력
⑤	6×10^{-7}N/m	흡인력			

29 전장과 반대 방향으로 전하를 20cm 이동시키는 데 600J의 에너지가 소비되었다. 두 점 사이의 전위차가 100V일 때, 전하의 전기량은?

① 2C ② 4C

③ 6C ④ 8C

⑤ 10C

30 균일한 자기장 속에 직선 도선이 자기장의 방향에 수직하게 놓여 있다. 이 도선의 길이가 2m이고 자기장의 세기(자속 밀도)가 $1Wb/m^2$일 때, 도선에 흐르는 전류가 3A라면 도선이 받는 힘은 몇 N인가?

① 2N ② 3N

③ 4N ④ 5N

⑤ 6N

01 유역면적이 $5,000km^2$인 어떤 발전 지점이 있다. 유역 내의 연 강우량이 $1,300mm$이고 유출계수가 80%라고 할 때, 그 지점을 통과하는 연평균 유량은 몇 m^3/s인가?

① 약 $144.6m^3/s$ ② 약 $149.7m^3/s$

③ 약 $154.3m^3/s$ ④ 약 $162.6m^3/s$

⑤ 약 $164.9m^3/s$

02 선간전압 $20kV$, 상전류 $6A$의 3상 Y결선되어 발전하는 교류 발전기를 △결선으로 변경하였을 때, 상전압 V_P와 선전류 I_L은?(단, 3상 전원은 평형이며, 3상 부하는 동일하다)

	V_P	I_L		V_P	I_L
①	$\dfrac{20}{\sqrt{3}}kV$	$6\sqrt{3}A$	②	$20kV$	$6\sqrt{3}A$
③	$\dfrac{20}{\sqrt{3}}kV$	$6A$	④	$20kV$	$6A$
⑤	$\dfrac{20}{\sqrt{3}}kV$	$12A$			

03 다음 중 부하의 역률이 규정 값 이하인 경우 역률 개선을 위하여 설치하는 것은?

① 저항   ② 리액터

③ 컨덕턴스   ④ 진상용 콘덴서

⑤ 인버터

04 다음 중 역률 개선의 효과로 볼 수 없는 것은?

① 전력손실 감소   ② 전압강하 감소

③ 감전사고 감소   ④ 설비용량의 이용률 증가

⑤ 투자비 경감

05 다음 중 전력선 전압(E)에 의해 발생하는 통신선 1선에서의 유도전압(E_s)으로 옳은 것은?(단, 상호정전용량은 C_m, 대지정전용량은 C_s 이다)

① $E_s = \dfrac{C_m}{C_m - C_s} \times E$ ② $E_s = \dfrac{C_m + C_s}{C_s} \times E$

③ $E_s = \dfrac{C_s}{C_m + C_s} \times E$ ④ $E_s = \dfrac{C_m}{C_m + C_s} \times E$

⑤ $E_s = \dfrac{C_m - C_s}{C_m} \times E$

06 발전기를 정격전압 220V로 전부하 운전하다가 무부하로 운전하였더니 단자전압이 242V가 되었다. 이 발전기의 전압 변동률은?

① 10%   ② 14%

③ 16%   ④ 20%

⑤ 25%

07 다음 중 부흐홀츠 계전기의 설치 위치로 옳은 곳은?

① 콘서베이터 내부   ② 변압기 고압측 부싱

③ 변압기 주 탱크 내부   ④ 변압기 주 탱크와 콘서베이터 사이

⑤ 변압기 저압측 부싱

08 다음 중 대칭좌표법에 대한 설명으로 옳지 않은 것은?

① 대칭 3상 전압에서 영상분은 0이 된다.

② 대칭 3상 전압은 정상분만 존재한다.

③ 불평형 3상 회로의 접지식 회로에는 영상분이 존재한다.

④ 불평형 3상 회로의 비접지식 회로에는 영상분이 존재한다.

⑤ 비대칭인 기전력이나 전류 등을 대칭인 성분으로 분해하여 각 성분마다 계산한다.

09 단권 변압기에서 고압측 V_h, 저압측을 V_l, 2차 출력을 P라 하면 단권 변압기의 용량을 나타내는 식으로 옳은 것은?

① $\dfrac{V_l + V_h}{V_h}$

② $\dfrac{V_h - V_l}{V_h}$

③ $\dfrac{V_l + V_h}{V_l}$

④ $\dfrac{V_h - V_l}{V_l}$

⑤ $\dfrac{V_h}{V_l}$

10 3상 4선식 380/220V 선로에서 전원의 중성극에 접속된 전선을 무엇이라 하는가?

① 접지선

② 중성선

③ 전원선

④ 접지측선

⑤ 단상3선

11 차단기 문자 기호 중 'OCB'는 무엇인가?

① 진공차단기

② 기중차단기

③ 자기차단기

④ 유입차단기

⑤ 누전차단기

12 유효낙차 100m, 출력 15,000kW, 회전수 360rpm인 수차의 특유속도는 몇 rpm인가?

① 약 139.4rpm

② 약 135.8rpm

③ 약 131.2rpm

④ 약 125.6rpm

⑤ 약 126.7rpm

13 3상 전원의 수전단에서 전압 3,300V, 1,000A 뒤진 역률 0.8의 전력을 받고 있을 때 동기 무효 전력 보상 장치로 역률을 개선하여 1로 하고자 한다. 필요한 동기 무효 전력 보상 장치의 용량은 얼마로 하면 되겠는가?

① 315kVA

② 1,525kVA

③ 3,150kVA

④ 3,429kVA

⑤ 3,625kVA

14 송전단 전압이 4,080V이고 전압강하율이 2%일 때, 이 송전선로의 수전단 전압은 얼마인가?

① 3,400V

② 3,600V

③ 3,800V

④ 4,000V

⑤ 4,200V

15 다음 중 피뢰기의 약호는?

① LA

② PF

③ SA

④ COS

⑤ CT

16 다음 중 코로나 현상이 발생할 때, 그 영향으로 옳지 않은 것은?

① 고주파로 인한 통신선 유도 장해

② 질소 발생에 의한 전선의 부식

③ 소호리액터 접지 시 소호 능력 저하

④ 코로나 손실로 인한 송전 용량 감소

⑤ 잡음으로 인한 전파 장해

17 $f=60\text{Hz}$, $C=0.03\mu\text{F/km}$이고 길이가 173.2km인 송전선로에 작용하는 선간전압이 66kV일 때, 송전선로에 흐르는 전류의 세기는?

① 약 54.3A

② 약 62.9A

③ 약 74.6A

④ 약 81.3A

⑤ 약 95.4A

18 다음 중 안정도에 대한 설명으로 옳지 않은 것은?

① 정태안정도는 전력 시스템이 천천히 증가하는 부하에 대하여 전력을 계속 공급할 수 있는 능력을 말한다.

② 과도안정도는 전력 계통에서 발전기 탈착, 부하 급변, 지락, 단락 따위의 급격한 움직임에 대하여 발전기가 안정 상태를 유지하는 정도이다.

③ 동태안정도는 여자기, 조속기 등 발전기의 제어 효과까지를 고려한 안정도이다.

④ 송전선 안정도 향상 방안으로 전압변동률 증가, 직렬 리액턴스 감소 등이 있다.

⑤ 발전기 안정도 향상 방법으로는 단권변압기 사용하기, 단락비 향상 등이 있다.

19 다음 중 배전계통에서 전력용 콘덴서를 설치하는 목적으로 옳은 것은?

① 전압강하 증대　　　　　　　② 송전용량 감소
③ 변압기 여유율 감소　　　　　④ 선로의 전력손실 감소
⑤ 고장 시 영상전류 감소

20 가공전선로의 지지물 간 거리가 220m, 전선의 자체무게가 20N/m, 인장하중 50kN일 때, 전선의 처짐정도는 얼마인가?(단, 안전율은 2.5이다)

① 약 2m　　　　　　　　　　② 약 3m
③ 약 4m　　　　　　　　　　④ 약 5m
⑤ 약 6m

21 다음 중 전력계통을 연계할 경우의 장점으로 옳지 않은 것은?

① 계통 전체로서의 신뢰도가 증가한다.
② 전력의 융통으로 설비용량이 절감된다.
③ 건설비 및 운전 경비 절감으로 경제 급전이 용이하다.
④ 단락전류가 증가하고 통신선의 전자 유도장해가 작아진다.
⑤ 부하 변동의 영향이 작아 안정된 주파수 유지가 가능하다.

22 다음 중 3상 3선식 배전선로에서 대지정전용량이 C_s, 선간정전용량이 C_m 일 때, 작용정전용량은?

① $C_s + C_m$　　　　　　　　② $C_s + 2C_m$
③ $2C_s + C_m$　　　　　　　　④ $C_s + 3C_m$
⑤ $3C_s + C_m$

23 송전전력이 3,000kW인 전력을 45km 떨어진 지점에 경제적으로 송전할 때 필요한 송전전압은?
(단, Still식으로 산정한다)

① 약 25.53kV

② 약 29.78kV

③ 약 33.21kV

④ 약 37.36kV

⑤ 약 41.52kV

24 역률이 0.8, 출력이 300kW인 3상 평형유도부하가 3상 배전선로에 접속되어 있다. 부하단의 수전전압이 6,000V이고 배전선 1조의 저항 및 리액턴스가 각각 5Ω, 4Ω일 때, 송전단 전압은 몇 V인가?

① 6,000V

② 6,100V

③ 6,200V

④ 6,300V

⑤ 6,400V

25 다음 중 수력발전소에서 댐식 발전의 낙차를 얻는 방법으로 옳은 것은?

① 유량이 많고 낙차가 작은 장소에서 발전한다.

② 인공적으로 수로를 만들어 큰 낙차를 만들어 발전한다.

③ 유량이 적고 하천의 기울기가 큰 자연낙차를 이용하여 발전한다.

④ 유량이 많고 하천의 기울기가 작은 자연낙차를 이용하여 발전한다.

⑤ 댐으로부터 수로를 통해 낙차가 큰 지점까지 물을 유도하여 발전한다.

26 출력 30kW의 전동기의 총양정이 10m이고 펌프 효율이 0.8일 때, 양수량은 몇 m^3/min인가?

① $11.3m^3/min$

② $12.5m^3/min$

③ $13.2m^3/min$

④ $14.7m^3/min$

⑤ $16.3m^3/min$

27 다음 중 기력발전소에서 가장 많이 사용하는 열 사이클은?

① 재생재열 사이클　　　　　　　② 랭킨 사이클

③ 재열 사이클　　　　　　　　　④ 재생 사이클

⑤ 카르노 사이클

28 다음 중 증기의 엔탈피에 대한 설명으로 옳은 것은?

① 증기 1kg의 보유열량　　　　　② 증기 1kg의 응고잠열

③ 증기 1kg의 증발잠열　　　　　④ 증기 1kg의 현열

⑤ 증기 1kg의 (증발열량)/(절대온도)

29 발열량이 4,500kcal/kg인 석탄 5kg로 생산할 수 있는 전력량은?(단, 발전소 효율은 45%이다)

① 약 9.32kWh　　　　　　　　② 약 9.89kWh

③ 약 10.26kWh　　　　　　　　④ 약 10.98kWh

⑤ 약 11.77kWh

30 다음 중 비등수형 원자로의 특징으로 옳지 않은 것은?

① 증기가 직접 터빈으로 유입되므로 누출 사고에 유의해야 한다.

② 가압수형에 비해 출력밀도가 낮다.

③ 가압수형에 비해 원자로 내부 압력이 높아야 한다.

④ 노심 및 압력용기가 커진다.

⑤ 열교환기가 필요 없다.

01 다음 중 직류 발전기의 철심을 규소 강판으로 성층하여 사용하는 주된 이유로 옳은 것은?

① 회전저항의 감소
② 기계적 강도 개선
③ 전기자 반작용의 감소
④ 브러시에서의 불꽃방지 및 정류개선
⑤ 맴돌이전류손과 히스테리시스손의 감소

02 보극이 없는 직류기의 운전 중 중성점의 위치가 변하지 않는 상태는 언제인가?

① 무부하 상태   ② 전부하 상태
③ 중부하 상태   ④ 과부하 상태
⑤ 기저부하 상태

03 다음 중 빈칸에 들어갈 수를 순서대로 바르게 나열한 것은?

권수비 2, 2차 전압 100V, 2차 전류 5A, 2차 임피던스 2Ω인 변압기의 1차 환산 전압은 ___㉠___ V
이고, 1차 환산 임피던스는 ___㉡___ 이다.

	㉠	㉡
①	200V	80Ω
②	200V	40Ω
③	50V	20Ω
④	50V	10Ω
⑤	50V	5Ω

04 직류 발전기의 자극수 10, 전기자 도체수 600, 1자극당의 자속수 0.01Wb, 회전수가 1,200rpm일 때 유기되는 기전력은?(단, 권선은 단중 중권이다)

① 100V
② 120V
③ 200V
④ 250V
⑤ 300V

05 직류 발전기의 병렬 운전 중 한쪽 발전기의 여자를 늘렸을 때의 변화로 옳은 것은?

① 부하 전류는 불변, 전압은 증가한다.
② 부하 전류는 줄고, 전압은 증가한다.
③ 부하 전류는 늘고, 전압은 증가한다.
④ 부하 전류는 늘고, 전압은 불변한다.
⑤ 부하 전류는 줄고, 전압은 불변한다.

06 다음 중 3상 유도 전동기의 회전 방향을 바꾸기 위한 방법으로 옳은 것은?

① 삼상결선으로 결선법을 바꾸어 준다.
② 전원의 전압과 주파수를 바꾸어 준다.
③ △ − Y 결선으로 결선법을 바꾸어 준다.
④ 기동보상기를 사용하여 권선을 바꾸어 준다.
⑤ 전동기의 1차 권선에 있는 3개의 단자 중 어느 2개의 단자를 서로 바꾸어 준다.

07 3상 유도 전동기의 운전 중 급속 정지가 필요할 때 사용하는 제동 방식은?

① 단상제동　　　　　　　　　　② 회생제동

③ 발전제동　　　　　　　　　　④ 역상제동

⑤ 저항제동

08 퍼센트 저항 강하 1.8% 및 퍼센트 리액턴스 강하 2%인 변압기가 있다. 부하의 역률이 1일 때의 전압 변동률은?

① 1.8%　　　　　　　　　　　② 2.0%

③ 2.7%　　　　　　　　　　　④ 3.8%

⑤ 4.0%

09 다음 중 동기 발전기의 병렬운전 조건이 아닌 것은?

① 유도기전력의 크기가 같을 것

② 동기 발전기의 용량이 같을 것

③ 유도기전력의 위상이 같을 것

④ 유도기전력의 주파수가 같을 것

⑤ 유도기전력의 파형이 같을 것

10 다음의 4단자 회로망에서 부하 Z_L에 최대 전력을 공급하기 위해서 변압기를 결합하여 임피던스 정합을 시키고자 한다. 변압기의 권선비와 X_S를 바르게 짝지은 것은?

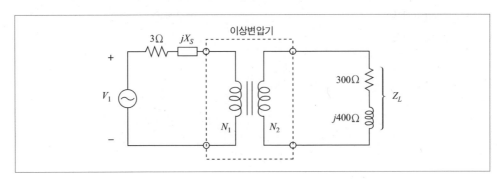

	$N_1 : N_2$	X_S			$N_1 : N_2$	X_S
①	$1 : 10$	$-4\,\Omega$		②	$10 : 1$	$-40\,\Omega$
③	$1 : 10$	$-4\,\Omega$		④	$1 : 100$	$40\,\Omega$
⑤	$100 : 1$	$4\,\Omega$				

11 V결선의 단권 변압기를 사용하여 선로 전압 V_1에서 V_2로 변압하여 전력 $P[\mathrm{kVA}]$를 송전하는 경우 단권 변압기의 자기 용량 Ps는 얼마인가?(단, 강압 송전하고 임피던스 및 여자 전류는 무시한다)

① $\left(1 - \dfrac{V_2}{V_1}\right)P$

② $\dfrac{2}{\sqrt{3}}\left(1 - \dfrac{V_2}{V_1}\right)P$

③ $\dfrac{\sqrt{3}}{2}\left(1 - \dfrac{V_2}{V_1}\right)P$

④ $\dfrac{1}{2}\left(1 - \dfrac{V_2}{V_1}\right)P$

⑤ $2\left(1 - \dfrac{V_2}{V_1}\right)P$

12 다음 중 변압기의 무부하 시험과 단락 시험에서 구할 수 없는 것은?

① 동손
② 철손
③ 절연 내력
④ 전압 변동률
⑤ 무부하 전류

13 $\triangle$ 결선 변압기의 한 대가 고장으로 제거되어 V 결선으로 공급할 때, 공급할 수 있는 전력은 고장 전 전력 대비 몇 %인가?

① 약 44.7%
② 약 57.7%
③ 약 66.7%
④ 약 75.0%
⑤ 약 86.6%

14 용량 1kVA, 3,000/200V의 단상 변압기를 단권 변압기로 결선해서 3,000/3,200V의 승압기로 사용할 때, 그 부하 용량은?

① $\dfrac{1}{16}$ kVA
② $\dfrac{1}{15}$ kVA
③ 1kVA
④ 15kVA
⑤ 16kVA

15 12극과 8극인 2개의 유도 전동기를 종속법에 의한 직렬 접속법으로 속도제어할 때 전원 주파수가 50Hz인 경우 무부하 속도는 몇 rps인가?

① 4rps

② 5rps

③ 15rps

④ 6rps

⑤ 12rps

16 유도 전동기의 2차 동손을 P_c라 하고, 2차 입력을 P_2라 하며 슬립을 s라 할 때 이들 사이의 관계는?

① $s = \dfrac{P_c}{P_2}$

② $s = \dfrac{P_2}{P_c}$

③ $s = P_2 \times P_c$

④ $1 = s \cdot P_c P_2$

⑤ $1 = \dfrac{1}{s} \cdot P_c P_2$

17 다음 중 3상 유도 전압 조정기의 동작 원리로 옳은 것은?

① 회전 자계에 의한 유도 작용을 이용하여 2차 전압의 위상 전압의 조정에 따라 변화한다.

② 교번 자계의 전자 유도 작용을 이용한다.

③ 충전된 두 물체 사이에 작용하는 힘을 이용한다.

④ 두 전류 사이에 작용하는 힘을 이용한다.

⑤ 누설 자계의 전자 유도 작용을 이용한다.

18 그림과 같은 유도 전동기가 있다. 고정자가 매초 100회전하고 회전자가 매초 95회 회전하고 있을 때, 회전자의 도체에 유기되는 기전력의 주파수는?

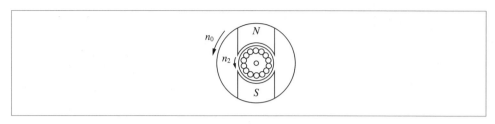

① 5Hz
② 10Hz
③ 15Hz
④ 20Hz
⑤ 25Hz

19 60Hz의 전원에서 슬립 5%로 운전하고 있는 4극, 3상 권선형 유도 전동기의 회전자 1상의 저항은 $0.05\,\Omega$ 이다. 외부에서 회전자 각 상에 $0.05\,\Omega$ 의 저항을 삽입하여 운전했을 때, 회전 속도는?(단, 부하 토크는 저항 삽입 전·후에 변동 없이 일정하다)

① 810rpm
② 870rpm
③ 1,620rpm
④ 1,741rpm
⑤ 1,950rpm

20 단상 유도 전동기의 기동 방법 중 기동 토크가 가장 작은 것은?

① 반발 기동형
② 분상 기동형
③ 반발 유도형
④ 콘덴서 기동형
⑤ 셰이딩 코일형

21 60Hz, 8극 15HP인 3상 유도 전동기가 855rpm으로 회전할 때, 회전자 동손과 회전자 효율은 얼마인가?(단, 기계손은 무시하며, 소수점 첫째 자리에서 반올림한다)

	회전자 효율	회전자 동손		회전자 효율	회전자 동손
①	94.5%	565W	②	95%	589W
③	95%	560W	④	95.5%	558W
⑤	94.5%	593W			

22 다음 글의 빈칸에 들어갈 내용을 순서대로 바르게 나열한 것은?

유입변압기에 많이 사용되는 목면, 명주, 종이 등의 절연 재료는 내열등급 ___㉠___ 으로 분류되고, 장기간 지속하여 최고 허용온도 ___㉡___ ℃를 넘어서는 안 된다.

	㉠	㉡		㉠	㉡
①	Y종	90	②	A종	105
③	E종	120	④	B종	130
⑤	H종	140			

23 유도 전동기의 1차 접속을 $\triangle$에서 Y로 바꾸면 기동 시의 1차 전류는?

① $\dfrac{1}{3}$ 로 감소 ② $\dfrac{1}{\sqrt{3}}$ 로 감소

③ $\sqrt{3}$ 배로 증가 ④ 3배로 증가

⑤ 4배로 증가

24 8,000kVA, 6,000V, 동기 임피던스 $6\,\Omega$ 인 2대의 교류 발전기를 병렬 운전 중 A기의 유기기전력의 위상의 $20°$ 앞서는 경우의 동기화 전류를 구하면?(단, $\cos5°=0.996$, $\sin10°=0.174$이며, 소수점 첫째 자리에서 반올림한다)

① 49.5A

② 49.8A

③ 50.2A

④ 100.5A

⑤ 110.5A

25 교류 정류 자기에서 갭의 자속 분포가 정현파로 $\Phi\,\mathrm{m}=0.14\mathrm{Wb}$, $p=2$, $a=1$, $Z=200$이고 $n=20\mathrm{rps}$일 때 브러시 축이 자극 축과 $30°$일 때의 속도 기전력 E_s는?

① 약 276V

② 약 396V

③ 약 576V

④ 약 776V

⑤ 약 996V

26 반파 정류 회로에서 직류 전압 200V를 얻는 데 필요한 변압기 2차 전압은 얼마인가?(단, 부하는 순저항이고 정류기의 전압 강하는 10V로 한다)

① 약 400V

② 약 454V

③ 약 467V

④ 약 478V

⑤ 약 490V

27 그림과 같은 6상 반파 정류 회로에서 450V의 직류 전압을 얻는 데 필요한 변압기의 직류 권선 전압은 몇 V인가?

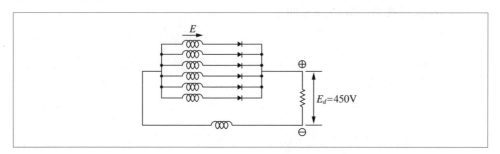

① 약 333V   ② 약 348V
③ 약 356V   ④ 약 375V
⑤ 약 382V

28 다음 중 PN접합 다이오드의 대표적 응용작용은?

① 증폭작용   ② 발진작용
③ 정류작용   ④ 변조작용
⑤ 승압작용

29 4kVA인 변압기에서 무유도 전부하 시 동손은 120W, 철손은 80W이다. 부하가 $\frac{1}{2}$ 되었을 때의 효율은?

① 약 75%   ② 약 80%
③ 약 85%   ④ 약 90%
⑤ 약 95%

30 3상 유도 전동기의 속도 제어 방법 중 인버터(Inverter)를 이용하는 속도 제어법은 무엇인가?

① 극수 변환법   ② 전압 제어법
③ 초퍼 제어법   ④ 주파수 제어법
⑤ 워드 레너드 제어법

01 다음 중 파고율, 파형률이 모두 1인 파형은?

① 사인파

② 고조파

③ 삼각파

④ 고주파

⑤ 구형파

02 열량이 30Ah인 전지는 2A의 전류로 몇 시간 동안 사용할 수 있는가?

① 3시간

② 7시간

③ 15시간

④ 30시간

⑤ 32시간

03 어느 회로의 전류가 다음과 같을 때, 이 회로에 대한 전류의 실효값은?

$$i = 3 + 10\sqrt{2}\sin\left(\omega t - \frac{\pi}{6}\right) + 5\sqrt{2}\sin\left(3\omega t - \frac{\pi}{3}\right)[\text{A}]$$

① 약 11.6A

② 약 23.2A

③ 약 32.2A

④ 약 48.3A

⑤ 약 52.3A

04 RLC 병렬회로에서 저항 $10\,\Omega$, 인덕턴스 100H, 정전 용량 $10^4\mu\mathrm{F}$일 때, 공진 현상이 발생하였다. 이때, 공진 주파수는?

① $\dfrac{1}{2\pi}\times10^{-3}\mathrm{Hz}$ ② $\dfrac{1}{2\pi}\mathrm{Hz}$

③ $\dfrac{1}{\pi}\mathrm{Hz}$ ④ $\dfrac{10}{\pi}\mathrm{Hz}$

⑤ $\pi\mathrm{Hz}$

05 어떤 전지에 접속된 외부 회로의 부하저항은 $5\,\Omega$이고, 이때 전류는 8A가 흐른다. 외부 회로에 $5\,\Omega$ 대신 $15\,\Omega$의 부하저항을 접속하면 전류는 4A로 변할 때, 전지의 기전력 및 내부저항은?

	기전력	내부저항
①	80V	$5\,\Omega$
②	40V	$10\,\Omega$
③	80V	$10\,\Omega$
④	40V	$5\,\Omega$
⑤	20V	$20\,\Omega$

06 공진하고 있는 $R-L-C$ 직렬회로에서 저항 R 양단의 전압은 인가 전압의 몇 배인가?

① 인가 전압의 2배이다.   ② 인가 전압과 같다.

③ 인가 전압의 3배이다.   ④ 인가 전압의 4배이다.

⑤ 인가 전압의 6배이다.

07 코일의 인덕턴스 $L = 200\mu\mathrm{H}$, 공진 주파수 $f_0 = 710\,\mathrm{kHz}$일 때 공진 회로의 커패시턴스는?

① 약 320pF

② 약 250pF

③ 약 170pF

④ 약 128pF

⑤ 약 100pF

08 자체 인덕턴스가 1H인 코일에 200V, 60Hz의 사인파 교류 전압을 가했을 때, 전류와 전압의 위상 차는?(단, 저항 성분은 무시한다)

① 전류는 전압보다 위상이 $\dfrac{\pi}{2}$ rad만큼 뒤진다.

② 전류는 전압보다 위상이 π rad만큼 뒤진다.

③ 전류는 전압보다 위상이 $\dfrac{\pi}{2}$ rad만큼 앞선다.

④ 전류는 전압보다 위상이 π rad만큼 앞선다.

⑤ 전류는 전압보다 위상이 2π rad만큼 앞선다.

09 전원 100V에 $R_1 = 5\,\Omega$ 과 $R_2 = 15\,\Omega$ 의 두 전열선을 직렬로 접속한 경우, 나타나는 현상으로 옳은 것은?

① R_1 과 R_2 에 걸리는 전압은 같다.

② R_1 에는 R_2 보다 3배의 전류가 흐른다.

③ R_1 은 R_2 보다 3배의 전력을 소비한다.

④ R_2 는 R_1 보다 3배의 전력을 소비한다.

⑤ R_2 는 R_1 보다 3배의 열을 발생시킨다.

10 전기 회로의 과도 현상과 시상수와의 관계가 옳은 것은?

① 시상수는 전력량에 비례한다.

② 시상수는 전압의 크기에 비례한다.

③ 시상수와 과도 지속 시간은 관계가 없다.

④ 시상수가 클수록 과도 현상은 매우 느리다.

⑤ 시상수가 클수록 과도 현상은 오래 지속된다.

11 그림과 같이 $300\,\Omega$ 과 $100\,\Omega$ 의 저항성 임피던스를 회로에 연결하고, 대칭 3상 전압 $V_L = 200$ $\sqrt{3}\,\mathrm{V}$ 를 인가하였다. 이때 회로에 흐르는 전류 I 는?

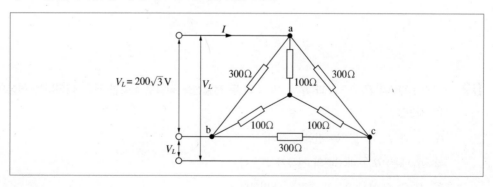

① 1A

② 2A

③ 3A

④ 4A

⑤ 5A

12 다음의 3상 부하에서 소비되는 전력을 2전력계법으로 측정하였더니 전력계의 눈금이 $P_1 = 150\text{W}$, $P_2 = 50\text{W}$를 각각 지시하였다. 이때, 3상 부하의 소비전력은?(단, 부하역률은 0.9이다)

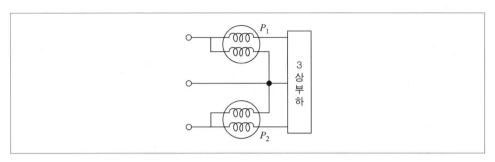

① 90W
② 100W
③ 180W
④ 200W
⑤ 220W

13 다음 $R-L-C$ 병렬회로의 동작에 대한 설명으로 옳은 것을 〈보기〉에서 모두 고르면?

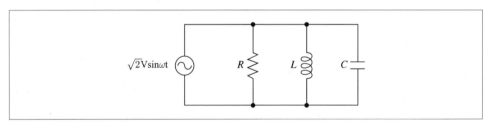

> **보기**
>
> ㄱ. 각 소자 R, L, C 양단에 걸리는 전압은 전원전압과 같다.
> ㄴ. 회로의 어드미턴스 $Y = \dfrac{1}{R} + j\left(\omega L - \dfrac{1}{\omega C}\right)$ 이다.
> ㄷ. ω를 변화시켜 공진일 때 전원에서 흘러나오는 모든 전류는 R에만 흐른다.
> ㄹ. L에 흐르는 전류와 C에 흐르는 전류는 동상(In Phase)이다.
> ㅁ. 공진일 때 모든 에너지는 저항 R에서만 소비된다.

① ㄱ, ㅁ
② ㄱ, ㄴ, ㄹ
③ ㄱ, ㄷ, ㅁ
④ ㄴ, ㄷ, ㄹ
⑤ ㄴ, ㄹ, ㅁ

14 다음 직류회로에서 $t = 0$인 순간에 스위치를 닫을 경우 스위치로 흐르는 전류 $i_s(0_+)$[A]는?

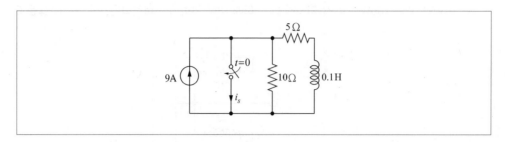

① 11A   ② 9A

③ 7A   ④ 5A

⑤ 3A

15 $R-L-C$ 직렬 회로에서 $L = 0.1\text{mH}$, $C = 0.1\mu\text{F}$, $R = 100\Omega$ 일 때, 이 회로의 상태는?

① 진동 상태이다.   ② 비진동 상태이다.

③ 정현파로 진동한다.   ④ 임계 상태이다.

⑤ 감쇠 상태이다.

16 다음 중 비사인파 교류회로에서 발생하는 소비전력에 대한 설명으로 옳은 것은?

① 전압의 제3고조파와 전류의 제3고조파 성분 사이에서 소비전력이 발생한다.

② 전압의 제2고조파와 전류의 제3고조파 성분 사이에서 소비전력이 발생한다.

③ 전압의 제3고조파와 전류의 제5고조파 성분 사이에서 소비전력이 발생한다.

④ 전압의 제5고조파와 전류의 제7고조파 성분 사이에서 소비전력이 발생한다.

⑤ 전압의 제2고조파와 전류의 제4고조파 성분 사이에서 소비전력이 발생한다.

17 단상용 전류력계형 역률계에서 전압과 전류가 동위상일 경우 역률은?

① 0   ② 1

③ $+\infty$ ④ $-\infty$

⑤ 2

PART 2

18 어떤 인덕터에 전류 $i = 3 + 10\sqrt{2}\sin50t + 4\sqrt{2}\sin100t$[A]가 흐르고 있을 때, 인덕터에 축적되는 자기 에너지가 125J이다. 이 인덕터의 인덕턴스는?

① 1H   ② 2H

③ 3H   ④ 4H

⑤ 5H

19 부하에 인가되는 비정현파 전압 및 전류가 다음과 같을 때, 부하에서 소비되는 평균 전력은?

$$v(t) = 100 + 80\sin\omega t + 60\sin(3\omega t - 30°) + 40\sin(7\omega t + 60°)[\text{V}]$$
$$i(t) = 40 + 30\cos(\omega t - 30°) + 20\cos(5\omega t + 60°) + 10\cos(7\omega t - 30°)[\text{A}]$$

① 2,400W   ② 3,000W

③ 3,600W   ④ 4,200W

⑤ 4,800W

20 기전력 120V, 내부저항(r)이 $15\,\Omega$ 인 전원이 있다. 다음 중 부하저항(R)을 연결하여 얻을 수 있는 최대 전력은?

① 100W

② 140W

③ 200W

④ 240W

⑤ 300W

21 다음 중 3상 교류 발전기의 기전력에 대하여 $90°$ 늦은 전류가 통할 때, 반작용 기자력은?

① 자극축과 일치하는 감자작용

② 자극축보다 $90°$ 빠른 증자작용

③ 자극축보다 $90°$ 늦은 감자작용

④ 자극축과 직교하는 교차자화작용

⑤ 자극축과 일치하는 증자작용

22 다음 중 $10\,\Omega$ 의 저항 회로에 $e=100\sin\left(377t+\dfrac{\pi}{3}\right)$[V]의 전압을 가했을 때, $t=0$에서의 순시 전류는?

① 5A

② $5\sqrt{3}\,\mathrm{A}$

③ 10A

④ $10\sqrt{3}\,\mathrm{A}$

⑤ 15A

23 다음 회로와 같이 평형 3상 RL부하에 커패시터 C를 설치하여 역률을 100%로 개선할 때, 커패시터의 리액턴스는?(단, 선간전압은 200V이고 한 상의 부하는 $12+j9\,\Omega$이다)

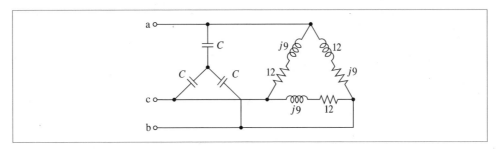

① $\dfrac{20}{4}\,\Omega$　　　　　　　　② $\dfrac{20}{3}\,\Omega$

③ $\dfrac{25}{4}\,\Omega$　　　　　　　　④ $\dfrac{25}{3}\,\Omega$

⑤ $\dfrac{27}{4}\,\Omega$

24 다음 $R-L$ 직렬회로에서 $t=0$일 때, 스위치를 닫은 후 $\dfrac{di(t)}{dt}$에 대한 설명으로 옳은 것은?

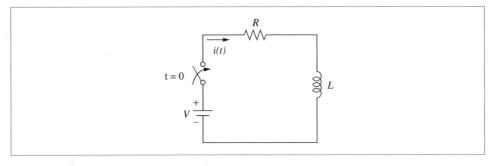

① 인덕턴스에 비례한다.

② 인덕턴스에 반비례한다.

③ 저항과 인덕턴스의 곱에 비례한다.

④ 저항과 인덕턴스의 곱에 반비례한다.

⑤ 저항에 비례한다.

25 자체 인덕턴스 L_1, L_2, 상호 인덕턴스 M인 두 코일의 결합 계수가 1이면 어떤 관계가 되겠는가?

① $L_1 L_2 = M$

② $\sqrt{L_1 L_2} = M$

③ $\sqrt{L_1 L_2} > M$

④ $L_1 L_2 < M$

⑤ $L_1 L_2 > M$

26 그림과 같은 회로에서 4단자 임피던스 파라미터 행렬이 〈보기〉와 같이 주어질 때, 파라미터 Z_{11} 과 Z_{22}의 값은?

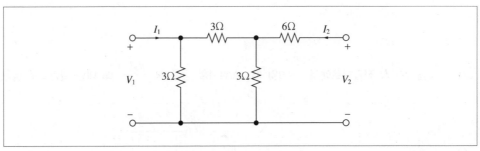

보기

$$\begin{bmatrix} V_1 \\ V_2 \end{bmatrix} = \begin{bmatrix} Z_{11} & Z_{12} \\ Z_{21} & Z_{22} \end{bmatrix} \begin{bmatrix} I_1 \\ I_2 \end{bmatrix}$$

	Z_{11}	Z_{22}
①	1Ω	9Ω
②	2Ω	8Ω
③	3Ω	9Ω
④	6Ω	12Ω
⑤	8Ω	14Ω

27 다음 중 정현파 교류전압의 실효값에 대한 물리적 의미로 옳은 것은?

① 교류값은 실제 효력을 나타내는 값이다.

② 실효값은 교류전압의 최댓값을 나타낸다.

③ 실효값은 교류전압 반주기에 대한 평균값이다.

④ 실효값은 교류전압의 최댓값과 평균값의 비율이다.

⑤ 실효값은 교류전압이 생성하는 전력 또는 에너지의 효능을 내포한 값이다.

28 다음 중 교류회로에 대한 설명으로 옳지 않은 것은?

① 저항 부하만의 회로는 역률이 1이 된다.

② $R-L-C$ 직렬 교류회로에서 유효전력은 전류의 제곱과 전체 임피던스에 비례한다.

③ $R-L-C$ 직렬 교류회로에서 L을 제거하면 전류가 진상이 된다.

④ R과 L의 직렬 교류회로의 역률을 보상하기 위해서는 C를 추가하면 된다.

⑤ 교류회로에서 전류와 전압은 실효값의 개념을 사용한다.

29 다음 중 동일한 저항 4개를 접속하여 얻을 수 있는 최대 저항값은 최소 저항값의 몇 배인가?

① 2배   ② 4배

③ 6배   ④ 8배

⑤ 16배

30 $R-L-C$ 직렬회로에서 $R:X_L:X_C=1:2:1$일 때, 역률은?

① $\dfrac{1}{\sqrt{2}}$ ② $\dfrac{1}{2}$

③ $\sqrt{2}$ ④ 1

⑤ 2

05 | KEC 및 기술기준
적중예상문제

정답 및 해설 p.074

01 연료전지 및 태양전지 모듈의 절연내력 시험을 하는 경우 충전부분과 대지 사이에 인가하는 시험전압은 얼마인가?(단, 연속하여 10분간 가하여 견디는 것이어야 한다)

① 최대 사용전압의 1.25배의 직류전압 또는 1배의 교류전압(500V 미만으로 되는 경우에는 500V)

② 최대 사용전압의 1.25배의 직류전압 또는 1.25배의 교류전압(500V 미만으로 되는 경우에는 500V)

③ 최대 사용전압의 2배의 직류전압 또는 1.5배의 교류전압(500V 미만으로 되는 경우에는 500V)

④ 최대 사용전압의 1.5배의 직류전압 또는 1.25배의 교류전압(500V 미만으로 되는 경우에는 500V)

⑤ 최대 사용전압의 1.5배의 직류전압 또는 1배의 교류전압(500V 미만으로 되는 경우에는 500V)

02 전로의 사용전압이 500V 이하인 옥내전로에서 분기회로의 절연저항 값은 몇 $M\Omega$ 이상이어야 하는가?

① 0.1MΩ
② 0.5MΩ
③ 1.0MΩ
④ 1.5MΩ
⑤ 2.0MΩ

03 저압 연접 인입선의 시설에 대한 설명으로 옳지 않은 것은?

① 옥내를 통과하지 아니할 것

② 전선의 굵기는 1.5mm 이하일 것

③ 폭 5m를 넘는 도로를 횡단하지 아니할 것

④ 저압에서만 시설할 것

⑤ 인입선에서 분기하는 점으로부터 100m를 넘는 지역에 미치지 아니할 것

04 다음 중 고압 전로의 중성선에 시설하는 접지선의 최소 굵기는?

① $10mm^2$

② $16mm^2$

③ $25mm^2$

④ $35mm^2$

⑤ $46mm^2$

05 절연물 중에서 가교폴리에틸렌(XLPE)과 에틸렌프로필렌고무 혼합물(EPR)의 허용 온도는?

① 70℃

② 90℃

③ 95℃

④ 105℃

⑤ 120℃

06 접지극 시스템에서 접지극의 매설 깊이는 몇 m 이상인가?

① 0.6m

② 0.65m

③ 0.7m

④ 0.75m

⑤ 0.8m

07 154kV 가공전선로를 시가지에 시설하는 경우, 특고압 가공전선에 지락 또는 단락이 생기면 전로로부터 몇 초 이내에 차단하는 장치를 시설해야 하는가?

① 1초

② 2초

③ 3초

④ 5초

⑤ 7초

08 전주의 길이가 15m 이하인 경우, 땅에 묻히는 깊이는 전장의 얼마 이상이어야 하는가?

① $\frac{1}{8}$ 이상   ② $\frac{1}{6}$ 이상

③ $\frac{1}{4}$ 이상   ④ $\frac{1}{3}$ 이상

⑤ $\frac{1}{2}$ 이상

09 다음 중 부식성 가스 등이 있는 장소에 시설할 수 없는 배선은?

① 금속관 배선   ② 1종 금속제 가요전선관 배선
③ 케이블 배선   ④ 캡타이어 케이블 배선
⑤ 애자 사용 배선

10 가반형의 용접전극을 사용하는 아크 용접장치의 시설에 대한 설명으로 옳은 것은?

① 용접변압기의 1차측 전로의 대지전압은 600V 이하일 것
② 용접변압기의 1차측 전로에는 리액터를 시설할 것
③ 용접변압기는 절연변압기일 것
④ 피용접재 또는 이와 전기적으로 접속되는 받침대·정반 등의 금속체에는 비접지로 할 것
⑤ 용접기 외함은 접지공사를 하면 안 된다.

11 다음 중 전원의 한 점을 직접 접지하고, 설비의 노출 도전성 부분을 전원계통의 접지극과 별도로 전기적으로 독립하여 접지하는 방식은?

① TT계통   ② TN – C계통
③ TN – S계통   ④ TN – CS계통
⑤ IT계통

12 다음 중 특고압으로 가설할 수 없는 전선로는?

① 가공전선로

② 구내전선로

③ 지중전선로

④ 수중전선로

⑤ 옥상전선로

13 다음 중 수소냉각식의 발전기에 시설해야 하는 장치로 옳지 않은 것은?

① 발전기 내부 수소 가스의 온도를 계측하는 장치

② 발전기 내부 수소 가스의 압력을 계측하는 장치

③ 발전기 내부 수소 가스의 순도가 50% 이하로 저하한 경우에 이를 경보하는 장치

④ 발전기 내부로 수소 가스를 안전하게 도입할 수 있는 장치

⑤ 발전기 축의 밀봉부로부터 누설된 수소 가스를 안전하게 외부로 방출하는 장치

14 다음 중 애자 공사 시 시설조건으로 옳지 않은 것은?

① 애자사용배선 시 부식성 가스의 종류에 따라 절연전선인 DV전선을 사용한다.

② 애자사용배선에 의한 경우에는 사람이 쉽게 접촉될 우려가 없는 노출장소에 한 한다.

③ 애자사용배선 시 400V를 초과하는 경우에는 전선과 조영재와의 거리를 4.5cm 이상으로 한다.

④ 전선 상호 간의 간격은 60cm 이상으로 시설한다.

⑤ 애자사용배선의 전선은 애자로 지지하고, 조영재 등에 접촉될 우려가 있는 개소는 전선을 절연관 또는 합성수지관에 넣어 시설한다.

15 다음 중 3로 스위치를 나타내는 그림 기호는?

① ●$_{EX}$

② ●$_3$

③ ●$_{2P}$

④ ●$_{3A}$

⑤ ●$_{15A}$

16 저압 가공인입선 시설 시 도로를 횡단하여 시설할 때, 노면상 높이는 몇 m 이상으로 시설해야 하는가?

① 4m

② 4.5m

③ 5m

④ 5.5m

⑤ 6m

17 저압 옥외 조명 시설에 전기를 공급하는 가공 전선 또는 지중 전선에서 분기하여 전등 또는 개폐기에 이르는 배선에 사용하는 절연전선의 단면적은 몇 mm^2 이상이어야 하는가?

① $50mm^2$

② $16mm^2$

③ $10mm^2$

④ $5mm^2$

⑤ $2.5mm^2$

18 금속덕트를 조영재에 붙이는 경우 지지점 간의 거리는 최대 몇 m 이하로 하여야 하는가?

① 1.5m

② 2m

③ 3m

④ 3.5m

⑤ 4m

19 다음 중 알칼리 축전지의 대표적인 축전지로 널리 사용되고 있는 2차 전지는?

① 망간 전지

② 산화은 전지

③ 페이퍼 전지

④ 니켈카드뮴 전지

⑤ 알칼리 전지

20 전선을 종단 겹침용 슬리브에 의해 종단 접속할 경우 소정의 압축공구를 사용하여 보통 몇 개소를 압착하는가?

① 1개소

② 2개소

③ 3개소

④ 4개소

⑤ 5개소

21 자동화재탐지설비는 화재의 발생을 초기에 자동적으로 탐지하여 소방대상물의 관계자에게 화재의 발생을 통보해 주는 설비이다. 다음 중 자동화탐지설비의 구성요소가 아닌 것은?

① 수신기   ② 비상경보기
③ 발신기   ④ 중계기
⑤ 감지기

22 다음 중 회전 변류기의 직류측 전압을 조정하는 방법이 아닌 것은?

① 직렬 리액턴스에 의한 방법
② 여자 전류를 조정하는 방법
③ 동기 승압기를 사용하는 방법
④ 부하 시 전압 조정 변압기를 사용하는 방법
⑤ 유도전압조정기를 사용하는 방법

23 고장 시의 불평형 차전류가 평형전류의 어떤 비율 이상으로 되었을 때 동작하는 계전기는?

① 과전압 계전기   ② 과전류 계전기
③ 전압 차동 계전기   ④ 비율 차동 계전기
⑤ 선택 차동 계전기

24 고압 및 특고압 전로의 절연내력시험을 하는 경우 시험전압을 연속하여 몇 분간 가하여 견디어야 하는가?

① 15분   ② 10분
③ 5분   ④ 3분
⑤ 1분

25 태양전지발전소에 태양전지 모듈 등을 시설할 경우 사용 전선의 공칭단면적의 최솟값은?

① 0.6mm^2

② 1mm^2

③ 1.5mm^2

④ 2.4mm^2

⑤ 2.5mm^2

26 등전위본딩의 본딩도체로 직접 접속할 수 없는 장소는 무엇으로 연결하여야 하는가?

① 접지선

② 본딩도체

③ 서지보호장치

④ 금속체 도전성 부분

⑤ 저압케이블

27 인하도선으로 구리 사용 시 원형단선 형상인 경우 최소 단면적은 몇 mm^2 이상인가?

① 35mm^2

② 50mm^2

③ 70mm^2

④ 95mm^2

⑤ 110mm^2

28 다음 중 전기전자설비 보호용 피뢰시스템을 분류한 것으로 옳지 않은 것은?

① 낙뢰에 대한 보호

② 수뢰부 또는 인하도선과 구조물 금속 부분 사이는 전기적으로 접속 시설하여 보호

③ 접지・본딩으로 보호

④ 서지보호장치 시설

⑤ 전기적 절연

29 다음 중 교류 전원으로 SELV를 사용하는 공장의 전선과 대지 사이의 절연저항은 몇 $M\Omega$ 이상이어야 하는가?

① 0.1MΩ ② 0.2MΩ

③ 0.3MΩ ④ 0.4MΩ

⑤ 0.5MΩ

30 특고압용 변압기로서 변압기 내부고장이 발생할 경우 경보장치를 시설하여야 하는 뱅크용량의 범위는?

① 1,000kVA 이상 5,000kVA 미만

② 5,000kVA 이상 10,000kVA 미만

③ 10,000kVA 이상 15,000kVA 미만

④ 15,000kVA 이상 20,000kVA 미만

⑤ 20,000kVA 이상 25,000kVA 미만

아이들이 답이 있는 질문을 하기 시작하면 그들이 성장하고 있음을 알 수 있다.

－존 J. 플롬프－

PART 3

최종점검 모의고사

제1회　　최종점검 모의고사

제2회　　최종점검 모의고사

01 다음 중 저항 R, 인덕터 L, 커패시터 C 등의 회로 소자들을 직렬회로로 연결했을 경우에 나타나는 특성에 대한 설명으로 옳은 것을 〈보기〉에서 모두 고르면?

> **보기**
>
> ㄱ. 인덕터 L만으로 연결된 회로에서 유도 리액턴스 $X_L = \omega L\,[\Omega]$이고, 전류는 전압보다 위상이 $90°$ 앞선다.
>
> ㄴ. 저항 R과 인덕터 L이 직렬로 연결되었을 때 합성 임피던스의 크기 $|Z| = \sqrt{R^2 + (\omega L)^2}\,[\Omega]$이다.
>
> ㄷ. 저항 R과 커패시터 C가 직렬로 연결되었을 때 합성 임피던스의 크기 $|Z| = \sqrt{R^2 + (\omega C)^2}\,[\Omega]$이다.
>
> ㄹ. 저항 R, 인덕터 L, 커패시터 C가 직렬로 연결되었을 때 일반적인 양호도(Quality Factor) $Q = \dfrac{1}{R}\sqrt{\dfrac{L}{C}}$로 정의한다.

① ㄱ, ㄴ

② ㄴ, ㄹ

③ ㄱ, ㄴ, ㄷ

④ ㄱ, ㄷ, ㄹ

⑤ ㄴ, ㄷ, ㄹ

02 다음 회로는 뒤진 역률이 0.8인 300kW의 부하가 걸려있는 송전선로이다. 수전단 전압 $E_r =$ 5,000V일 때, 전류 I와 송전단 전압 E_s를 순서대로 바르게 나열한 것은?

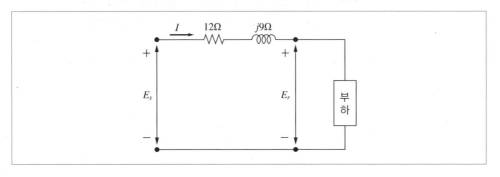

	I	E_S		I	E_S
①	50A	6,125V	②	50A	6,250V
③	75A	6,125V	④	75A	6,250V
⑤	100A	6,125V			

03 다음 중 플리커 예방을 위한 전력선측의 대책으로 옳지 않은 것은?

① 단락용량이 큰 계통에서 공급한다.
② 공급전압을 승압한다.
③ 전원계통에 리액터분을 보상한다.
④ 전용의 변압기로 공급한다.
⑤ 단독 공급계통을 구성한다.

04 다음 중 자체 인덕턴스에 축적되는 에너지에 대한 설명으로 옳은 것은?

① 자체 인덕턴스 및 전류에 비례한다.
② 자체 인덕턴스 및 전류에 반비례한다.
③ 자체 인덕턴스와 전류의 제곱에 반비례한다.
④ 자체 인덕턴스에 비례하고, 전류의 제곱에 비례한다.
⑤ 자체 인덕턴스에 반비례하고, 전류의 제곱에 반비례한다.

05 다음 중 (A) ~ (C)가 각각 설명하고 있는 법칙들을 순서대로 바르게 나열한 것은?

(A) 전자유도에 의한 기전력은 자속 변화를 방해하는 전류가 흐르도록 그 방향이 결정된다.
(B) 전류가 흐르고 있는 도선에 대해 자기장이 미치는 힘의 방향을 정하는 법칙으로, 전동기의 회전 방향을 결정하는 데 유용하다.
(C) 코일에 발생하는 유도기전력의 크기는 쇄교자속의 시간적 변화율과 같다.

	(A)	(B)	(C)
①	렌츠의 법칙	플레밍의 왼손 법칙	패러데이의 유도 법칙
②	쿨롱의 법칙	플레밍의 왼손 법칙	암페어의 주회 법칙
③	렌츠의 법칙	플레밍의 오른손 법칙	암페어의 주회 법칙
④	쿨롱의 법칙	플레밍의 오른손 법칙	패러데이의 유도 법칙
⑤	플레밍의 왼손 법칙	쿨롱의 법칙	렌츠의 법칙

06 다음 중 가지식 배전 방식의 특징으로 옳지 않은 것은?

① 인입선의 길이가 길다.
② 전압강하가 크다.
③ 전력손실이 크다.
④ 정전범위가 좁다.
⑤ 플리커 현상이 발생된다.

07 다음 중 자성체의 성질에 대한 설명으로 옳지 않은 것은?

① 강자성체의 온도가 높아져서 상자성체와 같은 동작을 하게 되는 온도를 큐리온도라 한다.
② 강자성체에 외부자계가 인가되면 자성체 내부의 자속밀도는 증가한다.
③ 발전기, 모터, 변압기 등에 사용되는 강자성체는 매우 작은 인가자계에도 큰 자화를 가져야 한다.
④ 페라이트는 매우 높은 도전율을 가지므로 고주파수 응용 분야에 널리 사용된다.
⑤ 자기를 띠는 원인은 물질을 이루고 있는 기본 구성 입자들의 자기모멘트들이 한 방향으로 정렬하고 있기 때문이다.

08 공기 중에서 자속 밀도 $1.5Wb/m^2$의 평등 자장 내에 길이 40cm의 도선을 자장의 방향과 $30°$의 각도로 놓고 여기에 5A의 전류를 흐르게 하면 도선에 작용하는 힘은 얼마인가?

① 1.5N   ② 3N

③ 4N   ④ 5N

⑤ 6N

09 다음 그림과 같은 회로에서 점 A와 점 B 사이의 전위차는?

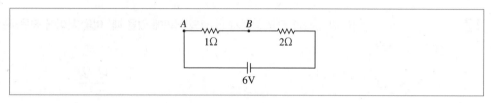

① 1V   ② 2V

③ 4V   ④ 6V

⑤ 7V

10 다음 중 빈칸 ㉠, ㉡에 들어갈 단어를 순서대로 바르게 나열한 것은?

> 패러데이의 전자유도 법칙에서 유도기전력의 크기는 코일을 지나는 ___㉠___의 매초 변화량과 코일의 ___㉡___ 에 비례한다.

	㉠	㉡		㉠	㉡
①	전류	자속	②	전류	굵기
③	전류	권수	④	자속	굵기
⑤	자속	권수			

11 $3\mu\mathrm{F}$, $4\mu\mathrm{F}$, $5\mu\mathrm{F}$의 3개의 콘덴서가 병렬로 연결된 회로의 합성 정전 용량은 얼마인가?

① $1.2\mu\mathrm{F}$　　　　　　　　　　② $3.6\mu\mathrm{F}$

③ $12\mu\mathrm{F}$　　　　　　　　　　④ $36\mu\mathrm{F}$

⑤ $48\mu\mathrm{F}$

12 $+Q_1[\mathrm{C}]$과 $-Q_2[\mathrm{C}]$의 전하가 진공 중에서 $r[\mathrm{m}]$의 거리에 있을 때, 이들 사이에 작용하는 정전 기력 $F[\mathrm{N}]$는?

① $F=9\times10^{-7}\times\dfrac{Q_1Q_2}{r^2}$　　　　　　② $F=9\times10^{-9}\times\dfrac{Q_1Q_2}{r^2}$

③ $F=9\times10^{9}\times\dfrac{Q_1Q_2}{r^2}$　　　　　　④ $F=9\times10^{10}\times\dfrac{Q_1Q_2}{r^2}$

⑤ $F=9\times10^{11}\times\dfrac{Q_1Q_2}{r^2}$

13 다음 중 부하의 전압과 전류를 측정하기 위한 전압계와 전류계의 접속 방법은?

	전압계	전류계		전압계	전류계
①	직렬	병렬	②	직렬	직렬
③	병렬	병렬	④	병렬	직렬
⑤	접속 방법의 제한 없음				

14 다음 중 송전선에서 복도체를 이용하는 이유로 옳지 않은 것은?

① 코로나의 방지를 위해   ② 송전용량의 증가를 위해

③ 인덕턴스의 증가를 위해   ④ 정전 용량의 증가를 위해

⑤ 안정도 증가를 위해

15 다음 저압 뱅킹방식의 장점으로 옳지 않은 것은?

① 부하 증가에 대한 공급 탄력성이 있다.

② 캐스케이딩 현상이 발생한다.

③ 전압변동, 전력손실이 감소한다.

④ 공급신뢰도가 향상된다.

⑤ 변압기 용량이 감소한다.

16 다음 중 발전기의 안정운전 유지를 위해 증가시켜야 하는 요소를 〈보기〉에서 모두 고르면?

보기
ㄱ. 동기 리액턴스   ㄴ. 전압 변동률
ㄷ. 단락 전류   ㄹ. 단락비

① ㄱ, ㄴ   ② ㄴ, ㄷ

③ ㄷ, ㄹ   ④ ㄱ, ㄴ, ㄷ

⑤ ㄱ, ㄴ, ㄹ

17 다음과 같은 정류 회로의 지시값은 전류계의 얼마인가?(단, 전류계는 가동 코일형이고, 정류기의 저항은 무시한다)

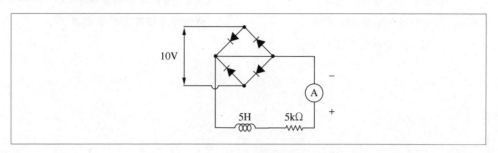

① 9mA

② 6.4mA

③ 4.5mA

④ 1.8mA

⑤ 2.0mA

18 다음 중 자기소호 기능이 가장 좋은 소자는?

① SCR

② GTO

③ TRIAC

④ LASCR

⑤ UJT

19 다음 중 다이오드의 정특성에 대한 설명으로 옳은 것은?

① PN 접합면에서의 반송자 이동 특성이다.

② 소신호로 동작할 때의 전압과 전류의 관계이다.

③ 다이오드를 움직이지 않고 저항률을 측정한 것이다.

④ 직류 전압을 걸었을 때 다이오드에 걸리는 전압과 전류의 관계이다.

⑤ 동작 기준점을 정하기 위하여 신호전극 등에 가하는 전압과 전류의 관계이다.

20 다음 중 주파수 60Hz를 내는 발전용 원동기인 터빈 발전기의 최고 속도는?

① 1,800rpm

② 2,400rpm

③ 3,600rpm

④ 4,800rpm

⑤ 6,000rpm

21 다음 중 3상 교류 발전기의 기전력에 대하여 $\dfrac{\pi}{2}$ rad 뒤진 전기자 전류가 흐를 때, 전기자 반작용으로 옳은 것은?

① 횡축 반작용으로 기전력을 증가시킨다.

② 증자작용을 하여 기전력을 증가시킨다.

③ 감자작용을 하여 기전력을 감소시킨다.

④ 교차 자화작용으로 기전력을 감소시킨다.

⑤ 전기자 반작용으로 기전력을 감소시킨다.

22 3상 동기 발전기에서 권선 피치와 자극 피치의 비를 $\dfrac{13}{15}$ 의 단절권으로 하였을 때, 단절권 계수는 얼마인가?

① $\sin\dfrac{13}{15}\pi$

② $\sin\dfrac{15}{26}\pi$

③ $\sin\dfrac{13}{30}\pi$

④ $\sin\dfrac{15}{13}\pi$

⑤ $\sin\dfrac{26}{15}\pi$

23 다음 중 저압 네트워크 방식의 특징으로 옳지 않은 것은?

① 고장 시 고장전류의 역류가 발생하지 않는다.

② 무정전 공급이 가능하여 공급신뢰도가 높다.

③ 부하증가 시 대응이 우수하다

④ 건설비가 비싸고 인축의 접지사고가 있을 수 있다.

⑤ 공급신뢰도가 가장 좋고 변전소의 수를 줄일 수 있다.

24 A전선의 지표로부터 지지점의 높이가 17m이고 지지물 간 거리는 220m이며, 처짐정도(D)가 4.5m일 때, A전선의 평균 높이는 얼마인가?

① 13.5m   ② 14m

③ 14.5m   ④ 15m

⑤ 15.5m

25 3,300/200V, 50kVA인 단상 변압기의 퍼센트[%] 저항, 퍼센트[%] 리액턴스를 각각 2.4%, 1.6%라 하면, 이때의 임피던스 전압은 몇 V인가?

① 약 95V   ② 약 100V

③ 약 105V   ④ 약 110V

⑤ 약 115V

26 회전자 입력 10kW, 슬립 4%인 3상 유도 전동기의 2차 동손은?

① 약 8.2kW ② 약 0.82kW
③ 약 4.2kW ④ 약 0.42kW
⑤ 약 2.2kW

27 공극의 자속 분포가 정현파일 때 최대 자속 밀도를 $Bm[\text{Wb/m}^2]$, 자극 피치를 $\tau[\text{m}]$, 도체의 유효 길이를 $l[\text{m}]$이라 할 때, 1극당의 자속 $\varPhi[\text{Wb}]$은?

① $\dfrac{\tau}{2\pi}Bml$ ② $\dfrac{\pi}{2\tau}Bml$

③ $\dfrac{\pi}{2}Bm\tau l$ ④ $\dfrac{2}{\pi}Bm\tau l$

⑤ $\dfrac{2\pi}{\tau}Bm\tau l$

28 다음 중 우리나라 특고압 배전 방식으로 가장 많이 사용되고 있는 것은?

① 단상 2선식 ② 단상 3선식
③ 3상 3선식 ④ 3상 4선식
⑤ 4상 3선식

29 코로나 현상에 의해 잡음이 발생하며, 전선에 부식이 생긴다. 다음 중 부식에 영향을 주는 것은 무엇인가?

① O_3 ② N

③ Ar   ④ H_2

⑤ O_2

30 그림의 단상 반파 정류 회로에서 R에 흐르는 직류 전류는?(단, $V = 100V$, $R = 10\sqrt{2}\ \Omega$ 이다)

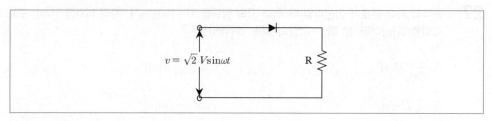

$$v = \sqrt{2}\ V\sin\omega t$$

① 약 2.28A   ② 약 3.2A

③ 약 4.5A   ④ 약 7.07A

⑤ 약 10.01A

31 수전단을 단락한 경우 송전단에서 본 임피던스는 250Ω 이고 수전단을 개방한 경우 360Ω 일 때, 이 송전선로의 특성 임피던스는 얼마인가?

① 100Ω ② 200Ω

③ 300Ω ④ 400Ω

⑤ 500Ω

32 그림과 같이 3Ω, 7Ω, 10Ω의 세 개의 저항을 직렬로 접속하여 이 양단에 100V 직류 전압을 가했을 때, 세 개의 저항에 흐르는 전류는 얼마인가?

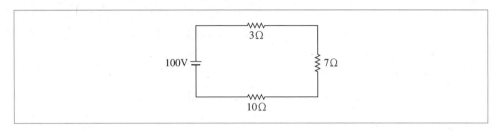

① 1A
② 5A
③ 8A
④ 15A
⑤ 18A

33 다음 중 $e = 141\sin\left(120\pi t - \dfrac{\pi}{3}\right)$인 파형의 주파수는 몇 Hz인가?

① 10Hz
② 15Hz
③ 30Hz
④ 60Hz
⑤ 75Hz

34 다음 중 저압 단상 2선식과 비교한 저압 단상 3선식 방식의 장점으로 옳지 않은 것은?

① 2종의 전원을 얻을 수 있다.
② 전압강하 및 전력손실이 작다.
③ 공급전력이 크다.
④ 1선당 공급전력이 크다.
⑤ 전선의 소요중량이 크다.

35 다음 회로에 상전압 100V의 평형 3상 △결선 전원을 가했을 때, 흐르는 선전류(I_b)의 크기는?(단, 상순은 a, b, c로 한다)

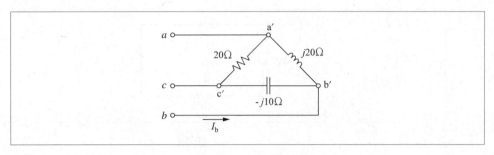

① 5A

② $5\sqrt{3}$ A

③ 10A

④ $10\sqrt{3}$ A

⑤ 15A

36 △ − △ 평형 회로에서 선간 전압이 220V이고 부하 임피던스 $Z = (6 + j8)\,\Omega$ 일 때, 선전류는 몇 A인가?

① 약 26A

② 약 28A

③ 약 32A

④ 약 36A

⑤ 약 38A

37 다음 중 정전 용량 $0.1\mu F$ 인 콘덴서의 1MHz의 주파수에 대한 용량 리액턴스 X_C는 얼마인가?

① 약 $1.59\,\Omega$

② 약 $2.05\,\Omega$

③ 약 $2.35\,\Omega$

④ 약 $3.45\,\Omega$

⑤ 약 $5.29\,\Omega$

38 다음 중 캐스케이딩 현상에 대한 설명으로 옳은 것은?

① 공급 전압을 높여 방지한다.

② 이상전압에 대한 기계를 보호한다.

③ 단독 공급계통을 구성하여 방지한다.

④ 전류가 변압기 쪽으로 역류를 방지한다.

⑤ 저압선 고장에 의해 변압기 일부가 차단된다.

PART 3

39 다음 중 경제성을 고려한 옥내배선의 전압강하 크기는?

① 인입선 1%, 간선 1%, 분기회로 1%

② 인입선 1%, 간선 1%, 분기회로 2%

③ 인입선 1%, 간선 2%, 분기회로 2%

④ 인입선 2%, 간선 1%, 분기회로 1%

⑤ 인입선 2%, 간선 1%, 분기회로 2%

40 다음 중 사인파 교류의 평균값은?

① $\dfrac{2\sqrt{2}}{\pi} \times (실효값)$

② $\dfrac{4}{\pi}\sqrt{2} \times (최대값)$

③ $\dfrac{\sqrt{2}}{\pi} \times (실효값)$

④ $\dfrac{\pi}{2\sqrt{2}} \times (최대값)$

⑤ $\dfrac{4}{\pi}\sqrt{2} \times (실효값)$

41 임피던스 $Z=6+j8\Omega$ 에서 서셉턴스의 값은?

① 0.06℧
② 0.08℧
③ 0.6℧
④ 0.8℧
⑤ 1.0℧

42 6상 회전 변류기의 정격 출력이 2,000kW이고, 직류측 정격 전압이 1,000V이다. 교류측의 입력 전류는 얼마인가?(단, 역률 및 효율은 전부 100%이다)

① 약 471A
② 약 667A
③ 약 943A
④ 약 1,253A
⑤ 약 1,633A

43 다음 중 배전선로의 전력손실을 경감할 대책으로 옳지 않은 것은?

① 배전전압을 승압한다.
② 역률을 개선한다.
③ 저항을 감소시킨다.
④ 전선의 배전거리를 늘린다.
⑤ 부하의 불평형을 방지한다.

44 역률이 60%인 부하에 전압 90V를 가해서 전류 5A가 흘렀을 때, 이 부하의 유효 전력은 얼마인가?

① 150W
② 220W
③ 270W
④ 310W
⑤ 400W

45 다음 중 교류 배전반에서 전류가 많이 흘러 전류계를 직접 주회로에 연결할 수 없을 때, 사용하는 기기는?

① 전류 제한기   ② 전압 제한기

③ 계기용 변압기   ④ 계기용 변류기

⑤ 전류계용 절환 개폐기

46 특고압 가공전선로의 지지물 중 전선로의 지지물 양쪽의 경간의 차가 큰 곳에 사용하는 철탑은?

① 내장형 철탑   ② 인류형 철탑

③ 보강형 철탑   ④ 각도형 철탑

⑤ 직선형 철탑

47 무효 전력 보상 장치의 내부에 고장이 생긴 경우 자동적으로 전로로부터 차단하는 장치는 무효 전력 보상장치의 뱅크 용량이 몇 kVA 이상이어야 시설하는가?

① 10,000kVA   ② 15,000kVA

③ 20,000kVA   ④ 25,000kVA

⑤ 30,000kVA

48 22.9kV 특고압으로 가공전선과 조영물이 아닌 다른 시설물이 교차하는 경우, 상호 간의 간격은 몇 cm까지 감할 수 있는가?(단, 전선은 케이블이다)

① 50cm

② 60cm

③ 100cm

④ 120cm

⑤ 140cm

49 다음 중 배전반 및 분전반을 설치하기에 가장 적절한 장소는 어디인가?

① 출입구 신발장 내부

② 노출된 장소

③ 고온 다습한 장소

④ 화장실 내부

⑤ 벽장 안

50 케이블공사에서 비닐 외장 케이블을 조영재의 옆면에 따라 붙이는 경우 전선의 지지점 사이의 거리는 최대 몇 m인가?

① 1m

② 1.5m

③ 2m

④ 2.5m

⑤ 3m

최종점검 모의고사

⏱ 응시시간 : 50분　　📋 문항 수 : 50문항　　정답 및 해설 p.092

01 다음 중 배전선로의 용어와 이에 대한 설명이 바르게 연결되지 않은 것은?

① 궤전점 : 급전선과 간선과의 접속점이다.

② 간선 : 급전선에 접속되어 부하로 전력을 공급하거나 분기선을 통하여 배전하는 선로이다.

③ 분기선 : 급전선으로 분기되는 변압기에 이르는 선로이다.

④ 급전선 : 배전용 변전소에서 인출되는 배전선로에서 최초의 분기점까지의 전선으로 도중에 부하가 접속되어 있지 않은 선로이다.

⑤ 모선 : 전력을 외부의 수변전설비로부터 사업장의 수변전설비로 인입하여 공장 내의 목적별로 배전하는 경우, 분기하기 이전의 전력간선이다.

02 다음 회로에 대한 설명으로 옳은 것을 〈보기〉에서 모두 고르면?[단, 총 전하량 $(Q_T) = 400\mu\text{C}$ 이고, 정전 용량은 $C_1 = 3\mu\text{F}$, $C_2 = 2\mu\text{F}$, $C_3 = 2\mu\text{F}$ 이다]

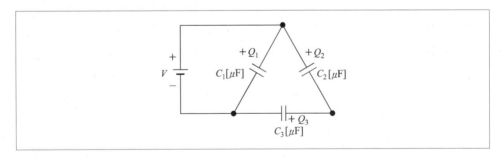

보기

ㄱ. $Q_2\mu\text{C} = Q_3\mu\text{C}$

ㄴ. [커패시터의 총 합성 정전 용량(C_T)]$= 4\mu\text{F}$

ㄷ. [전압(V)]$= 100\text{V}$

ㄹ. [C_1에 축적되는 전하(Q_1)]$= 300\mu\text{C}$

---

① ㄱ, ㄴ

② ㄱ, ㄷ

③ ㄱ, ㄷ, ㄹ

④ ㄴ, ㄷ, ㄹ

⑤ ㄱ, ㄴ, ㄷ, ㄹ

03 다음 중 반자성체 물질의 비투자율로 옳은 것은?

① $\mu S > 1$

② $\mu S \geq 1$

③ $\mu S = 1$

④ $\mu S < 1$

⑤ $\mu S \leq 1$

04 부하가 선로에 따라 균일하게 분포된 선로의 전력손실은 부하가 선로의 말단에 집중적으로 접속되어 있을 때의 몇 배인가?

① $\frac{1}{3}$ 배

② $\frac{1}{2}$ 배

③ 1배

④ 2배

⑤ 3배

05 공기 중에서 무한평면도체의 표면으로부터 1m 떨어진 곳에 점전하가 있다. 점전하가 8C일 때, 전하가 받는 힘의 크기는 얼마인가?

① $36 \times 10^9 \text{N}$

② $100 \times 10^9 \text{N}$

③ $121 \times 10^9 \text{N}$

④ $144 \times 10^9 \text{N}$

⑤ $165 \times 10^9 \text{N}$

06 다음 중 전기장에 대한 설명으로 옳지 않은 것은?

① 대전된 구의 내부 전기장은 0이다.

② 도체 표면의 전기장은 그 표면과 평행하다.

③ 대전된 무한히 긴 원통의 내부 전기장은 0이다.

④ 대전된 도체 내부의 전하 및 전기장은 모두 0이다.

⑤ 전기장의 방향은 양전하에서 나가서 음전하로 들어오는 방향이다.

07 1C.G.S 정전 단위의 같은 부호의 두 점 전하가 진공 내에서 1m 떨어졌을 때, 작용하는 반발력은 얼마인가?

① $\dfrac{1}{10,000}$dyne

② $\dfrac{1}{1,000}$dyne

③ 10dyne

④ 100dyne

⑤ 1,000dyne

08 3상 4선식 방식에서 1선당 최대 전력은 얼마인가?(단, 상전압은 V, 선전류은 I라 한다)

① $0.3\,VI$

② $0.45\,VI$

③ $0.5\,VI$

④ $0.65\,VI$

⑤ $0.75\,VI$

09 다음 회로에서 저항 R의 양단 전압이 15V일 때, 저항 R은?

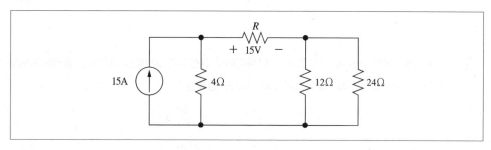

① $1\,\Omega$

② $2\,\Omega$

③ $3\,\Omega$

④ $4\,\Omega$

⑤ $5\,\Omega$

10 다음 중 히스테리시스 곡선에 대한 설명으로 옳지 않은 것은?

① 히스테리시스 손실은 주파수에 비례한다.

② 곡선이 수평축과 만나는 점은 보자력을 나타낸다.

③ 곡선이 수직축과 만나는 점은 잔류자기를 나타낸다.

④ 자속밀도, 자기장의 세기에 대한 비선형 특성을 나타낸다.

⑤ 곡선으로 둘러싸인 면적이 클수록 히스테리시스 손실이 적다.

11 다음 중 가공전선로의 경간이 150m, 인장하중 3,000N, 안전율 2이고, 전선 1m당 무게가 1.6N일 때, 전선의 처짐정도는 얼마인가?

① 1m   ② 2m

③ 3m   ④ 4m

⑤ 5m

12 비투자율 100인 철심을 코어로 하고 단위길이당 권선수가 100회인 이상적인 솔레노이드의 자속밀도가 0.2Wb/m^2일 때, 솔레노이드에 흐르는 전류는?

① $\dfrac{20}{\pi}\text{A}$ ② $\dfrac{30}{\pi}\text{A}$

③ $\dfrac{40}{\pi}\text{A}$ ④ $\dfrac{50}{\pi}\text{A}$

⑤ $\dfrac{60}{\pi}\text{A}$

13 다음 중 송전선 계통에서 안정도를 향상하는 방법으로 옳지 않은 것은?

① 복도체 방식 사용
② 고속도 재폐로 방식 사용
③ 중간조상 방식 사용
④ 제동권선 사용
⑤ 직렬 콘덴서 사용

14 역률 90%, 300kW의 전동기를 95%로 개선하는 데 필요한 콘덴서의 용량은?

① 약 20kVA
② 약 30kVA
③ 약 40kVA
④ 약 50kVA
⑤ 약 60kVA

15 다음 중 3상 차단기의 정격차단용량(P_s)을 나타낸 것으로 옳은 것은?(단, 정격전압은 V, 정격차단전류는 I_s이다)

① $P_s = \sqrt{3} \times V \times I_s$
② $P_s = \sqrt{3} \times V \times I_s^2$
③ $P_s = \sqrt{2} \times V \times I_s$
④ $P_s = \sqrt{2} \times V^2 \times I_s$
⑤ $P_s = \sqrt{3} \times V^2 \times I_s$

16 중성점 접지방식에서 1선 지락 시 건전상 전압 상승이 1.3배인 방식을 〈보기〉에서 모두 고르면?

> **보기**
>
> ㄱ. 직접 접지방식　　　　　　　　　ㄴ. 비접지방식
>
> ㄷ. 소호리액터 접지방식　　　　　　ㄹ. 저항 접지방식

① ㄱ

② ㄷ

③ ㄴ, ㄹ

④ ㄷ, ㄹ

⑤ ㄱ, ㄴ, ㄷ

17 동기 각속도 ω_0, 회전자 각속도 ω인 유도 전동기의 2차 효율은?

① $\dfrac{\omega_0 - \omega}{\omega}$

② $\dfrac{\omega_0 - \omega}{\omega_0}$

③ $\dfrac{\omega_0}{\omega}$

④ $\dfrac{\omega}{\omega_0}$

⑤ $\dfrac{\omega_0}{\omega_0 - \omega}$

18 12극과 8극인 2개의 유도 전동기를 종속법에 의한 직렬 접속법으로 속도제어할 때, 전원 주파수가 50Hz인 경우 무부하 속도 n은 몇 rps인가?

① 4rps

② 5rps

③ 15rps

④ 6rps

⑤ 12rps

19 다음 중 동기기를 병렬운전할 때, 순환 전류가 흐르는 원인으로 옳은 것은?

① 기전력의 저항이 다른 경우

② 기전력의 위상이 다른 경우

③ 기전력의 전류가 다른 경우

④ 기전력의 역률이 다른 경우

⑤ 기전력의 전압이 다른 경우

20 정격 용량 5,000kVA, 정격 전압 3,000V, 극수 12, 주파수 60Hz, 1상의 동기 임피던스가 2Ω 인 3상 동기 발전기가 있다. 이 발전기의 단락비는?

① 0.5 ② 0.9

③ 1.1 ④ 1.2

⑤ 1.5

21 단상 50kVA 1차 3,300V, 2차 210V 60Hz, 1차 권회수 550, 철심의 유효 단면적 150cm^2 의 변압기 철심에서 자속 밀도는?

① 약 0.83Wb/m^2 ② 약 1.03Wb/m^2

③ 약 1.23Wb/m^2 ④ 약 1.53Wb/m^2

⑤ 약 2.03Wb/m^2

22 1차 Y, 2차 Δ로 결선한 권수비가 20 : 1인 서로 같은 단상 변압기 3대가 있다. 이 변압기군에 2차 단자 전압 200V, 30kVA의 평형 부하를 걸었을 때, 각 변압기의 1차 전류는?

① 0.5A

② 2.5A

③ 5A

④ 25A

⑤ 50A

23 3상 변압기의 임피던스가 Z이고, 선간 전압이 V, 정격 용량이 P일 때, %임피던스는?

① $\dfrac{PZ}{V}$

② $\dfrac{10PZ}{V}$

③ $\dfrac{PZ}{10V^2}$

④ $\dfrac{PZ}{100V^2}$

⑤ $\dfrac{PZ}{1,000V^2}$

24 변압기의 철심에서 실제 철의 단면적과 철심의 유효면적의 비를 무엇이라고 하는가?

① 권수비

② 변류비

③ 변동률

④ 변성비

⑤ 점적률

25 공통 중성선 다중 접지 3상 4선식 배전선로에서 고압측(1차측) 중성선과 저압측(2차측) 중성선을 전기적으로 연결하는 목적으로 옳은 것은?

① 고전압 혼촉 시 수용가에 침입하는 상승전압을 억제하기 위해

② 저압측 단락사고를 검출하기 위해

③ 저압측 접지사고를 검출하기 위해

④ 고압측 단락사고 시 고장전류를 검출하기 위해

⑤ 주상변압기의 중성선측 부싱을 생략하기 위해

26 8극과 4극 2개의 유도 전동기를 종속법에 의한 직렬 종속법으로 속도 제어를 할 때, 전원 주파수가 60Hz인 경우 무부하 속도는?

① 600rpm

② 900rpm

③ 1,200rpm

④ 1,500rpm

⑤ 1,800rpm

27 선로정수 저항에서 연동선의 도전율 비율을 100% 기준으로 할 때, 다음 중 도선 종류에 따른 도전율 비율이 바르게 짝지어진 것은?

	경동선	알루미늄선
①	95%	41%
②	65%	61%
③	65%	41%
④	95%	61%
⑤	61%	65%

28 다음 중 P[kW], N[rpm]인 전동기의 토크는?

① $0.01625\dfrac{P}{N}$[kW]

② $716\dfrac{P}{N}$[kW]

③ $956\dfrac{P}{N}$[kW]

④ $974\dfrac{P}{N}$[kW]

⑤ $987\dfrac{P}{N}$[kW]

29 단상 전파 정류 회로에서 교류 전압 $v = \sqrt{2} \times V\sin\theta$[V]인 정현파 전압에 대하여 직류 전압 e_d의 평균값 E_{d0}는 얼마인가?

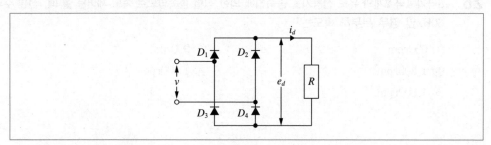

① 약 0.45V

② 약 0.9V

③ 약 1.17V

④ 약 1.35V

⑤ 약 1.03V

30 다음 중 PN접합 정류기는 무슨 작용을 하는가?

① 증폭작용

② 제어작용

③ 정류작용

④ 스위치작용

⑤ 유도작용

31 다음 중 전압을 일정하게 유지하기 위해서 이용되는 다이오드는?

① 발광 다이오드

② 포토 다이오드

③ 제너 다이오드

④ 바리스터 다이오드

⑤ 쇼트키 다이오드

32 고압 또는 특고압 가공전선과 금속제의 울타리가 교차하는 경우 교차점과 좌, 우로 몇 m 이내의 개소에 접지공사를 하여야 하는가?(단, 전선에 케이블을 사용하는 경우는 제외한다)

① 45m

② 30m

③ 35m

④ 30m

⑤ 25m

33 전원 전압 P, 부하 저항 R일 때, 최대 전력을 공급하기 위한 조건은?(단, r은 전원의 내부 저항이다)

① $r = R$

② $r = 2R$

③ $r = 4R$

④ $r = 6R$

⑤ $r = 8R$

34 3상 교류회로의 선간전압이 13,200V, 선전류가 800A, 역률 80% 부하의 소비전력은 몇 MW인가?

① 약 4.88MW ② 약 8.45MW

③ 약 14.63MW ④ 약 18.85MW

⑤ 약 25.34MW

35 다음과 같은 회로에서 $a-b$ 사이에 걸리는 전압의 크기는?

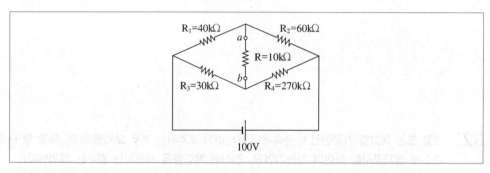

① 0V ② 15V

③ 30V ④ 45V

⑤ 60V

36 다음 회로에서 9A의 전류원이 회로에서 추출해 가는 전력은?

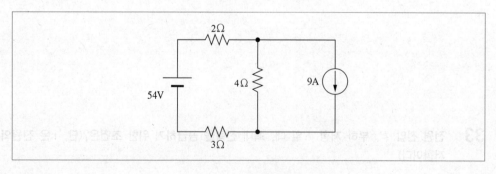

① 24W ② 36W

③ 48W ④ 60W

⑤ 70W

37 직각좌표계 $(x,\ y,\ z)$의 원점에 점전하 $0.6\mu C$이 놓여 있다. 이 점전하로부터 좌표점 $(2,\ -1,\ 2)$m에 미치는 전계의 세기 중 x축 성분의 크기는?(단, 매질은 공기이고, $\dfrac{1}{4\pi\varepsilon_0}=9\times10^9$m/F이다)

① 200V/m

② 300V/m

③ 400V/m

④ 500V/m

⑤ 600V/m

38 어떤 회로에 $v(t)=40\sin(\omega t+\theta)$의 전압을 인가하면 $i(t)=20\sin(\omega t+\theta-30°)$의 전류가 흐른다. 이 회로에서 무효전력은?

① 200Var

② $200\sqrt{3}$ Var

③ 400Var

④ $400\sqrt{3}$ Var

⑤ 600Var

39 다음 중 지수함수 e^{-at}를 z변환한 식으로 옳은 것은?

① $\dfrac{z}{z+e^{-at}}$

② $\dfrac{-z}{z-e^{-at}}$

③ $\dfrac{z}{z-e^{-at}}$

④ $\dfrac{-z}{z+e^{at}}$

⑤ $\dfrac{z}{z+e^{2at}}$

40 다음 중 특이함수(스위칭 함수)에 대한 설명으로 옳은 것을 〈보기〉에서 모두 고르면?

보기

ㄱ. 특이함수는 그 함수가 불연속이거나 그 도함수가 불연속인 함수이다.
ㄴ. 단위계단함수 $u(t)$는 t가 음수일 때 -1, t가 양수일 때 1의 값을 갖는다.
ㄷ. 단위임펄스함수 $\delta(t)$는 $t=0$ 외에는 모두 0이다.
ㄹ. 단위램프함수 $r(t)$는 t의 값에 상관없이 단위 기울기를 갖는다.

① ㄱ, ㄴ   ② ㄱ, ㄷ
③ ㄴ, ㄷ   ④ ㄴ, ㄹ
⑤ ㄷ, ㄹ

41 송전전력, 선간전압, 부하역률, 전력손실 및 송전거리를 동일하게 하였을 때, 단상 2선식에서의 전선량(중량)비에 대한 3상 3선식의 전선량비는?

① 0.35   ② 0.75
③ 0.85   ④ 1
⑤ 1.15

42 욕조나 샤워시설이 있는 욕실 또는 화장실 등 인체가 물에 젖어 있는 상태에서 전기를 사용하는 장소에 콘센트를 시설하는 경우에 적합한 누전차단기는?

① 정격감도전류 15mA 이하, 동작시간 0.03초 이하의 전류동작형 누전차단기
② 정격감도전류 15mA 이하, 동작시간 0.03초 이하의 전압동작형 누전차단기
③ 정격감도전류 20mA 이하, 동작시간 0.3초 이하의 전류동작형 누전차단기
④ 정격감도전류 20mA 이하, 동작시간 0.3초 이하의 전압동작형 누전차단기
⑤ 정격감도전류 20mA 이하, 동작시간 0.03초 이하의 전류동작형 누전차단기

43 다음 중 전기자동차 커플러의 시설규정으로 옳지 않은 것은?

① 접지극은 투입 및 차단 시 제일 먼저 접속 및 분리되어야 한다.

② 극성의 구분이 되어야 한다.

③ 기계적 잠금장치가 있어야 한다.

④ 다른 배선기구와 대체가 불가능해야 한다.

⑤ 커넥터가 전기자동차 접속구로부터 분리될 때 충전 케이블의 전원공급을 중단시켜야 한다.

44 백열전등 또는 방전등에 전기를 공급하는 옥내전로의 대지전압은 몇 V 이하이어야 하는가?(단, 백열전등 또는 방전등 및 이에 부속하는 전선은 사람이 접촉할 우려가 없도록 시설한 경우이다)

① 60V　　　　　　　　　　② 110V

③ 220V　　　　　　　　　④ 300V

⑤ 350V

45 다음 플로어 덕트 부속품 중 박스의 플러그 구멍을 메우는 것의 명칭은?

① 덕트 서포트　　　　　　② 아이언 플러그

③ 덕트 플러그　　　　　　④ 인서트 마커

⑤ 터미널 러그

46 다음 중 금속 폐쇄 배전반(MCSG)을 사용하는 목적은 무엇인가?

① 사람에 대한 안전　　　　② 사고파급 방지

③ 기기의 안전　　　　　　④ 보수의 용이함

⑤ 기기의 수명 연장

47 다음 중 옥내배선에서 전선 접속에 대한 사항으로 옳지 않은 것은?

① 접속 부위의 전기 저항을 증가시킨다.

② 전선의 강도를 20% 이상 감소시키지 않는다.

③ 접속 슬리브를 사용하여 접속한다.

④ 전선 접속기를 사용하여 접속한다.

⑤ 접속 부분의 온도상승값이 접속부 이외의 온도상승값을 넘지 않도록 한다.

48 A종 철근 콘크리트주의 길이가 9m이고 설계하중이 6.8kN인 경우, 땅에 묻히는 깊이는 최소 몇 m 이상이어야 하는가?

① 1.2m
② 1.5m
③ 1.8m
④ 2.0m
⑤ 2.5m

49 다음 중 감전 방지 대책으로 옳지 않은 것은?

① 2중 절연기기 사용
② 누전차단기 설치
③ 외함접지 설치
④ 축전지 설치
⑤ 보호용 개폐기 설치

50 충전부 전체를 대지로부터 절연시키거나, 한 점을 임피던스를 통해 대지에 접속시키며 전기설비의 노출도전부를 단독 또는 일괄적으로 계통의 PE도체에 접속시키는 방식은 무엇인가?

① TN-C계통   ② TN-S계통

③ TT계통   ④ IT계통

⑤ TN-C-S계통

교육은 우리 자신의 무지를 점차 발견해 가는 과정이다.

– 윌 듀란트 –

현재 나의 실력을 객관적으로 파악해 보자!

모바일 OMR
답안채점 / 성적분석 서비스

도서에 수록된 모의고사에 대한 객관적인 결과(정답률, 순위)를 종합적으로 분석하여 제공합니다.

OMR 입력

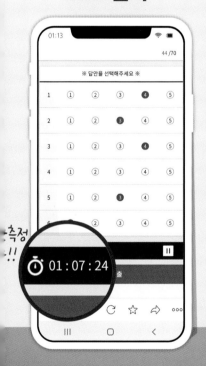

성적분석

채점결과

※OMR 답안채점 / 성적분석 서비스는 등록 후 30일간 사용 가능합니다.

| 도서 내 모의고사 우측 상단에 위치한 QR코드 찍기 | 로그인 하기 | '시작하기' 클릭 | '응시하기' 클릭 | 나의 답안을 모바일 OMR 카드에 입력 | '성적분석 & 채점결과' 클릭 | 현재 내 실력 확인하기 |

2025
최신판

모바일 OMR
답안채점 / 성적분석
서비스

NCS
핵심이론 및
대표유형 PDF

[합격시대]
온라인 모의고사
무료쿠폰

무료 이슈 & 상식
특강 제공

공기업
전공필기
전기직

편저 | SDC(Sidae Data Center)

정답 및 해설

시대에듀

Add+

2024년 주요 공기업
전기 기출복원문제

끝까지 책임진다! 시대에듀!

QR코드를 통해 도서 출간 이후 발견된 오류나 개정법령, 변경된 시험 정보, 최신기출문제, 도서 업데이트 자료 등이 있는지 확인해 보세요! **시대에듀 합격 스마트 앱**을 통해서도 알려 드리고 있으니 구글 플레이나 앱 스토어에서 다운받아 사용하세요. 또한, 파본 도서인 경우에는 구입하신 곳에서 교환해 드립니다.

01	02	03	04	05	06	07	08	09	10	11	12	13	14	15	16	17	18	19	20
①	⑤	①	③	④	④	②	①	④	⑤	⑤	②	③	②	①	③	③	②	④	⑤
21	22	23	24	25	26	27	28	29	30	31	32	33	34	35	36	37	38	39	40
①	②	③	②	⑤	②	①	④	④	③	①	①	④	④	②	②	⑤	③	②	③
41	42	43	44	45	46	47	48	49	50										
①	④	②	③	④	②	③	②	②	③										

01

정답 ①

변류기 사용 및 절연변압기 채용은 통신선의 유도장해를 줄이기 위한 통신선의 대응책이다.

통신선 유도장해 경감을 위한 전력선과 통신선에 대한 대책

구분	전력선	통신선
대책	• 통신선과 직각으로 교차하도록 한다. • 전력선과 통신선의 상호 간격을 크게 한다. • 전선의 위치를 바꾼다. • 소호리액터를 사용한다. • 차폐선을 설치한다. • 고장회선을 신속하게 차단한다. • 고주파 발생을 방지한다. • 고저항 중성점 접지 방식을 택한다. • 지중매설방식을 택한다.	• 전력선과 직각으로 교차하도록 한다. • 변류기를 사용하고 절연변압기를 채용한다. • 연피케이블을 사용한다. • 성능이 우수한 피뢰기를 설치한다. • 통신선, 통신기기의 절연능력을 향상시킨다. • 통신 전류의 레벨을 높이고 반송식을 이용한다. • 배류코일, 중화코일을 통해 접지한다.

02

정답 ⑤

⑤는 직류송전방식의 특징에 대한 설명이다.

교류송전방식의 특징
• 변압기를 통한 승압 및 강압이 용이하다.
• 3상 회전자계를 쉽게 얻을 수 있다.
• 표피효과 및 코로나 손실이 발생한다.
• 페란티 현상이 발생한다.
• 주파수가 다른 계통끼리의 연결이 불가능하다.
• 직류송전에 비해 안정도가 저하된다.

03

단위길이당 감은 코일의 수가 n인 무한장 솔레노이드에 전류 I가 흐를 때, 외부 자계의 세기는 0이고, 내부 자계의 세기는 $H = nI$이며, 내부에서 그 크기와 방향은 같다.

04

직렬공진상태일 때, 역률은 항상 1이다.

> **직렬공진**
>
> • $X_L = X_C$, $\omega L = \dfrac{1}{\omega C}$, $\omega^2 LC$일 때 직렬공진상태이다.
>
> • 직렬공진상태의 특징
>   – 임피던스의 허수부는 0이다.
>   – 전압, 전류의 위상이 같다.
>   – 역률은 1이다.
>   – 임피던스의 크기가 최소이다.
>   – 전류의 세기가 최대이다.

05

$V_{rms} = \dfrac{V_{\max}}{\sqrt{2}} = \dfrac{250\sqrt{2}}{\sqrt{2}} = 250$이므로 $I_{rms} = \dfrac{V_{rms}}{Z} = \dfrac{250}{\sqrt{8^2 + 6^2}} = \dfrac{250}{10} = 25\text{A}$이다.

06

$C = \dfrac{\epsilon S}{d}$에서 $d \to \dfrac{d}{2}$이므로 $C' = \dfrac{\epsilon S}{\frac{d}{2}} = 2\dfrac{\epsilon S}{d} = 2C$로 처음의 2배가 된다.

07

• $a - b$점을 연결했을 때의 합성저항 : $2 + \dfrac{2 \times 2}{2 + 2} = 3\,\Omega$

• $c - d$점을 연결했을 때의 합성저항 : $0.5 + \dfrac{3 \times 3}{3 + 3} = 2\,\Omega$

따라서 합성저항의 합은 $3 + 2 = 5\,\Omega$이다.

08

$$M = \dfrac{\mu_s S N_1 N_2}{l}$$
$$= \dfrac{4\pi \times 10^{-7} \times 10,000 \times 200 \times 10^{-4} \times 10 \times 10}{2}$$
$$= 4\pi \times 10^{-3}\,\text{H}$$

09

전기력선은 자기 자신만으로 폐곡선을 이룰 수 없다.

> **전기력선의 성질**
> • 도체 내부에는 전기력선이 존재하지 않는다.
> • 전기력선의 방향은 전계의 방향과 같다.
> • 전기력선의 방향은 전위가 높은 곳에서 낮은 곳으로 향한다.
> • 전기력선은 도체 표면에서 수직으로 지나간다.
> • 전기력선의 밀도는 전계의 세기와 같다.
> • 전기력선은 정전하에서 시작하여 무한으로 발산하거나 부전하에서 끝난다.
> • 전기력선은 자기 자신만으로 폐곡선을 이루지 않는다.
> $$\left(\nabla \cdot E = \frac{\rho}{\epsilon_o} \right)$$
> • 전기력선은 단위전하당 $\frac{1}{\epsilon_0}$ 개가 출입한다.
> $$\left(\frac{N}{q} = \frac{1}{\epsilon_0} \right)$$

10

$Q = CV$ 이고 Q는 변하지 않는다. 따라서 $C \rightarrow C + 3C = 4C$ 이므로 $V = \dfrac{Q}{C} \rightarrow \dfrac{Q}{4C} = \dfrac{1}{4} V$ 이다.

11

$$[전압변동률(\epsilon)] = \frac{V_{or} - V_r}{V_r} \times 100 = \frac{143 - 140}{140} \times 100 \fallingdotseq 2.14\%$$

> **전압변동률**
> 정격전압에 대한 무부하 시 전압 변동의 비율이다.
> $$[전압변동률(\epsilon)] = \frac{V_{or} - V_r}{V_r} \times 100$$
> (V_r : 정격전압, V_{or} : 무부하 시 전압)

12

$P = 9.8\eta\, QH = 9.8 \times 0.9 \times 15 \times 100 = 13,230\text{kW}$

13

단락비가 큰 기기는 동기임피던스가 작다.

단락비가 큰 기기의 특징
- 동기임피던스(Z_s), 전압변동률, 전기자반작용, 효율이 작다.
- 출력, 선로의 충전용량, 단락전류가 크다.
- 안정도가 좋다.
- 철손이 크다.
- 중량이 크다.
- 가격이 비싸다.
- 철기계로 저속인 수차발전기에 적합하다.

철기계
단락비가 큰 기기는 자속 분포를 크게 하기 위해 철심을 크게 하여 계자의 구조가 크게 된다. 따라서 계자의 구조에 비례해 전기자의 구조가 커지기 때문에 발전기의 구조가 전반적으로 커진다. 이때, 철심의 분포가 코일인 동보다 더 많기 때문에 철기계라고 한다.

14

오답분석
① 농형 유도전동기 : 고정자 권선에 전압을 인가하고 회전자에는 전압 인가 없이 전압 및 전류가 유도되어 운전하는 방식이다.
③ 분상 기동형 전동기 : 인덕턴스는 작고 저항은 커, 주권선과 기동권선에 흐르는 전류 간 위상차를 만들어 회전자장을 얻는다.
④ 셰이딩 코일형 전동기 : 고정자 자극의 한쪽 끝에 홈을 판 후 셰이딩 코일을 감아 회전자계장을 얻는 방식이다.
⑤ 콘덴서 기동형 전동기 : 기동권선의 권선수를 주권선의 $1 \sim 1.5$배 정도로 하고, 콘덴서를 통해 접속하여 기동하는 방식이다.

15

기전력의 최대전압은 동기발전기의 병렬운전 조건과 관련이 없다.

동기발전기의 병렬운전 조건
- 기전력의 크기가 같을 것
- 기전력의 위상이 같을 것
- 기전력의 파형이 같을 것
- 기전력의 주파수가 같을 것
- 기전력의 상회전 방향이 같을 것

16

$E = V + I_a R_a$에서 계자전류 및 전기자 반작용을 무시하므로 $I_a = I = 40$A이다.
따라서 $E = 220 + 40 \times 0.15 = 226$V이다.

17

$$[공진주파수(f)] = \frac{1}{2\pi\sqrt{LC}}\,[\text{Hz}]$$

공진회로

구분	직렬공진	병렬공진
공진조건	$X_L = X_c,\ \omega L = \dfrac{1}{\omega C}$	$X_L = X_c,\ \omega C = \dfrac{1}{\omega L}$
공진주파수	$f = \dfrac{1}{2\pi\sqrt{LC}}$	$f = \dfrac{1}{2\pi\sqrt{LC}}$
공진상태 의미	• 허수부가 0인 상태 • 전압, 전류가 동일 위상인 상태 • 역률이 1인 상태 • 임피던스가 최소인 상태 • 전류가 최대인 상태	• 허수부가 0인 상태 • 전압, 전류가 동일 위상인 상태 • 역률이 1인 상태 • 어드미턴스가 최소인 상태 • 전류가 최소인 상태

18

변압기의 종별 최고허용온도 및 절연재료

종류	최고허용온도	주요 절연재료	주요 용도
Y종	90℃	목면, 견, 종이, 목재, 아닐린 수지	저전압 기기
A종	105℃	Y종 절연재료를 니스 등 유중에 함침	보통기기, 변압기
E종	120℃	폴리우레탄 에폭시, 가교 폴리에스테르계 수지	보통기기, 대용량 기기
B종	130℃	마이카, 석면, 유리섬유를 접착제와 같이 사용한 것	고전압 기기, 건식 변압기
F종	155℃		
H종	180℃	석면, 유리섬유, 실리콘 고무, 니스유리크로스	H종 건식 변압기
C종	180℃ 초과	마이카, 도자기, 유리 등을 단독 사용한 것	특수기기

19

슈테판 – 볼츠만 법칙(Stefan – Boltzmann's Law)은 흑체가 방사하는 단위면적당 복사에너지는 흑체의 절대온도의 네제곱에 비례한다는 법칙이다($E = \sigma T^4$).

20

반강자성체(Antiferromagnetic material)는 크기가 같고 방향이 서로 반대인 2개의 자기모멘트로 인해 자기모멘트의 합이 0이다. 따라서 반강자성체 물질은 일반적으로는 외부 자기장에 의해 자화가 발생하지 않는다.

[오답분석]
① 반자성체에 대한 설명이다.
② 강자성체에 대한 설명이다.
③ 상자성체에 대한 설명이다.
④ 준강자성체에 대한 설명이다.

자성의 종류

종류	설명
강자성 (Ferromagnetism)	외부에서 자기장을 가할 때, 자기장의 방향과 같은 방향으로 자회된 후 외부 자기장을 제거하여도 자화가 유지되는 성질
준강자성 (Ferrimagnetism)	크기가 다른 자기모멘트가 서로 다른 방향으로 정렬되어 한 방향으로 약하게 자회되는 성질
반강자성 (Antiferromagnetism)	크기가 같은 자기모멘트가 서로 다른 방향으로 정렬되어 자화되지 않은 성질
상자성 (Paramagnetism)	외부에서 자기장을 가할 때, 자기장의 방향과 같은 방향으로 자화되지만, 자기장을 제거하면 자화를 잃는 성질
반자성 (Diamagnetism)	외부에서 자기장을 가할 때, 자기장의 방향과 반대 방향으로 자회되는 성질

21 　　정답 ①

CNCV 케이블

중성선 위아래를 부풀음 테이프로 감은 후 그 위에 PVC, 폴리올레핀 등으로 감싼 동심중심선 가교폴리에틸렌절연 차수형 비닐시스 케이블이다. 도체로 수밀 혼합물 충전 원형 압축 연동연선을 사용하며, 외부 및 내부 반도전층은 반도전 압출층으로 각각 절연내력 향상 및 코로나 및 오존 발생을 방지한다. 중성선은 연동선 여러 개를 도체 단면적의 $\frac{1}{3}$ 만큼 동심원으로 꼬아 붙인다.

22 　　정답 ②

일반적으로 유전율이 서로 다른 두 유전체가 접하였을 때, 경계면에서 전계와 전속밀도는 다르다.

> **유전체 경계면의 특징**
> - 전계의 접선성분은 같다($E_1 \sin \theta_1 = E_2 \sin \theta_2$).
> - 전속밀도의 수직성분은 같다($D_1 \cos \theta_1 = D_2 \cos \theta_2$).
> - 경계면에서 전계와 전속밀도는 굴절한다.
> - 전속선은 전율이 큰 쪽을 지날 때 촘촘하게 모인다.

23 　　정답 ③

$$W = \frac{V_h^2 - V_l^2}{\sqrt{3} \times V_h V_l} \times P = \frac{3,300^2 - 3,000^2}{\sqrt{3} \times 3,300 \times 3,000} \times 80 \fallingdotseq 9\text{kVA}$$

24 　　정답 ②

$$\cos \theta = \frac{\sum W}{\sqrt{3} \, VI} = \frac{1.5 + 0.8}{\sqrt{3} \times 220 \times 10 \times 10^{-3}} \fallingdotseq 0.6$$

25

2전력계법에 의한 무효전력은 $Q=\sqrt{3}\,(W_2-W_1)$이므로 $Q=\sqrt{3}\times(6.5-5)\fallingdotseq2.6\text{kW}$이다.

2전력계법

3상 회로에 W_1, W_2의 부하가 걸릴 때

- [유효전력(P)]$=W_1+W_2$
- [무효전력(Q)]$=\sqrt{3}\,(W_1-W_2)$
- [피상전력(P_a)]$=2\sqrt{W_1^2+W_2^2-W_1W_2}$
- [역률($\cos\theta$)]$=\dfrac{P}{P_a}=\dfrac{W_1+W_2}{2\sqrt{W_1^2+W_2^2+W_1W_2}}$

26

무한장 직선 도선의 선전하밀도가 λ일 때, 선전하에 의한 전계의 세기는 $E=\dfrac{\lambda}{2\pi\epsilon_0 R}$이다.

A와 B는 서로 반대 방향의 전하이고, P지점은 A와 B 사이에 있으므로 P지점의 전하의 세기는 A전하에 의한 전계의 세기와 B전하에 의한 전계의 세기의 합과 같다.

$E_A=\dfrac{\lambda}{2\pi\epsilon_0\dfrac{d}{3}}=\dfrac{3\lambda}{2\pi\epsilon_0 d}$

$E_B=\dfrac{\lambda}{2\pi\epsilon_0\dfrac{2d}{3}}=\dfrac{3\lambda}{4\pi\epsilon_0 d}$

따라서 P지점에서의 전계의 세기는 $E_A+E_B=\dfrac{3\lambda}{2\pi\epsilon_0 d}+\dfrac{3\lambda}{4\pi\epsilon_0 d}=\dfrac{9\lambda}{4\pi\epsilon_0 d}$이다.

27

무손실 선로의 전파정수는 $\gamma=\sqrt{ZY}=0+j\omega\sqrt{LC}$이다. 따라서 감쇠정수($\alpha$)의 값은 0, 위상정수($\beta$)의 값은 $\omega\sqrt{LC}$이다.

무손실 선로와 무왜형 선로

구분	무손실 선로	무왜형 선로
의미	손실이 없는 선로	파형의 일그러짐이 없는 선로
조건	$R=0$, $G=0$	$RC=LG$
특성임피던스	$Z_0=\sqrt{\dfrac{L}{C}}$	$Z_0=\sqrt{\dfrac{L}{C}}$
전파정수	$\gamma=j\omega\sqrt{LC}$ $\alpha=0$, $\beta=\omega\sqrt{LC}$	$\gamma=\sqrt{RG}+j\omega\sqrt{LC}$ $\alpha=\sqrt{RG}$, $\beta=\omega\sqrt{LC}$
전파속도	$v=\dfrac{1}{\sqrt{LC}}$	$v=\dfrac{1}{\sqrt{LC}}$

28

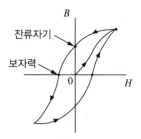

따라서 X점에 해당하는 것은 잔류자기이고, Y점에 해당하는 것은 보자력이다.

히스테리시스곡선
- 잔류자기 : 외부에서 가한 자계 세기가 0이 되어도 자성체에 유지되는 자속밀도의 크기이다.
- 보자력 : 자화된 자성체 내부의 잔류자기를 0으로 만들기 위해 필요한 외부 자계의 세기이다.
- 히스테리시스손 : 히스테리시스곡선에 의해 생성된 도형의 면적으로 체적당 에너지 밀도이며, 이 에너지는 열로 소비된다.

29

수뢰부시스템과 접지시스템의 연결은 복수의 인하도선을 병렬로 구성해야 한다.

인하도선시스템(KEC 152.2)
인하도선시스템이란 뇌전류를 수뢰부시스템에서 접지극으로 흘리기 위한 외부피뢰시스템의 일부이며, 복수의 인하도선을 병렬로 구성해야 하며(단, 건축물·구조물과 분리된 피뢰시스템의 경우 예외로 할 수 있다), 도선 경로의 길이가 최소가 되어야 한다. 건축물·구조물과 분리되지 않은 시스템의 경우 다음에 의한다.
- 벽이 불연성 재료로 된 경우, 벽의 표면 또는 내부에 시설할 수 있다.
- 인하도선의 수는 2가닥 이상으로 한다.
- 보호대상의 건축물·구조물의 투영에 따른 둘레에 가능한 한 균등한 간격으로 배치하되, 노출된 모서리 부분에 우선하여 설치한다.
- 병렬 인하도선의 최대 간격은 피뢰시스템 등급에 따른다.
  - I·II등급 : 10m
  - III등급 : 15m
  - IV등급 : 20m

30

③

침투깊이가 얕을수록 표피효과가 커진다.

> **표피효과**
> 표피효과는 도체에 교류 전원을 인가하면 도체 표면의 전류밀도가 증가하고 중심부로 갈수록 감소하는 현상이다.
> 표피효과는 침투깊이가 얕을수록 크게 일어나며, 침투깊이는 주파수, 도전율, 투자율에 영향을 받는다.
>
> $\delta = \sqrt{\dfrac{1}{\pi f \sigma \mu}}$ (f : 주파수, σ : 도전율, μ : 투자율)
>
> $= \sqrt{\dfrac{2}{\omega \sigma \mu}}$ (ω : 각속도, σ : 도전율, μ : 투자율)

31

정답 ①

구분	파형	실횻값	평균값	파고율	파형률
정현파 (사인파)		$\dfrac{V_m}{\sqrt{2}}$	$\dfrac{2}{\pi} V_m$	$\sqrt{2}$	$\dfrac{\pi}{2\sqrt{2}}$
전파 (정류)		$\dfrac{V_m}{\sqrt{2}}$	$\dfrac{2}{\pi} V_m$	$\sqrt{2}$	$\dfrac{\pi}{2\sqrt{2}}$
반파 (정류)		$\dfrac{V_m}{2}$	$\dfrac{V_m}{\pi}$	2	$\dfrac{\pi}{2}$
구형파 (사각파)		V_m	V_m	1	1
반구형파		$\dfrac{V_m}{\sqrt{2}}$	$\dfrac{V_m}{2}$	$\sqrt{2}$	$\sqrt{2}$
삼각파 (톱니파)		$\dfrac{V_m}{\sqrt{3}}$	$\dfrac{V_m}{2}$	$\sqrt{3}$	$\dfrac{2}{\sqrt{3}}$
제형파 (사다리꼴)		$\dfrac{\sqrt{5}}{3} V_m$	$\dfrac{2}{3} V_m$	$\dfrac{3}{\sqrt{5}}$	$\dfrac{\sqrt{3}}{2}$

32

정답 ①

자동재폐로 방식을 채택할 시 공급 지장시간이 단축된다.

> **자동재폐로 방식**
> 송전선로에 고장이 발생했을 경우 순간적으로 고장을 제거하고 일정한 시간 후에 선로를 재가압하는 것이다. 국내에는 전압별로 다른 재폐로방식을 적용하고 있으며 154kV 이하 계통에서는 3상 재폐로 방식으로, 345kV 계통에서는 단상+3상 재폐로 방식, 765kV 계통에서는 다상재폐로 방식을 적용하고 있다. 재폐로를 적용함에 있어서 가장 중요한 것은 재폐로 수행 시 변전소나 발전소 간 계통단절에 따른 계통과도안정도가 어떤 영향을 받는가 하는 것이며 고장제거 시간을 고려하여 재폐로시간을 적용하고 있다.
>
> **자동재폐로 방식의 특징**
> • 신뢰도 향상
> • 공급 지장시간의 단축
> • 보호계전방식의 복잡화
> • 고속도 재투입 가능
> • 고장상의 고속도 차단 가능

33

정답 ④

오버슈트는 어떤 신호의 값이 과도기간 중에 목표값보다 커지는 현상이고, 반대로 언더슈트는 어떤 신호의 값이 과도기간 중에 목표값보다 작아지는 현상이다. 오버슈트와 언더슈트를 반복하며 그 편차가 줄어들어 목표값에 수렴하게 된다.

34

정답 ④

전기력선의 성질
• 도체 표면에만 존재하며, 도체 내부에는 존재하지 않는다.
• 양극(+)에서 음극(−)으로 이동한다.
• 등전위면과 수직으로 발산한다.
• 전하가 없는 곳에는 전기력선이 발생하거나, 소멸하지 않는다.
• 전기력선 자신만으로 폐곡선 이루지 않는다.
• 전위가 높은 곳에서 낮은 곳으로 이동한다.
• 전기력선은 서로 교차하지 않는다.
• 전기력선의 방향은 그 점의 전계의 방향과 같다.
• 전하량이 Q인 전하에서 $\dfrac{Q}{\varepsilon_0}$개의 전기력선이 발생한다.

35

정답 ②

두 지점 A, B의 전위차는 $V_{ab} = \dfrac{Q}{4\pi\varepsilon}\left(\dfrac{1}{a} - \dfrac{1}{b}\right)$이다. 따라서 $C = \dfrac{Q}{V} = \dfrac{Q}{\dfrac{Q}{4\pi\varepsilon}\left(\dfrac{1}{a} - \dfrac{1}{b}\right)} = \dfrac{4\pi\varepsilon ab}{b-a}$이다.

36

누전에 의한 감전 및 화재사고를 예방하는 것은 배전용 변전소의 접지공사 목적이다.

중성점 접지의 목적
- 지락사고 발생 시 건전상의 대지전위 상승 억제
- 뇌(雷), 아크지락 등에 의한 이상전압 발생 억제
- 보호계전기의 신속하고 확실한 동작 확보
- 전선로 및 기기의 절연레벨 경감

37

정답 ⑤

계자 권선 저항이 5Ω이므로 $V=I_f R_f$에서 $I_f \dfrac{V}{R_f} = \dfrac{V}{5}$이다.

$$V = \frac{950 \times \dfrac{V}{5}}{35 + \dfrac{V}{5}}$$

$$35 + \frac{V}{5} = 190$$

$$V = 155 \times 5 = 775V$$

따라서 유기되는 전압은 775V이다.

38

정답 ③

$\mathcal{L}(e^{at}\sin\omega t) = \dfrac{\omega}{(s-a)^2 + \omega^2}$이므로 $\mathcal{L}(e^{2t}\sin\omega t) = \dfrac{\omega}{(s-2)^2 + \omega^2}$이다.

라플라스 변환표

$f(t)$	$\mathcal{L}[f(t)]$	$f(t)$	$\mathcal{L}[f(t)]$
t^n	$\dfrac{n!}{s^{n+1}}$	$\delta(t-a)$	e^{-as}
e^{at}	$\dfrac{1}{s-a}$	$e^{at}t^n$	$\dfrac{n!}{(s-a)^{n+1}}$
$\sin at$	$\dfrac{a}{s^2+a^2}$	$e^{at}\sin bt$	$\dfrac{b}{(s-a)^2+a^2}$
$\cos at$	$\dfrac{s}{s^2+a^2}$	$e^{at}\cos bt$	$\dfrac{s-a}{(s-a)^2+b^2}$
$\sinh at$	$\dfrac{a}{s^2-a^2}$	$e^{at}\sinh bt$	$\dfrac{b}{(s-a)^2-a^2}$
$\cosh at$	$\dfrac{s}{s^2-a^2}$	$e^{at}\cosh bt$	$\dfrac{s-a}{(s-a)^2-b^2}$

39

- 전류원이 개방되어 전압원만 있는 경우

  회로 전체에 흐르는 전류의 세기는 $I' = \dfrac{50}{10 + \dfrac{30 \times (10 + 20)}{30 + (10 + 20)}} = 2A$이고 시계 방향으로 흐른다.

  따라서 전류원이 개방되어 전류원만 있을 때 R_1에 흐르는 전류는 $2 \times \dfrac{10 + 20}{30 + (10 + 20)} = 1A$이다.

- 전압원이 단락된 상태에서 전류원만 있는 경우

  R_1에 흐르는 전류는 $2 \times \dfrac{\dfrac{10 \times 30}{10 + 30} + 10}{\left(\dfrac{10 \times 30}{10 + 30} + 10\right) + 20} ≒ 0.93A$이고 시계 방향으로 흐른다.

  따라서 중첩의 원리에 의해 R_1에 흐르는 전체 전류는 $1 + 0.93 = 1.93A$이다.

40

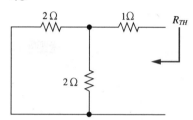

테브난 등가저항 : 전압원 단락, 전류원 개방

$$R_{TH} = \left(\frac{2 \times 2}{2 + 2}\right) + 1 = 1 + 1 = 2\,\Omega$$

41

저압 인입선의 시설(KEC 221.1.1)

구분	저압			
	일반	도로	철도	횡단보도
높이 (케이블)	4m (교통 지장 없을 시 2.5m)	5m (교통 지장 없을 시 3m)	6.5m	3m

42

나전선의 사용 제한(KEC 231.4)

옥내에 시설하는 저압전선에는 나전선을 사용하여서는 아니 된다. 다만, 다음 중 어느 하나에 해당하는 경우에는 그러하지 아니하다.
- 애자공사에 의하여 전개된 곳에 다음의 전선을 시설하는 경우
  - 전기로용 전선
  - 전선의 피복 절연물이 부식하는 장소에 시설하는 전선
  - 취급자 이외의 자가 출입할 수 없도록 설비한 장소에 시설하는 전선
- 버스덕트공사
- 라이팅덕트공사

43

3상 무효 전력은 $P_r = 3I^2 X$이다. 따라서 $P_r = 3 \times 200^2 \times 20 = 2,400,000\text{Var} = 2,400\text{kVar}$이다.

> **3상 교류 전력**
> [유효전력(P)]$= 3 \times I^2 R$
> [무효전력(P_r)]$= 3 \times I^2 X$
> [피상전력(P_a)]$= 3 \times I^2 Z = \sqrt{P^2 + P_r^2}$

44

유전물질을 넣기 전 평행판 축전기의 충전용량은 $C = \varepsilon_0 \dfrac{5S}{d}$ 이다. 이 평행판 축전기에 비유전율이 4인 유전물질로 면적의 $\dfrac{4}{5}$ 를 채운 후의 충전용량은 $C' = \left[(4 \times \varepsilon) \times \dfrac{4S}{d} \right] + \left(\varepsilon \times \dfrac{S}{d} \right) = \left(4 \times \dfrac{4}{5} C \right) + \left(\dfrac{1}{5} C \right) = \dfrac{17}{5} C$이다.

45

변압기의 병렬 운전 조건은 다음과 같다.
- 극성, 권수비, 1, 2차 정격 전압이 같아야 한다(용량은 무관).
- 각 변압기의 저항과 리액턴스비가 같아야 한다.
- 부하분담 시 용량에 비례하고 임피던스 강하에는 반비례해야 한다.
- 상회전 방향과 각 변위가 같아야 한다(3ϕ 변압기).
- 변압기의 결선 조합은 다음과 같아야 한다.

가능	불가능
Y – Y와 Y – Y	Y – Y와 Y – △
Y – △와 Y – △	Y – △와 △ – △
Y – △와 △ – Y	△ – Y와 Y – Y
△ – △와 △ – △	△ – △와 △ – Y
△ – Y와 △ – Y	–
△ – △와 Y – Y	–

46

비례추이가 불가능한 것은 동손, 효율, 2차 출력이다.

47

$$\text{div}E = \left(\frac{\partial}{\partial x} i + \frac{\partial}{\partial y} j + \frac{\partial}{\partial z} k \right) \cdot (3x^2 y i - 7yz j + 5xz^2 k)$$
$$= \left(\frac{\partial}{\partial x} i \right) \cdot 3x^2 y i - \left(\frac{\partial}{\partial y} j \right) \cdot 7yz j + \left(\frac{\partial}{\partial z} k \right) \cdot 5xz^2 k$$
$$= 6xy - 7z + 10xz$$
$$= 6xy + 10xz - 7z$$

48

정답 ②

계전기 시한특성
- 순한시 계전기 : 최소동작전류 이상의 전류가 흐르면 즉시 동작한다.
- 정한시 계전기 : 동작전류의 크기에 관계 없이 일정시간에 동작한다.
- 반한시 계전기 : 동작전류가 작을 때는 동작시간이 길고, 동작전류가 클 때는 동작시간이 짧은 계전기이다.
- 반한시성 정한시 계전기 : 계전기의 동작입력이 커질수록 짧은 한시에 동작하나, 입력이 어떤 범위를 넘으면 일정한시에 동작하는 계전기이다.
- 강반한시 계전기 : 입력이 커질수록 짧은 한시에 동작하는 비율이 크다.

49

정답 ②

인덕턴스에 축적되는 에너지는 $E = \dfrac{1}{2} L I^2$이다. 따라서 $E = \dfrac{1}{2} \times 0.1 \times 5^2 = 1.25\text{J}$이다.

50

정답 ③

RLC 직렬회로의 진동상태의 조건은 다음과 같다.
- 부족제동 : $R < \sqrt{\dfrac{L}{C}}$
- 임계진동 : $R = \sqrt{\dfrac{L}{C}}$
- 과제동 : $R > \sqrt{\dfrac{L}{C}}$

모든 전사 중 가장 강한 전사는 이 두 가지, 시간과 인내다.

– 레프 톨스토이 –

PART **1**

핵심이론

CHAPTER 01   전기자기학

CHAPTER 02   전력공학

CHAPTER 03   전기기기

CHAPTER 04   회로이론

CHAPTER 05   KEC 및 기술기준

01 | 전기자기학
이론체크

01	02	03	04	05	06	07	08	09	10	11	12	13	14	15	16	17	18	19	20
③	⑤	②	②	④	①	②	①	⑤	②	③	①	④	③	②	④	①	③	①	④
21	22	23	24	25	26	27	28	29	30										
①	①	①	②	③	②	②	②	④	⑤										

01
정답 ③

$A = A_1 + A_2 = (9 - j3) + (-4 + j15) = (9-4) + j(-3+15) = 5 + j12$

$\therefore A = \sqrt{5^2 + 12^2} = 13$

02
정답 ⑤

벡터 $\vec{A}$와 $\vec{B}$가 수직 → $\vec{A} \cdot \vec{B} = 0$

$\vec{A} \cdot \vec{B} = (3 \times a) + [(-1) \times 2] + (-1) \times a] = 0 → -2 + 2a = 0$

$\therefore a = 1$

03
정답 ②

쿨롱의 법칙은 정지해 있는 두 개의 점전하 사이에 작용하는 힘은 거리의 제곱에 반비례하고, 두 전하량의 곱에 비례한다는 법칙이다.

04
정답 ②

전기력선끼리는 서로 끌어당기지 않고 서로 밀어낸다.

오답분석

①·③·④·⑤ 전기력선은 서로 교차하지 않고, 도체 표면에 수직으로 출입하며, 도체 내부에는 존재하지 않는다. 또한, 전계의 세기는 전기력선의 밀도와 같고, 전위가 높은 점에서 낮은 점으로 향한다.

05
정답 ④

$V = \dfrac{Q}{4\pi\varepsilon_0 r}$

$\dfrac{1}{4} V = \dfrac{Q}{4\pi\varepsilon_0 r'} = \dfrac{Q}{4\pi\varepsilon_0 (4r)}$

$\therefore r' = 4r$

06

쿨롱의 법칙에 의해 작용하는 힘은 $F = k \dfrac{q_1 q_2}{r^2}$ 으로 나타낼 수 있으며, k는 쿨롱상수로 약 $9 \times 10^9 \mathrm{N \cdot m^2 \cdot C^{-2}}$의 값을 갖는다.

따라서 $F = 9 \times 10^9 \times \dfrac{10\mu \times 20\mu}{1^2} = 1{,}800 \times 10^9 \times 10^{-6} \times 10^{-6} = 1.8\mathrm{N} = 18 \times 10^{-1}\mathrm{N}$이다.

07

$W = \dfrac{1}{2}CV^2$ 이므로 $W = \dfrac{1}{2} \times (2{,}500 \times 10^{-6}) \times 100^2 = 12.5\mathrm{J}$이다.

08

진공(공기)의 유전율 $\epsilon_0 = 8.855 \times 10^{-12}\mathrm{F/m}$이고 $C = \epsilon_0 \dfrac{A}{d}$ 이므로, $C = 8.855 \times 10^{-12} \times \dfrac{5 \times 10^{-4}}{1 \times 10^{-3}} = 4.4275 \times 10^{-12}\mathrm{F}$이다.

09

정전 용량이 병렬로 연결되었을 때, 합성 정전 용량은 $C = C_1 + C_2 + C_3 = 2 + 3 + 5 = 10\mu\mathrm{F}$이다.

10

$C_s = \dfrac{3 \times 6}{3 + 6} = 2\mu\mathrm{F}$, $Q = CV = 2 \times 120 = 240\mu F$

$\therefore$ [$6\mu\mathrm{F}$ 양단의 전압(V)] $= \dfrac{Q}{C} = \dfrac{240}{6} = 40\mathrm{V}$

11

$P = VI$이므로 $I = \dfrac{P}{V} = \dfrac{60}{100} = 0.6\mathrm{A}$이다. 따라서 옴의 법칙에 따라 $R = \dfrac{V}{I} = \dfrac{100}{0.6} \fallingdotseq 167\,\Omega$이다.

12

진전하가 없는 점에서 패러데이관은 연속적이다.

패러데이관의 특징
- 패러데이관 내의 전속선 수는 일정하다.
- 패러데이관 양단의 정·부의 단위전하가 있다.
- 진전하가 없는 점에서 패러데이관은 연속적이다.
- 패러데이관의 밀도는 전속밀도와 같다.
- 패러데이관 수와 전속선 수는 같다.

13

정답 ④

구하는 힘은 접지구도체의 영상전하 $Q'=-\dfrac{a}{d}Q$[C]와 점전하 Q[C] 간의 작용력이다.

$$\therefore F = \frac{QQ'}{4\pi\varepsilon_0 \left(d-\dfrac{a^2}{d}\right)^2} = \frac{QQ'}{4\pi\varepsilon_0 \left(\dfrac{d^2-a^2}{d}\right)^2} \text{[N]}$$

14

정답 ③

도체 전극은 $(+)$, $(-)$극을 가지고 있으므로

$$V_1 = \frac{Q}{4\pi\varepsilon a}, \ \ V_2 = -\frac{Q}{4\pi\varepsilon b}$$

$$V_{12} = V_1 - V_2 = \frac{Q}{4\pi\varepsilon}\left(\frac{1}{a}+\frac{1}{b}\right)$$

정전 용량 $C = \dfrac{Q}{V_{12}} = \dfrac{Q}{\dfrac{Q}{4\pi\varepsilon}\left(\dfrac{1}{a}+\dfrac{1}{b}\right)} = \dfrac{4\pi\varepsilon}{\dfrac{1}{a}+\dfrac{1}{b}}$

즉, 양 전극 간의 저항은 $R = \dfrac{\rho\varepsilon}{C} = \dfrac{\rho\varepsilon}{\dfrac{4\pi\varepsilon}{\dfrac{1}{a}+\dfrac{1}{b}}} = \dfrac{\rho}{4\pi}\left(\dfrac{1}{a}+\dfrac{1}{b}\right) = \dfrac{1}{4\pi k}\left(\dfrac{1}{a}+\dfrac{1}{b}\right)$이다.

15

정답 ②

$W = P \cdot t = VIt = 100 \times 10 \times 3 = 3{,}000\text{Wh}$

16

정답 ④

원형 코일의 자계 : $H = \dfrac{NI}{2r}$ (r : 원형 코일의 반지름)

$H = \dfrac{NI}{2r} = \dfrac{20 \times 1}{2 \times 5 \times 10^{-2}} = 200\text{AT/m}$

17

정답 ①

코일 중심에서 자기장의 세기는 $H = \dfrac{NI}{2r}$[AT/m]이므로 대입하면, $\dfrac{10 \times 5}{2 \times 0.1} = 250$AT/m이다.

18

정답 ③

원형 코일에서 도체의 자기장의 크기는 $H = \dfrac{NI}{2r}$ (N에 대한 언급이 없는 경우 한 번만 감은 것으로 간주하여 $N=1$로 놓음)이므로

$H = \dfrac{1 \times 2}{2 \times 5 \times 10^{-2}} = 20\text{AT/m}$이다.

도체별 자계 크기

- 직선 : $H = \dfrac{I}{2\pi r}$

- 무한 솔레노이드 : $H = \dfrac{NI}{l} = n_0 I$ (n_0 : 단위길이당 권수)

- 환상 솔레노이드 : $H = \dfrac{NI}{2\pi r}$

- 원형 코일 : $H = \dfrac{NI}{2a}$

- 반원형 코일 : $H = \dfrac{NI}{4a}$

19

정답 ①

자기흡인력(부상력)

$F = \dfrac{1}{2} \cdot \dfrac{B^2}{\mu_0} \cdot S \,[\text{N}]$, $S = 2$이므로 $F = \dfrac{1}{2} \times \dfrac{B^2}{\mu_0} \times 2S = \dfrac{B^2}{\mu_0} S \,[\text{N}]$

20

정답 ④

평행도선 사이에 작용하는 힘

$F = \dfrac{\mu_0 I_1 I_2}{2\pi r} = \dfrac{2I_1 I_2}{r} \times 10^{-7}\,\text{N/m} = \dfrac{2 \times 3 \times 3}{2} \times 10^{-7} = 9 \times 10^{-7}\,\text{N/m}$

21

정답 ①

- $R_A = \dfrac{l_a}{\mu S_A} = \dfrac{10}{50\mu_0 \times 1} = \dfrac{10}{50\mu_0}$

- $R_B = \dfrac{l_b}{\mu S_B} = \dfrac{2}{50\mu_0 \times 0.5} = \dfrac{4}{50\mu_0}$

- 자기저항 $R_m = R_A + R_B = \dfrac{10}{50\mu_0} + \dfrac{4}{50\mu_0} = \dfrac{14}{50\mu_0} = \dfrac{7}{25\mu_0}$

22

정답 ①

자화의 세기

$J = \mu_0 (\mu_S - 1)H = 4\pi \times 10^{-7} \times (450-1) \times 280 \fallingdotseq 0.16\text{Wb/m}^2$

23

정답 ①

$F = NI = R_m \Phi = (2 \times 10^7) \times (5 \times 10^{-5}) = 10 \times 10^2\,\text{AT} = 1,000\text{AT}$

24

정답 ②

$$e = -N\frac{d\phi}{dt} = -10\frac{d}{dt}\sin 10t = -100\cos 10t\,[\mathrm{V}]$$

$$\therefore \ I = \frac{E_m}{R} = \frac{100}{20} = 5\mathrm{A}$$

25

정답 ③

$v' = \mathrm{N}\frac{\Delta\Phi}{\Delta\mathrm{t}}$ 에서 유기기전력은 쇄교 자속수의 변화에 비례하고, 시간에 반비례한다.

26

정답 ②

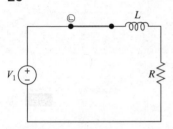

$L\,[\mathrm{H}]$에 저장되는 에너지

$$W = \frac{1}{2}LI^2\,[\mathrm{J}], \ I = \frac{V}{R} \ \text{대입} = \frac{1}{2}\times 0.2\times\left(\frac{100}{20}\right)^2 = \frac{1}{2}\times 0.2\times 5^2 = 2.5\mathrm{J}$$

27

정답 ②

상호 인덕턴스 $M = k\sqrt{L_1 L_2}$

$$\therefore \ \text{결합계수} \ k = \frac{M}{\sqrt{L_1 L_2}} = \frac{10}{\sqrt{20\times 80}} = \frac{10}{\sqrt{1,600}} = 0.25$$

28

정답 ②

$$e = -N\frac{d\phi}{dt} = -100\times\frac{0.7-0.5}{0.2} = -100\mathrm{V}$$

따라서 유기되는 기전력은 100V이다.

29

정답 ④

고유 임피던스

$$Z_0 = \frac{E}{H} = \sqrt{\frac{\mu}{\varepsilon}} = 377\sqrt{\frac{\mu_s}{\varepsilon_s}} = 377\sqrt{\frac{1}{4}} = 188.5\,\Omega$$

30

정답 ⑤

전자기파는 전기장과 자기장의 변화가 상호 작용하면서 진행한다.

02 | 전력공학
이론체크

01	02	03	04	05	06	07	08	09	10	11	12	13	14	15	16	17	18	19	20
⑤	③	②	③	②	⑤	③	③	④	①	②	④	①	④	③	②	③	①	①	③
21	22	23	24	25															
③	①	④	③	①															

01 　　　　　　　　　　　　　　　　　　　　　　　정답 ⑤

직류 송전의 특징
- 서로 다른 주파수로 비동기 송전이 가능하다.
- 리액턴스가 없으므로 리액턴스 강하가 없으며, 안정도가 높고 송전 효율이 좋다.
- 유전체 손실과 연피 손실이 없다.
- 표피효과 또는 근접효과가 없어 실효저항의 증대가 없다.
- 절연 레벨을 낮출 수 있다.
- 직류·교류 변환 장치가 필요하며 설비비가 비싸다.
- 전류의 차단 및 전압의 변성이 어렵다.

02 　　　　　　　　　　　　　　　　　　　　　　　정답 ③

전선의 구비조건
- 도전율, 기계적 강도, 내구성, 내식성이 클 것
- 중량이 가볍고, 밀도가 작을 것
- 가선 공사, 유연성(가공성)이 용이할 것
- 가격이 저렴할 것

03 　　　　　　　　　　　　　　　　　　　　　　　정답 ②

[전선의 처짐정도(D)]$=\dfrac{WS^2}{ST}$ → [전선의 수평장력(T)]$=\dfrac{WS^2}{SD}$

$\therefore \ T' = \dfrac{W(3S)^2}{8D} = 9\,T$

04 　　　　　　　　　　　　　　　　　　　　　　　정답 ③

$V_1 = 80\text{kV}$, $n = 10$개, $V_n = 600\text{kV}$이므로 애자의 연효율(연능률) $\eta = \dfrac{V_n}{nV_1} \times 100 = \dfrac{600}{10 \times 80} \times 100 = 75\%$이다.

05

충전전류

$$I_c = 2\pi f(C_s + 3C_m)l\frac{V}{\sqrt{3}} = 2\pi \times 60[0.008 + (3 \times 0.0018)] \times 10^{-6} \times 300 \times \frac{154,000}{\sqrt{3}} \fallingdotseq 134.7A$$

06

ㄱ. 동태 안정도 : 자동장치인 자동전압조정기 등이 있을 경우의 안정도이다.

ㄴ. 과도 안정도 : 과도현상 발생 후 안정운전이 가능한 정도이다.

ㄹ. 정태 안정도 : 정상상태에서 동기기가 운전을 안정하게 할 수 있도록 유지하는 정도이다.

[오답분석]

ㄷ. 전압 안정도 : 전압을 일정하게 유지하는 정도이다.

07

공급 전력

$$P = \frac{V_s V_r}{X}\sin\delta = \frac{160 \times 150}{50} \times \sin 30° \times 10^6 = 240MW$$

08

3상 단락 사고가 발생하면 $V_0 = V_1 = V_2 = 0$, $I_0 = I_2 = 0$, $I_1 = \dfrac{E_a}{Z_1}$가 된다.

09

소호리액터 용량

$$Q_L = E \times I_L = E \times \frac{E}{\omega L} = \frac{E^2}{\omega L} = 3\omega C_s E^2 \times 10^{-3}$$

$$\therefore \ Q_L = 3 \times 2\pi f \times C \times 10^{-6} \times (E \times 10^3)^2 \times 10^{-3} = 6\pi f C E^2 \times 10^{-3}kVA$$

10

변압기 한상 리액턴스 X_t를 고려한 소호리액터의 리액턴스와 인덕턴스는 다음과 같다.

- [소호리액터 리액턴스(X_L)] $= \dfrac{1}{3\omega C_s} - \dfrac{X_t}{3}$

- [소호리액터 인덕턴스(L)] $= \dfrac{1}{3\omega^2 C_s} - \dfrac{L_t}{3}$

11

정답 ②

피뢰기의 제한전압은 절연 협조의 기본이므로 가장 낮게 잡는다.

12

정답 ④

가장 경제적인 전선의 굵기를 산정하는 것으로, 건설 후 전선의 단위길이당 연간 손실 전력량의 금액과 구입한 단위길이당 건설비에 대한 이자와 감가상각비를 가감한 연경비가 같아지는 전선의 길이, 즉 전선의 굵기이다. 따라서 전선 굵기 선정 시 허용전류, 기계적 강도, 전압강하, 전력손실이 고려할 사항이 된다.

13

정답 ①

SF_6 **가스차단기**
• 밀폐구조이므로 소음이 없다.
• 절연내력이 공기의 2 ~ 3배 정도이다.
• 소호능력이 공기의 100 ~ 200배로 우수하다.
• 무색, 무취, 무독성, 난연성(불활성) 기체이다.

14

정답 ④

$$[\text{전자유도전압}(E_m)] = j\omega Ml(3I_0) = 2\pi \times 50 \times 0.06 \times 10^{-3} \times 50 \times 3 \times 100 = 282.6\text{V}$$

15

정답 ③

저압 뱅킹 방식
• 전압 강하와 전력손실이 적다.
• 변압기의 동량 감소, 저압선 동량이 감소된다.
• 플리커 현상이 감소한다.
• 부하의 증설이 용이하다.
• 변압기의 용량이 저감된다.
• 캐스케이딩 현상 발생 : 저압선의 일부 고장으로 건전한 변압기의 일부 또는 전부가 차단되는 현상이 발생한다.
　→ 대책 : 뱅킹 퓨즈(구분 퓨즈) 사용
• 부하가 밀집된 시가지 계통에서 사용한다.

16

정답 ②

동일 전력을 동일 선간 전압, 동일 역률로 동일 거리에 보낼 경우 전선의 총중량비와 전력손실비는 같다.

따라서 (전력손실비)=(중량비)$= \dfrac{3\phi 3W}{1\phi 2W} = \dfrac{\frac{3}{4}}{1} = \dfrac{3}{4}$ 이다.

17

정답 ③

$$(변압기\ 용량) = \frac{[최대\ 전력(kW)]}{(역률)} = \frac{(설비\ 용량) \times (수용률)}{(역률)}[kVA] = \frac{900 \times 0.6}{0.75} = 720kVA$$

18

정답 ①

역률 개선용 콘덴서 용량

$Q_C = P(\tan\theta_1 - \tan\theta_2) = P\left(\dfrac{\sin\theta_1}{\cos\theta_1} - \dfrac{\sin\theta_2}{\cos\theta_2}\right)$에서 역률 100%로 개선한다면 $\tan\theta_2 = 0$이므로 $Q_C = P\tan\theta_1$이다.

$$Q_C = P\cos\theta_1 \times \tan\theta_1 = P\cos\theta_1 \times \frac{\sin\theta_1}{\cos\theta_1} = P\sin\theta_1 = P\sqrt{1 - \cos^2\theta_1}\ [kVA]$$

19

정답 ①

$$Q = \frac{V}{3,600 \times t} = \frac{1,000}{3,600 \times t}\quad (V\ :\ 저수지\ 용량[m^3],\ t\ :\ 사용\ 시간[h])$$

전력량 $W = 9.8QH\eta \times t = 9.8 \times \dfrac{1,000}{3,600 \times t} \times 48 \times 0.85 \times t = 111kWh$

20

정답 ③

[오답분석]

① 롤러 게이트 : 롤러를 부착하여 마찰이 작으므로 대형 수문에 적합하다.
② 테인터 게이트 : 반달형의 수문으로 체인으로 감아올려 개폐한다.
④ 슬루스 게이트(슬라이딩 게이트) : 상하로 조절, 소형 수문에 사용하며, 마찰이 크다.
⑤ 롤링 게이트 : 원통형의 강판 수문으로 돌, 자갈 등이 많은 험준한 지역에 적합하다.

21

정답 ③

발전소의 종합 효율

$$\eta = \frac{860W}{mH} \times 100 = \frac{860 \times 40,000}{20 \times 10^3 \times 5,000} \times 100 = 34.4\%$$

22

정답 ①

화력 발전에서 급수 장치의 급수 처리는 '원수 → 응집침전조 → 여과기 → 연와조 → 증발기 → 순수' 순서로 진행한다.

23

정답 ④

BWR발전소는 비등수형 원자로이다. 가압수형 원자로는 PWR(Pressurized Water Reactor)발전소라고 부른다.

가압수형 원자로(PWR)의 특징
- 감속재, 냉각재로 경수(H_2O) 또는 중수(D_2O)를 사용한다.
- 농축 우라늄을 연료로 사용한다.
- 노 내부압력을 160기압으로 설정하여 냉각재 물이 끓지 않도록 한다.
- 열교환기를 경유해서 1차와 2차로 나눈다.

24

정답 ③

원자력이란 일반적으로 무거운 원자핵이 핵분열하여 가벼운 핵으로 바뀌면서 발생하는 핵분열 에너지를 이용하는 것이고, <u>핵융합</u>(㉠) 발전은 가벼운 원자핵을 <u>융합</u>(㉡)하여 무거운 핵으로 바꾸면서 <u>핵반응</u>(㉢) 전후의 질량 결손에 해당하는 방출 에너지를 이용하는 방식이다.

25

정답 ①

비등수형 원자로(BWR)
- 핵연료 : 저농축 우라늄
- 감속재·냉각재 : 경수
- 열교환기가 필요 없음

03 | 전기기기
이론체크

01	02	03	04	05	06	07	08	09	10	11	12	13	14	15	16	17	18	19	20
①	④	②	③	④	④	①	①	④	⑤	③	③	②	①	③	②	②	①	⑤	③
21	22	23	24	25	26	27	28	29	30										
③	④	①	②	④	③	⑤	②	③	④										

01
정답 ①

- 규소강판 : 히스테리시스손 감소
- 성층철심 : 와류(맴돌이전류)손 감소

02
정답 ④

$E = V + I_a R_a$ 에서 $V = 50 \times 2 = 100$V이고, 무부하 시 $I_a = I_f = 2$이므로 $I_a R_a = 2 \times 3 = 6$V이다.
따라서 $E = 100 + 6 = 106$V이다.

03
정답 ②

매극당 감자 기자력

$$: \frac{I_a}{a} \times \frac{z}{2p} \times \frac{2\alpha}{180} = \frac{200}{2} \times \frac{500}{2 \times 4} \times \frac{2 \times 20}{180} ≒ 1,389\text{AT}$$

04
정답 ③

- $I_a (= I + I_f ≒ I) = \dfrac{1,000 \times 10^3}{500} = 2,000$A
- $E = V + I_a R_a = 500 + (2,000 \times 0.006) = 512$V
- $Z = $ (슬롯 수) $\times$ (1슬롯의 도체수) $= 192 \times 6 = 1,152$
- $E = \dfrac{z}{a} p \phi n = \dfrac{z}{a} p \phi \dfrac{N}{60}$ [V]
- $\therefore \Phi = \dfrac{E \times a \times 60}{z \times p \times N} = \dfrac{512 \times 12 \times 60}{1,152 \times 12 \times 246} ≒ 0.11$Wb

05

정답 ④

직류 발전기의 병렬 운전 조건
- 극성, 단자전압이 일치(용량 임의)해야 한다.
- 외부특성이 수하 특성이어야 한다.
- 용량이 다를 경우 부하전류로 나타낸 외부특성 곡선이 거의 일치해야 한다.
- 용량이 같은 경우, 외부특성 곡선이 일치해야 한다.
- 병렬 운전 시 직권, 과복권 균압 모선이 필요하다.

06

정답 ④

병렬 운전 시 단자전압이 일치한다.

단자전압 $V = E_a - I_a R_a = E_b - I_b R_b$ 이므로,

$110 - 0.04 I_a = 112 - 0.06 I_b \rightarrow -2I_a + 3I_b = 100 \cdots \textcircled{\small ㉠}$

$I_a + I_b = 100 \cdots \textcircled{\small ㉡}$

㉠, ㉡을 연립하면 $I_a = 40A$, $I_b = 60A$이다.

07

정답 ①

[직류 직권전동기 속도(n)] $n = K' \dfrac{V - I_a(R_a + R_s)}{\Phi} \cdots \textcircled{\small ㉠}$

$V = 110V$, $I_a = 10A$,

$R_a = 0.3\,\Omega$, $R_s = 0.7\,\Omega$, $K' = 2$를 ㉠에 대입하면,

$n = 2 \times \dfrac{110 - 10(0.3 + 0.7)}{10} = 20\text{rps} = 1,200\text{rpm}$

08

정답 ①

직류기의 손실
- 고정손(무부하손) : 철손(히스테리시스손, 와류손), 기계손(베어링손, 마찰손, 풍손)
- 부하손(가변손) : 동손(전기자동손, 계자동손), 표유부하손

09

정답 ④

Y결선은 중성점 접지가 가능하고, 선간전압은 상전압의 $\sqrt{3}$ 배가 되며, 선간전압에 제3고조파가 발생하지 않고, 같은 선간전압의 결선에 비해 절연이 쉽다.

10

정답 ⑤

[단절비율(β)] $= \dfrac{(\text{코일간격})}{(\text{극간격})} = \dfrac{(\text{코일피치})}{(\text{극피치})} = \dfrac{[\text{코일간격(슬롯)}]}{(\text{전슬롯 수}) \div (\text{극수})} = \dfrac{8-1}{54 \div 6} = \dfrac{7}{9}$

[단절권계수(K_v)] $= \sin\dfrac{\beta\pi}{2} = \sin\dfrac{\frac{7}{9}\pi}{2} \fallingdotseq 0.9397$

11

단락비

$$K_s = \frac{1}{\%Z[\mathrm{PU}]} = \frac{V^2}{PZ} = \frac{6,600^2}{10,000 \times 10^3 \times 3.6} = 1.21$$

12

동기 전동기의 특징
- 정속도 전동기이다.
- 기동이 어렵다(설비비가 고가).
- 역률을 1.0으로 조정할 수 있으며, 진상과 지상전류를 연속 공급 가능(동기 조상기)하다.
- 저속도 대용량의 전동기로 대형 송풍기, 압축기, 압연기, 분쇄기에 사용된다.

13

$$[\text{권수비}(a)] = \frac{E_1}{E_2} = \frac{V_1}{V_2} = \frac{I_2}{I_1} = \frac{N_1}{N_2} = \sqrt{\frac{Z_1}{Z_2}} = \sqrt{\frac{R_1}{R_2}}$$

$$\therefore a = \sqrt{\frac{10^3}{100}} = \sqrt{10}$$

14

$$[\text{누설 임피던스}(Z_{21})] = \frac{V_s'}{I_{1s}} = \frac{300}{7.27} = 41.26\,\Omega$$

$$\left(\because I_{1s} = \frac{I_{2s}}{a} = \frac{200 \times 120}{3,300} = 7.27\mathrm{A} \right)$$

$$[\text{임피던스 전압}(V_s)] = I_{1n}Z_{21} = 3.03 \times 41.26 = 125\mathrm{V}$$

$$\left(\because I_{1n} = \frac{P}{V_1} = \frac{10 \times 10^3}{3,300} = 3.03\mathrm{A} \right)$$

$$[\text{백분율 임피던스 강하}(\%)] = \frac{V_s}{V_{In}} \times 100 = \frac{125}{3,300} \fallingdotseq 3.79\%$$

15

- $[\text{전압 변동률}(\varepsilon_{\max})] = \sqrt{p^2 + q^2} = \sqrt{1.5^2 + 4^2} \fallingdotseq 4.27$
- $[\text{부하 역률}(\cos\theta_{\max})] = \frac{p}{\sqrt{p^2 + q^2}} = \frac{p}{\varepsilon_{\max}} = \frac{1.5}{4.27} \fallingdotseq 0.35$

16

$$\frac{P_a}{P_b} = \frac{P_A}{P_B} \times \frac{\%Z_b}{\%Z_a}$$

분담 용량은 정격 용량에 비례하고 누설 임피던스에 반비례하고, % 임피던스 강하가 낮은 변압기가 큰 부하를 담당하므로,

$P_a = 1,000\mathrm{kVA}$이고, $P_b = \frac{\%Z_a}{\%Z_b}P_a = \frac{8}{9} \times 1,000 \fallingdotseq 889\mathrm{kVA}$이다. 따라서 총부하는 $P_a + P_b = 1,000 + 889 = 1,889\mathrm{kVA}$이다.

17

정답 ②

2차 전압

$$V_2 = V_1\left(1+\frac{1}{a}\right) = 3{,}000\left(1+\frac{210}{3{,}300}\right) ≒ 3{,}190\text{V}$$

$$\frac{\text{(자기 용량)}}{\text{(부하 용량)}} = \frac{e_2}{V_2} = \frac{210}{3{,}190}, \quad \text{(부하 용량)} = \frac{3{,}190}{210}\times 5 ≒ 76\text{kVA}$$

18

정답 ①

전부하 효율

$$\eta = \frac{100\times 0.9}{(100\times 0.9)+2+3}\times 100 ≒ 94.7\%$$

19

정답 ⑤

농형과 권선형의 비교

농형	• 구조가 간단하고 보수가 용이하다. • 효율이 좋다. • 속도 조정이 곤란하다. • 기동 토크가 작아 대형이 되면 기동이 곤란하다.
권선형	• 중형과 대형에 많이 사용한다. • 기동이 쉽고, 속도 조정이 용이하다.

20

정답 ③

$$[\text{동기속도}(N_s)] = \frac{120f}{p} = \frac{120\times 60}{6} = 1{,}200\text{rpm}$$

$$[\text{슬립}(s)] = \frac{N_s - N}{N_s} = \frac{1{,}200-960}{1{,}200} = 0.2$$

∴ 회전자 전류의 주파수 $f_{2s} = sf_2 = 0.2\times 60 = 12\text{Hz}$

21

정답 ③

$$[\text{토크}(T)] = 0.975\frac{P_0}{N} = 0.975\times\frac{20\times 736}{1{,}450} ≒ 9.9\text{kg}_f\cdot\text{m}$$

22

정답 ④

기동 시 최대 토크 발생을 위해 삽입하는 2차 저항은 $R_2 = \sqrt{r_1^2 + (x_1 + x_2')^2} - r_2' = 1.5 - 0.3 = 1.2\,\Omega$ 이다.

23

유도 전동기의 기동법 및 속도제어법
• 기동법 : 농형 유도 전동기(전전압 기동, Y − △ 기동, 기동보상기법, 리액터 기동법), 권선형 유도 전동기(2차 저항기동법, 게르게스법)
• 속도제어법 : 농형 유도 전동기(주파수 변환법, 극수 변환법, 전압제어법), 권선형 유도 전동기(2차 저항법, 2차 여자법, 종속접속법)

24

단상 유도 전동기의 기동 토크가 큰 순서
반발 기동형 − 반발 유도형 − 콘덴서 기동형 − 분상 기동형 − 셰이딩 코일형 − 모노사이클릭형

25

프로니 브레이크법은 전동기의 토크 측정 시험이다.

26

• [직류측 전류(I_d)]$= \dfrac{2,000 \times 10^3}{1,000} = 2,000 \text{A}$

• $\left[\text{전류비}\left(\dfrac{I_a}{I_d} \right) \right] = \dfrac{2\sqrt{2}}{m \cdot \cos\theta}$ 이므로, 교류측 전류 $I_a = \dfrac{2\sqrt{2}}{6 \times 1} I_d = \dfrac{2\sqrt{2}}{6} \times 2,000 ≒ 943 \text{A}$ 이다.

27

전기자 회로의 저항이 리액턴스에 비해 클 때 회전변류기에서 난조가 발생한다.

28

직류전압은 $E_d = 0.9E - e$ 이다. 따라서 2차 상전압(교류전압) $E = \dfrac{E_d + e}{0.9} = \dfrac{100 + 15}{0.9} ≒ 128 \text{V}$ 이다.

29

SCR 1개의 최대 역전압은 PIV$= \sqrt{2}\, E = \pi E_d$ 이므로 PIV$= \sqrt{2} \times 100 ≒ 141 \text{V}$ 이다.

30

단상 반발 전동기(브러시를 단락시켜 브러시 이동으로 기동 토크, 속도 제어)의 종류 : 아트킨손형, 톰슨형, 데리형

01	02	03	04	05	06	07	08	09	10	11	12	13	14	15	16	17	18	19	20
⑤	①	③	②	②	③	①	①	③	⑤	①	②	②	④	④	③	④	③	①	②

01
정답 ⑤

전지의 기전력은 $E= V+rI= RI+rI$이므로 $(5\times8)+(r\times8)=(15\times4)+(r\times4)$ → $4r=20$, $r=5\,\Omega$이다.
따라서 $E=(5\times8)+8r=(5\times8)+(8\times5)=80$V이다.

02
정답 ①

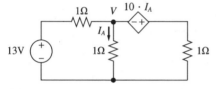

- $\dfrac{V-13}{1}+\dfrac{V}{1}+\dfrac{V+10I_A}{1}=0$
  $V-13+ V+ V+10I_A=0$
- $V= I_A \times 1= I_A$
  $I_A = V$
$\therefore\ V-13+ V+ V+10\,V=0$
  $13V=13$ → $V=1$V
전류 $I_A = \dfrac{V}{R} = \dfrac{1}{1}=1$A

03
정답 ③

$\omega t = \dfrac{\pi}{6}$ rad일 때, $\sqrt{2}\ V\sin\omega t =100\ \sqrt{2}$ 이므로 $V=200$이다.

따라서 전압의 실효값을 구하면, $V_{rms} = \dfrac{V_m}{\sqrt{2}} = \dfrac{200\sqrt{2}}{\sqrt{2}} =200$V이다.

04
정답 ②

(파형률)$=\dfrac{(실효값)}{(평균값)}=\dfrac{\dfrac{I_m}{\sqrt{2}}}{\dfrac{2}{\pi}I_m}=\dfrac{\pi}{2\sqrt{2}}\fallingdotseq 1.11$

05

정답 ②

구분	파형	실효값	평균값	파고율	파형률
정현파 (사인파)		$\dfrac{V_m}{\sqrt{2}}$	$\dfrac{2}{\pi}V_m$	$\sqrt{2}$	$\dfrac{\pi}{2\sqrt{2}}$
전파 (정류)		$\dfrac{V_m}{\sqrt{2}}$	$\dfrac{2}{\pi}V_m$	$\sqrt{2}$	$\dfrac{\pi}{2\sqrt{2}}$
반파 (정류)		$\dfrac{V_m}{2}$	$\dfrac{V_m}{\pi}$	2	$\dfrac{\pi}{2}$
구형파 (사각파)		V_m	V_m	1	1
반구형파		$\dfrac{V_m}{\sqrt{2}}$	$\dfrac{V_m}{2}$	$\sqrt{2}$	$\sqrt{2}$
삼각파 (톱니파)		$\dfrac{V_m}{\sqrt{3}}$	$\dfrac{V_m}{2}$	$\sqrt{3}$	$\dfrac{2}{\sqrt{3}}$
제형파 (사다리꼴)		$\dfrac{\sqrt{5}}{3}V_m$	$\dfrac{2}{3}V_m$	$\dfrac{3}{\sqrt{5}}$	$\dfrac{\sqrt{3}}{2}$

06

정답 ③

[임피던스(Z)]$=\dfrac{E}{I}=\dfrac{100}{10}=10\,\Omega$이다. 따라서 임피던스 $Z=R+jX_c$이므로 $X_c=\sqrt{10^2-8^2}=6\,\Omega$이다.

07

정답 ①

$I_R=\dfrac{120}{30}=4\mathrm{A},\ I_L=\dfrac{120}{40}=3\mathrm{A}$

$\therefore$ [전체 전류(I)]$=\sqrt{I_R{}^2+I_L{}^2}=\sqrt{4^2+3^2}=5\mathrm{A}$

08

정답 ①

직렬공진회로의 첨예도

$Q=\dfrac{1}{R}\sqrt{\dfrac{L}{C}}=\dfrac{1}{100}\sqrt{\dfrac{1\div\pi}{100\div4\pi\times10^{-12}}}=\dfrac{1}{100}\times\dfrac{1}{5}\times10^6=2\times10^3$

09

RLC 직렬회로

임피던스 $Z = R + j(X_L - X_C)[\Omega]$

$jX_L = j\omega L = j(2,000 \times 68 \times 10^{-3}) = j136$

$-jX_C = \dfrac{1}{j\omega C} = \dfrac{1}{j(2,000 \times 12.5 \times 10^{-6})} = \dfrac{40}{j} = -j40$

$Z = 80 + j(136 - 40) = 80 + j96\,\Omega$

$\therefore$ (리액턴스)$= 96\,\Omega$

10

직렬공진회로에서 공진 상태가 되면 임피던스는 R으로 최솟값을 가지며 순수저항과 같은 특성을 가지게 된다. 그리고 전압 확대율 (선택도) Q는 공진 시 리액턴스와 저항의 비로 정의하고 원하는 신호를 구별해서 다룰 수 있는 정도를 나타낸다.

확대율 : $Q = \dfrac{1}{R}\sqrt{\dfrac{L}{C}} = \dfrac{1}{2} \times \sqrt{\dfrac{10 \times 10^{-3}}{4 \times 10^{-6}}} = 25$

11

내부 임피던스의 공액과 부하 임피던스가 같은 경우 최대 전력은 $P_{\max} = \dfrac{V^2}{4R_0}$ 이다. 여기서 전압 V는 실효값이므로 $V = \dfrac{V_0}{\sqrt{2}}$ 의

값을 가진다. 따라서 최대 전력 $P_{\max} = \dfrac{\left(\dfrac{V_0}{\sqrt{2}}\right)^2}{4R_0} = \dfrac{V_0{}^2}{8R_0}$ 이다.

12

$L_a + L_b + 2M = 10$, $L_a + L_b - 2M = 6$

여기서 $L_a = 5$이므로,

$5 + L_b + 2M = 10 \cdots \bigcirc$

$5 + L_b - 2M = 6 \cdots \bigcirc$

$\bigcirc$, $\bigcirc$을 연립하여 L_b을 구하면, $L_b = 3\text{mH}$이다.

13

• 전압원 : 내부저항 0
• 전류원 : 내부저항 ∞

14

• 테브난 등가저항 $R_{TH}[k\Omega]$: 전압원 단락, 전류원 개방
  등가회로

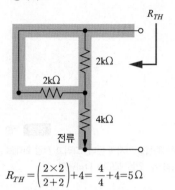

$$R_{TH} = \left(\frac{2 \times 2}{2+2}\right) + 4 = \frac{4}{4} + 4 = 5\,\Omega$$

개방 전압 V_{oc}

• 전압원 작용 시 V_{oc} : 전류원 개방
  등가회로

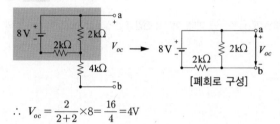

[폐회로 구성]

$$\therefore V_{oc} = \frac{2}{2+2} \times 8 = \frac{16}{4} = 4V$$

• 전류원 작용시 V_{oc} : 전압원 단락
  등가회로

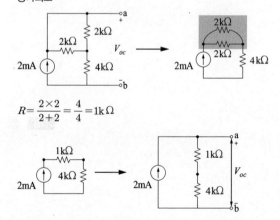

$$R = \frac{2 \times 2}{2+2} = \frac{4}{4} = 1k\Omega$$

$$V_{oc} = IR = 2 \times (1+4) = 10V$$

$\therefore$ 전체 $V_{oc} =$ 전압원 $V_{oc} +$ 전류원 $V_{oc} = 4+10 = 14V$

15

정답 ④

전원의 변환 이용

$I_1 = \dfrac{5}{30} = \dfrac{1}{6}$A, $I_2 = \dfrac{10}{10} = 1$A, $I_3 = \dfrac{5}{30} = \dfrac{1}{6}$A이므로 $I_{th} = \dfrac{4}{3}$A이고, 합성저항 $R_{th} = \dfrac{1}{\dfrac{1}{30} + \dfrac{1}{10} + \dfrac{1}{30}} = 6\,\Omega$이므로

$V_{ab} = \dfrac{4}{3} \times 6 = 8$V이다.

16

정답 ③

- [1상당 임피던스(Z)]$= 3 + j4\,\Omega$

  $|Z| = \sqrt{3^2 + 4^2} = 5\,\Omega$

  $\triangle$결선$(V_p = V_l)$이므로 $V_p = V_l = 200$V이고, 한 상의 임피던스이므로

- $I_p = \dfrac{V_l}{|Z|} = \dfrac{200}{5} = 40$A

- $P_r = 3 I_p^2 X[\text{Var}] = 3 \times 40^2 \times 4$

  $= 19,200\text{Var}$

17

정답 ④

(전압 불평형률)$= \dfrac{[역상분(V_2)]}{[정상분(V_1)]} = \dfrac{280}{600} \fallingdotseq 0.467$

18

정답 ③

(왜형률)$= \dfrac{(전고조파의 실효값)}{(기본파의 실효값)} = \dfrac{\sqrt{50^2 + 30^2}}{100} \fallingdotseq 0.6$

19

정답 ①

영상 임피던스 Z_{01}, Z_{02}의 관계는 $Z_{01}Z_{02} = \dfrac{B}{C}$, $\dfrac{Z_{01}}{Z_{02}} = \dfrac{A}{D}$ 이므로, $Z_{01}Z_{02} = \dfrac{B}{C}$를 이용하면

$\dfrac{20}{3} \times Z_{02} = \dfrac{\dfrac{5}{3}}{1} \rightarrow Z_{02} = \dfrac{5}{3} \times \dfrac{3}{20} = \dfrac{1}{4}\,\Omega$이다.

20

정답 ②

위상속도

$v = \dfrac{\omega}{\beta} = \dfrac{30\text{rad/s}}{2\text{rad/km}} = 15\text{km/s} = 15 \times 10^3 \times 60\text{m/min} = 9 \times 10^5\,\text{m/min}$

01	02	03	04	05	06	07	08	09	10	11	12	13	14	15	16	17	18	19	20
④	④	⑤	③	①	①	④	④	②	②	①	③	①	③	②	④	③	②	②	②

21	22	23	24	25
③	①	②	②	④

01

정답 ④

적용범위(KEC 111.1)

구분	교류(AC)	직류(DC)
저압	1kV 이하	1.5kV 이하
고압	1kV 초과 7kV 이하	1.5kV 초과 7kV 이하
특고압	7kV 초과	

02

정답 ④

안전을 위한 보호(KEC 113)
• 감전에 대한 보호
  – 기본보호
  – 고장보호
• 열 영향에 대한 보호
• 과전류에 대한 보호
• 고장전류에 대한 보호
• 전압외란 및 전자기 장애에 대한 대책
• 전원공급 중단에 대한 보호

03

정답 ⑤

전선의 식별(KEC 121.2)

상(문자)	색상
L1	갈색
L2	검은색
L3	회색
N	파란색
보호도체	녹색 – 노란색

04

정답 ③

전로의 절연 원칙(KEC 131)
전로의 절연을 생략할 수 있는 곳(접지점, 중성점)
• 저압 전로에 접지공사를 하는 경우의 접지점
• 전로의 중성점에 접지공사를 하는 경우의 접지점
• 계기용 변성기의 2차측 전로에 접지공사를 하는 경우의 접지점
• 저압 가공전선의 특고압 가공전선과 동일 지지물에 시설되는 부분에 접지공사를 하는 경우의 접지점
• 중성점이 접지된 특고압 가공선로의 중성선에 따라 다중접지를 하는 경우의 접지점
• 저압 전로와 사용전압이 300V 이하의 저압 전로를 결합하는 변압기의 2차측 전로에 접지공사를 하는 경우의 접지점
• 직류계통에 접지공사를 하는 경우의 접지점

05

정답 ①

가공전선로 지지물의 기초의 안전율(KEC 331.7)
• 지지물의 기초 안전율 2 이상
• 상정하중에 대한 철탑의 기초 안전율 1.33 이상

06

정답 ①

옥측전선로(KEC 221.2)
애자사용배선에 의한 저압 옥측전선로
• 사람이 쉽게 접촉될 우려가 없도록 시설
• 전선은 공칭단면적 $4mm^2$ 이상의 연동 절연전선(옥외용 비닐절연전선 및 인입용 절연전선은 제외한다)일 것
• 전선의 지지점 간의 거리는 2m 이하
• 전선 상호 간의 간격 및 전선과 그 저압 옥측전선로를 시설하는 조영재 사이의 간격 최솟값은 다음과 같다.

시설 장소	전선 상호 간의 간격		전선과 조영재 사이의 간격	
	사용전압 400V 이하	사용전압 400V 초과	사용전압 400V 이하	사용전압 400V 초과
비나 이슬에 젖지 않는 장소	0.06m	0.06m	0.025m	0.025m
비나 이슬에 젖는 장소	0.06m	0.12m	0.025m	0.045m

07

정답 ④

지중전선로의 시설(KEC 223.1 / 334.1)
• 사용전선 : 케이블, 트로프를 사용하지 않을 경우는 CD(콤바인덕트)케이블을 사용한다.
• 매설방식 : 직접 매설식, 관로식, 암거식(공동구)
• 직접 매설식의 매설 깊이 : 트로프 기타 방호물에 넣어 시설

장소	차량, 기타 중량물의 압력	기타
깊이	1m 이상	0.6m 이상

08

정답 ④

기본보호 방법(KEC 211.7)
• 충전부의 기본절연
• 격벽 또는 외함

09

정답 ②

지락차단장치 등의 시설(341.12)

• 사용전압 50V 이상의 금속제 외함을 가진 저압 기계기구로서 사람 접촉 우려 시 전로에 지기가 발생한 경우

　※ 특고압, 고압의 전로가 변압기에 의해서 결합되는 사용전압 400V 초과의 저압 전로에 지기가 생긴 경우 전로를 자동차단하는
　　 장치 시설

• 발전소 · 변전소 또는 이에 준하는 곳의 인출구(고압, 특고압인 경우)

• 다른 전기사업자로부터 공급받는 수전점(고압, 특고압인 경우)

• 배전용 변압기(단권 변압기 제외) 시설장소(고압, 특고압인 경우)

10

정답 ②

아크를 발생하는 기구의 시설(KEC 341.7)

가연성 물체로부터 일정거리 이격

• 고압 : 1m 이상 이격

• 특고압 : 2m 이상 이격(단, 35kV 이하이며 화재 위험이 없도록 제한 시 1m 이상)

11

정답 ①

진열장 또는 이와 유사한 것의 내부 배선(KEC 234.8)

건조한 장소에 시설하고 또한 내부를 건조한 상태로 사용하는 진열장 또는 이와 유사한 것의 내부에 사용전압이 400V 미만의
배선을 외부에서 잘 보이는 장소에 한하여 단면적 0.75mm^2 이상의 코드 또는 캡타이어케이블로 직접 조영재에 밀착하여 배선할
수 있다.

12

정답 ③

나전선의 사용 제한(KEC 231.4)

다음 경우를 제외하고 나전선을 사용하여서는 아니 된다.

• 애자사용배선(전개된 곳)

　– 전기로용 전선로

　– 절연물이 부식하기 쉬운 곳

• 접촉 전선을 사용한 곳

• 라이팅덕트배선 또는 버스덕트배선

13

정답 ①

전기울타리(KEC 241.1)

• 사용전압 : 250V 이하

• 전선굵기 : 1.38kN, 2.0mm 이상 경동선

• 이격거리

　– 전선과 기둥 사이 : 25mm 이상

　– 전선과 수목 사이 : 0.3m 이상

14

정답 ③

전력보안통신선의 시설높이와 간격(KEC 362.2)

구분	이격거리
1kV 초과 7kV 이하(고압)	0.6m 이상
7kV 초과(특고압)	1.2m 이상

15

정답 ②

전력보안통신선의 시설높이와 간격(KEC 362.2)

구분	지상고	비고
도로(인도)에 시설 시	5.0m 이상	경간 중 지상고
도로횡단 시	6.0m 이상	−
철도 궤도 횡단 시	6.5m 이상	레일면상
횡단보도교 위	3.0m 이상	노면상
기타	3.5m 이상	−

16

정답 ④

전력보안통신선의 시설높이와 간격(KEC 362.2)

- 통신선이 도로·횡단보도교·철도의 레일 또는 삭도와 교차하는 경우에는 통신선은 단면적 $16mm^2$(단선의 경우 지름 4mm)의 절연전선과 동등 이상의 절연 효력이 있는 것, 인장강도 8.01kN 이상의 것 또는 단면적 $25mm^2$(단선의 경우 지름 5mm)의 경동선일 것
- 통신선과 삭도 또는 다른 가공약전류전선 등 사이의 이격거리는 0.8m(통신선이 케이블 또는 광섬유 케이블일 때는 0.4m) 이상으로 할 것

17

정답 ③

발전소 등의 울타리·담 등의 시설(KEC 351.1)

사용전압의 구분	이격거리(a + b)	기타
35kV 이하	5.0m 이상	• 울타리에서 충전부까지 거리 (a) • 울타리·담 등의 높이 : 2m 이상 (b) • 지면과 하부 : 0.15m 이하 • N(단수)=(160kV 초과분)÷10kV ※ 반드시 절상한다. • $H = N \times 0.12m$
160kV 이하	6.0m 이상	
160kV 초과	6.0m+H 이상	

18

정답 ②

발전기 등의 보호장치(KEC 351.3)

다음의 경우 자동적으로 이를 전로로부터 차단하는 장치를 시설하여야 한다.
- 발전기에 과전류나 과전압이 생긴 경우
- 압유장치 유압이 현저히 저하된 경우
  - 수차발전기 : 500kVA 이상
  - 풍차발전기 : 100kVA 이상
- 스러스트 베어링의 온도가 현저히 상승한 경우 : 2,000kVA 이상
- 내부고장이 발생한 경우 : 10,000kVA 이상

19

정답 ②

특고압용 변압기의 보호장치(KEC 351.4)

뱅크용량의 구분	동작조건	장치의 종류
5,000kVA 이상 10,000kVA 미만	변압기 내부고장	자동차단장치 또는 경보장치
10,000kVA 이상	변압기 내부고장	자동차단장치
타냉식 변압기	냉각장치 고장, 변압기 온도가 현저히 상승	경보장치

20

정답 ②

전차선 및 급전선의 높이(KEC 431.6)

시스템 종류	공칭전압	동적	정적
직류	750V	4,800mm	4,400mm
	1,500V	4,800mm	4,400mm
단상교류	25,000V	4,800mm	4,570mm

21

정답 ③

전기철도차량 전기설비의 전기위험방지를 위한 보호대책(KEC 441.6)

차량 종류	최대 임피던스
기관차, 객차	0.05Ω
화차	0.15Ω

22

정답 ①

전기 부식 방지(KEC 461.4)

전기철도측의 전기 부식 방지를 위해서는 다음 방법을 고려하여야 한다.

• 변전소 간 간격 축소
• 레일본드의 양호한 시공
• 장대레일 채택
• 절연도상 및 레일과 침목 사이에 절연층의 설치

23

태양광발전설비(KEC 520)

• 태양전지 모듈, 전선, 개폐기 및 기타 기구는 충전부분이 노출되지 않도록 시설할 것
• 모든 접속함에는 내부의 충전부가 인버터로부터 분리된 후에도 여전히 충전상태일 수 있음을 나타내는 경고를 붙일 것
• 태양광설비의 고장이나 외부 환경요인으로 인하여 계통연계에 문제가 있을 경우 회로분리를 위한 안전시스템을 갖출 것
• 주택의 태양전지모듈에 접속하는 부하측 옥내배선의 대지전압은 직류 600V 이하일 것
  – 전로에 지락이 생겼을 때 자동적으로 전로를 차단하는 장치를 시설할 것
  – 사람이 접촉할 우려가 없는 은폐된 장소에 합성수지관배선, 금속관배선 및 케이블배선에 의하여 시설하거나, 사람이 접촉할 우려가 없도록 케이블배선에 의하여 시설하고 전선에 적당한 방호장치를 시설할 것
• 모듈의 출력배선은 극성별로 확인할 수 있도록 표시할 것
• 모듈을 병렬로 접속하는 전로에는 그 주된 전로에 단락전류가 발생할 경우에 전로를 보호하는 과전류차단기 또는 기타 기구를 시설할 것
• 전선은 공칭단면적 2.5mm^2 이상의 연동선 또는 이와 동등 이상의 세기 및 굵기의 것일 것
• 배선설비공사는 옥내에 시설할 경우에는 합성수지관배선, 금속관배선, 가요전선관배선, 케이블배선 규정에 준하여 시설할 것
• 옥측 또는 옥외에 시설할 경우에는 합성수지관배선, 금속관배선, 가요전선관배선 또는 케이블배선의 규정에 준하여 시설할 것
• 단자의 접속은 기계적, 전기적 안전성을 확보할 것

24

정답 ②

시설기준(KEC 511.2)

전기저장장치 전기배선의 전선은 공칭단면적 2.5mm^2 이상의 연동선 또는 이와 동등 이상의 세기 및 굵기의 것일 것

25

정답 ④

계측장치의 시설(KEC 532.3.7)

풍력터빈에는 설비의 손상을 방지하기 위하여 운전 상태를 계측하는 다음의 계측장치를 시설하여야 한다.

• 회전속도계
• 나셀(Nacelle) 내의 진동을 감시하기 위한 진동계
• 풍속계
• 압력계
• 온도계

CHAPTER 05 KEC 및 기술기준 • **43**

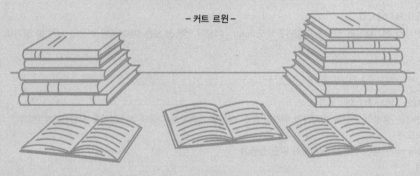

성공한 사람은 대개 지난번 성취한 것 보다 다소 높게, 그러나 과하지 않게 다음 목표를 세운다.
이렇게 꾸준히 자신의 포부를 키워간다.

- 커트 르윈 -

PART 2

적중예상문제

CHAPTER 01   전기자기학

CHAPTER 02   전력공학

CHAPTER 03   전기기기

CHAPTER 04   회로이론

CHAPTER 05   KEC 및 기술기준

01

전기자기학

적중예상문제

01	02	03	04	05	06	07	08	09	10	11	12	13	14	15	16	17	18	19	20
④	②	④	③	③	⑤	②	⑤	③	①	⑤	⑤	①	②	③	③	⑤	④	③	④
21	22	23	24	25	26	27	28	29	30										
①	③	⑤	③	②	①	②	③	③	⑤										

01

정답 ④

합성 저항 $R = R_1 + R_2$, 전류 $I = \dfrac{V}{R_1 + R_2}$ 이므로 R_1 양단의 전압은 $V_1 = I \cdot R_1 = \dfrac{R_1}{R_1 + R_2} \cdot V$ 가 된다.

02

정답 ②

전기력선의 성질
• 양전하의 표면에서 나와 음전하의 표면으로 끝나는 연속 곡선이다.
• 전기력선상의 어느 점에서 그어진 접선은 그 점에 있어서 전장 방향을 나타낸다.
• 전기력선은 전위가 높은 점에서 낮은 점으로 향한다.
• 전장에서 어떤 점의 전기력선 밀도는 그 점의 전장의 세기를 나타낸다.
• 전기력선은 서로 교차하지 않는다.
• 단위 전하에서는 $\dfrac{1}{\varepsilon_0}$ 개의 전기력선이 출입한다.
• 전기력선은 도체 표면에 수직으로 출입한다.
• 도체 내부에는 전기력선이 없다.

03

정답 ④

$F = k\dfrac{Q_1 Q_2}{r^2}$ 이므로 두 전하 사이에 적용하는 힘의 크기는 두 전하 사이의 거리의 제곱에 반비례한다.

04

정답 ③

전속밀도는 $D = \epsilon E = \epsilon_0 \epsilon_s E [\text{C/m}^2]$ [ϵ_0 : 공기(진공)의 유전율, $\epsilon_0 = 8.855 \times 10^{-12}$, ϵ_s : 물체의 비유전율]이므로

$E = \dfrac{D}{\epsilon_0 \epsilon_s} = \dfrac{2 \times 10^{-6}}{8.855 \times 10^{-12} \times 6} \fallingdotseq 3.764 \times 10^4 \text{V/m}$

05

정답 ③

진전하가 없는 점에서 패러데이관은 연속이다.

> **패러데이관**
> 패러데이관은 1C의 양전하에서 −1C의 음전하를 향하는 전기력선 1개를 감싸는 가상의 관이며, 다음과 같은 특징이 있다.
> • 패러데이관 내 전속수는 일정하다.
> • 패러데이관 양단에는 단위정전하, 단위부전하가 있다.
> • 진전하가 없는 점에서 패러데이관은 연속이다.
> • 패러데이관 밀도는 전속밀도와 같다.
> • 패러데이관에서 단위전위차 에너지는 0.5J이다.

06

정답 ⑤

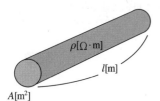

전선의 고유저항이 $R = \rho \dfrac{l}{A}$ 일 때

ㄱ. 전기저항 $R \propto$ 고유저항 ρ

ㄷ. 전기저항 $R \propto$ 길이 l

ㄹ. 도체의 길이를 n배 늘리고 단면적을 $\dfrac{1}{n}$배 줄이면, 전기저항은 R은 n^2배 증가한다.

[오답분석]

ㄴ. 전기저항은 단면적과 반비례 관계이다.

07

정답 ②

$\mathcal{L}[f(at)] = a\,\mathcal{L}[f(t)]$이고 $\mathcal{L}(t^n) = \dfrac{n!}{s^{n+1}}$ 이므로 $F(s) = \mathcal{L}(2t^4) = 2 \cdot \dfrac{4!}{s^{4+1}} = \dfrac{48}{s^5}$ 이다.

08

정답 ⑤

$C = \dfrac{Q}{V} = \dfrac{5 \times 10^{-3}\,C}{1,000\,\text{V}} = 5 \times 10^{-6}\,\text{F} = 5\mu\text{F}$

09

ㄱ. 패러데이의 전자유도 법칙 $v = -N\dfrac{d\phi}{dt}$: 폐회로에 시간적으로 변화하는 자속이 쇄교할 때 발생하는 기전력

ㄴ. 암페어의 오른나사 법칙 : 도선에 전류가 흐를 때 발생하는 자계의 방향

ㄷ. 플레밍의 왼손 법칙 : 자계(B) 중에 전류(I)가 흐르는 도체가 놓여 있을 때 도체에 작용하는 힘(F)의 방향

10

자유전자는 (−)전하를 가지므로 자유전자가 과잉된 상태는 음전하로 대전된 상태를 말한다.

오답분석

② 발열상태 : 화학반응 등에 의해 물체가 열이 나는 상태이다.

③ 중성상태 : 음전하와 양전하의 양이 같아 물체의 전하 합이 0인 상태이다.

④ (+)대전상태 : 전자가 다른 곳으로 이동하여 전자가 있던 자리에 양전하를 갖는 양공이 생성되어 양전하로 대전된 상태이다.

⑤ 전이상태 : 원자와 분자 등의 입자에서 내부의 전자 배치 상태가 다른 전자 배치 상태로 바뀌는 상태이다.

11

$I = \dfrac{Q}{t} = \dfrac{600}{5 \times 60} = \dfrac{600}{300} = 2\text{A}$

12

하루 전력량은 $(40 \times 10 \times 5) + (1{,}000 \times 1 \times 0.5) + (100 \times 2 \times 5) + (1{,}000 \times 1 \times 1) = 4{,}500\text{Wh}$이다. 따라서 1개월(30일)간 사용 전력량은 $4{,}500 \times 30 = 135{,}000\text{Wh} = 135\text{kWh}$이다.

13

같은 전하 사이에는 척력이 작용하며, 다른 전하 사이에는 인력이 작용한다.

14

전력은 $P = \dfrac{V^2}{R}$으로 저항에 반비례한다. 직렬일 때의 전체 저항은 $2R$이고, 병렬일 때의 전체 저항은 $\dfrac{R}{2}$이므로 직렬 전체 저항은 병렬 전체 저항의 4배이다. 따라서 직렬일 때 전력은 병렬일 때의 전력보다 $\dfrac{1}{4}$로 감소한다.

15

오답분석

① 볼타 효과 : 상이한 두 종류의 금속을 접촉시킨 후 떼어놓으면 각각 정(+) 및 부(−)로 대전하는 현상이다.

② 제벡 효과 : 두 종류의 금속을 고리 모양으로 연결하고, 한쪽 접점을 고온, 다른 쪽을 저온으로 했을 때 그 회로에 전류가 생기는 현상이다.

④ 표피 효과 : 도체에 고주파 전류를 흐르게 할 때 전류가 도체의 표면 부근만을 흐르는 현상이다.

⑤ 펠티에 효과 : 금속을 접속해 전류가 흐를 때 접합부에서 열이 발생하거나 흡수가 일어나는 열전현상이다.

16
정답 ③

- 저항값(빨강 / 검정 / 갈색) → $R = (20 \times 10^1) \pm 5$
- $H = 0.24 I^2 R t = 0.24 \times \dfrac{V^2}{R} \times t = 0.24 \times \dfrac{10^2}{200} \times 10 \times 60 = 72 \text{cal}$

17
정답 ⑤

- $F = NI = 110 \times 1 = 110 \text{AT/m}$
- 공극의 기자력

$$F_g = NI = \phi_m R_m, \quad F = \phi_m R_m$$

$$\therefore F_g \propto R_m$$

$$F_g = R_m F, \quad R_m = \frac{R_g}{R + R_g}$$

$$\frac{R_g}{R} = 1 + \left(\frac{L_g}{L_c} \times \mu_{r1} \right) = 1 + \left(\frac{0.01}{1} \times 990 \right) = 10.9\,\Omega$$

$$\therefore R_g = 10.9R\,\Omega$$

$$F_g = R_m \times F = \frac{R_g}{R + R_g} \times F = \frac{10.9R}{R + 10.9R} \times 110 = \frac{10.9R}{(1 + 10.9)R} \times 110 = \frac{10.9}{11.9} \times 110 \fallingdotseq 100.76 \text{AT/m}$$

18
정답 ④

공기 중에서 m의 자속수는 $N = \dfrac{m}{\mu_0}$ 개다. 여기서 μ_0는 진공 투자율을 나타내며 근사적으로 공기 중에서의 경우도 이 값을 쓴다.

19
정답 ③

$G = \dfrac{1}{R}$, $V = IR$이므로, $V = I \times \dfrac{1}{G}[\text{V}]$

$\therefore V = 6 \times \dfrac{1}{0.5} = 12\text{V}$

20
정답 ④

$H = nI$이고, n은 단위길이당 권수이다. $n = \dfrac{N}{l} = \dfrac{20}{10^{-2}} = 2,000$이므로, $H = nI = 2,000 \times 5 = 10,000 \text{AT/m} = 10^4 \text{AT/m}$이다.

21
정답 ①

무한히 긴 직선 도선으로부터의 자기장은 $B = \dfrac{\mu_0 i}{2 \pi d}$로, 도선으로부터의 직선거리 d에 반비례한다.

22
정답 ③

$L = \dfrac{N \varnothing}{I}$ 이므로 $L = \dfrac{300 \times 0.05}{6} = 2.5\text{H}$이다.

23

정답 ⑤

유도기전력의 크기는 쇄교자속의 시간에 대한 변화율에 비례하므로 $v = -N\dfrac{\Delta\Phi}{\Delta t} = -100 \times \dfrac{2}{10 \times 10^{-3}} = -20,000\text{V}$이다.

따라서 유도기전력의 크기는 20,000V이다.

24

정답 ③

석출량은 $W = k I t\,[\text{g}]$이므로 $W = 1.1 \times 10^{-3}\text{g/C} \times 1\text{C/s} \times 2\text{h} \times 3,600\text{s/h} = 7.92\text{g}$이다.

25

정답 ②

• 유기기전력

  $e = Blv\sin\theta = 10 \times 0.2 \times 10 \times \sin 90° = 10 \times 0.2 \times 10 \times 1 = 20\text{V}$

• 전력

  $P = \dfrac{V^2}{R} = \dfrac{(20)^2}{2} = \dfrac{400}{2} = 200\text{W}$

26

정답 ①

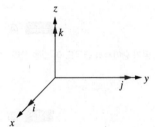

$$E = -\nabla V = -\left(\frac{\partial}{\partial x}i + \frac{\partial}{\partial y}j + \frac{\partial}{\partial z}k\right)(3x + 2y^2)$$

$$= -\left(\frac{\partial(3x + 2y^2)}{\partial x}i + \frac{\partial(3x + 2y^2)}{\partial y}j + \frac{\partial(3x + 2y^2)}{\partial z}k\right)$$

$$= -(3i + 4yj + 0)\ (x=2,\ y=-1,\ z=3)\ \text{대입}$$

$$= -(3i + 4 \times (-1)j) = -3i + 4j$$

$$\therefore\ |E| = \sqrt{(3)^2 + (4)^2} = 5\text{V/m}$$

27

정답 ②

전위차는 1C의 전하를 옮기는 데 필요한 일이므로 $V=\dfrac{W}{q}=\dfrac{1}{2}=0.5\text{V}$이다.

28

정답 ③

• 나란한 두 도체(단위 길이)에 작용하는 힘

$$F=\dfrac{2I_1I_2}{r}\times10^{-7}=\dfrac{2\times1\times1}{1}\times10^{-7}=2\times10^{-7}\text{N/m}$$

• 같은 방향 전류이므로 흡인력 작용

29

정답 ③

$V=\dfrac{W}{Q}$에서 $Q=\dfrac{W}{V}=\dfrac{600}{100}=6\text{C}$이다.

30

정답 ⑤

$F=BIl\sin\theta=1\times3\times2\times\sin90°=6\text{N}$

01	02	03	04	05	06	07	08	09	10	11	12	13	14	15	16	17	18	19	20
⑤	①	④	③	④	①	④	④	②	②	④	①	④	④	①	②	③	④	④	⑤
21	22	23	24	25	26	27	28	29	30										
④	④	⑤	⑤	①	④	②	①	⑤	③										

01

정답 ⑤

$$Q = \frac{(\text{유출계수}) \times (\text{하천의 유역면적}) \times (\text{연 강수량})}{365 \times 24 \times 60 \times 60} = \frac{0.8 \times 5,000 \times 10^6 \times 1,300 \times 10^{-3}}{365 \times 24 \times 60 \times 60} = 164.9 \text{m}^3/\text{min}$$

02

정답 ①

Y결선 → △결선으로 변형

• 상전압 $V_p = \frac{V_l}{\sqrt{3}} = \frac{20}{\sqrt{3}} \text{kV}$

• 선전류 $I_l = \sqrt{3} I_p = \sqrt{3} \times 6 = 6\sqrt{3} \text{ A}$

03

정답 ④

역률을 개선시키기 위해 일반적으로 콘덴서 등이 활용되는데, 진상용 콘덴서는 수변전 설비에서 발생하는 역률을 개선해 주어 에너지 사용의 효율성을 증가시킨다.

04

정답 ③

역률개선의 효과에는 전력손실 감소, 전압강하 감소, 설비용량의 효율적 운용, 투자비 경감이 있다. 감전사고 감소는 접지의 효과에 해당한다.

05

정답 ④

통신선 1선 유도전압(E_s)

$$E_s = \frac{C_m}{C_m + C_s} \times E \ (E : \text{전력선 전압}, \ C_m : \text{상호정전용량}, \ C_s : \text{대지정전용량})$$

06

정답 ①

전압 변동률은 $\epsilon = \dfrac{V_0 - V_n}{V_n} \times 100 = \dfrac{242 - 220}{220} \times 100 = 10\%$이다.

> **전압 변동률**
>
> $\epsilon = \dfrac{V_0 - V_n}{V_n} \times 100$ (V_0 : 무부하 전압, V_n : 정격 전압)

07

정답 ④

부흐홀츠 계전기는 변압기의 주 탱크와 콘서베이터를 연결하는 배관에 설치하여 변압기 내부에서 발생하는 일정량 이상의 가스량과 기준 속도 이상의 유속에 의해 작동되는 계기이다.

08

정답 ④

영상분

• 대칭 3상 전압에서 영상분은 0이 된다.
• 비접지 계열 회로에는 영상분이 존재하지 않는다.

09

정답 ②

$$\frac{[\text{자기 용량}]}{[\text{부하 용량(2차 출력)}]} = \frac{V_h - V_l}{V_h}$$

10

정답 ②

전원의 중성극에 접속된 전선은 중성선이라고 하며, 다상교류의 전원 중성점에서 꺼낸 전선이다.

11

정답 ④

OCB(Oil Circuit Breaker)는 유입차단기로, 오일차단기라고도 한다. 대전류를 차단할 때 생기는 아크가 절연유 속에서는 쉽게 사라지는 점을 이용한 장치이다.

오답분석

① 진공차단기(VCB; Vacuum Circuit Breaker) : 절연 내력이 매우 높은 것에 착안하여 진공 속에서 전로를 차단하는 장치이다.
② 기중차단기(ACB; Air Circuit Breaker) : 압축공기를 사용하여 아크를 끄는 전기 개폐장치이다.
③ 자기차단기(MBB; Magnetic Blow-out Circuit Breaker) : 교류 고압 기중 차단기로, 소호에 자기 소호를 응용한 장치이다.
⑤ 누전차단기(ELB; Earth Leakage Breaker) : 전동기계기구가 접속되어 있는 전로에서 누전에 의한 감전위험을 방지하기 위해 사용되는 장치이다.

12

정답 ①

수차의 특유속도

$$N_s = \frac{P^{\frac{1}{2}}}{H^{\frac{5}{4}}} = 360 \times \frac{15,000^{\frac{1}{2}}}{100^{\frac{5}{4}}} \fallingdotseq 139.4\text{rpm}$$

13

정답 ④

$Q = P(\tan\theta_1 - \tan\theta_2)$ 이고 $P = VI\cos\theta$ 이므로

$\sqrt{3} \times 3,300 \times 1,000 \times 0.8[\tan(\cos^{-1}0.8) - \tan(\cos^{-1}1)] \times 10^{-3} = 3,429 \text{kVA}$

14

정답 ④

(전압강하율)$= \dfrac{(송전단\ 전압) - (수전단\ 전압)}{(수전단\ 전압)} \times 100$에서 수전단 전압을 E로 가정하면 다음과 같다.

$2 = \dfrac{4,080 - E}{E} \times 100 \rightarrow 0.02 \times E = 4,080 - E \rightarrow 1.02 \times E = 4,080 \rightarrow E = \dfrac{4,080}{1.02} = 4,000$

따라서 수전단 전압은 4,000V이다.

15

정답 ①

LA는 'Lightning Arrester'의 약자로, 전기시설에 침입하는 낙뢰에 의한 이상 전압에 대하여 그 파고값을 감소시켜 기기를 절연 파괴에서 보호하는 장치이다.

오답분석

② PF : 'Power Fuse'의 약자로, 전력 퓨즈라고 하며, 퓨즈에 일정 이상의 전류가 일정 시간 이상 흐를 때 퓨즈 요소가 줄열에 의해 용단되어 전기 회로를 개방하는 보호 조치이다.

③ SA : 'Surge Absorber'의 약자로, 진공 차단기와 같은 큰 개폐서지로부터 기기를 보호한다.

④ COS : 'Cut Out Switch'의 약자로, 고압컷아웃으로 변압기 보호와 개폐를 위한 것이다.

⑤ CT : 'Current Transforme'의 약자로, 계기용 변류기, 즉 교류 전류계의 측정 범위를 확대하기 위해 사용되는 측정용 또는 제어용 변압기를 말한다.

16

정답 ②

코로나 현상이 발생하면 오존 기체(O_3)가 발생하며, 이 기체에 의해 생성된 초산(NHO_3)이 전선을 부식시킨다.

코로나 현상에 의한 영향
- 코로나 손실로 인한 송전용량 감소
- 오존 발생으로 인한 전선 부식
- 잡음으로 인한 전파 장해
- 고주파로 인한 통신선 유도 장해
- 소호리액터 접지 시 소호 능력 저하

17

정답 ③

$I_C = \dfrac{E}{X_c} = \dfrac{E}{\dfrac{1}{\omega C}} = 2\pi f C \times \dfrac{V}{\sqrt{3}} l = 2\pi \times 60 \times 0.03 \times 10^{-6} \times 173.2 \times \dfrac{66,000}{\sqrt{3}} \fallingdotseq 74.6 \text{A}$

18

정답 ④

송전선 안정도 향상 방법
- 전압변동률을 줄인다(속응여자방식, 중간 조상방식 등).
- 직렬 리액턴스를 작게 한다(병행 2회선 방식, 직렬 콘덴서 채택 등).
- 계통에 주는 충격을 작게 한다(고속차단기, 고속도 재폐로 방식 등).
- 고장 시 발생하는 발전기 입·출력의 불평형을 작게 한다.

19

정답 ④

배전계통에 전력용 콘덴서를 설치하면 선로의 전력손실이 감소하는 효과를 얻을 수 있다.

전력용 콘덴서 설치 효과
- 전력손실 감소
- 변압기, 개폐기 등의 소용 용량 감소
- 송전용량 증대
- 전압강하 감소

20

정답 ⑤

$$[처짐정도(D)] = \frac{wS^2}{8T} = \frac{20 \times 220^2}{8 \times \frac{50 \times 10^3}{2.5}} \fallingdotseq 6\text{m}$$

21

정답 ④

전력계통 연계 시 병렬 회로 수가 증가하여 단락전류가 증가하고 통신선 전자 유도장해가 커진다.

전력계통 연계의 장단점
- 장점
  - 전력의 융통으로 설비용량이 절감된다.
  - 계통 전체로서의 신뢰도가 증가한다.
  - 부하 변동의 영향이 작아 안정된 주파수 유지가 가능하다.
  - 건설비 및 운전 경비 절감으로 경제 급전이 용이하다.
- 단점
  - 연계설비를 신설해야 한다.
  - 사고 시 타 계통으로 파급 확대가 우려된다.
  - 병렬회로수가 많아져 단락전류가 증대하고 통신선의 전자 유도장해가 커진다.

22

정답 ④

- 단상 전원일 때, [단상 1회선 작용정전용량(C_W)]=[대지정전용량(C_s)]+2×[선간정전용량(C_m)]
- 3상 전원일 때, [3상 1회선 작용정전용량(C_W)]=[대지정전용량(C_s)]+3×[선간정전용량(C_m)]

23

$$V_s = 5.5 \sqrt{0.6l + \frac{P}{100}} = 5.5 \times \sqrt{0.6 \times 45 + \frac{3,000}{100}} \fallingdotseq 41.52\text{kV}$$

Still식
중거리 선로에서 송전전력과 송전거리에 따른 가장 경제적인 송전전압을 구하는 경험식이다.

$$V_s = 5.5 \sqrt{0.6l + \frac{P}{100}}$$

[V_s : 송전전압(kV), l : 송전거리(km), P : 송전전력(kW)]

24

[3상 전압강하(e)]$= V_s - V_r = \sqrt{3}\, I(R\cos\theta + X\sin\theta)$

[송전단 전압(V_s)]$= V_r + \sqrt{3}\, I(R\cos\theta + X\sin\theta) = 6,000 + \sqrt{3} \times \dfrac{300 \times 10^3}{\sqrt{3} \times 6,000 \times 0.8} \times [(5 \times 0.8) + (4 \times 0.6)] = 6,400\text{V}$

25

댐식 발전은 유량이 많고 낙차가 작은 장소에서 발전한다.

낙차를 얻는 방법에 의한 분류
• 수로식 발전소 : 유량이 적고 하천의 기울기가 큰 자연낙차를 이용하여 발전한다.
• 댐 식 : 유량이 많고 낙차가 작은 장소에서 발전한다.
• 댐 수로식 : 댐으로부터 수로를 통해 낙차가 큰 지점까지 물을 유도하여 발전한다.
• 유역 변경식 : 인공적으로 수로를 만들어 큰 낙차를 만들어 발전한다.

26

$$Q = \frac{6.12\eta P}{H} = \frac{6.12 \times 0.8 \times 30}{10} = 14.7\text{m}^3/\text{min}$$

펌프용 전동기의 출력
$$P = \frac{QH}{6.12\eta}$$
(Q : 양수량[m^3/min], P : 출력[kW], H : 양정[m], η : 효율)

27

랭킨 사이클은 기력발전소에서 가장 많이 사용하는 방식이다.

열 사이클의 종류
- 랭킨 사이클 : 가장 기본적인 사이클이며, 정압가열 → 단열팽창 → 정압방열 → 단열압축 과정을 반복한다.
- 재생 사이클 : 터빈에서 팽창하고 있는 증기 일부를 추출하여 보일러 급수를 가열하는 사이클이다.
- 재열 사이클 : 랭킨 사이클 또는 재생 사이클의 고압터빈에서 팽창한 증기를 보일러로 되돌린 후 재열기를 통해 재가열하여 터빈으로 다시 보내는 사이클이다.
- 카르노 사이클 : 가장 이상적인 사이클이다.

28

엔탈피는 단위질량당 보유하는 열에너지(열량)로 액체열과 증발열의 합이다.

29

$$W = \frac{\eta m H}{860} = \frac{0.45 \times 5 \times 4,500}{860} \fallingdotseq 11.77 \text{kWh}$$

30

비등수형 원자로(BWR ; Boiling Water Reactor)는 경수(H_2O)를 쓰는 발전 원자로 중 하나이며, 원자로 내부 압력이 가압수형에 비해 높지 않다.

비등수형 원자로
- 증기가 직접 터빈에 유입되는 방식이므로 증기가 누출되지 않도록 유의해야 한다.
- 가압수형에 비해 원자로 내부 압력이 낮다.
- 가압수형에 비해 출력밀도가 낮아 노심 및 압력용기가 커진다.
- 열교환기가 필요 없다.

03 | 전기기기
적중예상문제

01	02	03	04	05	06	07	08	09	10	11	12	13	14	15	16	17	18	19	20
⑤	①	①	②	③	⑤	④	①	②	①	②	③	②	⑤	②	①	①	①	③	⑤
21	22	23	24	25	26	27	28	29	30										
②	②	①	④	②	③	①	③	⑤	④										

01
정답 ⑤

철심을 규소 강판으로 성층하는 주된 이유는 철손을 감소시키기 위함이며, 철손은 와류(맴돌이전류)손과 히스테리시스손의 합을 말한다.

02
정답 ①

보극이 없는 직류기의 운전 중 무부하 상태는 부하 전류가 0인 상태로 전지가 전류가 없어 반작용이 일어나지 않아 중성점 위치도 변하지 않는다.

03
정답 ①

㉠ 1차 환산 전압 : $V_1 = \dfrac{N_1}{N_2} V_2 = a \times V_2 = 2 \times 100 = 200\text{V}$

㉡ 1차 환산 임피던스 : $Z_1 = a^2 \times Z_2 = 4 \times 20 = 80\,\Omega$

04
정답 ②

전기자의 유도기전력식

$E = \dfrac{pZ}{60a} \Phi n [\text{V}]$

(E : 전기자의 유도기전력[V], p : 자극 수, Z : 전기자 총 도체 수, a : 권선의 병렬회로 수, Φ : 1극당 자속[Wb], n : 전기자의 회전속도[min^{-1}])

$E = \dfrac{pZ}{60a} \Phi n = \dfrac{10 \times 600}{60 \times 10} \times 0.01 \times 1,200 = 120\text{V}$

05
정답 ③

한쪽 발전기의 여자를 늘리면 권선에 전류가 통해서 자속이 늘어나므로 부하 전류는 늘고, 그에 따라 전압도 증가한다.

06

정답 ⑤

3상 유도 전동기의 임의의 3선 중 2선을 바꾸면 회전 방향이 변경된다.

07

정답 ④

[오답분석]
① 단상제동 : 유도 전동기의 고정자에 단상 전압을 걸어주어 회전자 회로에 큰 저항을 연결할 때 일어나는 제동이다.
② 회생제동 : 전동기가 갖는 운동에너지를 전기에너지로 변화시키고, 이것을 전원으로 반환하여 제동한다.
③ 발전제동 : 운전 중인 전동기를 전원에서 분리하여 발전기로 작용시키고, 회전체의 운동에너지를 전기에너지로 변환하여 저항에서 열에너지로 소비시켜 제동한다.
⑤ 저항제동 : 전동기가 갖는 운동에너지에 의해서 발생한 전기에너지가 가변 저항기에 의해서 제어되고, 소비되는 제동 방식이다.

08

정답 ①

역률 $\cos\theta$가 1이면 $\sin\theta$는 0이다. 따라서 전압 변동률은 $\varepsilon = p\cos\theta + q\sin\theta = (1.8 \times 1) + (2 \times 0) = 1.8\%$이다.

09

정답 ②

동기 발전기의 병렬운전 조건은 기전력의 크기, 위상, 주파수, 파형, 상회전 방향이 같아야 한다.

10

정답 ①

변압기 권수비는 $a = \sqrt{\dfrac{R_1}{R_2}} = \sqrt{\dfrac{3}{300}} = \sqrt{\dfrac{1}{100}} = \dfrac{1}{10}$ 이다.

권선비 $a = \dfrac{N_1}{N_2}$, $\dfrac{1}{10} = \dfrac{N_1}{N_2}$ 이므로, $N_1 = 1$, $N_2 = 10$이 된다.

$a = \sqrt{\dfrac{X_s}{X_L}}$

$\dfrac{1}{10} = \sqrt{\dfrac{X_s}{400}}$ 을 양변 제곱하면

$\dfrac{1}{100} = \dfrac{X_s}{400}$

$X_s = \dfrac{400}{100} = 4\,\Omega$

따라서 최대 전력 전달조건에서 내부 임피던스와 외부(부하) 임피던스는 켤레 복소수이므로 $X_s = -4\,\Omega$이다.

11

정답 ②

$\dfrac{(\text{자기 용량})}{(\text{부하 용량})} = \dfrac{2(V_1 - V_2)I_1}{V_1 I_1 \sqrt{3}} = \dfrac{2}{\sqrt{3}}\left(1 - \dfrac{V_2}{V_1}\right)$

$\therefore P_s = \dfrac{2}{\sqrt{3}}\left(1 - \dfrac{V_2}{V_1}\right)P$

12

무부하 시험에서는 고압측을 개방하여 저압 측에 정격 전압을 걸어 여자 어드미턴스, 무부하 전류, 철손을 측정할 수 있으며, 단락시험에는 임피던스 전압, 임피던스 와트(동손), 전압 변동률을 측정할 수 있다. 절연 내력은 충격전압시험, 유도시험, 가압시험 등으로 구할 수 있다.

13

$$\frac{V \text{ 출력}}{\Delta \text{ 출력}} = \frac{\sqrt{3}\,K}{3K} = 0.577 = 57.7\% \ (K : \text{출력비})$$

14

$$\frac{\text{(자기 용량)}}{\text{(부하 용량)}} = \frac{V_h - V_l}{V_h}$$

$$\therefore \text{(부하 용량)} = \text{(자기 용량)} \times \frac{V_h}{V_h - V_l} = 1 \times \frac{3,200}{3,200 - 3,000} = 16 \text{kVA}$$

15

$$n = \frac{120f}{p} \text{에서 } p = p_1 + p_2$$

$$\therefore n = \frac{120f}{p_1 + p_2} = \frac{120 \times 50}{12 + 8} = 300, \ 300 \times \frac{1}{60} = 5 \text{rps}$$

16

$$P_2 = I_2^2 \times \frac{r_2}{s} = \frac{P_c}{s} \text{에서 슬립 } s = \frac{P_c}{P_2}$$

17

3상 유도 전압 조정기의 2차측을 구속하고 1차측에 전압을 공급하면, 2차 권선에 기전력이 유기된다. 여기서 2차 권선의 각상 단자를 각각 1차측의 각상 단자에 적당하게 접속하면 3상 전압을 조정할 수 있다.

18

$$f_s = sf_1 \text{이고, } s = \frac{n_0 - n_2}{n_0} = \frac{100 - 95}{100} = 0.05$$

$$\therefore f_2 = 0.05 \times 100 = 5 \text{Hz}$$

19

정답 ③

$$\frac{r_2}{s_1} = \frac{r_2 + R}{s_2}, \ s_2 = 0.1$$

$$N_s = \frac{120f}{p} = 1,800 \text{rpm}$$

$$N = (1-s)N_s$$

$$\therefore \ N = (1-0.1) \times 1,800 = 1,620 \text{rpm}$$

20

정답 ⑤

단상 유도 전동기의 기동 방법 중 기동 토크가 큰 순서대로 나열하면 반발 기동형>반발 유도형>콘덴서 기동형>분상 기동형>셰이딩 코일형이다. 따라서 기동 토크가 가장 작은 것은 셰이딩 코일형이다.

21

정답 ②

$$P_2 = \frac{P}{1-s}, \ N_s = \frac{120f}{p} = \frac{120 \times 60}{8} = 900, \ s = \frac{N_s - N}{N_s} = \frac{900-855}{900} = 0.05$$

$$P_2 = \frac{15 \times 746}{1-0.05} (\because \ 1HP = 746\,W) = \frac{11,190}{0.95} \fallingdotseq 11,779 \text{W}$$

$$\eta_2 = \frac{P}{P_2} = \frac{11,190}{11,779} \times 100 \fallingdotseq 95\%$$

$$P_{c2} = sP_2 = 0.05 \times 11,779 = 588.95 \fallingdotseq 589 \text{W}$$

22

정답 ②

유입변압기에 많이 사용하는 니스류나 기름에 침적한 목면, 명주, 종이 등의 절연 재료는 내열 등급 <u>A종</u>(㉠)으로 분류되며, 최고 허용 온도는 <u>105°C</u>(㉡)이다.

절연 재료의 종류와 최고 허용 온도

내열 등급	최고 허용 온도	주요 절연 재료	주요 용도
Y종	90	목면, 명주, 종이, 목재	저전압 기기
A종	105	니스류를 함침하고, 기름에 침적한 목면, 명주 및 종이, 목재 등 (Y종+니스, 기름)	변압기 등 보통의 기기
E종	120	폴리우레탄, 에폭시수지, 폴리에틸렌	보통 또는 대용량 기기
B종	130	마이카, 석면, 유리섬유 등을 접착제와 함께 사용한 것	고전압 기기, 건식 변압기
F종	155	마이카, 석면, 유리섬유 등을 실리콘수지 등의 접착제와 함께 사용한 것	H종 건식 변압기
H종	180	마이카, 석면, 유리섬유 등을 규소수지와 함께 사용한 것	특수 기기
C종	180	마이카, 석면 등을 단독으로 사용한 것	-

23

Δ 결선의 $I = \dfrac{\sqrt{3}\,V}{Z}$, Y 결선의 $I = \dfrac{V}{\sqrt{3}\,Z}$

$\dfrac{Y\ 결선의\ I}{\Delta\ 결선의\ I} = \dfrac{\dfrac{V}{\sqrt{3}\,Z}}{\dfrac{\sqrt{3}\,V}{Z}} = \dfrac{1}{3}$

24

$E_c = 2E\sin\dfrac{20°}{2} = 2E\sin 10° = 2 \times \dfrac{6,000}{\sqrt{3}} \times 0.174 \fallingdotseq 1,206$

$I_c = \dfrac{E_c}{2Z_s}$ 이므로

$\therefore\ I_c = \dfrac{1,206}{2 \times 6} = 100.5\text{A}$

25

$E_s = \dfrac{1}{\sqrt{2}} \times \dfrac{p}{a} \times Zn\phi_m \sin\theta = \dfrac{1}{\sqrt{2}} \times \dfrac{2}{1} \times 200 \times 20 \times 0.14 \times \sin 30° \fallingdotseq 396\text{V}$

26

$E = \dfrac{\pi}{\sqrt{2}}(E_d + e_a) = \dfrac{\pi}{\sqrt{2}}(200 + 10) \fallingdotseq 467\text{V}$

27

$\dfrac{E_d}{E} = \dfrac{\sqrt{2}\sin\left(\dfrac{\pi}{m}\right)}{\dfrac{\pi}{m}}$, $E = \dfrac{\dfrac{E_d}{\sqrt{2}\,sin\dfrac{\pi}{m}}}{\dfrac{\pi}{m}} = \dfrac{\dfrac{450}{\sqrt{2}\,sin\dfrac{\pi}{6}}}{\dfrac{\pi}{6}} = \dfrac{\dfrac{450}{\sqrt{2}\times\dfrac{1}{2}}}{\dfrac{\pi}{6}} \fallingdotseq 333\text{V}$

28

다이오드는 전류를 한쪽 방향으로만 흐르게 하는 역할을 한다. 이를 이용하여 교류를 직류로 바꾸는 작용을 다이오드의 정류작용이라고 한다.

[오답분석]

① 증폭작용 : 전류 또는 전압의 진폭을 증가시키는 작용이다.
② 발진작용 : 직류에너지를 교류에너지로 변환시키는 작용이다.
④ 변조작용 : 파동 형태의 신호 정보의 주파수, 진폭, 위상 등을 변화시키는 작용이다.
⑤ 승압작용 : 회로의 증폭 작용 없이 일정 비율로 전압을 높여 주는 작용이다.

29

변압기의 규약효율은 $\eta = \dfrac{(출력)}{(출력) + (손실)} = \dfrac{(출력)}{(출력) + [철손(P_i) + 동손(P_c)]}$ 이고,

부하가 $\dfrac{1}{2}$ 되었을 때의 동손은 $\left(\dfrac{1}{2}\right)^2 \times P_c$ 이므로,

규약효율 $\eta = \dfrac{(4 \times 10^3) \times \dfrac{1}{2}}{\left[(4 \times 10^3) \times \dfrac{1}{2}\right] + \left[80 + \left(\dfrac{1}{2}\right)^2 \times 120\right]} = 0.9478 ≒ 95\%$ 이다.

30

인버터를 이용하는 속도 제어법은 주파수 제어법으로, 계통 주파수를 어느 허용 변동폭 범위 내에 일정하게 유지하기 위해 계통 내의 총 발생전력과 총 소비전력 사이에 정해진 평형상태를 유지하도록 한다.

오답분석
① 극수 변환법 : 고정자 권선의 접속 상태를 변경하여 극수를 조절함으로 속도를 제어한다.
② 전압 제어법 : 토크와 전압의 관계를 이용하여 슬립을 변화시켜 속도를 제어한다.
③ 초퍼 제어법 : 반도체 사이리스터를 이용하여 직류 전압을 직접 제어한다.
⑤ 워드 레너드 제어법 : 직류 전동기 속도 제어법의 일종으로, 사이리스터를 써서 공급 전압을 조정하여 주전동기의 회전 속도 제어를 넓고 세밀하게 하는 방식이다.

01	02	03	04	05	06	07	08	09	10	11	12	13	14	15	16	17	18	19	20
⑤	③	①	②	①	②	②	①	⑤	⑤	④	④	③	⑤	②	①	②	②	⑤	④
21	22	23	24	25	26	27	28	29	30										
①	②	④	②	②	②	⑤	②	⑤	①										

01

정답 ⑤

교류 파형에서 파고율은 최댓값을 실효값으로 나눈 값이며, 파형률은 실효값을 평균값으로 나눈 값이다. 파고율과 파형률 모두 1인 파형은 구형파이다.

02

정답 ③

(축전지의 용량)=(전류)×(시간) → (시간)=$\dfrac{(축전지의 용량)}{(전류)}=\dfrac{30}{2}=15$시간이다.

03

정답 ①

비정현파의 전류는 $i=I_0+I_{m1}\sin(wt)+I_{m2}\sin(2wt)$으로 (직류분)+(기본파)+(고조파)의 형태이다.

이 회로의 전류 실효값은 $I=\sqrt{I_0^2+\left(\dfrac{I_{m1}}{\sqrt{2}}\right)^2+\left(\dfrac{I_{m2}}{\sqrt{2}}\right)^2}=\sqrt{I_0^2+\left(\dfrac{10\sqrt{2}}{\sqrt{2}}\right)^2+\left(\dfrac{5\sqrt{2}}{\sqrt{2}}\right)^2}=\sqrt{3^2+10^2+5^2}≒11.6$A이다.

04

정답 ②

병렬회로 공진 주파수는 직렬과 동일하다.

$$\therefore f=\frac{1}{2\pi\sqrt{LC}}\,[\text{Hz}]=\frac{1}{2\pi\sqrt{100\times1\times10^4\times10^{-6}}}=\frac{1}{2\pi}\,\text{Hz}$$

05

정답 ①

- 기전력 $E = I(r + R_L) = 8 \times (5 + 5) = 8 \times 10 = 80\text{V}$
- 내부저항

등가회로 1

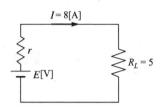

전류 $I = \dfrac{E}{r + R_L}[\text{A}]$

$\therefore E = I(r + R_L) = 8 \times (r + 5) = (8r + 40)\text{V}$

$E = E'$라 두면 $8r + 40 = 4r + 60 \rightarrow 4r = 20$

$\therefore r = \dfrac{20}{4} = 5\,\Omega$

등가회로 2

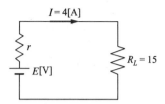

전류 $I = \dfrac{E}{r + R_L}[\text{A}]$

$\therefore E' = I(r + R_L) = 4 \times (r + 15) = (4r + 60)\text{V}$

06

정답 ②

$R - L - C$ 직렬회로의 임피던스 $Z = R + j\left(\omega L - \dfrac{1}{\omega C}\right)$에서 $\omega L = \dfrac{1}{\omega C}$이면 $R - L - C$ 직렬회로는 공진한다. 즉 코일 L의 리액턴스 ωL과 콘덴서 C의 리액턴스 $\dfrac{1}{\omega C}$의 값이 같은 것이 공진 조건이다. $\omega L = \dfrac{1}{\omega C}$이면 $Z = R$이 되기 때문에 R 양단의 전압은 인가 전압과 같다.

07

정답 ②

공진 시 $\omega L = \dfrac{1}{\omega C}$

$\therefore C = \dfrac{1}{\omega^2 L} = \dfrac{1}{(2\pi f)^2 \times L} = \dfrac{1}{4 \times 3.14^2 \times (710 \times 10^3)^2 \times 200 \times 10^{-6}} \fallingdotseq 250\text{pF}$

08

정답 ①

코일의 자체 인덕턴스 교류 회로에서는 전류가 전압보다 $\dfrac{\pi}{2}\text{rad}$만큼 뒤진다.

구분	유도성 회로	용량성 회로
회로소자	코일	커패시티
장치	인덕터	콘덴서
위상	전류가 전압보다 $\dfrac{\pi}{2}\text{rad}$만큼 뒤진다.	전류가 전압보다 $\dfrac{\pi}{2}\text{rad}$만큼 앞선다.

09

정답 ⑤

줄의 법칙에 따라 도체에 발생하는 열에너지는 $H = 0.24 I^2 R t\,[\text{cal}]$이다. H는 저항에 비례하므로 R_2는 R_1보다 3배의 열을 발생시킨다.

10

과도 상태에서는 L, C 등의 회로 소자 또는 전원의 상태가 순간적으로 변화하는 경우에는 각 부분의 전압, 전류 등의 에너지가 순간적으로 정상 상태에 도달하지 못하고, 정상 상태에 이르는 동안 여러 가지 복잡한 변화를 하게 된다. 이러한 상태를 과도 상태라 하며 정상 상태에 도달하기까지의 일정한 시간을 과도 시간이라 한다. 시상수의 값이 클수록 정상 상태로 되는 데 시간이 오래 걸린다.

11

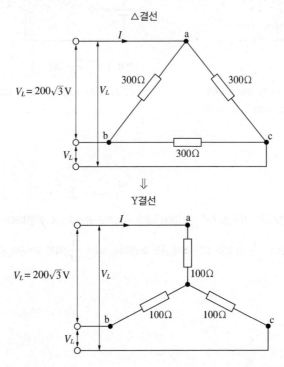

⇓

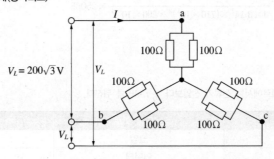

Y결선 임피던스 병렬연결 상태(등가회로)

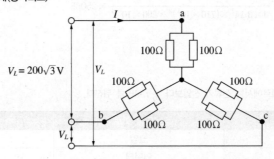

한 상당 임피던스

$$Z = \frac{100 \times 100}{100 + 100} = \frac{10,000}{200} = 50\,\Omega$$

Y결선(상전류=선전류)이므로

$$I_p = \frac{V_p}{Z} = \frac{\dfrac{200\sqrt{3}}{\sqrt{3}}}{50} = \frac{200}{50} = 4\text{A}$$

12

정답 ④

$P = P_1 + P_2 = 150 + 50 = 200\text{W}$

단상전력계로 3상 전력 측정
- (1전력계법 유효전력) $= 3P$
- (2전력계법 유효전력) $= (P_1 + P_2)$
  (무효전력) $= \sqrt{3}\,(P_1 - P_2)$
- (3전력계법 유효전력) $= (P_1 + P_2 + P_3)$

13

정답 ③

ㄱ. $R - L - C$ 병렬이므로 전압은 모두 같다.

ㄷ. 공진 시 전류는 저항 R에만 흐른다.

ㅁ. 공진 시 에너지는 저항 R에서만 소비된다.

[오답분석]

ㄴ. 어드미턴스 $Y = \dfrac{1}{R} + j\left(\omega C - \dfrac{1}{\omega L}\right)[\mho]$

$Y = \dfrac{1}{R} + j\dfrac{1}{X_c} - j\dfrac{1}{X_L}[\mho] = \dfrac{1}{R} + j\left(\dfrac{1}{X_c} - \dfrac{1}{X_L}\right)$, $X_c = \dfrac{1}{\omega C}$, $X_L = \omega L$ 대입

$= \dfrac{1}{R} + j\left(\dfrac{1}{\dfrac{1}{\omega C}} - \dfrac{1}{\omega L}\right) = \dfrac{1}{R} + j\left(\omega C - \dfrac{1}{\omega L}\right)[\mho]$

ㄹ. L과 C의 전류 위상차 : $-90°$와 $+90°$, 즉 $180°$ 위상차 발생)

$L[\text{H}]$	$C[\text{F}]$
$v > I\left(\dfrac{\pi}{2}\right)$	$v < I\left(\dfrac{\pi}{2}\right)$

14

* SW Off시 정상전류(L : 단락)

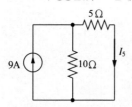

$$I_5 = \frac{10}{10+5} \times 9 = \frac{90}{15} = 6(L에\ 흐르는\ 전류)$$

* SW On시 전류 $i_s(0^+)$

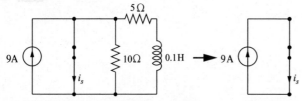

스위치 단락상태이므로 오른쪽과 같이 폐회로 구성되어 코일쪽으로는 전류가 흐르지 않는다($I_5 = 0$).

$i_s(0_+) =$ (전류원 전류) $-$ (정상상태 I_5 전류) $= 9-6 = 3A$

15

* 진동 상태 : $R^2 < \dfrac{4L}{C}$

* 비진동 상태 : $R^2 > \dfrac{4L}{C}$

* 임계 상태 : $R^2 = \dfrac{4L}{C}$

$R^2 = 100^2 = 10,000,\quad \dfrac{4L}{C} = \dfrac{4 \times 0.1 \times 10^{-3}}{0.1 \times 10^{-6}} = 4,000$

따라서 $R^2 > \dfrac{4L}{C}$ 이므로 비진동 상태이다.

16

비사인파 교류회로의 전력은 주파수가 같은 전압과 전류에서 발생하므로 전압의 제3고조파와 전류의 제3고조파 성분 사이에서 소비전력이 발생함을 알 수 있다.

17

전압과 전류가 동위상일 경우는 부하가 순저항일 경우이며, 위상차 $\theta = 0°$가 된다. 따라서 역률 $\cos\theta = \cos 0° = 1$이 된다.

18

정답 ②

- $I=\sqrt{(직류분)^2+\left(\dfrac{기본파\ 전류}{\sqrt{2}}\right)^2+\left(\dfrac{기본파\ 전류}{\sqrt{2}}\right)^2}=\sqrt{3^2+\left(\dfrac{10\sqrt{2}}{\sqrt{2}}\right)^2+\left(\dfrac{4\sqrt{2}}{\sqrt{2}}\right)^2}=\sqrt{9+100+16}$

 $=\sqrt{125}\,\mathrm{A}$

- $W_L=\dfrac{1}{2}LI^2[\mathrm{J}]$

 $125=\dfrac{1}{2}\times L\times(\sqrt{125})^2 \ \rightarrow\ L=\dfrac{125}{125}\times2=2\mathrm{H}$

19

정답 ⑤

- [직류전력(P_{DC})] $= VI=100\times40=4,000\mathrm{W}$

- [교류 기본파 전력(P_1)] $= VI\cos\theta=\left(\dfrac{80}{\sqrt{2}}\angle0°\times\dfrac{30}{\sqrt{2}}\angle60°\right)=\dfrac{2,400}{2}\angle60°$, 위상차 $60°=1,200\times\cos60°=1,200\times\dfrac{1}{2}$

 $=600\mathrm{W}$

- [교류 7고조파 전력(P_7)] $= VI\cos\theta=\left(\dfrac{40}{\sqrt{2}}\angle60°\times\dfrac{10}{\sqrt{2}}\angle60°\right)=\dfrac{400}{2}\angle0°$, 위상차 $0°=200\times\cos0°=200\times1=200\mathrm{W}$

∴ [전력(P)] $= P_{DC}+P_1+P_7=4,000+600+200=4,800\mathrm{W}$

20

정답 ④

내부저항과 외부저항이 같을 때 전력은 최댓값을 갖는다. 또한, 두 저항이 같은 값이라면 각각의 전압 V_1은 $\dfrac{V}{2}$인 60V로 분배된다. 따라서 부하저항(외부저항, R)에서 얻을 수 있는 최대 전력은 $P=\dfrac{V_1^2}{R}=\dfrac{60^2}{15}=240\mathrm{W}$임을 알 수 있다.

21

정답 ①

기전력에 대하여 90° 늦은 전류가 통할 때 자극축과 일치하는 감자작용이 일어난다.
- 감자작용 : 전압이 앞설 때(지상) – 유도성
- 증자작용 : 전류가 앞설 때(진상) – 용량성

22

정답 ②

$t=0$일 때, 순시값으로의 전압과 전류는 다음과 같다.
- 전압 : $e=100\sin\left(377t+\dfrac{\pi}{3}\right)=100\sin\left(377\times0+\dfrac{\pi}{3}\right)=100\sin\dfrac{\pi}{3}=100\times\dfrac{\sqrt{3}}{2}=50\sqrt{3}\,\mathrm{V}$
- 전류 : $I=\dfrac{V}{R}=\dfrac{50\sqrt{3}}{10}=5\sqrt{3}\,\mathrm{A}$

23

△ → Y 변환 등가회로

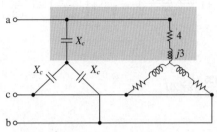

△ → Y 변환 시 1상당 임피던스 : $Z = 4 + j3\,\Omega$

병렬 등가회로

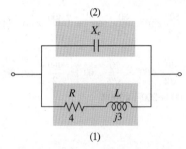

RL 직렬에 C 병렬연결인 등가회로로 구성

(1) [어드미턴스(Y_1)]$= \dfrac{1}{4+j3}\,\mho$

(2) [어드미턴스(Y_2)]$= j\dfrac{1}{X_c}\,\mho$

$$\therefore\ Y = Y_1 + Y_2 = \frac{1}{4+j3} + j\frac{1}{X_c}$$

$$= \left(\frac{1 \times (4-j3)}{(4+j3) \times (4-j3)}\right) + j\frac{1}{X_c}$$

$$= \frac{4-j3}{16+9} + j\frac{1}{X_c} = \frac{4}{25} - j\frac{3}{25} + j\frac{1}{X_c}$$

X_c를 구하므로 (허수부)$=0$

$$-j\left(\frac{3}{25} - \frac{1}{X_c}\right) = 0$$

$$\frac{3}{25} = \frac{1}{X_c}$$

$$\therefore\ X_c = \frac{25}{3}\,\Omega$$

24

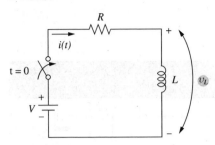

$$v_L = L\frac{di(t)}{dt} \, [\text{V}]$$

$$\therefore \; \frac{di(t)}{dt} = \frac{1}{L} \cdot v_L$$

즉, $\dfrac{di(t)}{dt} = \dfrac{1}{L}$ 이므로 $t=0$일 때, 인덕턴스 L에 반비례한다.

25

$M = K\sqrt{L_1 L_2}$ 에서 $K=1$

$\therefore \; M = \sqrt{L_1 L_2}$ 또는 $\sqrt{L_1 L_2} = M$

26

4단자 상수

$$V_1 = Z_{11}I_1 + Z_{12}I_2$$
$$V_2 = Z_{21}I_1 + Z_{22}I_2$$

$Z_{11} = \dfrac{V_1}{I_1}$	$Z_{22} = \dfrac{V_2}{I_2}$

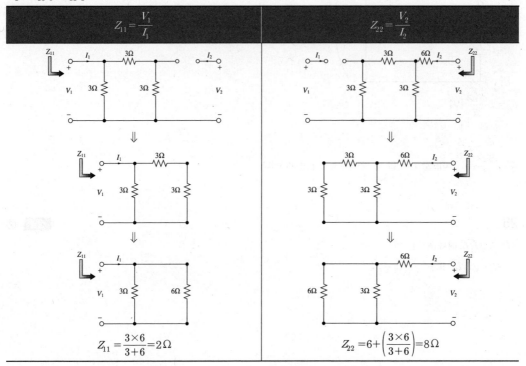

$$Z_{11} = \frac{3 \times 6}{3+6} = 2\,\Omega \qquad\qquad Z_{22} = 6 + \left(\frac{3 \times 6}{3+6}\right) = 8\,\Omega$$

27

$$(\text{실효값}) = \frac{(\text{최댓값})}{\sqrt{2}}$$

따라서 실효값은 실제 효력을 나타내는 값(rms)으로, 교류전압이 생성하는 전력 또는 에너지의 효능을 내포한 값이다.

28

유효전력 $P = I^2 R$으로, 유효전력은 전류의 제곱과 저항에 비례한다.

오답분석

① 저항 R만의 회로 : 허수부 0(역률 1)
③ $R - L - C$ 회로에서 L 제거 시 : C 전류(진상)
④ 역률 개선 : C 추가(진상용 콘덴서)
⑤ 교류회로에서 전류와 전압은 시간에 따라 변화하고 시간에 대한 평균값이 0이 되므로 실효값의 개념을 사용한다.

29

최대 저항값은 모두 직렬로 연결할 경우이고, 최소 저항값은 모두 병렬로 연결할 때이다. 하나의 저항을 R이라고 할 때, 직렬 전체저항은 $4R$이며, 병렬 전체저항은 $\frac{R}{4}$이다. 따라서 최대 저항값인 직렬 전체저항은 최소 저항값인 병렬 전체저항의 16배이다.

30

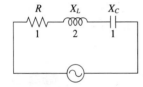

- 임피던스 $Z = R + jX_L - jX_c[\Omega] = 1 + j2 - j1 = 1 + j1[\Omega]$

  $\therefore |Z| = \sqrt{(\text{실수})^2 + (\text{허수})^2} = \sqrt{(1)^2 + (1)^2} = \sqrt{2}$

- 역률 $\cos\theta = \dfrac{R}{|Z|} = \dfrac{1}{\sqrt{2}}$

05 | KEC 및 기술기준
적중예상문제

01	02	03	04	05	06	07	08	09	10	11	12	13	14	15	16	17	18	19	20
⑤	③	②	②	②	④	①	②	②	③	①	⑤	③	①	②	③	⑤	③	④	②

21	22	23	24	25	26	27	28	29	30
②	②	④	②	⑤	③	②	②	⑤	②

01
정답 ⑤

연료전지 및 태양전지 모듈의 절연내력(KEC 134)

연료전지 및 태양전지 모듈은 최대 사용전압의 1.5배의 직류전압 또는 1배의 교류전압(500V 미만으로 되는 경우에는 500V)을 충전부분과 대지 사이에 연속하여 10분간 가하여 절연내력을 시험하였을 때 이에 견디는 것이어야 한다.

02
정답 ③

저압 전로의 절연성능

전로의 사용전압	DC시험전압	절연저항
SELV 및 PELV	250V	0.5MΩ
FELV, 500V 이하	500V	1.0MΩ
500V 초과	1,000V	1.0MΩ

특별저압(Extra Low Voltage : 2차 전압이 AC 50V, DC 120V 이하)으로 SELV(비접지회로 구성) 및 PELV(접지회로 구성)는 1차와 2차가 전기적으로 절연된 회로, FELV는 1차와 2차가 전기적으로 절연되지 않은 회로

03
정답 ②

연접 인입선의 시설(KEC 221)
• 분기되는 점에서 100m를 초과하지 말아야 한다.
• 폭 5m를 초과하는 도로를 횡단하지 말아야 한다.
• 옥내를 통과하지 말아야 한다.
• 전선이 케이블인 경우 이외에는 지름 2.6mm 이상, 인장강도 2.30kN 이상의 인입용 비닐전선이어야 한다.

04
정답 ②

전로의 중성점의 접지(KEC 322.5)
접지도체 : 공칭단면적 16mm^2 이상의 연동선(저압의 경우 공칭단면적 6mm^2 이상의 연동선)

05

정답 ②

절연물의 허용 온도(KEC 232.5.1)

구분	최대 허용 온도
열가소성 물질(PVC)	70℃(도체)
열경화성 물질[가교폴리에틸렌(XLPE) 또는 에틸렌프로필렌고무 혼합물(EPR)]	90℃(도체)
무기물(열가소성 물질 피복 또는 나전선으로 사람이 접촉할 우려가 있는 것)	70℃(시스)
무기물(사람의 접촉에 노출되지 않고 가연성 물질과 접촉할 우려가 없는 나도체)	105℃(시스)

06

정답 ④

접지극 시스템(KEC 152.3)

접지극은 지표면에서 0.75m(75cm) 이상 깊이로 매설하되 동결 깊이를 감안하여 매설한다.

07

정답 ①

시가지 등에서 특고압 가공전선로의 시설(KEC 331.1)

사용전압이 100kV를 초과하는 특고압 가공전선에 지락 또는 단락이 생겼을 때에는 이를 전로로부터 1초 이내에 차단하는 장치를 시설해야 한다.

08

정답 ②

가공전선로 지지물의 기초의 안전율(KEC 331.7)

전체 길이가 16m 이하이고, 설계하중이 6.8kN 이하의 철근콘크리트주와 강관주, 목주는 다음 각 호의 기준에 따라 시설할 수 있다.
- 전체의 길이가 15m 이하인 경우는 땅에 묻히는 깊이를 전체 길이의 6분의 1 이상으로 한다.
- 전체의 길이가 15m를 초과하는 경우는 땅에 묻히는 깊이를 2.5m 이상으로 한다.

09

정답 ②

부식성 가스 등이 있는 장소에는 애자 사용 배선, 합성 수지관 배선, 금속관 배선, 2종 가요전선관 배선, 케이블 배선, 캡타이어 케이블 배선 등을 사용하며 1종 금속제 가요전선관 배선은 사용할 수 없다.

10

정답 ③

아크용접기(KEC 241.10)

- 용접변압기는 절연변압기일 것
- 용접변압기의 1차측 전로의 대지전압은 300V 이하일 것
- 용접변압기의 1차측 전로에는 용접변압기에 가까운 곳에 쉽게 개폐할 수 있는 개폐기를 시설할 것

11

정답 ①

TT계통(KEC 203.3)

전원의 한 점을 직접 접지하고 설비의 노출도 전부는 전원의 접지전극과 전기적으로 독립적인 접지극에 접속시킨다. 배전계통에서 PE도체를 추가로 접지할 수 있다.

12
정답 ⑤

특고압 옥상전선로의 시설(KEC 331.14.2)

특고압 : 옥상전선로(특고압의 인입선의 옥상 부분을 제외)는 시설하여서는 아니 된다.

13
정답 ③

수소냉각식 발전기 등의 시설(KEC 351.10)

수소냉각식의 발전기·조상기 또는 이에 부속하는 수소 냉각 장치에는 다음의 장치를 시설하여야 한다.

• 발전기 축의 밀봉부에는 질소 가스를 봉입할 수 있는 장치 또는 발전기 축의 밀봉부로부터 누설된 수소 가스를 안전하게 외부에 방출할 수 있는 장치
• 발전기 내부 또는 조상기 내부의 수소의 순도가 85% 이하로 저하한 경우에 이를 경보하는 장치
• 발전기 내부 또는 조상기 내부의 수소의 압력을 계측하는 장치 및 그 압력이 현저히 변동한 경우에 이를 경보하는 장치
• 발전기 내부 또는 조상기 내부의 수소의 온도를 계측하는 장치
• 발전기 내부 또는 조상기 내부로 수소를 안전하게 도입할 수 있는 장치 및 발전기 안 또는 조상기 안의 수소를 안전하게 외부로 방출할 수 있는 장치

14
정답 ①

애자공사(KEC 232.56)

애자사용배선에는 절연전선을 사용하지만 옥외용 비닐 절연전선(OW), 인입용 비닐 절연전선(DV)은 제외한다.

15
정답 ②

$\bullet_3$: 3로 스위치

오답분석

① $\bullet_{EX}$: 방폭형
③ $\bullet_{2P}$: 2극 스위치
④ $\bullet_{3A}$: 전류가 3A 이상인 스위치
⑤ $\bullet_{15A}$: 전류가 15A 이상인 스위치

16
정답 ③

저압 인입선의 시설(KEC 221.1.1)

• 도로(차도와 보도의 구별이 있는 도로인 경우에는 차도)를 횡단하는 경우 : 노면상 5m(기술상 부득이한 경우에 교통 지장이 없을 때에는 3m) 이상
• 철도 또는 궤도를 횡단하는 경우 : 레일면상 6.5m 이상
• 횡단보도교 위에 시설하는 경우 : 노면상 3m 이상
• 이외의 경우에는 지표상 4m(기술상 부득이한 경우에 교통이 지장이 없을 때에는 2.5m) 이상

17
정답 ⑤

저압 옥내배선의 사용전선(KEC 231.3.1)

저압 옥외 조명 시설에 전기를 공급하는 가공 전선 또는 지중 전선에서 분기하여 전등 또는 개폐기에 이르는 배선에 사용하는 절연전선의 단면적은 2.5mm^2 이상이어야 한다.

18

정답 ③

금속덕트의 시설(KEC 232.31.3)
덕트를 조영재에 붙이는 경우에는 덕트의 지지점 간의 거리를 3m 이하로 견고하게 붙인다. 단, 취급자 이외의 자가 출입할 수 없도록 설비한 곳에서 수직으로 붙이는 경우에는 6m 이하로 견고하게 붙인다.

19

정답 ④

2차 전지는 충전을 통해 반영구적으로 사용하는 전지로 가장 보편적인 전지는 니켈카드뮴 전지(니카드 전지)이다.

[오답분석]
① 망간 전지 : 방전한 뒤 충전을 못하는 1차 전지로 사용된다.
② 산화은 전지 : 은의 산화물에 의해서 감극작용을 하도록 한 전지이다.
③ 페이퍼 전지 : 종이처럼 얇게 만든 전지이다.
⑤ 알칼리 전지 : 전해액에 수산화칼륨(KOH) 수용액을 사용한 전지이다.

20

정답 ②

종단 겹침용 슬리브에 의한 접속은 압착공구를 사용하여 보통 2개소를 압착한다.

21

정답 ②

자동화재탐지설비의 구성요소로는 감지기, 수신기, 발신기, 중계기, 음향장치가 있으며, 비상경보기는 포함되지 않는다.

22

정답 ②

회전 변류기의 직류측 전압을 조정하는 방법에는 리액턴스 조정, 동기 승압기 사용, 전압 조정 변압기 사용, 유도전압조정기 사용 등이 있다.

23

정답 ④

비율 차동 계전기는 고장 시의 불평형 차전류가 평형전류의 어떤 비율 이상이 되었을 때 동작하는 계전기이다.

[오답분석]
① 과전압 계전기 : 입력 전압이 규정치보다 클 때 동작하는 계전기이다.
② 과전류 계전기 : 허용된 전류가 초과되어 과전류가 흐르게 되면 주회로를 차단함으로써 화재를 예방하는 계전기이다.
③ 전압 차동 계전기 : 두 전압의 불평형으로 어떤 값에 이르렀을 때 동작하는 계전기이다.
⑤ 선택 차동 계전기 : 2회로 이상의 보호에 쓰이는 차동 계전기이다.

24

정답 ②

KEC 132(전로의 절연저항 및 절연내력)
고압 및 특고압의 전로(회전기, 정류기, 연료전지 및 태양전지 모듈의 전로, 변압기의 전로, 기구 등의 전로 및 직류식 전기철도용 전차선을 제외한다)는 시험전압을 전로와 대지 사이에 연속하여 10분간 가하여 절연내력을 시험하였을 때에 이에 견디어야 한다.

25

정답 ⑤

태양광발전설비(KEC 520)
- 태양전지 모듈, 전선, 개폐기 및 기타 기구는 충전부분이 노출되지 않도록 시설할 것
- 모든 접속함에는 내부의 충전부가 인버터로부터 분리된 후에도 여전히 충전상태일 수 있음을 나타내는 경고를 붙일 것
- 주택의 태양전지모듈에 접속하는 부하측 옥내배선의 대지전압은 직류 600V 이하
  - 전로에 지락이 생겼을 때 자동적으로 전로를 차단하는 장치를 시설할 것
  - 사람이 접촉할 우려가 없는 은폐된 장소에 합성수지관배선, 금속관배선 및 케이블배선에 의하여 시설하거나, 사람이 접촉할 우려가 없도록 케이블배선에 의하여 시설하고 전선에 적당한 방호장치를 시설할 것
- 모듈의 출력배선은 극성별로 확인할 수 있도록 표시할 것
- 모듈을 병렬로 접속하는 전로에는 그 주된 전로에 단락전류가 발생할 경우에 전로를 보호하는 과전류차단기 또는 기타 기구를 시설할 것
- 전선은 공칭단면적 2.5mm² 이상의 연동선 또는 이와 동등 이상의 세기 및 굵기의 것일 것
- 배선설비공사는 옥내에 시설할 경우에는 합성수지관배선, 금속관배선, 가요전선관배선, 케이블배선 규정에 준하여 시설할 것
- 옥측 또는 옥외에 시설할 경우에는 합성수지관배선, 금속관배선, 가요전선관배선 또는 케이블배선의 규정에 준하여 시설할 것
- 단자의 접속은 기계적, 전기적 안전성을 확보할 것

26

정답 ③

피뢰등전위본딩(KEC 153.2)
등전위본딩의 상호 접속은 다음에 의한다.
- 자연적 구성부재의 전기적 연속성이 확보되지 않은 경우에는 본딩도체로 연결한다.
- 본딩도체로 직접 접속할 수 없는 장소의 경우에는 서지보호장치를 이용한다.
- 본딩도체로 직접 접속이 허용되지 않는 장소의 경우에는 절연방전갭(ISG)을 이용한다.

27

정답 ②

인하도선시스템(KEC 152.2) / 수뢰도체, 피뢰침과 인하도선의 재료, 형상과 최소 단면적(KS C IEC 62305-3)
- 복수의 인하도선을 병렬로 구성해야 한다. 다만, 건축물·구조물과 분리된 피뢰시스템인 경우 예외로 한다.
- 경로의 길이가 최소가 되도록 한다.
- 인하도선의 재료는 구리, 주석도금한 구리로 테이프형, 원형단선, 연선의 형상으로 최소 단면적 50mm² 이상이어야 한다.

28

정답 ②

전기전자설비 보호(KEC 153.1)
- 낙뢰에 대한 보호
- 전기적 절연
- 접지와 본딩
- 서지보호장치 시설

29

정답 ⑤

저압전로의 절연성능

전로의 사용전압 구분	DC시험전압	절연저항 값
SELV 및 FELV	250V	0.5MΩ
FELV, 500V 이하	500	1MΩ
500V 초과	1,000	1MΩ

30

정답 ②

특고압용 변압기의 보호장치(KEC 351.4)

특고압용의 변압기에는 그 내부에 고장이 생겼을 경우에 보호하는 장치를 다음과 같이 시설하여야 한다.

뱅크 용량의 구분	동작조건	장치의 종류
5,000kVA 이상 10,000kVA 미만	변압기 내부고장	자동차단장치 또는 경보장치
10,000kVA 이상	변압기 내부고장	자동차단장치
타냉식변압기	냉각장치의 고장 또는 온도의 현저한 상승	경보장치

남에게 이기는 방법의 하나는 예의범절로 이기는 것이다.

- 조쉬 빌링스 -

PART 3

최종점검 모의고사

제1회 최종점검 모의고사

제2회 최종점검 모의고사

01	02	03	04	05	06	07	08	09	10	11	12	13	14	15	16	17	18	19	20
②	③	③	④	①	④	④	①	②	⑤	③	③	④	③	②	③	④	②	④	③
21	22	23	24	25	26	27	28	29	30	31	32	33	34	35	36	37	38	39	40
③	③	①	②	①	④	④	④	①	②	③	②	④	⑤	②	⑤	①	⑤	②	①
41	42	43	44	45	46	47	48	49	50										
②	③	④	③	④	①	②	①	②	③										

01
정답 ②

ㄴ. [$R - L$ 직렬회로 임피던스(Z)]$= R + j\omega L$

$|Z| = \sqrt{(R)^2 + (\omega L)^2}\,[\Omega]$

ㄹ. 양호도(Quality Factor) : $Q = \dfrac{1}{R}\sqrt{\dfrac{L}{C}}$

오답분석

ㄱ. [유도 리액턴스(X_L)]$= \omega L\,[\Omega]$

　　L소자는 전압이 전류보다 위상이 90° 앞선다.

ㄷ. [$R - C$ 직렬회로 임피던스(Z)]$= R - j\dfrac{1}{\omega C}$

$|Z| = \sqrt{(R)^2 + \left(\dfrac{1}{\omega C}\right)^2}\,[\Omega]$

02
정답 ③

전력 $P = VI\cos\theta$

• 수전단 전류

$I = \dfrac{P}{V\cos\theta} = \dfrac{300,000}{5,000 \times 0.8} = 75\text{A}$

• 송전단 전압

$E_S = I\,(R\cos\theta + X\sin\theta) + E_r = 75 \times [(12 \times 0.8) + (9 \times 0.6)] + 5,000 = 1,125 + 5,000 = 6,125\text{V}$

03

전원계통에 리액터분을 보상하는 법은 수용가측의 대책 방안이다.

플리커의 방지 대책
- 전력선측
  - 단락용량이 큰 계통에서 공급한다.
  - 공급전압을 승압한다.
  - 전용의 변압기로 공급한다.
  - 단독 공급계통을 구성한다.
- 수용가측
  - 전원계통에 리액터분을 보상한다.
  - 전압강하를 보상한다.
  - 부하의 무효전력 변동분을 흡수한다.
  - 플리커 부하 전류의 변동분을 억제한다.

04

자체 인덕턴스에 축적되는 에너지는 $W = \dfrac{1}{2} L I^2$으로 자체 인덕턴스(L)에 비례하고, 전류(I)의 제곱에 비례한다.

05

(A) 렌츠의 법칙 : 유도전류에 의한 자기장은 자속의 변화를 방해하는 방향으로 진행한다.
(B) 플레밍의 왼손 법칙 : 전동기의 회전 방향을 결정한다.
(C) 패러데이의 유도 법칙 : $e = -L\dfrac{di}{dt} = -N\dfrac{d\phi}{dt}$ 이다.

06

가지식(수지상식) 배전 방식은 정전범위가 넓다.

가지식(수지상식) 배전 방식의 특징
- 입선의 길이가 길다.
- 전압강하가 크다.
- 전력손실이 크다.
- 플리커 현상이 발생된다.
- 정전범위가 넓다.
- 농어촌 지역에 사용하기 적당하다.

07

페라이트는 매우 높은 투자율을 가지므로 고주파수 응용 분야에 널리 사용된다.

08

정답 ①

플레밍의 왼손 법칙

$F = BIl \sin\theta [\text{N}]$

$\therefore F = 1.5 \times 5 \times 40 \times 10^{-2} \times \sin 30° = 1.5\text{N}$

09

정답 ②

$I = \dfrac{V}{R_1 + R_2} = \dfrac{6}{1+2} = 2\text{A}$

$\therefore V_{AB} = IR_1 = 2 \times 1 = 2\text{V}$

10

정답 ⑤

패러데이 법칙에서 유도되는 전압(기전력)은 $e = -N\dfrac{d\varnothing}{dt}[\text{V}]$로 시간에 따른 ㉠ 자속 변화량과 코일이 감긴 수인 ㉡ 권수(N)에 비례함을 알 수 있다.

11

정답 ③

병렬 합성 정전 용량 : $C_T = C_1 + C_2 + C_3 = 3 + 4 + 5 = 12\mu\text{F}$

12

정답 ③

두 전하의 작용하는 정전기력은 쿨롱 법칙에 의해 $F = k\dfrac{Q_1 Q_2}{r^2}$ 에서 쿨롱 상수 k값은 $\dfrac{1}{4\pi\epsilon_0} \fallingdotseq 9 \times 10^9$ 이므로 $\text{F} = 9 \times 10^9 \times \dfrac{Q_1 Q_2}{r^2}$ 이다.

13

정답 ④

- 전압계는 병렬로 연결한다. 전압계는 저항이 매우 커서 직렬로 연결하면 전기 회로 전체 저항이 매우 커져서 전류가 잘 흐르지 않기 때문이다.
- 전류계는 직렬로 연결한다. 전류계는 저항이 매우 작아서 병렬로 연결하면 전기 회로의 대부분의 전류가 저항이 작은 전류계로 흘러 정확한 전류 측정이 어렵기 때문이다.

14

정답 ③

복도체를 사용하는 목적

송전용량 증가, 안정도 증가, 인덕턴스 감소, 정전 용량 증가, 코로나 방지

15

저압 뱅킹방식은 2대 이상의 변압기 저압측을 병렬로 접속하는 부하방식으로 부하가 밀접한 시가지에 사용하기 적합하다. 그러나 캐스케이딩 현상이 발생할 수 있다는 단점이 있다.

저압 뱅킹방식의 장점과 단점

장점	단점
• 부하 증가에 대한 공급 탄력성이 있다. • 전압변동, 전력손실이 적어 플리커 현상 빈도가 적다. • 공급신뢰도가 향상된다. • 변압기 용량이 감소한다.	• 캐스케이딩 현상이 발생할 수 있다. • 저압측을 병렬 접속하는 1차 퓨즈 또는 2차 퓨즈 등의 보호 장치가 적당하지 않으면 어떤 장소에서 발생한 사고 발생 시 즉시 구분 및 고장 구간 양단의 단락 보호 장치로 제거되지 않아 사고 범위가 확대된다.

16

기기의 안정운전 유지 조건
• 단락 전류, 단락비 : 증가
• 동기 리액턴스, 전압 변동률 : 감소

17

제시된 회로는 단상 전파 정류 회로이므로 지시값 $E_d = 0.9E = 9$이다. 따라서 $I_d = \dfrac{E_d}{R} = \dfrac{9}{5,000} = 1.8\text{mA}$이다.

18

자기소호 기능에 가장 좋은 소자는 GTO이다. GTO는 직류 전기 철도용의 정지형 차단기에서 턴오프 다이리스터 차단기라 한다.

[오답분석]
① SCR : 제어단자로부터 음극에 전류를 흘리면 양극과 음극 사이에 전류가 흘러 전기가 통하게 할 수 있는 전력 제어용 3단자 반도체 정류기이며, 실리콘 제어 정류기라고 한다.
③ TRIAC : 양방향성의 전류 제어가 일어나는 반도체 제어 부품이다.
④ LASCR : PN다이오드 두 개를 접합하고, 4층 소자에 전압을 인가하여 중앙의 접합부에 빛을 조사하면 전자 정공대가 유기되고, 이들은 각각 전계에 의해 이동하여 디바이스를 ON 상태로 변환한다.
⑤ UJT : 반도체의 n형 막대 한 쪽에 p합금 영역을 가진 구조의 트랜지스터로, 막대 양단의 베이스와 p영역에 전극이 설치된다.

19

정특성이란 직류 전압을 가했을 때 다이오드에 걸리는 전압과 전류 사이의 관계를 말한다.

20

발전기의 최고 속도는 극수가 최저일 때이다. 극수가 가장 작을 때는 2극이므로 최고 속도는 $N = \dfrac{120f}{P} = \dfrac{120 \times 60}{2} = 3,600\text{rpm}$이다.

21

정답 ③

발전기의 기전력보다 90° 뒤진 전기자 전류가 흐르면 감자작용 또는 직축 반작용을 한다.
- 감자작용 : 전압이 앞설 때(지상) – 유도성
- 증자작용 : 전류가 앞설 때(진상) – 용량성

22

정답 ③

[단절권 계수(K_s)]$=\sin\dfrac{\beta\pi}{2}\left[\beta:\dfrac{(권선피치)}{(자극피치)}\right]=\sin\left(\dfrac{13}{15}\times\dfrac{\pi}{2}\right)=\sin\dfrac{13}{30}\pi$

23

정답 ①

저압 네트워크 방식은 동일 모선으로부터 2회선 이상의 급전선으로 전력을 공급하는 방식으로, 2대 이상의 배전용 변압기로부터 저압측을 망상으로 구성한 것으로 각 수용가는 망상 네트워크로부터 분기하여 공급받는 방식이다. 주로 부하가 밀집된 시가지에 사용되며 고장 시 고장전류가 역류할 수 있다.

> **저압 네트워크 방식의 특징**
> - 무정전 공급이 가능하여 공급신뢰도가 높다.
> - 공급신뢰도가 타 방식에 비해 매우 우수하다.
> - 변전소의 수를 줄일 수 있다.
> - 부하증가 시 대응이 우수하다
> - 기기의 이용률이 향상된다.
> - 전력손실 및 전압강하가 적다.
> - 플리커 현상이 적고 전압 변동률이 적다.
> - 건설비가 비싸다.
> - 인축의 접지사고가 있을 수 있다.
> - 고장 시 고장전류가 역류할 수 있다.

24

정답 ②

전선의 평균 높이는 $H=h-\dfrac{2}{3}D$ (h : 지지점의 높이, D : 처짐정도)이다.

따라서 A전선의 평균 높이(H)는 $h-\dfrac{2}{3}D=17-\left(\dfrac{2}{3}\times4.5\right)=14$m이다.

25

정답 ①

$Z=\dfrac{V_s}{V_{1n}}\times100$에서 $V_s=\dfrac{V_{1n}Z}{100}$

$Z=\sqrt{p^2+q^2}=\sqrt{(2.4)^2+(1.6)^2}\fallingdotseq2.88$

$\therefore\ V_s=\dfrac{3,300\times2.88}{100}\fallingdotseq95$V

26

정답 ④

$P_{c2} = sP_2$, $P = P_2(1-s)$에서 $P_2 = \dfrac{P}{1-s} = \dfrac{10,000}{1-0.04} \fallingdotseq 10.42\text{kW}$

$\therefore\ P_{c2} = 0.04 \times 10.42 \fallingdotseq 0.42\text{kW}$

27

정답 ④

$\Phi = l \displaystyle\int_{-\frac{\pi}{2}}^{\frac{\pi}{2}} \frac{\tau}{\pi} Bm\cos\theta d\theta = \frac{2}{\pi} Bm\tau l$

28

정답 ④

우리나라의 송전 방식은 3상 3선식, 배전 방식은 3상 4선식을 택하고 있다.

29

정답 ①

코로나 영향에서 전선의 부식의 원인이 되는 것은 오존(O_3)이다.

30

정답 ②

구분	단상 반파	단상 전파	3상 반파	3상 전파
직류전압	$E_d = 0.45E$	$E_d = 0.9E$	$E_d = 1.17E$	$E_d = 1.35E$
맥동주파수	f	$2f$	$3f$	$6f$
맥동률	121%	48%	17%	4%

단상 반파의 직류전압은 $E_d = 0.45E$이고, $I_d = \dfrac{E_d}{R}$이므로, $I_d = \dfrac{0.45 \times 100}{10\sqrt{2}} \fallingdotseq 3.2\text{A}$이다.

31

정답 ③

특성 임피던스(Z_0)

어드미턴스(수전단 개방 시 임피던스의 역수) 대비 임피던스 비율 : $Z_0 = \sqrt{\dfrac{Z}{Y}}$ (Z : 임피던스, Y : 어드미턴스)

따라서 송전선로의 특성 임피던스는 $Z_0 = \sqrt{\dfrac{Z}{Y}} = \sqrt{\dfrac{250}{\frac{1}{360}}} = 300\,\Omega$이다.

32

정답 ②

$I = \dfrac{V}{R} = \dfrac{100}{20} = 5\text{A}$

33

정답 ④

파형의 각주파수는 $\omega = 2\pi f$이므로 주파수는 $f = \dfrac{\omega}{2\pi}$이다. $e = 141\sin\left(120\pi t - \dfrac{\pi}{3}\right)$에서 $\omega = 120\pi$이므로, 주파수 $f = \dfrac{120\pi}{2\pi} = 60\text{Hz}$이다.

34

단상 3선식 방식의 장점과 단점

장점	단점
• 2종의 전원을 얻을 수 있다.	• 부하 불평형으로 인한 전력손실이 크다.
• 단상 2선식에 비해 전압강하 및 전력손실이 작다.	• 중성선 단선 시 전압의 불평형이 생긴다.
• 공급전력이 크다.	
• 전선의 소요중량이 작다.	
• 전선의 단면적이 작다.	

35

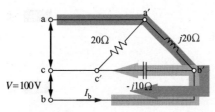

• 상별 전압의 크기

$$V_{ab} = 100 \angle 0° = 100(\cos 0° + j\sin 0°) = 100\text{V}$$

$$V_{bc} = 100 \angle -120° \left(\frac{2}{3}\pi\right)$$

$$V_{ca} = 100 \angle -240° \left(\frac{4}{3}\pi\right)$$

• 상별 전류

$$I_{ab} = \frac{V_{ab}}{Z_{ab}} \; [Z_{ab} = j20\,\Omega(L소자)\;대입]$$

$$= \frac{100 \angle 0°}{j20} \; (j = 1 \angle 90°\;대입)$$

$$= \frac{100 \angle 0°}{20 \angle 90°}$$

$$= 5 \angle -90°$$

$$= 5(\cos(-90°) + j\sin(-90°))$$

$$= 5(0 - j1) = -j5\text{A}$$

$$I_{bc} = \frac{V_{bc}}{Z_{bc}} \; [Z_{bc} = -j10\,\Omega(C소자)\;대입]$$

$$= \frac{100 \angle -120°}{-j10} \; (j = 1 \angle 90°\;대입)$$

$$= \frac{100 \angle -120°}{10 \angle -90°} = 10 \angle -30°$$

$$= 10[\cos(-30°) + j\sin(-30°)]$$

$$= 10\left(\frac{\sqrt{3}}{2} - j\frac{1}{2}\right) = 5\sqrt{3} - j5[\text{A}]$$

• 선전류

$$I_b = I_{bc} - I_{ab}[\text{A}] = (5\sqrt{3} - j5) - (-j5) = 5\sqrt{3}\,\text{A}$$

36

$$I_P = \frac{V_P}{Z}, \quad Z = \sqrt{6^2 + 8^2} = 10$$

$$I_P = \frac{220}{10} = 22\text{A}$$

$$I_l = \sqrt{3}\, I_P = \sqrt{3} \times 22 \fallingdotseq 38\text{A}$$

37

$$X_C = \frac{1}{2\pi f C} \quad (f : \text{주파수}, \ C : \text{정전 용량})$$

$$X_C = \frac{1}{2 \times 3.14 \times 1 \times 10^6 \times 0.1 \times 10^{-6}} \fallingdotseq 1.59\,\Omega$$

38

캐스케이딩 현상은 저압선 고장으로 인한 변압기 일부 또는 전체가 차단되는 현상으로 구분 퓨즈를 사용하여 발생을 줄인다.

오답분석

①·③ 플리커 방지대책 : 가지 방식에서 플리커 현상의 발생을 줄이기 위해 전력 공급측에서 할 수 있는 방지책이다.
② 피뢰기 : 이상전압을 감소시키기 위해 에너지를 방전시켜주는 보호 장치이다.
④ 네트워크 프로텍터 : 저압 네트워크 방식에서 고장 시 발생하는 전류의 역류현상을 방지한다.

39

경제성을 고려한 옥내배선의 전압강하

• 인입선 : 1%
• 간선 : 1%
• 분기회로 : 2%

40

$$V_{평균} = \frac{2}{\pi} V_{최대}, \quad V_{최대} = \sqrt{2} \times V_{실효}$$

$$\therefore \ V_{평균} = \frac{2\sqrt{2}}{\pi} \times V_{실효}$$

41

서셉턴스는 임피던스 역수(어드미턴스)의 허수부분 상수인 리액턴스 성분이다.

따라서 $Y = \dfrac{1}{Z} = \dfrac{1}{R + jX_L} = \dfrac{R - jX_L}{R^2 + X_L^2} = \dfrac{R}{R^2 + X_L^2} - \dfrac{X_L}{R^2 + X_L^2}\, j$ 에서 허수부분 상수인 $\dfrac{-X_L}{R^2 + X_L^2} = \dfrac{-8}{6^2 + 8^2} = -0.08\mho$

이므로 $0.08\mho$ 이다.

42

정답 ③

$\dfrac{I_a}{I_d}=\dfrac{2\sqrt{2}}{m\cos\theta}$ 에서 $I_a=I_d\times\dfrac{2\sqrt{2}}{m\cos\theta}=2,000\times\dfrac{2\sqrt{2}}{6\times1}≒943$A이다.

43

정답 ④

배전선로의 전력손실은 배전거리에 비례하므로, 전선의 배전거리가 길수록 전력손실이 크다.

전력손실의 경감 대책
• 적절한 배전방식을 택한다.
• 배전전압을 승압한다.
• 선로의 역률을 개선한다.
• 저항을 감소시킨다.
• 부하의 불평형을 방지시킨다.
• 네트워크 방식을 채택한다.

$$[\text{전력손실}(P_L)]=3I^2R=\dfrac{P^2R}{V^2\cos^2\theta}=\dfrac{P^2\rho l}{V^2\cos^2\theta A}$$

44

정답 ③

$P=VI\cos\theta=90\times5\times0.6=270$W

45

정답 ④

교류 배전반에서 전류가 많이 흘러 전류계를 직접 주회로에 연결할 수 없을 때 사용하는 기기는 계기용 변류기로, 높은 전류를 낮은 전류로 바꾸기 위해 많이 사용한다.

오답분석
① 전류 제한기 : 미리 정한 값 이상의 전류가 흘렀을 때 일정 시간 내의 동작으로 정전시키기 위한 장치이다.
② 전압 제한기 : 전원의 전압 변동에 의해 계기의 눈금 지시가 달라지지 않도록 하기 위해 게이지의 회로에 설치한 전압 제한 장치를 말한다.
③ 계기용 변압기 : 계측기와 같은 기기의 오작동을 방지하기 위해 높은 전압을 낮은 전압으로 변화시켜 공급하는 변압기이다.
⑤ 전류계용 절환 개폐기 : 1대의 전류계로 3선의 전류를 측정하기 위하여 사용하는 절환 개폐기이다.

46

정답 ①

특고압 가공전선로의 철주 · 철근 콘크리트주 또는 철탑의 종류(KEC 333.11)
• 직선형 철탑 : 전선로의 직선 부분(3° 이하인 수평각도를 이루는 곳을 포함)
• 각도형 철탑 : 전선로 중 3°를 초과하는 수평각도를 이루는 곳
• 인류형 철탑 : 전가섭선을 인류(맨 끝)하는 곳에 사용하는 것
• 내장형 철탑 : 전선로의 지지물 양쪽의 경간의 차가 큰 곳에 사용하는 것
• 보강형 철탑 : 전선로의 직선 부분에 그 보강을 위하여 사용하는 것

47

무효 전력 보상 설비의 보호장치(KEC 351.5)

무효 전력 보상 설비에는 그 내부에 고장이 생긴 경우에 보호하는 장치를 다음과 같이 시설하여야 한다.

• 전력용 커패시터 및 분로 리액터

뱅크 용량의 구분	자동으로 전로로부터 차단하는 장치
500kVA 초과 15,000kVA 미만	내부에 고장이 생긴 경우에 동작하는 장치 또는 과전류가 생긴 경우에 동작하는 장치
15,000kVA 이상	내부에 고장이 생긴 경우에 동작하는 장치 또는 과전류 및 과전압이 생긴 경우에 동작하는 장치

• 무효 전력 보상 장치

뱅크 용량의 구분	자동으로 전로로부터 차단하는 장치
15,000kVA 이상	내부에 고장이 생긴 경우에 동작하는 장치

48

특고압 가공전선과 다른 시설물의 접근 또는 교차(KEC 333.28)

35kV 이하의 특고압 가공전선은 아래에서 정한 값까지 감할 수 있다.

다른 시설물의 구분	접근형태	이격거리
조영물의 상부조영재	위쪽	2m(케이블 1.2m)
	옆쪽 또는 아래쪽	1m(케이블 0.5m)
조영물의 상부조영재 이외의 부분 또는 조영물 이외의 시설물	–	1m(케이블 0.5m)

49

배전반 및 분전반의 설치 장소

• 접근이 쉬운 노출된 장소
• 전기회로를 쉽게 다룰 수 있는 장소
• 안정된 장소
• 개폐기를 쉽게 조작할 수 있는 장소

50

케이블공사(KEC 232.51)

케이블공사에서 전선을 조영재의 아랫면 또는 옆면에 따라 붙이는 경우 전선의 지지점 사이의 거리를 케이블은 2m 이하로 한다(단, 사람이 접촉할 우려가 없는 곳에 수직으로 붙이는 경우는 6m 이하로 한다).

01	02	03	04	05	06	07	08	09	10	11	12	13	14	15	16	17	18	19	20
③	⑤	④	①	④	②	①	⑤	④	⑤	③	④	④	④	①	①	④	②	②	②
21	22	23	24	25	26	27	28	29	30	31	32	33	34	35	36	37	38	39	40
④	②	③	⑤	①	①	④	④	②	③	③	①	①	③	③	②	③	①	③	②
41	42	43	44	45	46	47	48	49	50										
②	①	①	④	②	①	①	②	④	④										

01
정답 ③

분기선이란 간선으로 분기되는 변압기에 이르는 선로이다.

02
정답 ⑤

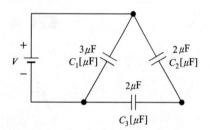

등가회로

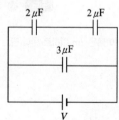

ㄱ. $2\mu F$과 $2\mu F$ 사이의 Q는 같다(직렬).

ㄴ. [총 합성 정전 용량(C_T)]$=\left(\dfrac{2\times 2}{2+2}\right)+3=1+3=4\mu F$

ㄷ. [전하량(Q)] → $V=\dfrac{Q}{C}=\dfrac{400}{4}=100\text{V}$

ㄹ. C_1에 축적되는 전하 → $Q=C_1 V=3\times 100=300\mu C$

03

반자성체란 외부자기장이 없을 때 물질을 구성하는 원자들의 총 자기장은 0이고, 외부 자기장의 방향과 반대 방향으로 자기화되는 물질이다. 이에 속하는 물질은 구리, 유리, 금 등이며, 비투자율은 $\mu S < 1$이다.

[오답분석]

강자성체 비투자율은 $\mu S \gg 1$이고, 상자성체 비투자율은 $\mu S > 1$이다.

04

균등부하의 전기적 특성

구분	전압강하	전력손실
말단 부하	1	1
균등 부하	$\frac{1}{2}$	$\frac{1}{3}$

05

점전하가 받는 힘은 $F = -\dfrac{q^2}{16\pi\epsilon_0 d^2} = -\dfrac{8^2}{16\pi \times \dfrac{1}{36\pi \times 10^9} \times 1^2} = -144 \times 10^9\,\mathrm{N}$이므로 전하가 받는 힘의 크기는 $144 \times 10^9\,\mathrm{N}$이다.

> **평면도체와 점전하 사이에서 작용하는 힘**
>
> $F = -\dfrac{q_1 q_2}{4\pi\epsilon_0 r^2} = -\dfrac{q^2}{4\pi\epsilon_0 (2d)^2} = -\dfrac{q^2}{16\pi\epsilon_0 d^2}$ (d : 평면도체와 점전하의 거리, q : 전하량, ϵ_0 : 비유전율)

06

도체 표면의 전기장은 표면과 수직으로 형성된다.

07

$F = \dfrac{Q_1 Q_2}{\varepsilon_s r^2} = \dfrac{1 \times 1}{1 \times 100^2} = \dfrac{1}{10,000}\,\mathrm{dyne}$

08

전기방식의 비교

전기방식	전력	1선당 전력
단상 2선식	$VI\cos\theta$	$0.5\,VI\cos\theta$
단상 3선식	$2VI\cos\theta$	$0.67\,VI\cos\theta$
3상 3선식	$\sqrt{3}\,VI\cos\theta$	$0.57\,VI\cos\theta$
3상 4선식	$3VI\cos\theta$	$0.75\,VI\cos\theta$

• 저항값 계산

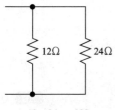

$$R = \frac{12 \times 24}{12 + 24} = \frac{288}{36} = 8\,\Omega$$

• 전류

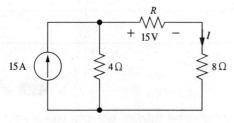

$$I = \frac{4}{(R+8)+4} \times I_0 \ (I_0 = 15 \text{ 대입})$$

$$= \frac{4}{R+12} \times 15 = \frac{60}{R+12}\,\text{A}$$

• 저항 양단 전압

$$V_R = IR[\text{V}] = \left(\frac{60}{R+12}\right) \times R \ (V_R = 15 \text{ 대입})$$

$$15 = \frac{60R}{R+12}$$

$$60R = 15(R+12)$$

$$45R = 180$$

$$R = \frac{180}{45} = 4\,\Omega$$

10

정답 ⑤

히스테리시스 곡선

$Ph = \eta f B_{\max}^{1.6} \ [\mathrm{W/m^2}]$

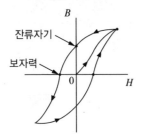

곡선으로 둘러싸인 면적이 클수록 히스테리시스 손실도 크다.

오답분석

① 히스테리시스 손실은 주파수에 비례한다.
② 곡선이 수평축(가로, 횡축)과 만나는 점은 보자력을 나타낸다.
③ 곡선이 수직축(세로, 종축)과 만나는 점은 잔류자기를 나타낸다.
④ 히스테리시스 곡선, 즉 자기이력곡선은 철과 같은 강자성체에서 외부 자기장 세기에 따른 자기화나 자기력선속밀도의 변화 양상을 나타낸 것이다

11

정답 ③

[처짐정도(D)] $= \dfrac{WS^2}{8T}$ [m] (T : 허용최대장력, W : 1m당 전선의 중량, S : 경간)

[허용최대장력(T)] $= \dfrac{(\text{인장하중})}{(\text{안전율})} = \dfrac{3,000}{2} = 1,500\mathrm{kg}$이므로, $D = \dfrac{WS^2}{8T} = \dfrac{1.6 \times 150 \times 150}{8 \times 1,500} = 3\mathrm{m}$이다.

12

정답 ④

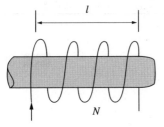

$I \ [\mathrm{A}]$

- $H = n_0 I [\mathrm{AT/m}]$

- $B = \mu H = \mu_0 \mu_s H [\mathrm{Wb/m^2}] \ \rightarrow \ H = \dfrac{B}{\mu_0 \mu_s}$

$\therefore \ n_0 I = \dfrac{B}{\mu_0 \mu_s}$

- $I = \dfrac{B}{n_0 \mu_0 \mu_s} = \dfrac{0.2}{100 \times 4\pi \times 10^{-7} \times 100} = \dfrac{0.2}{4\pi \times 10^{-3}} = \dfrac{0.2 \times 10^3}{4\pi} = \dfrac{200}{4\pi} = \dfrac{50}{\pi} \mathrm{A}$

13

정답 ④

발전기 계통에서 난조 방지를 위해 제동권선을 사용한다.

송전선계통 안정도 향상 조치
- 직렬 리액턴스 감소 : 복도체 방식, 병행 2회선 방식, 직렬 콘덴서 사용
- 전압병동률 감소 : 속응여자 방식, 중간조상 방식 사용

14

정답 ④

$Q = P\left(\tan\theta_1 - \tan\theta_2\right)$ 에서 $\tan\theta_1 = \dfrac{\sqrt{1-\cos^2\theta_1}}{\cos\theta_1}$, $\tan\theta_2 = \dfrac{\sqrt{1-\cos^2\theta_2}}{\cos\theta_2}$

$Q = P\left(\dfrac{\sqrt{1-\cos^2\theta_1}}{\cos\theta_1} - \dfrac{\sqrt{1-\cos^2\theta_2}}{\cos\theta_2}\right)$

$\quad = 300 \times \left(\dfrac{\sqrt{1-0.9^2}}{0.9} - \dfrac{\sqrt{1-0.95^2}}{0.95}\right)$

$\quad ≒ 50\text{kVA}$

15

정답 ①

3상 차단기의 정격차단용량(P_s)

$P_s = \sqrt{3} \times V \times I_s\,[\text{MVA}]$ (V : 정격전압, I_s : 정격차단전류)

16

정답 ①

중성점 접지방식별 전위 상승

구분	직접 접지	비접지	소호리액터 접지	저항 접지
전위 상승	1.3배	$\sqrt{3}$ 배	$\sqrt{3}$ 배 이상	$\sqrt{3}$ 배

17

정답 ④

$\eta_2 = \dfrac{P}{P_2} = \dfrac{(1-s)P_2}{P_2} = \dfrac{\omega}{\omega_0}$

18

정답 ②

$n = \dfrac{120f}{p}$ 에서 $p = p_1 + p_2$

$\therefore\ n = \dfrac{120f}{p_1 + p_2} = \dfrac{120 \times 50}{12 + 8} = 300$, $300 \times \dfrac{1}{60} = 5\text{rps}$

19

정답 ②

기전력의 위상이 다르면, 병렬운전되고 있는 발전기 중 한 대의 출력이 변하여 회전자 속도에 변화가 발생하고 이로 인해 순환전류가 발생한다.

20

정답 ②

$[단락비(K_s)] = \dfrac{I_s}{I_n}$

$[단락전류(I_s)] = \dfrac{V}{\sqrt{3}\,Z_s} = \dfrac{3,000}{\sqrt{3}\times 2} ≒ 866.025\text{V}\,(Z_s : 동기임피던스)$

$[정격전류(I_n)] = \dfrac{P}{\sqrt{3}\times V} = \dfrac{500\times 10^3}{\sqrt{3}\times 3,000} ≒ 962.25\text{V}$

$\therefore [단락비(K_s)] = \dfrac{I_s}{I_n} = \dfrac{866.025}{962.25} = 0.9$

21

정답 ④

$B = \dfrac{\Phi_m}{A}$ 에서 $\Phi_m = \dfrac{E_1}{4.44 f N_1}$ 이고, $E_1 = 3,300$, $f = 60$, $N_1 = 550$이므로, $\dfrac{3,300}{4.44\times 60\times 550} = 0.023$

$\therefore B = \dfrac{0.023}{150\times 10^{-4}} ≒ 1.53\text{Wb/m}^2$

22

정답 ②

30kVA인 변압기가 3대이므로 각각의 변압기에 $\dfrac{30}{3} = 10\text{kVA}$ 부하가 걸리므로 2차 상전류는 $I_{2p} = \dfrac{10\times 10^3}{200} = 50\text{A}$이다. 따라서 1차 상전류는 변압비가 20이므로 $I_{1p} = \dfrac{I_{2p}}{a} = \dfrac{50}{20} = 2.5\text{A}$가 된다.

23

정답 ③

$\%Z = \dfrac{I_n Z}{E_n}\times 100 = \dfrac{PZ}{10\,V^2}$ (I_n : 정격전류, Z : 내부 임피던스, P : 변압기 용량, E_n : 상전압, 유기기전력, V : 선간전압 또는 단자전압)

24

정답 ⑤

철심에서 실제 철의 단면적과 철심의 유효면적과의 비를 점적률이라고 한다.

[오답분석]
① 권수비 : 변압기의 1차, 2차 권선수의 비다.
② 변류비 : 변압기의 1차, 2차 부하 전류의 비다.
③ 변동률 : 정격전압과 무부하 상태의 전압의 차와 정격전압의 비다.
④ 변성비 : 변압기의 무부하에 있어서의 1차 단자전압과 다른 단자전압과의 비다.

25

정답 ①

공통 중성선 다중 접지 3상 4선식 배전선로에서 고압측(1차측) 중성선과 저압측(2차측) 중성선을 전기적으로 연결하는 주된 목적은 고압 중성선과 저압 중성선이 서로 혼촉 시 수용가에 침입하는 상승전압을 억제하기 위함이다. 다중 접지 3상 4선식 배전 선로에서 고압측 중성선과 저압측 중성선끼리 연결되지 않은 채 고압 중성선과 저압 중성선이 서로 혼촉 시 고압측 큰 전압이 저압측을 통해서 수용가에 침입할 우려가 있다.

26

정답 ①

$N = \dfrac{120f}{p}$ 에서 $p = p_1 + p_2$

$\therefore \ N = \dfrac{120 \times 60}{8+4} = 600 \text{rpm}$

27

정답 ④

도전율(σ)은 고유저항(ρ) 역수의 값으로 도체에 흐르는 전류의 크기를 나타내는 상수이다.

• $\sigma = \dfrac{1}{\rho}$ [S/m]

도선에 대한 표준연동의 도전율 비율은 연동선이 100%일 때, 경동선은 95%, 알루미늄선은 61%이다.

28

정답 ④

$\tau = 9.55 \times \dfrac{P}{N} \times \dfrac{1}{9.8} = 0.974 \dfrac{P}{N} \text{[W]} = 974 \dfrac{P}{N} \text{[kW]}$ 이다.

29

정답 ②

단상 전파 정류 회로에서 $E_d = \dfrac{2\sqrt{2}}{\pi} \times E$ 이고 $E = \dfrac{E_m}{\sqrt{2}} = \dfrac{\sqrt{2}}{\sqrt{2}} = 1$ 이므로, $E_d = \dfrac{2\sqrt{2}}{\pi} \times 1 \fallingdotseq 0.9 \text{V}$ 이다.

30

정답 ③

PN접합 정류기는 교류를 직류로 바꾸는 정류작용을 한다.

[오답분석]

① 증폭작용 : 전류 또는 전압의 진폭을 증가시키는 작용이다.
② 제어작용 : 장치 내에 오류를 막기 위해 편차를 줄이는 작용이다.
④ 스위치작용 : 정해진 값 이상이나 이하가 될 때 전류를 흐르게 하거나 흐르지 않게 하는 작용이다.
⑤ 유도작용 : 자장 내에서 운동하는 도체가 자력선과 쇄교할 때, 도체에 전압이 유도되는 작용이다.

31

정답 ③

다이오드는 전류를 한쪽으로는 흐르게 하고 반대쪽으로는 흐르지 않게 하는 정류작용을 하는 전자 부품이다. 제너 다이오드는 정방향에서는 일반 다이오드와 동일한 특성을 보이지만 역방향으로 전압을 걸면 일반 다이오드보다 낮은 특정 전압(항복 전압 혹은 제너 전압)에서 역방향 전류가 흐르는 소자이다. 제너 다이오드는 정전압을 얻을 목적으로 항복 전압이 크게 낮아지도록 설계되어 있으며, 전기 회로에 공급되는 전압을 안정화하기 위한 정전압원을 구성하는 데 많이 사용된다.

오답분석

① 발광 다이오드 : LED라고도 하며, 화합물에 전류를 흘려 빛을 내는 반도체소자이다.
② 포토 다이오드 : 광다이오드라고도 하며, 빛에너지를 전기에너지로 변환한다.
④ 바리스터 다이오드 : 양 끝에 전압에 의해 저항이 변하는 비선형 반도체 저항소자이다.
⑤ 쇼트키 다이오드 : 금속과 반도체의 접촉면에 생기는 장벽(쇼트키 장벽)의 정류 작용을 이용한 다이오드이다.

32

정답 ①

발전소 등의 울타리 · 담 등의 시설(KEC 351.1)
고압 또는 특고압 가공전선(전선에 케이블을 사용하는 경우는 제외한다)과 금속제의 울타리 · 담 등이 교차하는 경우에 금속제의 울타리 · 담 등에는 교차점과 좌, 우로 45m 이내의 개소에 접지공사를 하여야 한다.

33

정답 ①

최대 전력 전달 조건은 전원측의 내부 저항과 외부 저항이 같을 때이다.
$\therefore r = R$

34

정답 ③

3상 교류회로의 소비전력은 $P = \sqrt{3}\,\mathrm{VI}\cos\theta[\mathrm{W}]$이다. 따라서 $P = \sqrt{3} \times 13,200 \times 800 \times 0.8 ≒ 14,632,365\mathrm{W} ≒ 14.63\mathrm{MW}$이다.

35

정답 ③

전원과 $R_1 - R_2$, $R_3 - R_4$는 서로 병렬로 연결되어 있으므로 R_1, R_2에 걸리는 전압과 R_3, R_4에 걸리는 전압의 크기는 100V로 같다.
• a에 걸리는 전압의 크기
  R_1, R_2에 걸리는 전압이 100V이고 $R_1 : R_2 = 2 : 3$이므로 각 저항에 걸리는 전압의 비 또한 2 : 3이다. 따라서 a에 걸리는 전압의 크기는 40V이다.
• b에 걸리는 전압의 크기
  R_3, R_4에 걸리는 전압 또한 100V이고 $R_3 : R_4 = 1 : 9$이므로 각 저항에 걸리는 전압의 비 또한 1 : 9이다. 따라서 b에 걸리는 전압의 크기는 10V이다.
따라서 $a - b$ 사이에 걸리는 전압의 크기는 $40 - 10 = 30\mathrm{V}$이다.

PART 3

36
정답 ②

• 전압원 적용 시 : 전류원 개방

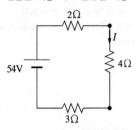

$$I_V = \frac{54}{2+4+3} = \frac{54}{9} = 6\text{A}$$

∴ 4Ω에 흐르는 전류=6A

• 전류원 적용 시 : 전압원 단락

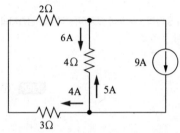

$I_A = 6-5 = 1\text{A}$

∴ $(4\Omega$ 양단에 걸리는 전압$)=4\times1=4$V

• 9A 전류원에서의 전력(4Ω 양단의 소비전력)

$P = VI = 4\times9 = 36$W

37
정답 ③

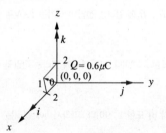

• 거리

$$r = (2-0)i + (-1-0)j + (2-0)k = 2i - j + 2k \rightarrow \therefore |r| = \sqrt{(2)^2 + (-1)^2 + (2)^2} = \sqrt{9} = 3\text{m}$$

• x축 성분 전계의 세기

$$E = \frac{1}{4\pi\varepsilon_0} \cdot \frac{Q}{r^2} [\text{V/m}]$$

$$= 9\times10^9 \times \frac{0.6\times10^{-6}}{(3)^2} \times \frac{2}{3}$$

$$= 9\times10^9 \times \frac{0.6\times10^{-6}}{9} \times \frac{2}{3}$$

$$= \frac{6\times10^2 \times 2}{3} = 4\times10^2 = 400\text{V/m}$$

38

정답 ①

무효전력

$$P_r = VI\sin\theta(\theta = 30°) = \left(\frac{40}{\sqrt{2}}\right) \times \left(\frac{20}{\sqrt{2}}\right) \times \sin 30° = \frac{40 \times 20}{2} \times \frac{1}{2} = 200\text{Var}$$

39

정답 ③

지수함수 e^{-at} 를 z변환하면 $\dfrac{z}{z - e^{-at}}$ 가 된다.

40

정답 ②

[오답분석]

ㄴ. 단위계단함수 $u(t)$는 t가 음수일 때 0, t가 양수일 때 1의 값을 갖는다.

ㄹ. 단위램프함수 $r(t)$는 $t > 0$일 때 단위 기울기를 갖는다.

41

정답 ②

단상 2선식에서의 전선량비는 1이고, 3상 3선식에서의 전선량비는 $\dfrac{3}{4}$ 이다.

따라서 단상 2선식에서의 전선량비에 대한 3상 3선식에서의 전선량의 비는 $\dfrac{\frac{3}{4}}{1} = 0.75$이다.

전기방식별 전선량비

전기방식	전선량비
단상 2선식	1
단상 3선식	$\dfrac{3}{8}$
3상 3선식	$\dfrac{3}{4}$
3상 4선식	$\dfrac{1}{3}$

42

정답 ①

콘센트의 시설(KEC 234.5)

욕조나 샤워시설이 있는 욕실 또는 화장실 등 인체가 물에 젖어있는 상태에서 전기를 사용하는 장소에 콘센트를 시설하는 경우
- 전기용품 및 생활용품 안전관리법의 적용을 받는 인체감전보호용 누전차단기(정격감도전류 15mA 이하, 동작시간 0.03초 이하의 전류동작형의 것에 한한다) 또는 절연변압기(정격용량 3kVA 이하인 것에 한한다)로 보호된 전로에 접속하거나, 인체감전보호용 누전차단기가 부착된 콘센트를 시설
- 콘센트는 접지극이 있는 방적형 콘센트를 사용하여 KEC 211(감전에 대한 보호)과 KEC 140(접지시스템)의 규정에 준하여 접지

PART 3

43

전기자동차의 충전 케이블 및 부속품 시설(KEC 241.17.4)

전기자동차의 커플러(충전 케이블과 전기자동차를 접속 가능하게 하는 장치로서 충전 케이블에 부착된 커넥터와 전지자동차의 인렛 두 부분으로 구성)는 다음에 적합할 것
• 다른 배선기구와 대체 불가능한 구조로서 극성의 구분이 되고 접지극이 있는 것일 것
• 접지극은 투입 시 제일 먼저 접속되고, 차단 시 제일 나중에 분리되는 구조일 것
• 의도하지 않은 부하의 차단을 방지하기 위해 잠금 또는 탈부착을 위한 기계적 장치가 있는 것일 것
• 전기자동차 커넥터가 전기자동차 접속구로부터 분리될 때 충전 케이블의 전원공급을 중단시키는 인터록 기능이 있는 것일 것

44

1kV 이하 방전등(KEC 234.11)

방전등에 전기를 공급하는 전로의 대지전압은 300V 이하로 하여야 하며, 다음에 의하여 시설하여야 한다. 다만, 대지전압이 150V 이하의 것은 적용하지 않는다.
• 방전등은 사람이 접촉될 우려가 없도록 시설할 것
• 방전등용 안정기는 옥내배선과 직접 접속하여 시설할 것

45

플로어 덕트 부속품 중 박스 플러그 구멍을 메우는 부속품은 아이언 플러그이다.

46

폐쇄 배전반은 주회로 기기 및 감시 제어장치를 수용하고 그 외주의 전후좌우 및 윗면을 접지 금속벽으로 덮은 것으로 사람에 대한 안전을 도모한다.

47

전선의 접속(KEC 123)

전선의 접속 시 주의사항으로는 전선의 세기를 20% 이상 감소시키지 않고 접속 부분에 전기 저항이 증가하지 않도록 해야 한다.

48

설계하중이 6.8kN 이하인 철주 또는 철근 콘크리트주의 전체 길이가 15m 이하인 경우 전체 길이의 $\frac{1}{6}$ 배 이상 땅에 묻어야 하므로 $9 \times \frac{1}{6} = 1.5$m 이상 묻어야 한다.

49

정답 ④

축전지는 충전과 방전을 하는 기기로써 감전 방지 대책과는 거리가 멀다.

> **감전 방지 대책**
> • 2중 절연기기 사용
> • 누전차단기 설치
> • 보호용 개폐기 설치
> • 외함 및 도어접지 설치

50

정답 ④

IT계통(KEC 203.4)
• 충전부 전체를 대지로부터 절연시키거나, 한 점을 임피던스를 통해 대지에 접속시킨다. 전기설비의 노출도전부를 단독 또는 일괄적으로 계통의 PE도체에 접속시킨다. 배전계통에서 추가접지가 가능하다.
• 계통은 충분히 높은 임피던스를 통하여 접지할 수 있다. 이 접속은 중성점, 인위적 중성점, 선도체 등에서 할 수 있다. 중성선은 배선할 수도 있고, 배선하지 않을 수도 있다.

PART 3

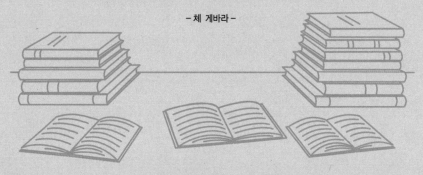

무언가를 위해 목숨을 버릴 각오가 되어 있지 않는 한
그것이 삶의 목표라는 어떤 확신도 가질 수 없다.

- 체 게바라 -

공기업 전공필기 전기직 답안카드

1	①	②	③	④	⑤		21	①	②	③	④	⑤		41	①	②	③	④	⑤
2	①	②	③	④	⑤		22	①	②	③	④	⑤		42	①	②	③	④	⑤
3	①	②	③	④	⑤		23	①	②	③	④	⑤		43	①	②	③	④	⑤
4	①	②	③	④	⑤		24	①	②	③	④	⑤		44	①	②	③	④	⑤
5	①	②	③	④	⑤		25	①	②	③	④	⑤		45	①	②	③	④	⑤
6	①	②	③	④	⑤		26	①	②	③	④	⑤		46	①	②	③	④	⑤
7	①	②	③	④	⑤		27	①	②	③	④	⑤		47	①	②	③	④	⑤
8	①	②	③	④	⑤		28	①	②	③	④	⑤		48	①	②	③	④	⑤
9	①	②	③	④	⑤		29	①	②	③	④	⑤		49	①	②	③	④	⑤
10	①	②	③	④	⑤		30	①	②	③	④	⑤		50	①	②	③	④	⑤
11	①	②	③	④	⑤		31	①	②	③	④	⑤							
12	①	②	③	④	⑤		32	①	②	③	④	⑤							
13	①	②	③	④	⑤		33	①	②	③	④	⑤							
14	①	②	③	④	⑤		34	①	②	③	④	⑤							
15	①	②	③	④	⑤		35	①	②	③	④	⑤							
16	①	②	③	④	⑤		36	①	②	③	④	⑤							
17	①	②	③	④	⑤		37	①	②	③	④	⑤							
18	①	②	③	④	⑤		38	①	②	③	④	⑤							
19	①	②	③	④	⑤		39	①	②	③	④	⑤							
20	①	②	③	④	⑤		40	①	②	③	④	⑤							

공기업 전공필기 전기직 답안카드

성 명		

지원분야		

문제지 형별기재란	Ⓐ
(형)	Ⓑ

수험번호	⓪ ① ② ③ ④ ⑤ ⑥ ⑦ ⑧ ⑨
	⓪ ① ② ③ ④ ⑤ ⑥ ⑦ ⑧ ⑨
	⓪ ① ② ③ ④ ⑤ ⑥ ⑦ ⑧ ⑨
	⓪ ① ② ③ ④ ⑤ ⑥ ⑦ ⑧ ⑨
	⓪ ① ② ③ ④ ⑤ ⑥ ⑦ ⑧ ⑨
	⓪ ① ② ③ ④ ⑤ ⑥ ⑦ ⑧ ⑨
	⓪ ① ② ③ ④ ⑤ ⑥ ⑦ ⑧ ⑨

감독위원 확인	㉟

번호	①	②	③	④	⑤	번호	①	②	③	④	⑤	번호	①	②	③	④	⑤
1	①	②	③	④	⑤	21	①	②	③	④	⑤	41	①	②	③	④	⑤
2	①	②	③	④	⑤	22	①	②	③	④	⑤	42	①	②	③	④	⑤
3	①	②	③	④	⑤	23	①	②	③	④	⑤	43	①	②	③	④	⑤
4	①	②	③	④	⑤	24	①	②	③	④	⑤	44	①	②	③	④	⑤
5	①	②	③	④	⑤	25	①	②	③	④	⑤	45	①	②	③	④	⑤
6	①	②	③	④	⑤	26	①	②	③	④	⑤	46	①	②	③	④	⑤
7	①	②	③	④	⑤	27	①	②	③	④	⑤	47	①	②	③	④	⑤
8	①	②	③	④	⑤	28	①	②	③	④	⑤	48	①	②	③	④	⑤
9	①	②	③	④	⑤	29	①	②	③	④	⑤	49	①	②	③	④	⑤
10	①	②	③	④	⑤	30	①	②	③	④	⑤	50	①	②	③	④	⑤
11	①	②	③	④	⑤	31	①	②	③	④	⑤						
12	①	②	③	④	⑤	32	①	②	③	④	⑤						
13	①	②	③	④	⑤	33	①	②	③	④	⑤						
14	①	②	③	④	⑤	34	①	②	③	④	⑤						
15	①	②	③	④	⑤	35	①	②	③	④	⑤						
16	①	②	③	④	⑤	36	①	②	③	④	⑤						
17	①	②	③	④	⑤	37	①	②	③	④	⑤						
18	①	②	③	④	⑤	38	①	②	③	④	⑤						
19	①	②	③	④	⑤	39	①	②	③	④	⑤						
20	①	②	③	④	⑤	40	①	②	③	④	⑤						

※ 본 답안지는 마킹연습용 모의 답안지입니다.

공기업 전공필기 전기직 답안카드

성 명	

지원 분야	

문제지 형별기재란	( )형	Ⓐ Ⓑ

수 험 번 호

⑩	⑨	⑧	⑦	⑥	⑤	④	③	②	①	⑩
⑩	⑨	⑧	⑦	⑥	⑤	④	③	②	①	⑩

감독위원 확인
(인)

	①	②	③	④	⑤		①	②	③	④	⑤		①	②	③	④	⑤
1	①	②	③	④	⑤	21	①	②	③	④	⑤	41	①	②	③	④	⑤
2	①	②	③	④	⑤	22	①	②	③	④	⑤	42	①	②	③	④	⑤
3	①	②	③	④	⑤	23	①	②	③	④	⑤	43	①	②	③	④	⑤
4	①	②	③	④	⑤	24	①	②	③	④	⑤	44	①	②	③	④	⑤
5	①	②	③	④	⑤	25	①	②	③	④	⑤	45	①	②	③	④	⑤
6	①	②	③	④	⑤	26	①	②	③	④	⑤	46	①	②	③	④	⑤
7	①	②	③	④	⑤	27	①	②	③	④	⑤	47	①	②	③	④	⑤
8	①	②	③	④	⑤	28	①	②	③	④	⑤	48	①	②	③	④	⑤
9	①	②	③	④	⑤	29	①	②	③	④	⑤	49	①	②	③	④	⑤
10	①	②	③	④	⑤	30	①	②	③	④	⑤	50	①	②	③	④	⑤
11	①	②	③	④	⑤	31	①	②	③	④	⑤						
12	①	②	③	④	⑤	32	①	②	③	④	⑤						
13	①	②	③	④	⑤	33	①	②	③	④	⑤						
14	①	②	③	④	⑤	34	①	②	③	④	⑤						
15	①	②	③	④	⑤	35	①	②	③	④	⑤						
16	①	②	③	④	⑤	36	①	②	③	④	⑤						
17	①	②	③	④	⑤	37	①	②	③	④	⑤						
18	①	②	③	④	⑤	38	①	②	③	④	⑤						
19	①	②	③	④	⑤	39	①	②	③	④	⑤						
20	①	②	③	④	⑤	40	①	②	③	④	⑤						

※ 본 답안지는 마킹연습용 모의 답안지입니다.

공기업 전공필기 전기직 답안카드

1	①	②	③	④	⑤		21	①	②	③	④	⑤		41	①	②	③	④	⑤
2	①	②	③	④	⑤		22	①	②	③	④	⑤		42	①	②	③	④	⑤
3	①	②	③	④	⑤		23	①	②	③	④	⑤		43	①	②	③	④	⑤
4	①	②	③	④	⑤		24	①	②	③	④	⑤		44	①	②	③	④	⑤
5	①	②	③	④	⑤		25	①	②	③	④	⑤		45	①	②	③	④	⑤
6	①	②	③	④	⑤		26	①	②	③	④	⑤		46	①	②	③	④	⑤
7	①	②	③	④	⑤		27	①	②	③	④	⑤		47	①	②	③	④	⑤
8	①	②	③	④	⑤		28	①	②	③	④	⑤		48	①	②	③	④	⑤
9	①	②	③	④	⑤		29	①	②	③	④	⑤		49	①	②	③	④	⑤
10	①	②	③	④	⑤		30	①	②	③	④	⑤		50	①	②	③	④	⑤
11	①	②	③	④	⑤		31	①	②	③	④	⑤							
12	①	②	③	④	⑤		32	①	②	③	④	⑤							
13	①	②	③	④	⑤		33	①	②	③	④	⑤							
14	①	②	③	④	⑤		34	①	②	③	④	⑤							
15	①	②	③	④	⑤		35	①	②	③	④	⑤							
16	①	②	③	④	⑤		36	①	②	③	④	⑤							
17	①	②	③	④	⑤		37	①	②	③	④	⑤							
18	①	②	③	④	⑤		38	①	②	③	④	⑤							
19	①	②	③	④	⑤		39	①	②	③	④	⑤							
20	①	②	③	④	⑤		40	①	②	③	④	⑤							

성 명

지원분야

문제지 형별기재란
( )형   Ⓐ Ⓑ

수 험 번 호

⓪	①	②	③	④	⑤	⑥	⑦	⑧	⑨
⓪	①	②	③	④	⑤	⑥	⑦	⑧	⑨
⓪	①	②	③	④	⑤	⑥	⑦	⑧	⑨
⓪	①	②	③	④	⑤	⑥	⑦	⑧	⑨
⓪	①	②	③	④	⑤	⑥	⑦	⑧	⑨
⓪	①	②	③	④	⑤	⑥	⑦	⑧	⑨
⓪	①	②	③	④	⑤	⑥	⑦	⑧	⑨

감독위원 확인
(인)

※ 본 답안지는 마킹연습용 모의 답안지입니다.

공기업 전공필기 전기직 답안카드

성 명

지원분야

문제지 형별기재란

( )형 Ⓐ Ⓑ

수험번호

	⓪	①	②	③	④	⑤	⑥	⑦	⑧	⑨
⓪	①	②	③	④	⑤	⑥	⑦	⑧	⑨
⓪	①	②	③	④	⑤	⑥	⑦	⑧	⑨
⓪	①	②	③	④	⑤	⑥	⑦	⑧	⑨
⓪	①	②	③	④	⑤	⑥	⑦	⑧	⑨
⓪	①	②	③	④	⑤	⑥	⑦	⑧	⑨
⓪	①	②	③	④	⑤	⑥	⑦	⑧	⑨

감독위원 확인

(인)

1	① ② ③ ④ ⑤	21	① ② ③ ④ ⑤	41	① ② ③ ④ ⑤
2	① ② ③ ④ ⑤	22	① ② ③ ④ ⑤	42	① ② ③ ④ ⑤
3	① ② ③ ④ ⑤	23	① ② ③ ④ ⑤	43	① ② ③ ④ ⑤
4	① ② ③ ④ ⑤	24	① ② ③ ④ ⑤	44	① ② ③ ④ ⑤
5	① ② ③ ④ ⑤	25	① ② ③ ④ ⑤	45	① ② ③ ④ ⑤
6	① ② ③ ④ ⑤	26	① ② ③ ④ ⑤	46	① ② ③ ④ ⑤
7	① ② ③ ④ ⑤	27	① ② ③ ④ ⑤	47	① ② ③ ④ ⑤
8	① ② ③ ④ ⑤	28	① ② ③ ④ ⑤	48	① ② ③ ④ ⑤
9	① ② ③ ④ ⑤	29	① ② ③ ④ ⑤	49	① ② ③ ④ ⑤
10	① ② ③ ④ ⑤	30	① ② ③ ④ ⑤	50	① ② ③ ④ ⑤
11	① ② ③ ④ ⑤	31	① ② ③ ④ ⑤		
12	① ② ③ ④ ⑤	32	① ② ③ ④ ⑤		
13	① ② ③ ④ ⑤	33	① ② ③ ④ ⑤		
14	① ② ③ ④ ⑤	34	① ② ③ ④ ⑤		
15	① ② ③ ④ ⑤	35	① ② ③ ④ ⑤		
16	① ② ③ ④ ⑤	36	① ② ③ ④ ⑤		
17	① ② ③ ④ ⑤	37	① ② ③ ④ ⑤		
18	① ② ③ ④ ⑤	38	① ② ③ ④ ⑤		
19	① ② ③ ④ ⑤	39	① ② ③ ④ ⑤		
20	① ② ③ ④ ⑤	40	① ② ③ ④ ⑤		

공기업 전공필기 전기직 답안카드

성 명	
지원 분야	
문제지 형별기재란	Ⓐ Ⓑ 형( )

수험번호

번호						번호						번호						번호					
1	①	②	③	④	⑤	21	①	②	③	④	⑤	41	①	②	③	④	⑤						
2	①	②	③	④	⑤	22	①	②	③	④	⑤	42	①	②	③	④	⑤						
3	①	②	③	④	⑤	23	①	②	③	④	⑤	43	①	②	③	④	⑤						
4	①	②	③	④	⑤	24	①	②	③	④	⑤	44	①	②	③	④	⑤						
5	①	②	③	④	⑤	25	①	②	③	④	⑤	45	①	②	③	④	⑤						
6	①	②	③	④	⑤	26	①	②	③	④	⑤	46	①	②	③	④	⑤						
7	①	②	③	④	⑤	27	①	②	③	④	⑤	47	①	②	③	④	⑤						
8	①	②	③	④	⑤	28	①	②	③	④	⑤	48	①	②	③	④	⑤						
9	①	②	③	④	⑤	29	①	②	③	④	⑤	49	①	②	③	④	⑤						
10	①	②	③	④	⑤	30	①	②	③	④	⑤	50	①	②	③	④	⑤						
11	①	②	③	④	⑤	31	①	②	③	④	⑤												
12	①	②	③	④	⑤	32	①	②	③	④	⑤												
13	①	②	③	④	⑤	33	①	②	③	④	⑤												
14	①	②	③	④	⑤	34	①	②	③	④	⑤												
15	①	②	③	④	⑤	35	①	②	③	④	⑤												
16	①	②	③	④	⑤	36	①	②	③	④	⑤												
17	①	②	③	④	⑤	37	①	②	③	④	⑤												
18	①	②	③	④	⑤	38	①	②	③	④	⑤												
19	①	②	③	④	⑤	39	①	②	③	④	⑤												
20	①	②	③	④	⑤	40	①	②	③	④	⑤												

| 감독위원 확인 | 인 |

2025 최신판 시대에듀 공기업 전공필기 전기직
+무료상식특강

개정4판1쇄 발행	2024년 10월 30일 (인쇄 2024년 08월 20일)
초 판 발 행	2020년 01월 10일 (인쇄 2019년 10월 24일)
발 행 인	박영일
책 임 편 집	이해욱
편 저	SDC(Sidae Data Center)
편 집 진 행	김재희 · 문대식
표지디자인	조혜령
편집디자인	장하늬 · 장성복
발 행 처	(주)시대고시기획
출 판 등 록	제10-1521호
주 소	서울시 마포구 큰우물로 75 [도화동 538 성지 B/D] 9F
전 화	1600-3600
팩 스	02-701-8823
홈 페 이 지	www.sdedu.co.kr

I S B N	979-11-383-7674-7 (13320)
정 가	25,000원